NCS 국가직무능력표준
National Competency Standard

You will become a Good Bartender!

(사)한국베버리지마스터협회
한국바텐더협회 공식 도서

2025 적용 NCS기반
이론/문제/해설/신기준40실기칵테일

조주기능사 40선 풀영상   조주기능사 40선 10초컷

You will become a good Bartender!

조주기능사 쉽게 따기
2025 적용 NCS기반

이석현 · 양웅식 · 김종규 · 김정훈 · 최준희

2014년 8월 25일 초판 발행
2025년 1월 2일 NCS 개정3판 발행

발행인 | 이석현
발행처 | 베버리지출판사
　　　　서울특별시 동작구 사당로30길 133
　　　　TEL. 02.581.2911
　　　　www.beveragemaster.kr

ISBN 979-11-959063-6-9 13590

copyright ⓒ 2025, 2014 KBMA(Korea Beverage Masters Association) and Editors made this Book
온·오프라인상의 무단 사용을 금합니다.

이 책의 저작권은 베버리지출판사와 저자들 및 에디터에게 있습니다.
이 책은 디자인소리가 기획 · 편집하였습니다.
이 책은 Adobe CC 라이선스로 제작되었습니다.
이 책의 글꼴은 산돌 라이선스 등의 폰트로 제작되었습니다.
이 책의 이미지 저작권은 디자인소리와 제공자에게 있으며, 일부 이미지 저작권은 (주)엔파인과의 계약에 의해 (주)엔파인에 있습니다.

가격 35,000원

Preface

1998년 창립이래 대한민국의 음료문화 발전을 위해 심혈을 기울여 온 (사)한국베버리지마스터협회가 각 분야의 전문가들과 현장에서 근무하는 최고의 바텐더들, 그리고 대학에서 학생들을 지도하는 교수들이 모여 산업현장의 직무와 수준에 맞게 NCS기반으로 바텐더 양성과 자격증 취득을 위한 교재를 새롭게 준비하여 내놓게 되었습니다.

최신 트렌드에 맞추어 책으로 설명이 어려운 부분은 유튜브 동영상을 링크하여 스마트폰으로 즉석에서 QR코드를 찍어 참고할 수 있도록 했습니다.

2025년부터 적용되는 국가공인 조주기능사 시험에 따라 필기시험은 능력단위별로 이론 및 기출문제를 풀이하였고, 실기시험 개정 칵테일 40선은 각각 풀영상, 10초컷 2가지 영상 버전의 QR코드를 포함하여 새롭게 수록하여 바텐더를 꿈꾸는 이들과 술을 사랑하고 칵테일을 배우고자 하는 이들에게 꼭 필요한 최고의 교재가 될 것이라는 자부심을 가지고 만들었습니다.

앞으로도 부족한 점은 보완하고 개정하여 더욱 좋은 교재로 발전시켜 나갈 것을 약속드립니다. 이 책이 나오기까지 함께 애쓴 모든 이들과 도와준 가족에게 감사의 인사를 전합니다.

You will become a Good Bartender!

이석현과 저자일동

조주기능사 [바텐더/믹솔로지스트]
NCS 학습모듈의 위치

대분류	음식서비스
중분류	식음료조리·서비스
소분류	식음료서비스
세분류	

세분류: 식음료접객 / 소믈리에 / 바텐더 / 식공간연출

능력단위	학습모듈	책의 구성
위생관리	위생·음료영업장관리	Part 1 p.17
음료 영업장 관리		
음료 특성 분석	음료 특성분석	Part 2 p.59
고객 서비스	고객 서비스	Part 3 p.181
바텐더 외국어 사용		
메뉴 개발	메뉴 개발	*필기 미적용
음료 영업장 마케팅	바 마케팅	*필기 미적용
음료 영업장 운영	바 운영	Part 4 p.223
칵테일 기법 실무	칵테일 기법 활용	Part 7 p.293
칵테일 조주 실무	칵테일 조주 하기	Part 8 p.367
식음료 영업준비	식음료 영업 준비	Part 5 p.253
와인장비·비품관리	와인장비·비품관리	Part 6 p.279

contents
you will become a good bartender!

Part 1. 위생·음료영업장관리

학습 1 음료 영업장 위생 관리하기   19
    1-1. 음료 영업장의 청결 위생 관리   19
    1-2. 음료 영업장의 기물 위생 관리   27

학습 2 음료 영업장 안전 관리하기   34
    2-1. 시설물 안전 상태 점검   34
    2-2. 시설물 유지 및 보수   36
    2-3. 효과적인 시설물의 배치와 활용   42
    2-4. 음료 영업장 기구·글라스 관리   42

학습 3 음료 영업장 재고 관리하기   46
    3-1. 음료 영업장 재고 관리   46

[기출문제 1] 위생·음료영업장관리   53

Part 2. 음료특성분석

학습 1 음료 분류 및 특성 파악하기   61
    1-1. 음료의 분류 및 특성 파악   61

[기출문제 2-1] 음료의 분류   67

학습 2 양조주-와인 Fermented Liquor, Wine   73
    2-1. 와인의 품질을 결정짓는 요소   73
    2-2. 주요 포도품종   74
    2-3. 와인의 저장 및 숙성   76
    2-4. 와인 취급법 및 서비스방법   77
    2-5. 각국의 와인   82
    2-6. 와인의 제조방법   94

[기출문제 2-2] 양조주-와인   97

학습 3 양조주-맥주 Fermented Liquor, Beer — 113
    3-1. 맥주 — 113

[기출문제 2-3] 양조주-맥주 — 118

학습 4 위스키 Whisky — 121
    4-1. 위스키 — 121
    4-2. 스카치 위스키의 제조 — 122
    4-3. 위스키의 분류 — 124

학습 5 브랜디 Brandy — 131
    5-1. 브랜디의 정의 — 131
    5-2. 브랜디의 유래 — 131
    5-3. 브랜디의 제조방법 Cognac의 예 — 132
    5-4. 브랜디의 등급 — 133

학습 6 진 Gin — 135
    6-1. 진의 역사 — 135
    6-2. 진의 제조법 — 137
    6-3. 진의 종류 — 137

학습 7 보드카 Vodka — 139
    7-1. 보드카의 역사 — 139
    7-2. 보드카의 정의 — 139
    7-3. 보드카의 제조법 — 140
    7-4. 보드카의 유명상표 — 141

학습 8 럼 Rum — 144
    8-1. 럼의 정의 — 144
    8-2. 럼의 역사 — 144
    8-3. 럼의 제조법 — 145
    8-4. 럼의 종류 — 146

학습 9 테킬라 Tequila — 148
    9-1. 테킬라의 역사 — 148
    9-2. 테킬라의 제조법 — 148
    9-3. 테킬라의 종류 — 149

[기출문제 2-4] 증류주 — 150

학습 10 리큐어Liqueur	159
10-1. 리큐어의 종류	159
[기출문제 2-5] 혼성주	169
학습 11 우리술Korean Traditional Liquor	174
11-1. 지역별 전통주	174
[기출문제 2-6] 우리술	180
학습 12 음료 활용하기	185
[기출문제 2-7] 비알코올성음료	189

Part 3. 고객서비스

학습 1 고객 응대하기	197
1-1. 고객 응대	197
학습 2 주문 서비스 제공하기	205
2-1. 주문 서비스 제공	205
학습 3 술과 건강	218
[기출문제 3] 고객서비스	221

Part 4. 음료 영업장 운영

학습 1 직원 관리하기	239
1-1. 바bar 조직 및 직무	239
1-2. 바bar의 직무 평가	242
학습 2 원가 분석하기	243
2-1. 음료 원가 관리	243
2-2. 손익 분기점 산출 및 활용	251

학습 3 영업 실적 분석하기 — 253
- 3-1. POS 시스템 구조 — 253
- 3-2. POS 시스템의 활용 — 256

[기출문제 4] 바Bar 운영 — 260

Part 5. 식음료영업준비

학습 1 테이블 세팅하기 — 269
- 1-1. 세팅물품의 숙지와 준비 — 269
- 1-2. 테이블과 의자의 균형 조정 — 271
- 1-3. 영업장의 성격에 맞는 린넨류 준비 — 272
- 1-4. 다양한 방법으로 냅킨 접기 — 273
- 1-5. 집기 취급 방법에 따른 테이블 세팅 — 274
- 1-6. 정확한 테이블 세팅 — 277
- 1-7. 정숙한 테이블 세팅 — 278
- 1-8. 예약에 따른 요청사항 준비 — 279

학습 2 스테이션 준비하기 — 280
- 2-1. 스테이션의 기물 정리 — 280
- 2-2. 물품의 위치와 수량 확인 및 재고 목록표 작성 — 281
- 2-3. 일일 적정 재고량 파악 — 282
- 2-4. 유통기한 확인과 선입선출의 방법 — 283

학습 3 영업장 점검하기 — 285
- 3-1. 영업장의 청결점검 — 285
- 3-2. 조명기구 점검 — 286
- 3-3. 고정 설치물의 위치와 상태점검 — 287
- 3-4. 테이블과 의자의 상태 점검 — 288
- 3-5. 일일메뉴의 특이사항과 재고점검 — 289

[기출문제 5] 식음료 영업 준비 — 291

Part 6. 와인장비 및 비품관리

학습 1 와인글라스 유지·관리 — 295
- **1-1.** 와인글라스 파손, 오염 확인 — 295
- **1-2.** 와인글라스의 청결 유지·관리 — 296
- **1-3.** 와인글라스의 종류별 정리·정돈 — 297
- **1-4.** 와인글라스의 적정한 종류별 재고량 확보·유지 — 300

학습 2 와인 디캔터 유지·관리 — 301
- **2-1.** 디캔터의 파손, 오염 확인 — 301
- **2-2.** 디캔터의 청결 유지·관리 — 302
- **2-3.** 디캔터의 종류별 정리·정돈 — 302

학습 3 와인 비품 유지·관리 — 304
- **3-1.** 와인 오프너, 와인 쿨러 등 비품의 파손, 오염 확인 — 304
- **3-2.** 와인 오프너, 와인 쿨러 등 비품의 청결 유지·관리 — 305

[기출문제 6] 와인장비 및 비품관리 — 306

Part 7. 칵테일 기법 실무

학습 1 칵테일 특성 파악하기 — 309
- **1-1.** 칵테일의 역사와 유래 — 309
- **1-2.** 칵테일 조주 전 준비 — 318
- **1-3.** 칵테일 부재료 — 343
- **1-4.** 칵테일의 분류 — 348

학습 2 칵테일 기법 수행하기 — 355
- **2-1.** 셰이킹 Shaking — 355
- **2-2.** 빌딩 Building — 359
- **2-3.** 스터링 Stirring — 361
- **2-4.** 플로팅 Floating — 364
- **2-5.** 블렌딩 Blending — 366
- **2-6.** 머들링 Muddling — 368

[기출문제 7] 칵테일 기법 활용 — 371

조주기능사 40선 풀영상

조주기능사 40선 10초컷

Part 8. 칵테일 조주 실무

학습 1 칵테일 조주하기   383

GIN Base

Dry Martini 드라이 마티니	384
Singapore Sling 싱가포르 슬링	386
Negroni 니그로니	388
Gin Fizz 진 피즈	390

LIQUEUR Base

Apricot 애프리콧	392
Grasshopper 그래스호퍼	394
June Bug 준 벅	396
B-52 비-52	398
Pousse Cafe 푸스카페	400

WHISKEY Base

New York 뉴욕	402
Manhattan 맨해튼	404
Rusty Nail 러스티 네일	406
Old Fashioned 올드 패션드	408
Whisky Sour 위스키 사워	410
Boulevardier 불바디에	412

BRANDY Base

Sidecar 사이드 카	414
Brandy Alexander 브랜디 알렉산더	416
Honeymoon 허니문	418

RUM Base

Bacardi 바카디	420
Daiquiri 다이키리	422
Cuba Libre 쿠바 리브레	424
Pina Colada 피냐콜라다	426
Blue Hawaiian 블루 하와이언	428
Mai-Tai 마이타이	430

VODKA Base

Cosmopolitan 코즈모폴리턴	432
Apple Martini 애플 마티니	434
Seabreeze 시브리즈	436
Moscow Mule 모스코 뮬	438
Long Island Iced Tea 롱아일랜드 아이스티	440
Black Russian 블랙 러시안	442

TEQUILA Base

Tequila Sunrise 테킬라 선라이즈	444
Margarita 마르가리타	446

WINE Base

Kir 키르	448

우리술 베이스

Geumsan 금산	450
Jindo 진도	452
Puppy Love 풋사랑	454
Healing 힐링	456
Gochang 고창	458

Non-Alcoholic Cocktail

Fresh Lemon Squash 프레시 레몬 스쿼시	462
Virgin Fruit Punch 버진 프루트 펀치	462

[기출문제 8] 칵테일 조주   **464**

APPENDICES

조주기능사 출제기준[필기]	470
조주기능사 출제기준[실기]	472
조주기능사 실기시험문제	475
조주기능사 실기 표준레시피	477
CTB예상기출문제	481

what is the bartender?

'Bar+tender'의 합성어로 'Bar를 부드럽게 관리하는 사람',

즉 바에 오신 모든 고객을 내 집에 온 것 같은 편안한

기분이 들도록 만들며, 칵테일 조주 등을 책임지는 사람이다.

고객과 바텐더 사이에 가로질러진 것을 바라고 하는데

이러한 바를 사이에 두고 찾아오신 고객을 즐겁게, 편안하게,

때로는 대화 상대자로서의 책임이 주어질 때도 있다.

따라서 바텐더는 일반상식은 물론 다방면의 전문지식을

겸비해야 하며, 엔터테인먼트, 쇼맨십, 카리스마적인 성격을

갖추어야 하고, 경우에 따라서는 기본 플레어Flair 기술도 필요하다.

Part 1

음료영업장관리

[NCS학습모듈]
위생 LM1301020401_17v3 |
음료영업장 관리 LM1301020405_17v3

롯데호텔 윈저바

위생·음료영업장 관리 학습모듈의 개요

학습모듈의 목표

- 음료 영업장 시설을 유지 보수하고, 기구·글라스를 관리하며 음료의 적정 수량과 상태를 관리할 수 있다.

학습모듈의 내용체계

학습	학습 내용	NCS 능력단위 요소	
		코드번호	요소 명칭
1. 음료 영업장 위생 관리하기	1-1. 음료 영업장의 청결 위생관리	1301020401_17v3.1	음료 영업장 위생 관리하기
		1301020401_17v3.3	개인위생 관리하기
	1-2. 음료 영업장의 기물 위생관리	1301020401_17v3.2	재료·기물·기구 위생 관리하기
2. 음료 영업장 안전 관리하기	2-1. 시설물 안전 상태 점검 2-2. 시설물 유지 및 보수 2-3. 효과적인 시설물의 배치와 활용	1301020405_17v3.1	음료 영업장 시설 관리하기
	2-4. 음료 영업장 기구·글라스 관리	1301020405_17v3.2	음료 영업장 기구·글라스 관리하기
3. 음료 영업장 재고 관리하기	3-1. 음료 영업장 재고 관리	1301020405_17v3.2	음료 영업장 재고 관리하기
		1301020405_17v3.3	음료 관리하기

학습 1 음료 영업장 위생 관리하기

1-1. 음료 영업장의 청결 위생 관리

> **학습 목표**
> • 음료 영업장의 청결을 위하여 영업 전 청결 상태를 확인하여 조치할 수 있다.
> • 음료 영업장의 청결을 위하여 영업 중 청결 상태를 유지할 수 있다.
> • 음료 영업장의 청결을 위하여 영업 후 청결 상태를 복원할 수 있다.

1 식품 위생의 개념과 필요성

(1) 식품 위생이란

식품 위생食品衛生, food sanitation, food hygiene이란 식품, 식품첨가물, 기구 또는 용기, 포장을 대상으로 하는 음식에 관한 위생을 말한다식품위생법 제2조 제8항. 세계보건기구WHO의 환경위생전문위원회에서는 "식품 위생이란 식품의 재배, 생산 또는 제조로부터 최종적으로 사람에게 섭취될 때까지의 모든 단계에서 식품의 안전성, 건전성, 건강성을 확보하기 위한 모든 수단을 뜻한다."라고 정의하였다.

우리나라의 식품위생법은 안전성을 해치는 요인을 네 가지로 나누어 규정하고 있다.
- 부패 변질된 것
- 유해·유독 물질이 들어 있거나 묻어 있는 것
- 병원미생물에 오염된 것
- 불결하거나 다른 물질이 혼입된 것

식품의 안전성이 고려되어야 하는 구체적인 단계는 원료의 재배·채취 및 수확 단계, 식품의 제조 및 가공 단계, 식품의 기구·용기 및 포장 단계, 수송·저장 및 판매 단계, 그리고 섭취의 단계로 나눌 수 있다.

(2) 식품으로 인한 건강 장해

인간은 식품의 섭취로 생명을 영위하고 건강을 유지하며 생활한다. 식품의 안전성은 식품으로 야기되는 건강 장해 문제와 직결된다. 식품의 유해 요인으로부터 안전하게 하기 위하여 다음과 같은 기본 원칙을 지켜야 한다.

① 세균성 식중독살모넬라, 장염 비브리오, 황색포도상구균, 보툴리누스 등, 경구전염병장티푸스, 파라티푸스, 콜레라, 소아마비 등, 인수공통전염병탄저, 브루셀라, 랩토스피라 등 등의 세균이 식품에 오염되지 않도록 주의하며 일단 오염되면 사용하지 않는다.
② 변패나 부패를 일으키는 미생물에 오염되지 않도록 살균 후 저온에서 보관한다.
③ 재배, 생산, 가공, 제조, 저장, 조리 등의 과정 중에 유독·유해 물질의 혼입을 방지한다.
④ 식품위생법의 기준에 맞게 식품첨가물을 사용한다.
⑤ 분변, 농약, 중금속 및 공장 폐수에 오염이 되지 않도록 한다.
⑥ 불량·부정 식품을 만들지 않는다.

(3) 식품 위생의 필요성

식품 위생은 식품으로부터 오는 유해 미생물의 존재를 확인하고 이들의 혼입을 막거나 증식을 억제하는 방법을 제시하는 한편, 여러 종류의 천연 또는 인공 유해 물질을 밝히고 오염되지 않도록 함으로써 이들에 의한 식중독 사고를 막을 수 있으며 식품에 의한 질병 발병률을 크게 낮출 수 있다. 우리나라의 경우 영아 사망률이 크게 낮아지고 평균 수명이 높아지는 이유는 의료 보급과 식생활 개선, 식품 및 개인위생의 개선에 따른 결과이다.

합리적인 식품 위생 관리를 함으로써 다음과 같은 장점이 있다.

- **식중독 사고 방지** : 매년 세계적으로 많은 식중독 사고가 발생하고 있으며 보고되는 것보다 그렇지 않은 경우가 더 많다. 주요 원인으로는 세균, 곰팡이, 기생충 그리고 음료 영업장 바이러스로 알려지고 있다. 식품 위생 관리를 통하여 많은 식중독 사고를 막을 수 있어 안전한 식생활 문화를 조성할 수 있다.
- **저장 기간 연장 및 품질 개선** : 미생물 관리를 통하여 부패, 변색, 변취 등을 예방, 식품 폐기 및 판매 손실을 최소화할 수 있다.

- **품질 개선 및 신뢰도 향상** : 식품 위생을 통하여 고객과의 관계 개선, 공중 보건의 위험 감소, 종업원의 도덕성 향상에 기여할 수 있다.
- **법적 요구 사항 부응** : 날로 엄격해지고 있는 각종 식품 관련 법적 규제로부터 자유로워질 수 있으며, 이로 인한 피해를 막을 수 있다.

❷ 개인위생 관리의 개념과 중요성

(1) 개인 위생 관리란

식품의 안전성을 확보하기 위해서는 식품 제조, 가공, 보관, 유통 및 서비스에 이르기까지 식품과 직·간접적으로 접촉하게 되는 개인의 위생 관리가 무엇보다도 중요하다.

(2) 개인 위생 관리의 중요성

청결한 몸 관리, 개개인의 위생 관리는 식중독 방지에 있어서 매우 중요하며 또한 식품취급자로 하여금 소비자에게 안전한 식품을 공급할 수 있는 척도가 된다. 따라서 안전하게 식품을 취급하는 요령을 명백히 숙지해야만 한다.

❸ 개인 위생 관리를 위한 보건증_{건강진단 결과서} 준비

(1) 건강진단결과서_{보건증}이란

식품 위생 분야 종사자는 정기적인 건강진단과 위생 교육을 통해 식음료의 취급과 음료영업장 바텐더 업무에 주의를 기울임으로써 항상 위생적이고 청결한 칵테일을 제공할 수 있도록 최선을 다해야 한다. 이를 위해 음료영업장 바텐더는 1년에 1회 정기적인 건강진단을 받아야 하는데, 건강진단 후 발급되는 건강진단 결과서를 보건증이라 한다.

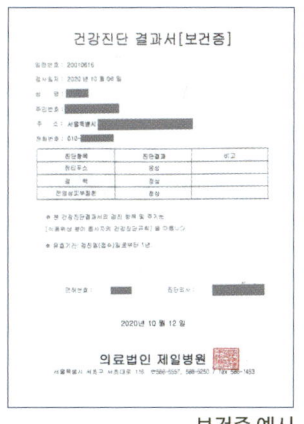

보건증 예시

(2) 식품 위생 분야 종사자의 건강진단 규칙

식품위생법 시행 규칙에는 '식품 위생 분야 종사자의 건강진단 규칙[시행 2013.3.23.][총리령 제1015호, 2013.3.23., 제정]'을 다음과 같이 명시하고 있다.

(1) 종사자의 건강진단
- ▶ 총리령으로 정하는 영업자 및 그 종업원은 건강진단을 받아야 한다.
- ▶ 건강진단을 받은 결과 타인에게 위해를 끼칠 우려가 있는 질병이 있다고 인정된 자는 그 영업에 종사하지 못한다.
- ▶ 영업자는 건강진단을 받지 아니한 자나 건강진단 결과 타인에게 위해를 끼칠 우려가 있는 질병이 있는 자를 그 영업에 종사시키지 못한다.
- ▶ 건강진단의 실시 방법 등과 타인에게 위해를 끼칠 우려가 있는 질병의 종류는 총리령으로 정한다.

(2) 건강진단 항목
- ▶ 장티푸스(식품 위생 관련 영업 및 집단급식소 종사자만 해당한다.)
- ▶ 폐결핵
- ▶ 전염성 피부 질환

(3) 감염병의 용어 정의

가. 감염병이란

건강진단 결과 음료영업장 바텐더 업무에서 제외되어야 하는 질병은 소화기계 전염병 환자 및 보균자제1군 감염병, 결핵환자, 피부병 또는 그 밖의 화농성 질환자이다. '감염병'이란 제1군 감염병, 제2군 감염병, 제3군 감염병, 제4군 감염병, 제5군 감염병, 지정 감염병, 세계보건기구 감시 대상 감염병, 생물 테러 감염병, 성 매개 감염병, 인수人獸 공통 감염병 및 의료 관련 감염병을 말한다.

나. 감염병 유행의 3대 요인

감염병 유행의 3대 요인은 ① 감염원, ② 감염 경로환경 요인, ③ 감수성 숙주로 대별된다.

(가) 감염원source of infection

감수성 숙주에게 병원체를 전파시킬 수 있는 근원이 되는 모든 것을 의미한다. 감염원으로는 환자, 보균자, 감염 동물, 오염 식품이나 오염 식기구 및 생활용품 등이 있다.

(나) 감염 경로route of transmission

감염원으로부터 감수성 보유자에게 병원체가 운반되는 과정을 말하며, ① 접촉 감염, ② 공기 전파비말 전파, ③ 동물 매개 전파, ④ 개달물fomites, 의복, 침구, 완구, 책, 수건 등과 같은 비활성 매체 등을 통한 간접전파에 의한 감염 등이 있다.

(다) 감수성 숙주 susceptible host

숙주의 병원체에 대한 저항력 resistance이 낮은 상태, 즉 감수성이 높은 인구 집단은 감염병 유행이 쉽게 만연되지만, 면역성이 높은 집단에서는 유행이 잘 이루어지지 않는다.

다. 감염병의 생성 과정

감염병 생성 과정은 ① 병원체, ② 병원소, ③ 병원소로부터 병원체의 탈출, ④ 전파, ⑤ 병원체의 새로운 숙주 내 침입, ⑥ 숙주의 감수성 등 6개 요인이 구비되어 연쇄적 관계를 가질 때 발생된다. 이 요인들 중 하나라도 결여 또는 차단되면 감염병 생성은 이루어지지 않는다.

라. 감염병 관리 방법

감염병 관리는 감염병 생성 과정 6개 요소 중의 어느 요소에 대한 공격 조치를 통하여 그 요소를 제거함으로써 그 전파의 연쇄 작용이 이루어지지 않아서 감염병이 발생하지 못하게 하는 것이 관리의 원칙이다. 그러나 가장 효율적인 성과를 거두기 위해 6개 요소 중에 어느 요소를 차단할 것인가는 감염병의 종류에 따라 다르다. 특히 외래감염병은 국내 침입 자체를 막아야 하므로 검역을 철저히 하는 일이 선행되어야 한다.

일반적으로 감염성 질환의 예방과 관리 방법은 크게 ① 전파 예방 preventing spread, ② 면역 증강 increasing immunity, ③ 예방되지 못한 환자에 대한 조치 등으로 요약할 수 있다.

수행내용 | 음료 영업장의 청결 위생 관리하기

1 개인위생 관리

위생관리 기준서에 따라 바텐더는 개인위생 관리를 위해 유니폼을 청결하게 유지한다.

(1) 남성의 복장

가. 유니폼

① 바지는 항상 청결하고 무릎이 나오지 않도록 다림질을 해서 착용한다.
② 바지의 길이는 양말이 보이지 않을 정도로 착용한다.
③ 단추가 떨어져 있거나 바느질이 터진 곳은 없는지 확인한다.

남성 바텐더 용모 기준

얼굴
수염 및 눈썹, 코털을 깔끔히 정리

헤어
헤어 용품을 사용하여 단정하게 정리
앞머리를 낼 경우 1/3 이상 이마가 보이도록 고정
헤어 두 제안: 리젠트, 포마드, 투블럭

엑세서리 & 손
목걸이, 반지, 팔찌 착용 금지
손톱: 길이 1.5mm 이내(청결유지)

복장
적절한 사이즈의 청결한 유니폼 착용
명찰: 왼쪽 가슴 위 패용
바지 길이: 복숭아 뼈를 살짝 덮은 정도

향수 & 위생
향수: 자극적이지 않고 은은한 향 사용
구강: 청결하게 유지
손: 담배 냄새가 나지 않도록 유지

양말 & 유니화
양말: 다크 에메랄드, 검정색 긴 양말 착용
유니화: 뒤축이 닳지 않고 광택 유지

여성 바텐더 용모 기준

메이크업
피부톤과 눈썹을 단정하게 정돈
아이섀도우 컬러: 옅은 스모키, 피치, 브라운, 버건디
립스틱 컬러: 로즈, 핑크, 피치 계열 컬러

헤어
앞머리: 볼륨을 주고 잔머리는 정리
포니테일 스타일: 직모 또는 굵은 웨이브 연출
컷·단발 스타일: 머리 끝부분을 안쪽으로 정리
앞머리를 낼 경우: 1/3 이상 이마가 보이도록 고정
헤어 두 제안: 포니테일, 단발, 컷

엑세서리 & 손
목걸이, 반지, 팔찌 착용 금지
귀걸이: 부착형, 펜던트 지름 1cm 이내 화이트 진주
매니큐어: 투명만 허용, 손톱 길이 1.5mm 이내

복장
적절한 사이즈의 청결한 유니폼 착용
명찰: 왼쪽 가슴 위 패용

향수 & 위생
향수: 자극적이지 않고 은은한 향 사용
구강: 청결하게 유지

스타킹 & 유니화
스타킹: 얇은 검정색 착용(하절기: 커피색 or 누드색)
유니화: 뒤축이 닳지 않고 광택 유지

You will become a Good Bartender!

나. 와이셔츠

① 언제나 청결하고 주름이 없는 흰색 와이셔츠를 착용해야 하며 무늬가 있는 와이셔츠를 착용해서는 안 된다.
② 소매 끝, 깃 등이 지저분해지거나 주름투성이의 와이셔츠를 착용하지 않는다.

다. 구두

① 검정단화가 원칙이며 장식이 달린 복잡한 것은 착용을 금한다.
② 언제나 광택이 나는 것을 착용해야 하며 착용 후에는 잘 손질하여 보관한다.

라. 두발

① 식음료가 모발로 오염되는 것을 방지하기 위해서 뒷머리는 짧게 잘라 와이셔츠 칼라 부분이 덮이지 않도록 해야 하며 옆머리는 귀가 덮이지 않게 하고, 앞머리는 이마를 덮지 않도록 한다.
② 항상 청결히 하고 향이 강한 헤어 무스나 헤어 젤 등을 사용하지 않는다.
③ 빗질을 자주하여 청결함을 유지한다.

(2) 여성의 복장

가. 유니폼

① 항상 청결하고 다려진 옷을 착용해야 하며 소매 끝, 깃 등이 깨끗하게 관리한다.
② 지급된 유니폼 이외에는 착용을 금한다.

나. 악세서리

① 귀걸이, 목걸이, 반지, 팔지 등의 악세서리는 바텐더 근무 중에 착용해서는 안된다.

다. 구두

① 검정색이 원칙이며 장신구가 달린 복잡한 것은 착용을 금한다.
② 언제나 깨끗한 것을 착용해야 하며 착용 후에는 잘 손질하여 보관한다.

라. 스타킹

① 스타킹은 살구색에 가까운 것을 선택하며 화려한 색상은 피한다.
② 흘러내리지 않도록 주의하고 올이 나간 것은 사용을 금하며 만일에 대비하여 여분을 항상 준비해 둔다.

마. 화장

① 밝고 건강하게 보일 정도가 좋다.
② 눈 화장Eye Shadow, Eye Line은 자연스럽게 하고 속눈썹은 붙이지 않는다.

바. 두발

① 식음료가 모발로 오염되는 것을 방지하기 위해서 긴 머리는 단정하게 묶고 흘러내리지 않도록 손질하여 활동하기 편해야 한다.

2 식중독 예방

위생 관리 기준서에 따라 식중독 예방 방법을 익히고 올바른 손씻기 방법을 익혀 손을 청결하게 유지할 수 있다.

① 올바른 손 씻기 방법은 비누거품을 충분히 만들어 손톱 밑, 손톱 주변, 손바닥, 손가락 사이 등을 꼼꼼히 문지르고 손목 위까지 오염원을 씻은 후 흐르는 물에 충분히 헹구어낸다.
② 손의 물기는 공동 수건을 사용하지 않고, 종이 타월을 이용하거나 핸드 드라이어를 이용하여 제거한다. 손의 물기를 제거한 후에는 손소독제를 이용하여 손을 소독한다.

3 구역별 지정 및 점검

음료 영업장의 청결 관리를 위해서 내부를 구역별로 나누고 청결 상태를 점검한다.

① 음료 진열장 및 수납공간은 먼지가 없도록 관리한다.
② 언더 음료 영업장작업대의 위·아래 장과 수납공간, 선반 등은 세척과 소독하여 관리한다. 또한 정리정돈 시에는 '청소 절차 매뉴얼'을 작성하여 각 언더 음료 영업장마다 청소와 소독 절차를 코팅하여 붙여 놓으면 편리하다.
③ 냉장·냉동고는 내부 용적의 70%를 넘지 않게 보관하며 적정 온도가 유지되는지 확인하고 내부 물품을 일렬로 정리하여 관리한다.
④ 칼·도마·행주 및 조주기물은 교차 오염 방지를 위해 구분하여 사용하며 철저히 소독하여 사용한다.

4 구역별 청결 담당자 지정

음료 영업장의 구역별 청결 담당자를 지정하여 청결 상태를 확인할 수 있다.

1-2. 음료 영업장의 기물 위생 관리

> **학습 목표**
> - 음료의 위생적 보관을 위하여 음료 진열장의 청결을 유지할 수 있다.
> - 음료 외 재료의 위생적 보관을 위하여 냉장고의 청결을 유지할 수 있다.
> - 조주기물의 위생 관리를 위하여 살균 소독을 할 수 있다.

1 세척과 소독의 개념 및 올바른 음료 영업장의 세척제 사용법

(1) 세척과 소독

세척과 소독은 식품 접촉 표면(그릇, 도구, 설비 등)을 통한 교차 오염을 예방하고 미생물을 안전한 수준으로 감소시키기 위해 반드시 실시하여야 한다.

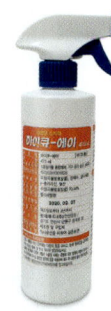

소독의 종류 및 방법

대상	소독종류	소독방법	비고
식기 행주	열탕소독 (자비소독)	· 열탕에서는 77℃, 30초 이상 · 중기소독기: 100~120℃에서 10분 이상 · 재질에 따른 방법 　- 금속재: 100℃에서 5분, 80℃에서 30분 　- 사기·토기: 80℃에서 1분 　- 천류: 70℃에서 25분, 95℃에서 10분	그릇을 포개어 소독할 때에는 끓이는 시간을 연장
식기	건열소독	· 160~180℃에서 30~45분간	
작업대·기기 도마·생채소 과일	화학소독	· 염소용액 소독 　- 생체소, 과일의 소독: 100ppm 이상의 염소용액에 5분간 침지 　- 발판 소독조: 100ppm 　- 식품 접촉면의 소독: 200ppm 1분 이상 · 요오드 용액(기구, 용기 소독): pH5 이하, 24℃ 이상, 요오드 25ppm이 함유된 용액에 최소 1분 침지 · 70% 에틸알코올 소독(손, 용기 등): 분무하여 건조	반드시 세척 후 사용
칼·도마·식기 소도구·용기	자외선소독	· 살균력이 가장 강한 2,537Å의 자외선에서 30~60분 조사 · 기구 등을 포개거나 엎어서 살균하지 말고 자외선이 바로 닿도록 배치	자외선은 빛이 닿는 부분만 살균됨에 유의

출처: 식품의약품안전처2006, '소독의 종류 및 방법'

세척이란 급식 기구 및 용기 표면을 세제를 사용하여 음식찌꺼기와 잔여물을 제거하기 위한 작업이며, 소독이란 급식 기구, 용기 및 음식이 접촉되는 표면에 존재하는 미생물을 위생상 안전한 수준으로 감소시키는 것을 의미한다.

1종 세척제
사람이 그대로 먹을 수 있는
야채, 과일 등을 씻는데
사용되는 세척제

2종 세척제
가공기구, 조리기구 등
식품기구
(자동식기세척기 포함)
용기를 씻는데 사용되는
세척제

3종 세척제
식품의 제조장치, 가공장치
등을 씻는데
사용되는 세척제

세척제의 용도별 분류 사용방법

열 소독 용도에 맞는 세척수의 온도

종 류	온도(℃)
화학 소독제가 작용하기 쉬운 효과적인 온도 범위	24~49
식기세척기를 사용할 때 애벌 세척의 작업 온도 범위	27~43
식기와 장비를 씻고 헹구는 물의 온도	49
화학소독기의 마지막 소독 온도 범위	49~60
식기세척기를 사용할 때의 초기 세척 온도	66
대부분의 미생물이 죽는 온도 범위	72~74
식기세척기를 사용할 때의 중간 세척 온도	74
손으로 씻고 소독할 때의 소독 온도	77
식기세척기를 사용할 때의 마지막 헹굼 온도	82
식기세척기나 열소독기의 한계 온도	91

출처: 보건복지부2006, 열 소독의 용도에 맞는 세척수의 온도

2 위생적인 주방기기 및 기물 관리

(1) 주방기기 및 기물 관리

가. 주방기기 및 조주기물의 위생 관리

(가) 냉장·냉동고 관리

① 주 1회 이상 청소한다.
② 온도를 주기적으로 측정 기록한다.
③ 교차 오염을 예방하기 위해 식품을 분리 보관한다.
④ 내부 용적을 70% 이하로 식품 보관한다.
⑤ 조명은 라벨을 읽을 수 있을 정도로 한다.

(나) 주방기기 및 조주기물 관리

① 세제를 묻힌 스펀지로 더러움을 제거한 후 뜨거운 물로 깨끗이 씻어내고 완전히 건조한다.
② 물을 사용하지 못하는 기물들은 더러움을 제거한 후 행주로 닦고 소독용 알코올을 분무한다.

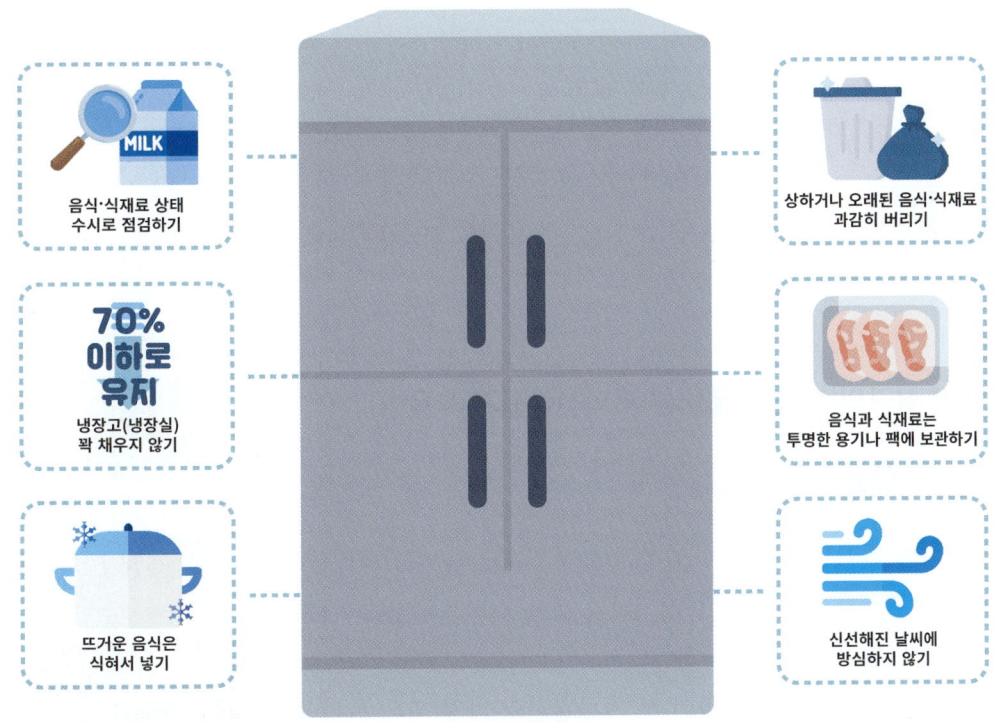

냉장고 청결 관리

(다) 칼·도마·행주의 관리

① 칼은 사용 후 세척하여 자외선살균기에 넣어 보관한다.
② 도마는 사용 재료에 따라 색을 구분하여 사용하며 교차 오염을 예방한다.
③ 도마, 조리대 등 작업대 옆에는 소독 세제와 소독 비누를 비치한다.
④ 목제 기구는 세균이 잔존할 가능성이 높으므로 충분히 건조하여 사용한다.
⑤ 마른 행주와 젖은 행주를 구분하여 사용한다.
⑥ 행주는 사용 후 반드시 열탕 소독 5분 이상 또는 염소 소독한 뒤 건조한다.

(라) 식기세척기 관리

① 음료 영업장 바닥에서 최소한 15cm 이상 위에 설치한다.
② 온도, 수압을 알리는 계기판은 잘 보이는 장소나 기계 가까이에 부착한다.

(마) 조주기물과 각종 기기의 관리

기물과 각종 기구에 따른 소독의 종류 및 방법

구분	소독 종류	소독 방법
조주기물, 행주	열탕 소독	100℃에서 5분 이상 충분히 삶는다.
조주기물	건열 소독	100℃ 이상으로 2시간 이상 충분히 건조시킨다.
작업대, 도마, 생채소, 과일	화학 소독	염소 용액 소독: 채소 및 과일을 100ppm에서 5분간 담근 후 흐르는 물에 3회 이상 충분히 세척한다.
		70% 에틸알코올 소독: 손 및 용기에 분무한 후 건조될 때까지 문지른다.
칼, 도마, 식기류	자외선 소독	포개거나 뒤집어 놓지 말고 자외선이 바로 닿도록 30~60분간 소독한다.

3 자외선 살균의 개념 및 올바른 자외선살균기 사용법

(1) 자외선 살균

자외선은 1801년 독일의 물리학자 요한 빌헬름 리터가 가시광선 영역의 스펙트럼 끝 부분 보라색보다 짧은 스펙트럼 빛을 관찰하면서 발견되었다.

자외선Ultraviolet ray은 태양광선 중 가시광선의 가장 짧은 파장인 보라색보다 파장이 짧은, 눈에 보이지 않는 광선을 의미하는데,

자외선은 파장이 짧아 투과력은 약하지만 강력한 에너지를 가지고 있어 화학반응을 촉진하고 유기물을 산화시키며 미생물들에게는 살균작용을 일으킨다. 양지에 계속 세워둔 자동차가 변색되고 이불을 일광 소독하는 것도 이러한 자외선의 특징을 이용한 것이다. 식약처에 따르면 자외선 살균소독기를 제대로 사용하려면 컵을 겹치지 않게 한 층으로만 넣어야 하고, 살균 효과는 습도에 반비례하므로 컵을 완전히 건조시킨 후 소독기에 넣어야 한다.

4 조주기물의 위생 관리를 위한 살균 소독

(1) 조주 기구의 살균 소독

식기 세정은 손으로 씻는 방법과 식기세척기를 이용하는 방식이 있는데, 업장의 형태나 규모에 따라 적절한 방법을 선택하여야 한다. 수작업으로 세척할 때에는 조리용 싱크대가 아닌 식기세척용 싱크대를 사용한다. 수작업 시에는 애벌 세척-세척-헹굼-살균 소독-건조/보관의 5단계로 진행하는 것이 음료 영업장에 바람직하며, 다음 그림과 같다.

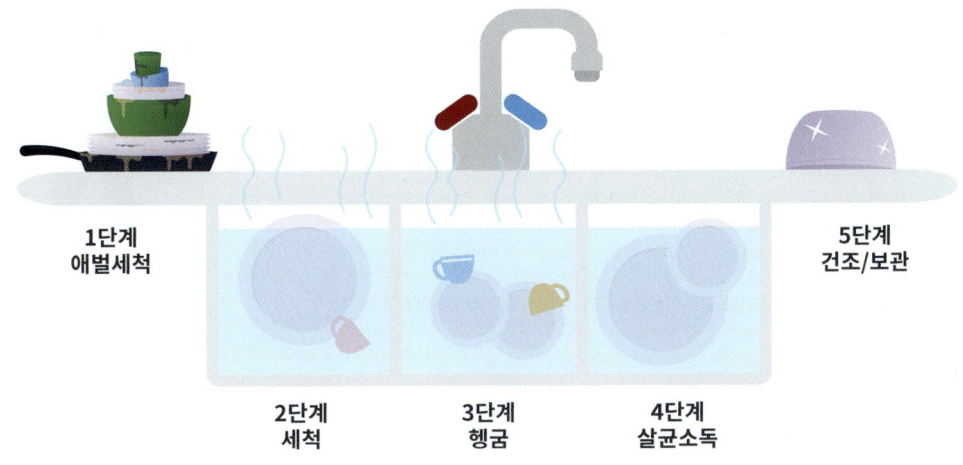

수작업에 의한 5단계 세척 및 소독 방법 [출처: 식품의약품안전처]

① 1단계 애벌 세척: 40℃ 정도의 물로 기구 및 용기에 붙은 찌꺼기를 씻어 낸다.
② 2단계 세척: 브러시에 세제를 묻혀 남아있는 이물질을 완전히 제거한다.
③ 3단계 헹굼: 40℃의 깨끗한 물로 세제를 충분히 씻어 낸다.
④ 4단계 살균 소독: 마지막 단계에서는 77℃ 이상의 물에 30초간 열탕 소독하거나 기구 등의 살균 소독제를 사용하여 제품에 표시된 사용 방법제품의 희석방법, 살균 소독 대상별 사용 방법 및 사용량에 맞게 살균 소독한다. 화학소독제를 사용할 경우 염소 용액은 24~43℃,

100ppm 농도에서 5분간, 요오드 용액은 24~43℃, pH 5.0 이하, 12.5ppm 농도에서 1분정도 침지하였다가 헹군다.

⑤ 5단계 건조 보관: 소독이 완료된 식기는 2차 오염이 되지 않도록 자연 건조시킨 후 식기 보관고에 보관한다.

(2) 조주기물 위생 관리 요령

가. 은기물류 silverware

업장에서 사용하고 있는 은기물은 일반적으로 스테인리스 제품에 은도금한 것을 사용하며, 은도금이 되어 있지 않은 제품일지라도 식탁에서 사용되는 포크, 나이프, 스푼 등의 집기류들을 편하게 은기물이라 부르기도 한다.

은기물류는 변색될 가능성이 많으므로 깨끗이 닦은 후에 반드시 마른 수건으로 닦아야 하며, 장기간 보관해야 할 경우에는 비닐봉지 같은 밀폐 용기에 잘 싸서 보관하면 좋다.

(가) 은기물류 취급 방법

① 운반이나 보관할 때는 같은 종류의 기물끼리 취급한다.
② 세척이나 세팅 시 지문이 묻지 않도록 한다.
③ 변색되거나 얼룩진 기물은 약물 distant 에 닦아서 사용한다.
④ 고객 앞에서는 부딪혀 소리 나지 않도록 주의한다.

나. 도자기류 ceramicware

도자기류는 운반과 취급 시 매우 세심한 주의를 요한다. 식당 서비스 업장 현장에서 주로 차이나웨어라고 하는 도자기류는 식음료 상품을 판매하는 데 있어 매우 중요한 역할을 한다.

(가) 도자기류 취급 방법

① 음식이 닿는 부분을 손으로 잡거나 만져서는 안된다.
② 마크 mark 나 로고 logo 가 있을 경우 고객 앞으로 바르게 놓이도록 제공한다.
③ 한 번에 들 수 있는 양만큼만 든다.
④ 왼손으로 접시 밑을 받친다.

⑤ 최대한 몸에 밀착시킨다.
⑥ 오른손으로 접시 윗부분을 잡고 접시의 흔들림을 방지한다.

다. 글라스류 Glassware

글라스는 음료 영업장의 용도로 사용되는 것이 대부분으로 디자인, 모양, 용량, 제조자에 의해서도 같은 용도의 것이 달리 만들어진다. 또한 동일한 글라스를 다양한 용도로 사용하기도 한다.

① 글라스를 옮길 경우 어떤 경우에도 손가락을 끼워서는 안 된다. 스템stem이 있는 글라스는 스템을, 텀블러tumbler류는 하단을 잡아야 한다.
② 사용한 글라스는 반드시 종류별로 구분하여 랙rack에 담는다.
③ 글라스류와 은기물류, 도자기류를 함께 모아 운반하지 않는다.
④ 트레이tray로 운반할 때는 글라스가 미끄러지지 않게 트레이에 매트 또는 냅킨을 깔고 무게가 한쪽으로 쏠리지 않도록 중심 자리부터 글라스를 붙여서 놓으며, 내용물이 담긴 글라스를 운반할 때는 조심해서 다루고 전후좌우 경계를 소홀히 해서는 안 된다.
⑤ 용기에 뜨거운 물을 따로 준비하여 세척된 글라스를 한 개씩 수증기에 쏘여 깨끗이 닦는다.
⑥ 닦기 전에는 금이 갔거나 깨어진 데가 있는지 확인한 후 닦도록 한다.
⑦ 닦을 때는 냅킨을 펼쳐 잡은 후 한쪽 엄지손가락과 냅킨을 글라스 안쪽에 넣고 나머지 손가락은 글라스 바깥 부분을 쥐며, 다른 손은 글라스 밑바닥을 냅킨으로 감싸 쥐고 무리한 힘을 가하지 않도록 글라스를 가볍게 돌려가면서 닦는다.
⑧ 닦는 순서는 윗부분부터 안팎을 닦은 후, 손잡이 부분과 밑바닥을 차례대로 물기가 없도록 깨끗하게 닦는다.
⑨ 수증기를 쏘여도 얼룩이나 물자국 등이 닦이지 않을 때는 뜨거운 물에 담갔다가 닦는다.
⑩ 닦은 후에는 먼지 또는 얼룩이나 물자국 등이 깨끗하게 닦였는지 철저히 점검해야 한다.

글라스 닦기

학습 2 음료 영업장 안전 관리하기

2-1. 시설물 안전 상태 점검

학습 목표
• 음료 영업장 시설물의 안전 상태를 점검할 수 있다.

■ **음료 영업장 안전 관리를 위하여 시설물 안전 상태를 점검한다.**

(1) 소방 시설을 점검·확인할 수 있다

① 영업장에 피난 안내도가 있는지 확인한다.
② 피난 안내도에 표시된 비상구와 소화기의 위치가 정확한지 확인한다.
③ 피난 안내도에 적혀 있는 화재 시 대처 요령을 숙지한다.
④ 소화기 점검 후 날짜를 기록한다.

(2) 소방 장비를 점검·확인할 수 있다.

가. 소화기 점검·확인 요령

① 소화기는 눈에 잘 띄고 통행에 지장을 주지 않으며 습기가 적고 건조하며 서늘한 곳에 설치한다.
② 유사시에 대비해 수시로 점검하여 파손, 부식 등을 확인한다.
③ 한번 사용한 소화기는 다시 사용할 수 있도록 허가업체에서 약제를 다시 충전해야 한다.
④ 축압식 소화기는 계기가 붙어 있는데, 바늘이 녹색 정상 위치에 있는가 확인하면 된다.
　바늘이 노랑, 빨간 선을 표시하면 119로 전화 문의를 한다.

나. 소화기 비치 요령

소방 대상물의 각 부분으로부터 보행거리 20미터 이내에 하나씩 비치한다. 시장은 구획된 점포마다, 아파트에서는 세대별로, 차량에는 1kg급 이상을 하나씩 비치한다. 바닥에 받침대 위에 올려놓거나 벽에 걸어놓아 눈에 잘 띄도록 한다. 불이 나면 대피할 것을 고려, 문 가까운 곳에 비치한다. 물이 닿는 곳, 섭씨 30도 이상 더운 곳에 놓아서는 안 된다.

다. 휴대용 비상조명등 점검·확인 요령

화재 등으로 인해 정전되었을 때 형광 스티커 및 조명등 위치 표시에 의해 조명등을 쉽게 발견할 수 있다. 이때 조명등을 앞으로 잡아당기면, 거치대에서 분리되어 자동으로 점등된다. 정기적인 점검을 통하여 자연 소모된 건전지를 교체하여 준다.

(3) 소방 장비별 사용 방법을 확인할 수 있다.

가. 소화기 사용 방법

① 소화기를 불이 난 곳으로 옮긴다.
② 손잡이 부분의 안전핀을 뽑는다.
③ 바람을 등지고 서서 호스가 불을 향하게 한다.
④ 손잡이를 힘껏 움켜쥐고 빗자루로 쓸 듯이 뿌린다.

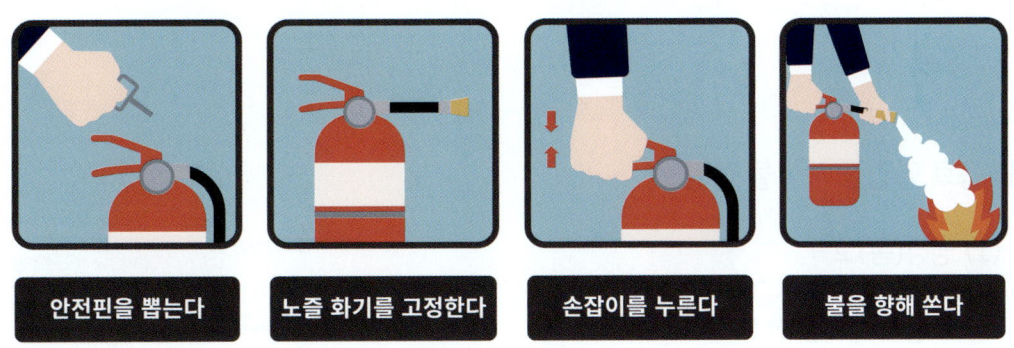

안전핀을 뽑는다 | 노즐 화기를 고정한다 | 손잡이를 누른다 | 불을 향해 쏜다

나. 옥내 소화전 사용 방법

① 소화전함 상부의 기동용 버튼 또는 발신기 버튼을 눌러 화재가 발생했음을 알린다.
② 2인 1조로 소화전으로 가서 소화전 함의 문짝 손잡이를 당겨 개방한다.
③ 한 사람은 소화전함의 노즐과 호스를 꺼내 불이 난 곳으로 향한다.

④ 다른 사람은 호스 접힌 부분을 펴주고, 노즐을 가져간 사람이 물 뿌릴 준비가 되면 소화전함의 개폐 밸브를 왼쪽방향시계 반대 방향으로 돌려 개방한다.

⑤ 노즐을 잡고 불이 타고 있는 곳으로 향하여 노즐을 돌려서 물을 뿌린다. 음료 영업장 불을 다 끈 후에는 개폐 밸브를 오른쪽 방향시계 방향으로 돌려 잠그도록 한다.

⑥ 펌프를 정지시키고, 호스를 정리하여 원위치시킨다.

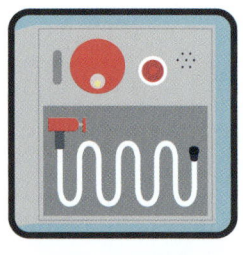
문을 연다

호스를 빼고 노즐을 잡는다

밸브를 돌린다

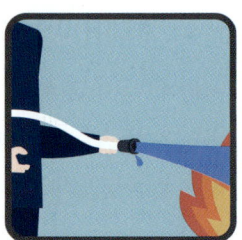
불을 향해 쏜다

2-2. 시설물 유지 및 보수

학습 목표
• 음료 영업장 시설물의 작동 상태를 점검할 수 있다.

🔢 음료 영업장 시설물 점검

(1) 냉장(동)고

테이블형 냉장고

가. 형태에 따른 분류

① 테이블형: 테이블 형태로 되어 있다. 테이블 위를 작업대로 공간 활용할 수 있어, 주로 음료 영업장 안쪽에 설치한다.

② 스탠드형: 세워서 사용하는 형태로, 주로 음료 영업장 안쪽보다는 뒤쪽에 설치하여 맥주 등 음료를 보관하는 용도로 사용한다.

나. 냉각 방식에 따른 분류

업소용 냉장(동)고는 냉각 방식에 따라 직접 냉각 방식직냉식과 간접 냉각 방식간냉식으로 나눌 수 있다.

냉각 방식에 따른 비교

비교 항목	직접 냉각 방식(자연 대류 방식) 냉장고 벽면의 냉각 파이프에 냉기가 직접 흐르게 한다.	간접 냉각 방식(강제 순환 방식) 냉각기에서 팬으로 차가운 냉기를 순환한다.
장점	· 간냉식 대비 전력 소모가 적다. · 간냉식 대비 냉기가 오래 유지된다. · 음식이 마르지 않고 오래 보관할 수 있다. · 소음이 적다.	· 제상 히터가 주기적으로 성에를 제거한다. · 성에 발생 범위가 좁다.
단점	· 성에 발생 범위가 넓다.	· 음식이 건조해질 수 있다. · 간냉식 대비 소음이 크다. · 문을 여닫을 때 냉기 손실이 크다.
비고	· 소형 냉장고, 업소용 아이스크림 냉장고, 김치냉장고에 많이 쓰인다.	· 대형 냉장고에 많이 쓰인다.

스탠드형 냉장고

(2) 생맥주 기기

가. 생맥주 기기의 구성 요소

냉각기, 탭, 생맥주, 탄산가스, 압력계게이지로 구성되어 있다.

나. 생맥주 주출 과정

① 탄산가스 통에서 CO_2가 생맥주 통으로 들어간다.
② 생맥주 통으로 들어간 CO_2의 압력으로 맥주 통에서 생맥주가 추출된다.
③ 순간 냉각기를 통과하며 2~6℃로 차가워진 생맥주는 호스를 따라 탭이 달려 있는 방출기까지 이동한다.
④ 잔을 기울이고 방출기의 탭 손잡이를 앞으로 당겨 생맥주를 따른다.

다. 생맥주 기기의 관리요령

(가) 급속 냉각기

① 냉각기: 냉각 수조 안에 냉매관, 생맥주관, 교반 모터, 냉각수로 이루어져 있다.
② 생맥주 냉장고: 생맥주 통keg을 냉각, 저장하며 생맥주를 따를 수 있도록 코크주탭가 부착되어 있어 생맥주 판매 시 가장 기본이 되는 시설이다.

(나) 압력계게이지 명칭 및 기능

① 저압계: 생맥주 통으로 들어가는 CO_2압을 표시한다.
② 고압계: 탄산가스 통 내의 압력을 표시 고압계의 바늘이 적색 부분에 오면 CO_2 통 교체 준비를 한다.
③ 압력 조절 레버: 저압계의 눈금을 확인하면서 서서히 좌우로 돌려 적정 압력을 맞춘다.
④ 연결 너트: CO_2 통과 압력계를 연결한다.

생맥주 압력계

⑤ 중간 밸브: 밸브를 좌우로 90도 돌려 CO_2가 생맥주 통으로 들어가고 들어가지 못하게 한다개폐 시에는 호스와 일직선이 되도록 조작한다.

(다) 게이지의 기능 및 주의사항

① 압력 조절 방법: 압력 조절 레버를 시계 방향으로 돌리면 압력계 몸통 안의 미세한 밸브가 열려 CO_2가 맥주 통으로 들어간다. 이때 압력 조절 레버는 1/4씩 돌려 조절한다.
② 업소의 외부 환경, 냉각기 종류, 통 안의 생맥주 온도에 따라 적정 압력은 다르다. 여름철에는 겨울철보다 50~100kpa 정도 높여 준다.

맥주 CO₂ 적정 압력

구분	대형	중형	소형(하이펜서)
압력	300~350	250~300	250~300

③ 사용 방법 및 주의사항
- 탄산가스 통(CO_2)에 게이지를 완전하게 결합 후 밸브를 연다.
- 외부의 충격을 피한다.
- 냉각기 종류에 따른 압력을 조절한다. (거품 과다의 원인)

(라) 헤드 사용법 및 주의사항

생맥주 기기 헤드와 생맥주 통 keg 연결 상태

① 생맥주 통의 휘팅 fitting : 생맥주 통 내부에 장착되어 헤드와 연결 시 생맥주를 헤드를 통해 추출하게 되어 있으며, 맥주 공장에서 휘팅을 통하여 생맥주를 주입한다.
② 결합 및 분리 시 무리한 충격을 가하지 않는다.
③ 맥주 잔류물 및 이물질이 끼지 않도록 항상 청결을 유지한다.
- 영업 종료 후 흐르는 물에 세척
- 영업 종료 후 생맥주 통에서 분리하여 보관(물에 담궈 보관)

생맥주 기기헤드와 생맥주 통(keg) 연결상태

(마) 타워, 탭, 코르주

생맥주 기기 타워

① 소형 냉각기에는 탭이 직접 부착되어 있다.
② 탭 손잡이에 무리한 힘을 가하지 않는다.
③ 청결히 한다.
④ 맥주량 조절 밸브를 이용하여 맥주 주출 속도를 조절한다.
⑤ 탭: 냉각기에서 냉각이 된 생맥주를 생맥주 잔에 적당하게 따를 수 있도록 조절하는 장치이다.
⑥ 탭 사용 방법 및 주의사항

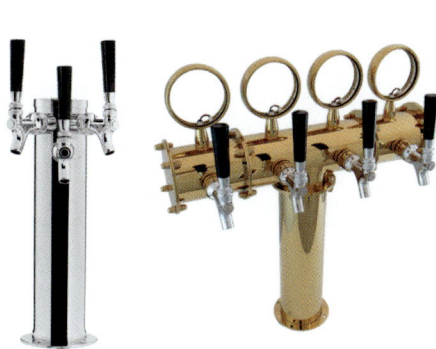

생맥주 기기 타워

- 하이펜서에는 탭이 냉각기 몸체에 고정되어 있기 때문에 별도의 타워는 필요없으나, 중형이나 대형 같은 경우에는 냉각기와 별도로 설치되기 때문에 타워가 필요하다.
- 조절기는 처음 압력 설정 시 맞추어 사용한다.

라. 생맥주 응급조치 요령

(가) 생맥주 판매 시 이상의 원인과 해결 방법

① 맥주가 잘 나오지 않는다.
- CO_2나 생맥주의 잔량 확인 → 탄산가스가 없으면 새 탄산가스 통으로 교체한다.
- 탄산가스 통의 밸브나 압력계의 중간 밸브 확인 → 열려 있는지 확인한다. 탄산가스 통의 밸브를 왼쪽으로 돌려 열고, 게이지의 중간 밸브는 호스와 일직선이 되도록 한다.
- 헤드와 맥주 통의 결합 상태 → 헤드의 손잡이를 확인하여 손잡이를 딸깍 소리가 날 때까지 완전히 내려준다.
- 탭의 조절기 확인 → 조절기의 레버를 수평으로 위치한다.
- 호스 안의 맥주 동결 상태 → 미지근한 행주로 얼어 있는 부분을 감싸 준다.

(3) 정수기

가. 정수기 관리 요령

(가) 정수기 물탱크 소량의 일반 세균 검출

제때에 필터 교환이 이루어지고, 정기적인 물탱크 청소로 정수기 관리를 철저히 한다면, 안심하고 깨끗한 물을 마실 수 있다.

(나) 업소용 정수기를 관리하는 데 특별히 신경 써야 할 사항

업소용 정수기도 일반 가정용처럼 관리해 주면 된다. 다만 일반 가정에서보다는 많은 고객들이 사용하기 때문에 청소를 좀 더 자주 해주고, 필터를 교환하는 시기도 정확히 지켜 준다. 또한 정수기 주변을 깨끗하게 유지한다.

(다) 물탱크 청소

2주일에 한 번 정도 다음과 같은 요령으로 간단히 청소하면 된다.

저장탱크의 물을 완전히 배수시키고, 약간의 주방용 세제를 묻혀 청소한 후 깨끗이 헹구어 사용하면 손쉽게 해결된다. 장기간 물을 저장해 두었거나 오랜 기간 사용하지 않았을 경우에도 마찬가지로 청소해 주면 된다.

(라) 필터 교체 시기

필터는 업체별로 교체 시기가 다르므로 사용 설명서에 나와 있는 대로 교체해 주면 깨끗한 물을 안심하고 마실 수 있다.

(4) 제빙기 Ice Maker

음료 영업장에서 제일 많이 사용하는 재료인 얼음을 만드는 기계이다. 일반 수돗물을 사용하면 안 된다. 꼭 정수 시설을 설치한 물을 제빙기에 연결하여 사용하여야 한다.

제빙기 청소는 2주에 한 번 이상 제빙기의 모든 얼음을 제거한 후 중성세제를 사용하여 깨끗이 청소한 후 깨끗한 물을 사용하여 내부를 잘 헹구고 마른 수건으로 물기를 제거한 후 말린다. 마른 상태가 되면 전원을 다시 연결하고 사용한다.

(5) 자외선살균소독기

영업 종료 후 사용한 셰이커, 지거, 도마, 칼, 음료 영업장 타월 등 기구 등을 세척한 후 자외선 살균 소독기 안에 넣고 퇴근하면 다음날 깨끗이 살균 소독된 기구를 사용할 수 있다. 단 겹겹이 포개 놓으면 안된다.

(6) 포스 시스템 POS System

POS는 Point Of Sales의 줄임말이다. POS 시스템은 금전등록기와 컴퓨터 단말기의 기능을 결합한 시스템으로 매상 금액을 정산해 줄 뿐만 아니라 동시에 경영에 필요한 각종 정보와 자료를 수집·처리해 주는 시스템으로 판매 시점 관리 시스템이라고 한다.

(7) 영업장 시설 운영 매뉴얼 작성

영업장에서 일일 또는 일주일, 한 달 등 지정 기간을 정해 관리해야 할 시설물 관리 리스트를 짜고 매뉴얼을 만들어 신입 직원이 들어오면 시설 관리 매뉴얼을 가지고 OJT 교육을 실시한다. 모든 직원이 시설 관리에 대한 공통된 교육을 통해 어느 직원이 근무를 하든지 매뉴얼에 따른 시설 관리를 통해 업무의 효율성을 높일 수 있다.

2-3. 효과적인 시설물의 배치와 활용

> **학습 목표**
> • 음료 영업장 시설물을 정해진 위치에 배치할 수 있다.

1 효과적인 음료 영업장 시설물의 배치

음료영업장 바텐더가 근무하면서 능률적인 일을 하려면 시설의 배치 및 설치가 중요하다. 그 중에서도 음료 영업장 바텐더가 근무하면서 이동하는 동선動線이 특히 중요한데, 최대한 근무 동선이 짧게 시설물을 배치해야 한다.

(1) 음료 영업장 시설의 배치

음료 영업장 시설의 배치를 위해 도면 작성 시부터 음료 영업장 담당자가 설계 작업에 참여하여야 한다. 음료 영업장 바텐더를 중심으로 시설물이 설치가 이루어져야 업무 효율성이 높아진다.

2-4. 음료 영업장 기구·글라스 관리

> **학습 목표**
> • 음료 영업장 운영에 필요한 조주 기구, 글라스를 안전하게 관리할 수 있다.
> • 음료 영업장 운영에 필요한 조주 기구, 글라스를 정해진 장소에 보관할 수 있다.

1 칵테일 기구 유지, 관리 및 보관

(1) 셰이커 Shaker

셰이커의 구성은 캡cap, 스트레이너strainer, 바디body의 3단계로 나누어진다. 특히 스트레이너 부분은 다른 부분보다 세심한 관리가 필요하다. 세제나 락스가 남아 있지 않도록 깨끗한 물로 잘 세척한다.

(2) 바 스푼 Bar Spoon

바 스푼은 영업 중에는 길이가 긴 글라스 등에 깨끗한 물 또는 소다수를 넣어서 사용한다. 자주 사용하면 여러 음료들이 물에 섞이게 되므로 물을 자주 갈아 줘서 오염을 방지한다.

(3) 스트레이너 Strainer

얼음 및 재료를 걸러 주는 기구이다. 망이 좁을수록 재료가 잘 낄 수 있으므로, 스프링이 있는 스트레이너는 스프링을 제거한 후 수세미로 잘 세척하며, 고운 망으로 된 스트레이너는 물에 담가 이물질을 불려서 제거한다.

(4) 블렌더 Blender

혼합하기 어려운 재료를 섞거나 트로피컬 칵테일 tropical cocktail, 프로즌 스타일 frozen style의 칵테일을 만들 때 사용하므로 과일 등 재료들이 블렌더 날에 걸려 남아 있는 경우가 많이 생긴다. 물과 수세미로 세척하면 대부분 제거된다. 그래도 육안으로 잘 보이지 않는 날 뒤편에 이물질이 낄 수 있으므로 투명 플라스틱 몸체와 날 부분을 고정하고 있는 나사를 풀어 분리 후 세척한다.

(5) 아이스 스쿠프 Ice Scoop

얼음을 뜨는 기구인 아이스 스쿠프는 바의 영업 중에는 흐르는 물에 담아서 사용하거나, 물을 담은 통에 담아서 사용한다. 통에 담아서 사용할 때에는 물은 30분에서 1시간 간격으로 자주 갈아 준다. 스쿠프를 제빙기 안에 넣고 사용하는 일이 없도록 하여야 한다. 영업 후에는 소독액에 담아서 보관 후 영업 시작 전에 소독액을 깨끗하게 제거한 후 사용한다.

칵테일 기구 보관

칵테일 세팅 기구

(6) 스퀴저 Squeezer

레몬이나 오렌지, 라임 등의 과즙을 짜는 기구인 스퀴저는 과즙을 짜면서 과일에서 나오는 오일과 과일 찌꺼기가 많이 묻어 있으므로 중성세제를 이용하여 수세미로 찌꺼기와 오일을 제거한다.

(7) 머들러 Muddler

긴 막대기 모양으로 끝 부분에는 오돌토돌한 돌기 형태로 되어 있다. 재료를 으깨면서 돌기 사이에 재료가 잘 끼어 있으므로 사용 후 돌기 사이의 이물질을 수세미로 제거 후 보관한다.

(8) 아이스픽 Ice Pick

끝이 송곳처럼 뾰족한 기구로 손 등을 다칠 위험이 있으므로 보관 시에는 고무 재질 튜브 등을 이용하여 뾰족한 부분에 꽂아서 안전하게 보관한다.

(9) 푸어러 Pourer

병 입구에 끼워 쓰는 보조 병마개로서, 음료를 따르기 쉽게 도와주는 기구이다. 사용 후 깨끗이 세척하고 뚜껑이나 마개를 덮어 먼지가 들어가지 않도록 한다.

2 음료 영업장에서 사용되는 기구·글라스의 진열

(1) 음료 영업장에서 사용되는 기구·글라스의 진열

가. 칵테일 기구

음료 영업장에서 사용하는 칵테일 기구를 셰이커, 지거, 바 스푼 등 종류별로 작업대를 중심으로 진열한다. 고리가 있어 걸 수 있는 기구들은 거치대를 이용하여 진열을 하며, 나머지 기구들은 접시, 고무판, 린넨 등을 깔고 그 위에 놓고 사용한다.

나. 글라스의 진열

(가) 스템(Stem)이 있는 글라스

와인 글라스와 같이 스템이 길고 바닥이 넓은 글라스 종류는 선반 밑부분에 설치하는 글라스랙 glass rack에 먼지가 들어가지 않게 거꾸로 걸어 보관한다. 글라스랙이 설치되어 있지 않으면 먼지가 들어가지 않도록 음료 영업장 선반에 깨끗한 린넨을 깔고 그 위에 거꾸로 세워 보관한다.

(나) 스템이 없는 글라스

텀블러와 같이 스템이 없는 글라스 종류들은 먼지가 들어가지 않도록 음료 영업장bar 선반에 깨끗한 린넨을 깔고 그 위에 엎어서 보관한다.

(2) 음료 영업장에서 사용되는 기구·글라스의 보관

가. 칵테일 기구의 보관

(가) 영업 중

음료 영업장에서 사용하는 칵테일 기구인 셰이커, 지거, 바 스푼 등 사용 후 음료 영업장의 싱크대에서 세척을 한다. 물기를 뺀 후 마른 린넨을 사용하여 물기를 완전히 제거한 후 제자리에 보관한다.

(나) 영업 후

영업 후에는 사용된 기구들을 세제로 깨끗하게 세척 후 소독액에 넣어 보관하거나 자외선 살균소독기에 보관한다.

나. 글라스의 보관

(가) 영업 중

고객에게 제공되었던 글라스는 립스틱 자국 등 잘 지워지지 않는 이물질을 제거하기 위해 부드러운 수세미로 초벌 세척를 한 후 세척기용 랙에 글라스를 꽂아 준비를 한다. 식기세척기에 넣고 세척을 한다. 세척을 한 글라스는 열기가 잠시 식으면 글라스에 묻어 있는 물기를 제거한 후 제자리에 보관한다.

(나) 영업 후

영업 후에는 글라스 커버나, 덮개를 씌워서 먼지가 글라스에 앉지 않도록 한다.

스템이 없는 글라스 보관

스템이 있는 글라스 보관

학습 3 음료 영업장 재고 관리하기

3-1. 음료 영업장 재고 관리

> **학습 목표**
> - 음료 영업장 운영에 필요한 조주 기구, 글라스의 정해진 수량을 유지할 수 있다.
> - 원가 및 재고 관리를 위하여 인벤토리(inventory)를 작성할 수 있다.
> - 파스톡을 통하여 적정 재고량을 관리할 수 있다.
> - 음료의 선입선출(FIFO) 방법과 음료 특성에 맞게 관리할 수 있다.

1 운영에 필요한 적정 수량 산정

표준화된 적정 수량의 산정 방법은 없다. 각 영업장의 규모, 주 판매 메뉴의 종류, 주 고객층에 따른 적정 수량 산정이 필요하다. 음료 영업장 영업을 정식으로 시작하기 전에 가오픈을 하여 고객의 메뉴 선호도, 고객층 분석을 통해 정식 오픈에 맞추어 적정 수량 준비를 하는 것이 제일 좋은 방법이다.

2 원가 관리 Cost Control

(1) 원가 관리의 목적

원가 관리의 목적은 식자재의 구입, 조리, 판매의 과정에서 최대의 이윤을 얻는 것이며, 최대의 이윤은 원가 계산의 손익 계정이나 재정 상태를 파악하기 위한 기초 자료로 사용된다. 다시 말해서 계획 설정을 위한 수치 제공, 관리 목적을 위한 수치 제공, 재무제표 등 기타 자료를 위한 수치 제공이 해당된다.

(2) 원가 관리의 초점

원가를 유지하는 것에 노력하되, 보다 올바른 원가 관리의 목적은 원가의 인하이다. 원가를 통제하는 관리 목적을 추구하는 것보다 올바른 원가 계산을 통해 정확한 자료 수치와 정보에 의한 계획을 강화하는 것이 바람직하다.

(3) 판매 관리 및 원가율Cost % 계산 방법

주류의 판매 가격은 먼저 재료의 원가를 판매 가격의 몇 %로 할 것인지 목표 원가를 설정한 다음 판매 가격을 산출한다. 물론 목표 원가를 설정할 때는 인건비, 일반관리비, 판매 경비 그리고 마진 등을 고려하여 배분해야 할 것이다. 보통 주류의 목표 원가는 대략 20~40% 정도이다. 예를 들어 원가가 6,000원이고 목표 원가를 30%로 잡았을 경우 판매가격 산정은 다음과 같다.

> 원가(6,000원) ÷ 목표 원가율(30%) = 판매가(20,000원)

3 인벤토리 Inventory

(1) 인벤토리의 기능

가. 유통 재고의 기능

① 전시를 위한 기능
② 거래 상대의 서비스 기능
③ 적정 재고를 유지하고, 무익한 재고 투자를 절감하여 예비 자금을 윤택하게 하는 기능
④ 경제 발주량을 지키는 것에 의해서 물류 비용을 절감하는 기능
⑤ 판매 변동의 파동으로부터 생산 공정을 감당하는 기능 등

나. 비축을 위한 기능

① 가격이 쌀 때 대량으로 저장하는 기능
② 불시의 사태를 고려해서 재고를 갖는 기능

인벤토리 시트

期間 : 2020.01.01 ~ 2020.01.31(ASGFC)							P. 1
資材CODE	資材名	規格	OPEN	ADD	SOLD	CLOS	TR
	THE WINES						
370100601	Moet Chandon Imperial	750ML	6		1	5	창고 6병
910062326	Taittinger	750ML	67-2		9	52-2	창고 60병
910012289	Beringer Sparkling Zinfandel	750ML					
910052637	Cremant d' alsace wolfberger	750ML	4		4	0	
360827901	Killerman's Run Cabernet Sauvignon	750ML	44		12	32	창고 24병
911000754	La Tour D'ARCHE SIGNIEL (WHITE)	750ML					
910066950	La Tour D'ARCHE SIGNIEL	750ML	14-1		2	12-1	
910082207	Marc Hebrart	750ML	0		0	0	
360300504	Chablis Joseph	750ML	9		0-3	8	
910067656	Knights Cabernet Sauvignon	750ML	46		15-2	30	창고 28병
910062084	Sancerre	750ML	51			51	창고 24병
910093548	Chardonnay Bougogune	750ML	62-2		5	57	창고 48병
370202501	Rosa regale brachetto	750	24		5	19	

다. 생산 재고의 기능

생산량을 고려한 재고관리 기능

라. 재고의 역할

① 생산량과 수요 사이의 완충 역할

② 구매와 수송 활동의 경쟁력 확보

③ 가격 상승에 따른 투자 효과 기대

④ 원활한 생산 공정의 지원

⑤ 긴급 상황의 대비

마. 재고의 형태

① 수송 중 재고: 수송 수단에 의한 수송 중인 재고

② 투기성 재고: 비용 절감 또는 투기를 목적으로 가격이 낮을 때 매입하는 재고

③ 순환 재고: 평균 수요를 충족시키는 데 필요한 재고

④ 안전 재고: 조달 기간 중에 수요를 충족시킬 수 있는 재고

⑤ 불용 재고: 재고 기간 동안 손상, 분실, 사용 및 판매 중지된 재고

(2) 음료Beverage 인벤토리inventory

음료 인벤토리는 바 영업을 하면서 제일 중요한 서류 작업이다. 인벤토리를 통해 음료의 판매 및 입출고 내역을 한눈에 볼 수 있다.

각 영업장에 따라 매일, 1주일, 한 달 기간 등으로 나누어 인벤토리를 실시하고 있다.

(3) 기물 인벤토리

영업장에서 사용하는 각종 글라스류, 포크, 나이프, 접시 등 각종 기물들도 음료와 마찬가지로 최소 한 달에 한 번 이상 인벤토리를 실시한다. 기물 인벤토리를 통해 기물의 Breakage 파악을 통해 적정 수량 이하로 떨어졌을 때에는 새로 구매하여 업장 운영에 차질이 없도록 한다.

> **기물 로스율(Loss %)**
>
> 기물 로스(Loss) = 전월 인벤토리 수량 - 당월 실재고 수량
>
> 로스액 = 로스 × 기물 원가
>
> 로스율 = 총 로스액 ÷ 월 매출액 × 100
>
> * 로스율은 매출액 대비 3~5% 사이가 적정 수준으로, 5% 이상일 때에는 원인을 찾아 문제 해결을 하여야 한다.

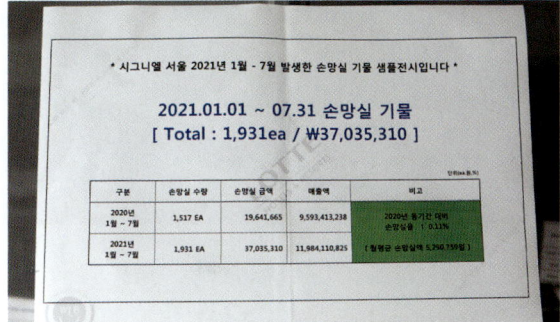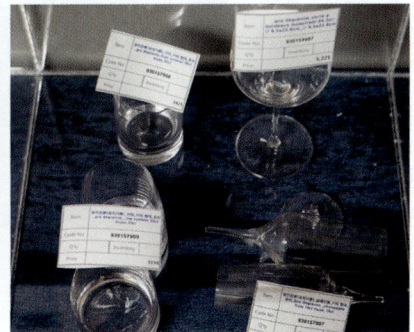

기물 로스율 현황표

(4) 소모품 인벤토리

바에서 사용하는 각종 비품, 사무용품 등을 소모품 리스트에 기입하고 주 또는 월 단위로 실수량과 적정 재고량을 비교한다. 영업 활성화로 인한 비품 소비가 늘어나면 적정 재고량을 늘려 부족함이 없도록 하며, 영업이 저조한 경우는 재고량을 감소시켜 영업 손실을 최소화한다.

4 선입선출법 FIFO; First In First Out

재고자산원재료·재공품·반제품·완제품의 출고단가를 결정하는 방법으로, 선입선출법 FIFO은 후입선출법의 상대 개념이다. 매입 순법이라고도 하며, 가장 먼저 취득된 것부터 순차로 불출하는 방법이다.

롯데 시그니엘호텔 81 Bar

5 음료의 특성에 맞는 보관

(1) 위스키, 브랜디증류주 보관 방법

위스키는 보관 방법이 나쁘다고 해서 상하거나 하지는 않는다. 위스키는 알코올 도수가 높아서 잘 변질되지 않는다. 다만 보관할 때 위스키의 향이 빠져 나가지 않도록 가능한 한 밀봉에 신경을 쓰는 것이 좋다.

(2) 화이트 스피릿White Spirit 보관 방법

보드카, 럼, 진, 테킬라 등의 증류주를 화이트 스피릿이라고 한다. 18~22℃의 서늘하고 통풍이 잘 되는 실온에 보관하는 것이 좋다. 오픈된 스피릿은 3개월 이내에 사용하는 곳이 좋다.
그러나 최근에는 보드카의 경우 냉동고에 보관하여 차갑게 냉동된 보드카를 선호하는 고객이 늘면서 냉동 보관하는 곳이 늘고 있다. 냉동 보관은 영하 10~15℃가 적당하다. 알코올의 어는 온도는 영하 117℃이므로 보드카가 얼어서 터지는 일은 발생하지 않는다.

(3) 맥주 보관 방법

① **얼지 않도록 보관**: 맥주는 4~5도의 저도주로 어는 온도는 영하 2.5~1.8℃이다. 맥주가 얼게 되면 맥주 성분 중 단백질이 응고되어 혼탁이 일어나기 쉬우므로 시원하게 마시려고 일부러 냉동실에 넣어 두는 경우 얼지 않도록 주의해야 한다. 맥주 거품에 하얀 침전물이 생기는 혼탁 현상이 일어나면 맥주 본연의 맛을 잃기 때문에 주의하여야 한다.

② **직사광선 및 심한 온도 변화를 피해 보관**: 맥주병이 갈색이나 녹색으로 되어 있는 것은 햇볕을 차단하여 품질을 보호하는 데 있다. 맥주가 햇볕에 오랫동안 노출 되면 맥주의 호프 성분이 햇볕에 반응하여 암모니아 냄새 같은 나쁜 냄새가 나고 맛이 변하게 된다. 투명한 병에 맥주를 담아 판매하는 경우가 있는데 이것은 햇볕에 의한 나쁜 냄새가 나지 않게 특별한 공정을 거친다고 한다. 특별한 공정을 거쳐도 햇볕을 완전하게 차단할 수는 없다.

③ **날짜와 온도 확인**: 맥주는 발효시켜 만든 양조주이기 때문에 시간이 경과함에 따라 맛이 변하고 신선한 맛이 떨어지게 된다. 여름에는 4~8℃, 겨울에는 8~10℃가 가장 좋은 맛을 즐길 수 있는 적정 온도이다.

맥주 보관

(4) 와인 보관 방법

햇볕이 들지 않는 서늘한 곳에서 보관하는 것이 좋다. 와인 셀러가 있으면 거기에 보관을 한다. 레드 와인은 12~18℃, 화이트 와인은 10~12℃, 스파클링 와인은 6~8℃가 적당하다. 습도가 너무 높게 되면 곰팡이가 생겨 맛이 변할 수 있으며, 습도가 낮으면 공기가 와인병 속으로 들어가 내용물을 산화시킬 수 있다. 습도는 55~75%를 유지해 주는 것이 좋다.

와인 셀러

6 파 스톡 Par Stock

파스톡이란 바bar 등 주류 영업장에서 물품 공급을 원활히 함으로써 신속한 서비스를 도모하기 위한 목적에서 일정 수량의 식재료 재고를 저장고에서 인출해서 업장의 진열대나 기타의 장소에 보관하고 필요한 때 사용하는 재고를 지칭한다. 즉, 저장되어 있는 적정 재고량을 말한다.

적정 재고량은 각 영업장의 규모, 고객층, 주 판매 주류 등이 다르기 때문에 기준을 정확히 정할 수가 없다. 영업장의 바텐더, 바 매니저가 영업을 하면서 업장에 맞는 적정 재고량 기준을 정해야 한다.

1. 위생·음료영업장관리 기출문제

01 생맥주 저장 취급의 3대 원칙이 아닌 것은?
   가. 적정온도   나. 적정압력
   다. 선입선출   라. 장기저장

   해설 생맥주는 장기저장이 어렵다.

02 생맥주(Draft Beer) 취급요령 중 틀린 것은?
   가. 2~3℃의 온도를 유지할 수 있는 저장시설을 갖추어야 한다.
   나. 술통 속의 압력은 12~14pound로 일정하게 유지해야 한다.
   다. 신선도를 유지하기 위해 입고순서와 관계없이 좋은 상태의 것을 먼저 사용한다.
   라. 글라스에서 서비스할 때 3~4℃ 정도의 온도가 유지되어야 한다.

   해설 생맥주의 신선도를 위해 선입선출이 이루어져야 한다.

03 맥주의 관리방법으로 잘못된 것은?
   가. 맥주는 5~10℃의 냉장온도에서 보관하여야 한다.
   나. 장시간 보관·숙성시켜서 먹는 것이 좋다.
   다. 병을 굴리거나 뒤집지 않는다.
   라. 직사광선을 피해 그늘지고 어두운 곳에 보관하여야 한다.

   해설 맥주는 너무 오랫동안 보관하지 않는다.

04 맥주의 보관·유통 시 주의할 사항이 아닌 것은?
   가. 심한 진동을 가하지 않는다.
   나. 너무 차게 하지 않는다.
   다. 햇볕에 노출시키지 않는다.
   라. 장기보관 시 맥주와 공기가 접촉되게 한다.

   해설 맥주를 장기간 보관하면 적갈색을 띠고 맛, 향기도 나빠지는데, 이것을 노화현상이라고 한다.

05 맥주의 관리방법으로 옳은 것은?
   가. 습도가 높은 곳에 보관한다.
   나. 장시간 보관·숙성시켜서 먹는 것이 좋다.
   다. 냉장보관할 필요는 없다.
   라. 직사광선을 피해 그늘지고 어두운 곳에 보관하여야 한다.

   해설 맥주는 직접 열을 받거나 직사광선을 장시간 받으면 맥주의 향을 내는 물질이 산화되어 맛과 향이 크게 나빠진다.

06 와인을 보관할 때 옳은 방법이 아닌 것은?
   가. 와인은 종류에 관계없이 묵힐수록 좋기 때문에 장기보관 후 판매한다.
   나. 한 번 개봉한 와인은 산소에 의해 변하므로 재보관하지 않도록 한다.
   다. 와인은 눕혀서 보관해야 한다.
   라. 코르크 마개가 건조해지지 않도록 한다.

해설 와인은 보졸레누보와 같은 발효과정이 끝나면 별도로 숙성기간을 거치지 않는 영와인(1~2), 발효가 끝난후 지하창고에서 몇년 이상의 숙성기간을 거치는 에이지드와인(5~15년), 15년 이상을 숙성시키는 그레이트와인(15년 이상)으로 구분할 수 있다.

07 와인 보관시 눕혀서 보관하는 이유와 거리가 먼 것은?

가. 와인 보관을 편하게 하고 상표를 손님이 쉽게 볼 수 있도록 하기 위해
나. 코르크의 틈으로 향이 배출되는 것을 방지하기 위해
다. 와인이 공기와 접촉하여 산화되는 것을 방지하기 위해
라. 와인의 숙성과 코르크가 건조해지는 것을 방지하기 위해

08 일반적인 와인 보관요령에 대한 설명이 아닌 것은?

가. 일정한 온도에서 보관한다.
나. 와인 속의 찌꺼기가 떠오르는 것을 방지하기 위해 진동은 최소화한다.
다. 전등 불빛이나 햇볕은 와인에 별 영향이 없다.
라. 습도는 70~80% 정도가 적당하다.

해설 햇볕에 노출이 심하면 병의 온도가 급속하게 올라가기 때문에 와인을 보관하기 좋은 조건은 동굴 속(땅속)을 생각하면 된다.

09 와인의 이상적인 저장고가 갖추어야 할 조건이 아닌 것은?

가. 8~14℃ 정도의 온도를 항상 유지해야 한다.
나. 습도는 70~75% 정도를 항상 유지해야 한다.
다. 흔들림이 없어야 한다.
라. 통풍이 좋고 빛이 들어와야 한다.

10 다음 중 칵테일 재료선택 및 보관방법으로 틀린 것은?

가. 과일은 신선하고 모양이 좋은 것을 선택하고 냉장고에 보관한다.
나. 달걀은 껍질이 매끄럽고, 흔들었을 때 소리가 나는 것을 선택한다.
다. 탄산음료는 구입 시 병마개가 녹슬지 않는지 확인한다.
라. 포도주는 병을 눕혀 코르크 마개가 항상 젖은 상태로 보관해야 한다.

해설 싱싱한 달걀은 표면이 거칠거칠하며 무겁고 물에 잘 가라앉는 것이 좋다. 달걀이 오래되면 색은 변하지 않고 껍질이 매끄러워진다.

11 바(Bar)에서 유리잔(Glass)을 취급·관리하는 방법으로 잘못된 것은?

가. Cocktail Glass는 목부분(Stem)의 아래쪽을 잡는다.
나. Wine Glass는 무늬를 조각한 크리스털 잔을 사용하는 것이 좋다.
다. Brandy Glass는 잔의 받침(Foot)과 볼(Bowl) 사이에 손가락을 넣어 감싸 잡는다.
라. 냉장고에서 차게 해둔 잔(Glass)이라도 사용 전에 반드시 파손과 청결상태를 확인한다.

해설 와인 글라스는 무색투명해야 하며 그 두께는 얇을수록 좋다. 값비싼 명품글라스가 와인의 맛을 더 맛있게 만드는 것은 아니다.

12 저장관리방법 중 FIFO란?

가. 선입선출　　　나. 선입후출
다. 후입선출　　　라. 임의불출

해설 FIFO(First In, First Out) 선입선출

13 Glass 취급방법으로 가장 적합한 것은?

가. 상단을 쥐고 서브한다.
나. 중간을 쥐고 서브한다.
다. 하단을 쥐고 서브한다.
라. 리밍부분을 쥐고 서브한다.

14 선입선출(FIFO)의 원래 의미로 맞는 것은?

가. First-in, First-on　　나. First-in, First-off
다. First-in, First-out　　라. First-inside, First-on

15 일반적으로 국내 병맥주의 유통기한은 얼마 동안인가?

가. 6개월 나. 9개월
다. 12개월 라. 18개월

해설 국내 병맥주의 유통기간은 12개월이다.

16 글라스 세척 시 알맞은 세제와 세척순서로 짝지어진 것은?

가. 산성세제-더운물-찬물
나. 중성세제-찬물-더운물
다. 산성세제-찬물-더운물
라. 중성세제-더운물-찬물

해설 글라스는 중성세제를 사용하여 씻고 흐르는 따뜻한 물에 헹군 다음 마지막으로 찬물로 헹궈내고 깨끗이 닦는다.

17 효과적인 주장 음료관리방법으로 잘못된 것은?

가. 주문 시에는 서면구매 청구서를 사용한다.
나. 검수 시에는 송장과 구매 청구서를 대조, 체크한다.
다. 영속적인 재고조사 시스템을 둔다.
라. 바의 간이창고에는 한 달분 재료를 저장한다.

해설 주장관리에서 선입선출(First-in, First-out)이 원칙이며, 간이창고에는 최소한의 물품만을 보관해야 한다.

18 Par Stock은 무엇을 의미하는가?

가. 식음료 재료저장
나. 식음료 예비저장
다. 영업에 필요한 적정 재고량
라. 영업 후 남아 저장해야 할 상품

해설 파 스톡(par stock)이란 바(bar) 등 주류 영업장에서 물품공급을 원활히 함으로써 신속한 서비스를 도모하기 위한 적정재고량을 말한다.

19 음료를 출고할 때 선입선출(FIFO : First in, First Out)의 원칙을 지켜야 하는 이유에 대하여 올바르게 표현한 것은?

가. 부패에 의한 손실을 최소화하기 위함이다.
나. 정확한 재고조사를 하기 위함이다.
다. 적정 재고량(Par Stock)을 저장하기 위함이다.
라. 유효기간을 파악하기 위함이다.

20 주장관리에서 Inventory의 의미는?

가. 구매관리
나. 재고관리
다. 검수관리
라. 판매관리

21 식품 위해요소중점관리기준이라 불리는 위생관리시스템은?

가. HAPPC 나. HACCP
다. HACPP 라. HNCPP

해설 HACCP은 위해요소분석(Hazard Analysis)과 중요중점관리(Critical Control Point) 약자로서 '해썹' 또는 '위해요소중점관리기준'이라 한다.

22 바텐더가 Bar에서 Glass를 사용할 때 가장 먼저 체크해야 할 사항은?

가. Glass의 가장자리 파손여부
나. Glass의 청결여부
다. Glass의 재고여부
라. Glass의 온도여부

해설 글라스류는 쉽게 깨지거나 금이 가는 경우가 많으므로 특별한 주의가 필요하다.

23 다음 중 세균이 침투하기에 가장 용이한 기물로 위생관리에 철저를 기해야 하는 것은?

가. Lemon Squeezer
나. Jigger
다. Ice Scooper
라. Kitchen Board

해설 Bar 기물은 Dishwasher를, 이용 매일 살균 세척하고 Kitchen Board는 자외선 살균소독기나 약품처리된 위생행주로 청소하며, 주기적인 위생관리가 필요하다

24 위생적인 주류 취급방법 중 틀린 것은?

가. 먼지가 많은 양주는 깨끗이 닦아 Setting한다.
나. 백포도주의 적정냉각온도는 실온이다.
다. 사용한 주류는 항상 뚜껑을 닫아 둔다.
라. 창고에 보관할 때는 Bin Card를 작성한다.

해설 화이트 와인은 적절한 온도를 유지하기 위하여 얼음과 물이 채워진 와인 쿨러나 냉장고에 넣어 두어야한다.

25 음료 취급 방법이 잘못된 것은?

가. 맥주와 맥주글라스는 차갑게 보관된 것을 서브한다.
나. 글라스는 1/3 하단 부분을 손끝으로 가볍게 쥐어 서브한다.
다. 와인을 따를 때 글라스에 와인병이 닿아야 한다.
라. 와인을 따를 때 테이블에 와인 방울이 떨어지지 않도록 한다.

해설 와인을 따를 때 글라스에 와인병이 닿아서는 안된다.

26 Glass류 취급 요령으로 맞지 않는 것은?

가. 습기가 없는 청결한 장소에 보관 한다.
나. 차게 서브되는 품목의 glass는 냉장고에 보관한다.
다. Glass는 사용 후 기름기가 많을 때는 찬물에 세척한다.
라. Rack 보관하여 파손을 줄인다.

27 위생적인 주장관리 방법이 아닌 것은?

가. 병맥주는 깨끗하게 닦아서 냉장고에 보관한다.
나. Glass는 물기 있는 그대로 보관한다.
다. 사용한 칼과 도마는 소독을 한 후 보관한다.
라. Garnish는 냉장 보관한다.

28 술의 저장 장소의 환경으로 적합한 것은?

가. 따뜻하고 햇볕이 잘 드는 곳
나. 습기가 많고 진동이 많은 곳
다. 서늘하고 온도 변화가 적은 곳
라. 따뜻하고 온도 변화가 많은 곳

해설 술은 햇볕과 진동이 없고, 서늘하며, 온도 변화가 적은 곳에 보관하는 것이 좋다.

29 생맥주 취급의 기본원칙 중 틀린 것은?

가. 적정온도준수   나. 후입선출
다. 적정압력유지   라. 청결유지

해설 생맥주는 신선도 유지를 위해 선입선출(FIFO)의 원칙이 철저히 지켜져야 하는 주류이다.

30 글라스(Glass)의 위생적인 취급방법으로 옳지 못한 것은?

가. Glass는 불쾌한 냄새나 기름기가 없고 환기가 잘되는 곳에 보관해야 한다.
나. Glass는 비눗물에 닦고 뜨거운 물과 맑은 물에 헹궈 그대로 사용하면 된다.
다. Glass를 차게 할 때는 냄새가 전혀 없는 냉장고에서 Frosting 시킨다.
라. 얼음으로 Frosting 시킬 때는 냄새가 없는 얼음인지를 반드시 확인해야 한다.

31 와인의 보관법 중 틀린 것은?

가. 진동이 없는 곳에 보관한다.
나. 직사광선을 피하여 보관한다.
다. 와인을 눕혀서 보관한다.
라. 습기가 없는 곳에 보관한다.

해설 와인은 습도 75% 내외의 장소에 보관하는 것이 좋다. 건조하면 코르크 마개가 마르고 수축하게 된다.

32 바(Bar)의 업무 효율 향상을 위한 시설물 설치 방법으로 옳지 않는 것은?

가. 얼음 제빙기는 가능한 바(Bar) 내에 설치한다.
나. 바의 수도 시설은 믹싱 스테이션(Mixing Station) 바로 후면에 설치한다.
다. 각얼음은 아이스텅(Ice Tongs)에다 채워놓고 바(Bar) 작업대 옆에 보관한다.
라. 냉각기(Cooling Cabinet)는 주방 밖에 설치한다.

해설 아이스텅은 칵테일 제조에 사용되는 얼음을 위생적으로 사용하기위한 얼음집게이다.

33 다음 중 올바른 음주방법과 가장 거리가 먼 것은?

가. 술 마시기 전에 음식을 먹어서 공복을 피한다.
나. 본인의 적정 음주량을 초과하지 않는다.
다. 먼저 알코올 도수가 높은 술부터 낮은 술로 마신다.
라. 술을 마실 때 가능한 천천히 그리고 조금씩 마신다.

해설 음주시 주의해야 할 사항
1. 천천히 마시기(알코올도수 낮은 술부터)
2. 술을 마신 이후 3일간은 술 자제하기
3. 음주전 간단한 식사하기
4. 음주시 충분한 물 마시기
5. 자극적인 안주보다는 고단백 혹은 타우린 성분의 안주 섭취하기

34 다음 식품위생법상의 식품접객업의 내용으로 틀린 것은?

가. 휴게음식점 영업은 주로 빵과 떡 그리고 과자와 아이스크림류 등 과자점 영업을 포함한다.
나. 일반음식점 영업은 음식류만 조리 판매가 허용되는 영업을 말한다.
다. 단란주점영업은 유흥종사자를 둘 수 없으나 모든 주류의 판매허용과 손님이 노래를 부르는 행위가 허용되는 영업을 말한다.
라. 유흥주점영업은 유흥종사자를 두거나 손님이 노래를 부르거나 춤을 추는 행위가 허용되는 영업이다.

해설 일반 음식점은 음식류를 조리하여 판매하는 가게로 음식과 함께 부수적으로 주류판매가 허용된다.

35 칵테일 조주 시 사용되는 다음 방법 중 가장 위생적인 방법은?

가. 손으로 얼음을 Glass에 담는다.
나. Glass 윗부분(Rim)을 손으로 잡아 움직인다.
다. Garnish는 깨끗한 손으로 Glass에 setting한다.
라. 유효기간이 지난 칵테일 부재료를 사용한다.

36 다음 음료 중 냉장 보관이 필요 없는 것은?

가. White Wine   나. Dry Sherry
다. Beer   라. Brandy

해설 브랜디는 증류주로 실온보관을 원칙으로 한다.

37 일과 업무 시작 전에 바에서 판매 가능한 양만큼 준비해 두는 각종의 재료를 무엇이라고 하는가?

가. Bar Stock
나. Par Stock
다. Pre-Product
라. Ordering Product

38 음료의 살균에 이용되지 않는 방법은?

가. 저온 장시간 살균법(LTLT)
나. 자외선 살균법
다. 고온 단시간 살균법(HTST)
라. 초고온 살균법(UHT)

해설 자외선 살균법은 파장 253.7nm의 자외선을 이용하여 미생물을 살균하는것. 화장실이나 식품공장의 기구, 원료, 포장재료 등의 살균에 이용된다.

39 업장에서 장기간 보관 시 세워서 보관하지 않고 뉘어서 보관해야 하는 것은?

가. 포트와인   나. 브랜디
다. 그라파   라. 아이스와인

해설 포트와인은 발효중인 와인에 브랜디를 첨가한 (알코올 농도 18~20%)포르투갈의 스위트한 주정강화 와인이다.

40 다음 중 식품 위생의 필요성과 가장 거리가 먼 것은?

가. 식중독 사고 방지
나. 저장기간 단축 및 품질개선
다. 품질개선 및 신뢰도 향상
라. 법적요구 사항 부응

해설 미생물 관리를 통해서 부패, 변색, 변취 등을 예방하므로 저장기간을 연장할 수 있다.

41 음료영업장 바텐더는 1년에 몇 회 정기적인 건강진단을 받아야 하는가?

가. 1회   나. 2회
다. 3회   라. 4회

해설 음료영업장 바텐더는 1년에 1회 정기적인 건강진단을 받아야 하는데, 건강진단 후 발급되는 건강진단 결과서를 보건증이라 한다.

42 식품위생분야 종사자의 건강진단 항목이 아닌 것은?

가. 장티푸스　　나. 폐결핵
다. 전염성 피부질환　　라. 위내시경

해설 식품위생분야 종사자의 건강진단 항목에는 장티푸스, 폐결핵, 전염성 피부질환이 있다.

43 감염병 유행의 3대 요인으로 적합하지 않은 것은?

가. 감염원　　나. 면역
다. 감염경로　　라. 감수성 숙주

해설 감염병의 3대 요인
① 감염원 ② 감염경로 ③ 감수성숙주

44 다음에서 설명하고 있는 세척제는?

> 사람이 그대로 먹을 수 있는 야채, 과일 등을 씻는데 사용되는 세척제이다.

가. 1종 세척제　　나. 2종 세척제
다. 3종 세척제　　라. 4종 세척제

해설 · 1종 세척제 : 사람이 그대로 먹을 수 있는 야채, 과일 등을 씻는데 사용되는 세척제
· 2종 세척제 : 가공기구, 조리기구 등 식품기구 용기를 씻는데 사용되는 세척제
· 3종 세척제 : 식품의 제조장치, 가공장치 등을 씻는데 사용되는 세척제

45 냉장·냉동고 관리방법으로 잘못된 것은?

가. 주1회 이상 청소한다.
나. 온도를 주기적으로 측정 기록한다.
다. 교차 오염을 예방하기 위해 식품을 분리 보관한다.
라. 내부 용적을 70% 이상으로 식품을 보관한다.

해설 · 내부 용적을 70% 이하로 식품을 보관한다.
· 조명은 라벨을 읽을 수 있을 정도로 한다.

46 소화기 사용 방법으로 잘못된 것은?

가. 소화기를 불이 난 곳으로 옮긴다.
나. 손잡이 부분의 안전핀을 뽑는다.
다. 화재시 바람을 맞으며 서서 호스가 불을 향하게 한다.
라. 손잡이를 힘껏 움켜쥐고 빗자루로 쓸 듯이 뿌린다.

해설 화재발생시 소화기는 연기피해를 줄이기 위해 화재발생지점의 반대방향으로 바람을 등지고 서서 호스가 불을 향하게 한다.

47 우리나라의 식품위생법상 안전성을 해치는 요인이 아닌 것은?

가. 부패변질된 것.
나. 유해·유독 물질이 들어 있거나 묻어 있는 것.
다. 병원미생물이 오염되지 않은 것.
라. 불결하거나 다른 물질이 혼입된 것.

해설 병원미생물이 오염된 것

정답									
01 라	02 다	03 나	04 라	05 라	06 가	07 가	08 다	09 라	10 나
11 나	12 가	13 다	14 다	15 다	16 라	17 라	18 다	19 가	20 나
21 나	22 가	23 라	24 나	25 다	26 라	27 나	28 다	29 나	30 나
31 라	32 다	33 다	34 나	35 다	36 라	37 나	38 다	39 라	40 나
41 가	42 라	43 나	44 가	45 라	46 다	47 다			

Part 2

음료특성분석

[NCS학습모듈]
음료특성분석 LM1301020402_17v3

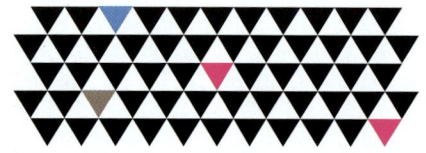

음료 특성 분석 학습모듈의 개요

학습모듈의 목표

- 다양한 음료의 특성을 파악·분류하고 조주에 활용할 수 있다.

학습모듈의 내용체계

학습	학습 내용	NCS 능력단위 요소	
		코드번호	요소 명칭
1. 음료 분류 및 특성 파악하기	1-1. 음료의 분류 및 특성 파악	1301020402_17v3.1	음료 분류하기
		1301020402_17v3.2	음료특성 파악하기
2. 음료 활용하기	2-1. 알코올성·비알코올성 음료의 활용	1301020402_17v3.3	음료 활용하기

학습 1 음료 분류 및 특성 파악하기

1-1. 음료의 분류 및 특성 파악

학습 목표
- 알코올 함유량에 따라 음료를 분류할 수 있다.
- 양조 방법에 따라 음료를 분류할 수 있다.
- 청량음료, 영양음료, 기호음료를 분류할 수 있다.
- 지역별 전통주를 분류할 수 있다.
- 다양한 양조주의 기본적인 특성을 설명할 수 있다.
- 다양한 증류주의 기본적인 특성을 설명할 수 있다.
- 다양한 혼성주의 기본적인 특성을 설명할 수 있다.
- 다양한 전통주의 기본적인 특성을 설명할 수 있다.
- 다양한 청량음료, 영양음료, 기호음료의 기본적인 특성을 설명할 수 있다.

1 음료의 분류

(1) 음료의 분류

음료란 크게 알코올성 음료Alcoholic Beverage = Hard Drink와 비알코올성 음료Non-Alcoholic Beverage = Soft Drink로 구분되는데, 알코올성 음료는 일반적으로 알코올이 포함된 술을 의미하고, 비알코올성 음료는 알코올이 포함되지 않은 것으로 청량음료, 영양음료, 기호음료로 나눈다.

가. 알코올성 음료의 분류

알코올성 음료는 제조 방법에 따라 양조주Fermented Liquor, 증류주Distilled Liquor, 혼성주Compounded Liquor로 나눈다.

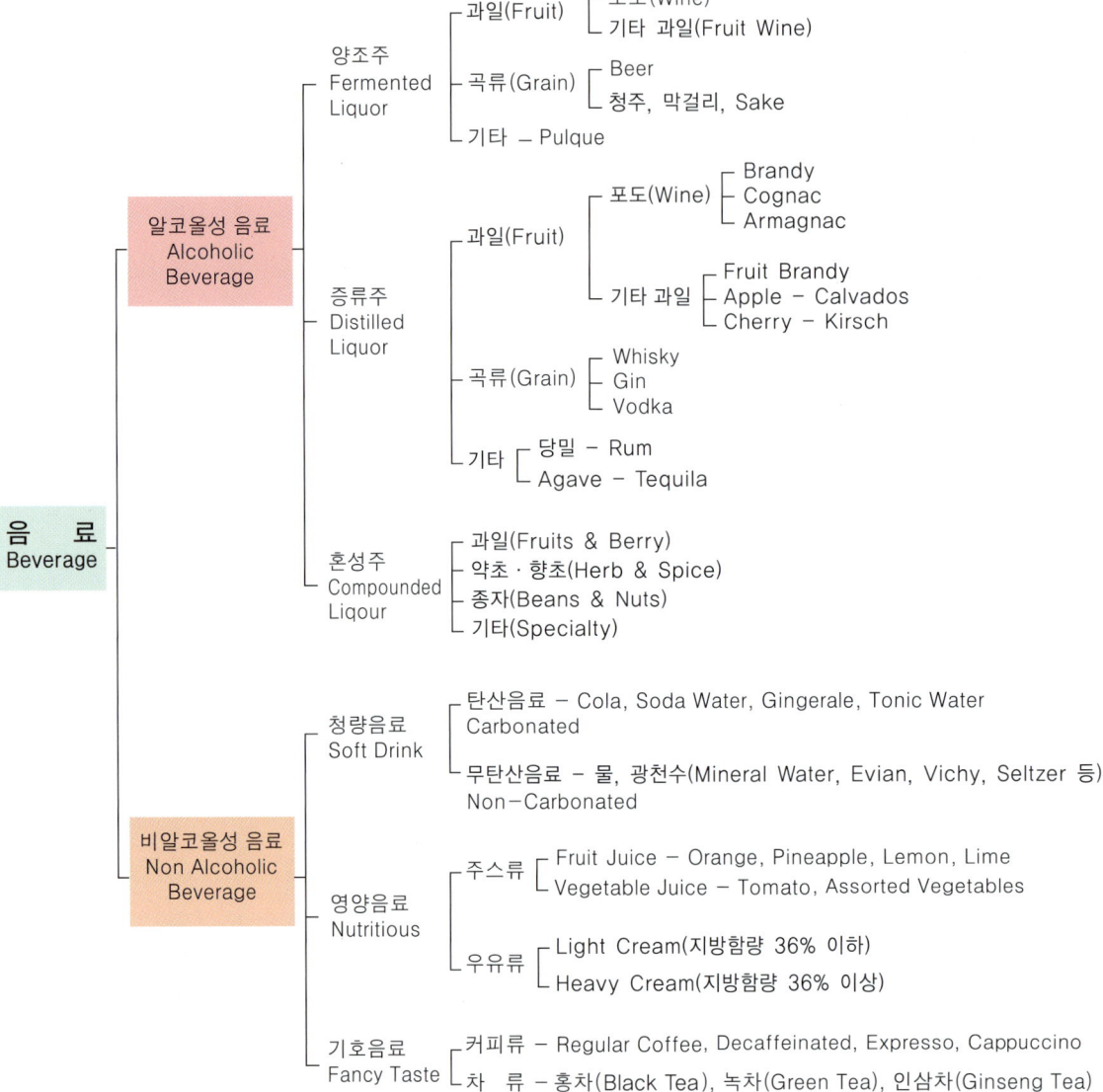

(가) 발효주양조주

발효주는 원료에 대한 당화 과정의 진행 여부로 단발효주와 복발효주로 분류한다.

① 단발효주

단발효주는 원료의 당질 형태가 당분으로 이루어져 있으며, 과즙을 천연 발효시켜 숙성 여과한 술. 과일 자체의 향미가 술의 품질에 영향을 준다.

- 와인포도, 사이다사과, 발포성 와인포도

② 복발효주

복발효주는 당화와 발효가 각각 순서대로 진행되는지 아니면 당화와 발효가 동시에 진행되는지에 따라 단행 복발효주당화와 발효가 순서대로 진행, 병행 복발효주당화와 발효가 동시에 진행로 분류한다.

곡물을 당화하여 효모로 발효시킨 술이다. 당화 효소를 내는 미생물과 효모의 종류에 따라 품질이 달라진다.

- 단행 복발효주 - 맥주보리
- 병행 복발효주 - 황주쌀·수수, 막걸리옥수수·밀·쌀

③ 기타

식물의 수액, 줄기, 뿌리 등을 원료로 만드는 술

- 풀케용설란 수액

나. 비알코올성 음료의 분류

비알코올성 음료는 기능에 따라서 청량음료Soft Drink, 영양 음료Nutritious, 기호음료Fancy Taste로 구분하나 영양 음료와 기호음료는 식료食料의 범주에 포함시키기도 한다.

2 알코올성 음료의 이해

(1) 술의 양조 방법

술을 만들기 위해 필요한 재료는 당분과 효모이다. 미생물인 효모가 당분을 대사작용하여 알코올 발효를 하여 술을 만든다. 과일에 함유하고 있는 과당을 이용하거나 곡류에 있는 전분을 당화시켜 당분으로 전환시킨 이후에 효모를 작용시켜 알코올, 이산화탄소 그리고 물을 만든다.

(2) 술의 분류

가. 발효주 Fermented Liquor

발효주는 원재료에 함유된 당분 성분을 이용하여 알코올 발효가 끝난 술덧 자체를 제성하거나 여과하여 만든 주류로서 단발효주單醱酵酒와 복발효주複醱酵酒가 있다.

단발효주는 원료에 함유된 당분을 발효시켜 만들며, 여기에는 포도주나 사과주와 같은 과일을 이용한 술이 있다. 복발효주는 원료의 전분을 당화 효소로 당화시켜 당분으로 변화시킨 이후에 알코올 발효를 한다. 복발효주에는 맥주와 같이 맥아의 당화 효소를 이용하여 전분을

당화시켜 알코올을 얻는 단행 복발효주單行複醱酵酒가 있고, 우리나라 약주와 같이 국麴을 이용하여 전분을 당화시키면서 동시에 알코올 발효를 일으켜서 만드는 병행 복발효주竝行複醱酵酒가 있다. 주로 곡물과 국麴을 사용하여 술을 제조하는 우리나라, 중국, 일본의 전통주들이 병행 복발효주이다.

나. 증류주 Distilled Liquor

증류주는 알코올 도수가 5~15% ABV로 낮은 포도주나 맥주 같은 발효주를 증류 장치Still를 이용하여 알코올 도수를 높여 만든다. 발효주보다 강한 알코올 성분과 순도가 높은 알코올을 얻기 위하여 증류를 한다.

증류는 알코올과 물을 분리하는 작업으로 알코올의 비등점78℃과 물의 비등점100℃의 차이를 이용하는 것이다. 가열하여 먼저 증발되는 알코올 기체를 응축시키면 더 높은 알코올 성분을 얻게 되며 가열과 응축을 반복하면 알코올 성분이 높아지면서 원하는 알코올 도수를 가진 액체를 얻을 수 있다. 증류 기술은 아라비아의 연금술에 기원을 두고 있으며 발효주를 가열하다가 높은 알코올을 가진 주정을 얻었고, 이것을 '생명의 물'이라는 의미를 가진 라틴어 '아쿠아-비테Aqua-Vitae'라고 하였다.

다. 혼성주 Compounded Liquor

혼성주는 곡물이나 과일을 원료로 발효·증류하여 얻은 증류주에 과일이나 약초의 향미와 당분을 첨가하여 맛과 향, 색깔을 가진 술로 리큐어 Liqueur라고 한다. 맛과 향은 과일의 과육이나 과피, 종자 등 부위에 따라 다르며, 리큐어를 제조할 때 사용하는 베이스인 증류주의 종류에 따라서 다양한 종류의 리큐어가 있다.

■ 과일류 Fruits를 원료로 한 술의 제조

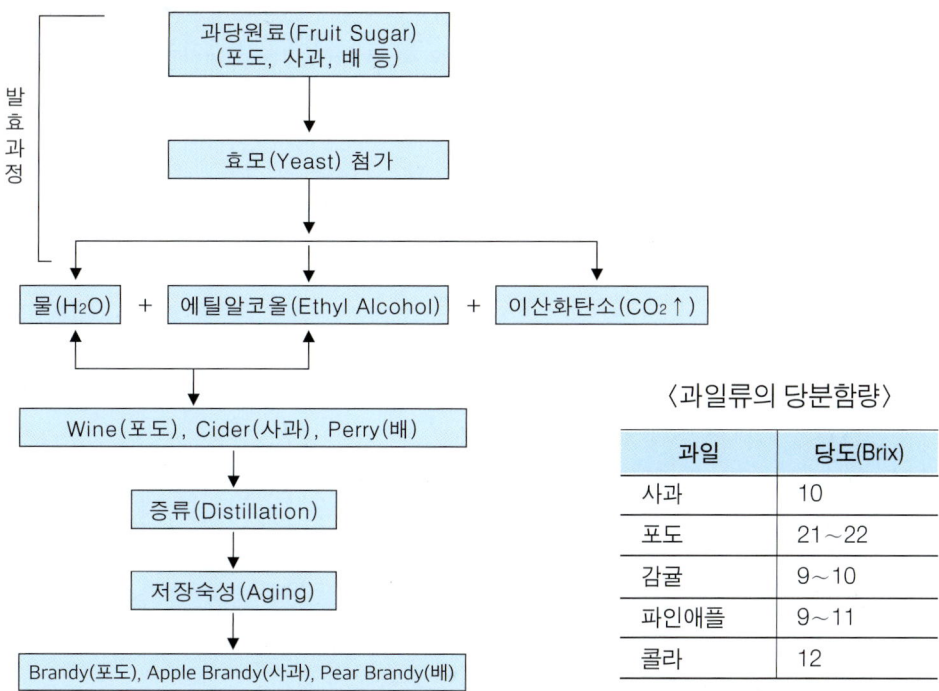

〈과일류의 당분함량〉

과일	당도(Brix)
사과	10
포도	21~22
감귤	9~10
파인애플	9~11
콜라	12

■ 곡류Grains를 원료로 한 술의 제조

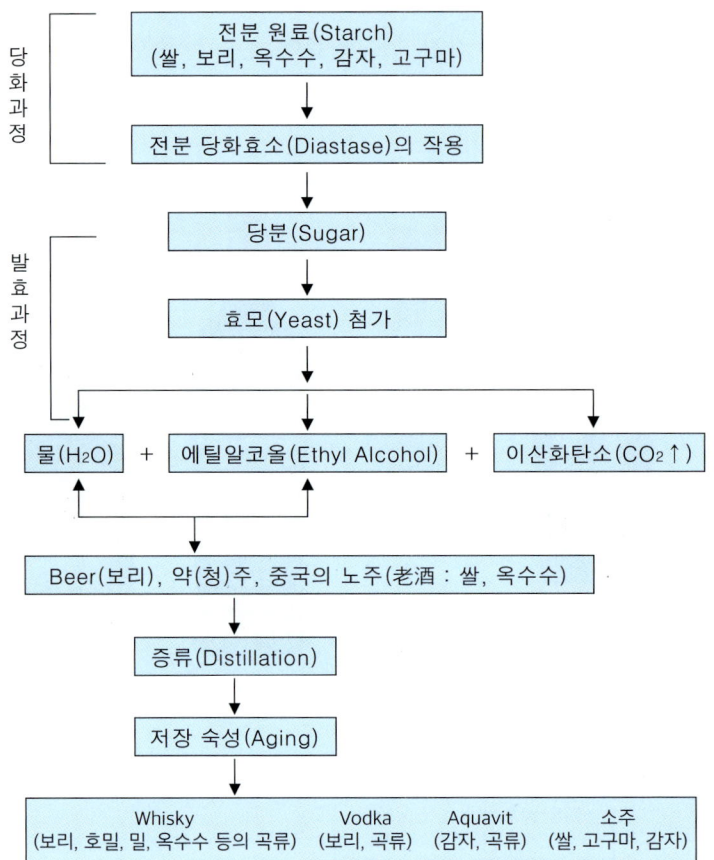

2-1. 음료의 분류 기출문제

01 음료의 분류상 나머지 셋과 다른 하나는?
  가. 맥주 나. 브랜디
  다. 청주 라. 막걸리

  해설 브랜디는 증류주이다.

02 다음 중 증류주는?
  가. Bourbon 나. Champagne
  라. Beer 라. Wine

  해설 샴페인, 맥주, 와인은 양조주(발효주)이고, 버번은 아메리칸 위스키로 증류주이다.

03 주세법상 알코올분의 정의는?
  가. 원 용량에 포함되어 있는 에틸알코올(섭씨 15도에서 0.7947의 비중을 가진 것)
  나. 원 용량에 포함되어 있는 에틸알코올(섭씨 15도에서 1의 비중을 가진 것)
  다. 원 용량에 포함되어 있는 메틸알코올(섭씨 15도에서 0.7947의 비중을 가진 것)
  라. 원 용량에 포함되어 있는 메틸알코올(섭씨 15도에서 1의 비중을 가진 것)

04 다음 중 연속식 증류주에 해당하는 것은?
  가. Pot Still Whisky 나. Malt Whisky
  다. Cognac 라. Patent Still Whisky

05 소주병에 350mL, 25%라고 기재되어 있을 때 에틸알코올양은?
  가. 87.5mL 나. 80mL
  다. 70.5mL 라. 60mL

  해설 350mL × 25%(=100분의 25) = 87.5mL

06 음료류와 주류에 대한 설명으로 틀린 것은?
  가. 맥주에서는 메탄올이 전혀 검출되면 안된다.
  나. 탄산음료는 탄산가스압이 0.5kg/cm² 인 것을 말한다.
  다. 탁주는 전분질 원료와 국을 주원료로 하여 술덧을 혼탁하게 제성한 것을 말한다.
  라. 과일/채소류 음료에는 보존료로 안식향산을 사용할 수 있다.

  해설 에탄올은 각종 알코올음료 속에 함유되어 있어 주정(酒精)이라고도 하는데, 보통 알코올이라고 하면 이 에탄올을 지칭한다. 메탄올은 모든 에탄올에 극소량으로 함유되어 있으며 법적으로 약 0.1% 이하로 함유되어 있어야 주류로 허가가 난다. 일반적으로 양조주보다 증류주가 상대적으로 메탄올의 함량이 적다.

07 주정도 표시에서 "86proof"는 우리나라에서의 주정도 몇 도에 해당하는가?
  가. 40도 나. 43도
  다. 86도 라. 46도

  해설 미국의 술은 알코올 농도 표시로 proof단위를 사용하는데, 2proof는 주정도가 1%이다. (86proof = 43도)

08 80proof를 알코올의 도수(%)로 표시하면?

가. 10% 나. 20%
다. 30% 라. 40%

해설 미국의 술은 알코올 도수를 proof단위로 쓰는데, 100proof는 주정도 50%라는 의미이다.

09 다음 중 알코올의 함량이 가장 많은 것은?

가. 알코올 40도의 위스키 1잔(1oz)
나. 알코올 10도의 와인 1잔(4oz)
다. 알코올 5도의 맥주 2잔(16oz)
라. 알코올 20도의 소주 1잔(2oz)

해설 알코올 함량 계산방법
예) A라는 사람이 다음의 음료를 마셨다고 가정하면 다음과 같다.
1) 알코올 도수가 40%인 위스키 1oz
2) 알코올 도수가 14%인 리큐어 1/2oz
3) 알코올 도수가 0%인 생수 3oz
풀이) 알코올을 마신 전체음료의 양을 구해보면 다음과 같다.
(1×0.40)+(0.5×0.14)+(3×0)=0.47oz
즉 0.47oz의 알코올을 마셨다고 할 수 있다. 마신 알코올을 전체 퍼센티지(%)로 계산해보면,
0.47/(1+0.5+3)=0.104 약 10%의 알코올을 마셨다고 할 수 있다.

가) (1×0.40)=0.40oz
나) (4×0.10)=0.40oz
다) (16×0.05)=0.80oz
라) (2×0.20)=0.40oz

10 제조법에 따른 알코올성 음료의 3가지 분류에 속하지 않는 것은?

가. 증류주 나. 혼합주
다. 양조주 라. 혼성주

11 알코올 농도의 정의는?

가. 섭씨 4°C에서 원용량 100분 중에 포함되어 있는 알코올분의 용량
나. 섭씨 15°C에서 원용량 100분 중에 포함되어 있는 알코올분의 용량
다. 섭씨 4°C에서 원용량 100분 중에 포함되어 있는 알코올분의 질량
라. 섭씨 20°C에서 원용량 100분 중에 포함되어 있는 알코올분의 용량

12 주세법상 주류에 대한 설명으로 괄호 안에 알맞게 연결된 것은?

'알코올분 (①)도 이상의 음료를 말한다. 단, 약사법에 따른 의약품으로서 알코올분이 (②)도 미만의 것을 제외한다.'

가. ①-1%, ②-6% 나. ①-2%, ②-4%
다. ①-1%, ②-3% 라. ①-2%, ②-5%

13 음료류의 식품유형에 대한 설명으로 틀린 것은?

가. 무향탄산음료 : 먹는 물에 식품 또는 식품첨가물(착향료 제외) 등을 가한 후 탄산가스를 주입한 것을 말한다.
나. 착향탄산음료 : 탄산음료에 식품첨가물(착향료)을 주입한 것을 말한다.
다. 과일음료 : 농축과실즙(또는 과실분), 과일주스 등을 원료로 하여 가공한 것(과실즙 10% 이상)을 말한다.
라. 유산균음료 : 유가공품 또는 식물성 원료를 효모로 발효시켜 가공(살균을 포함)한 것을 말한다.

해설 유산균음료 : 우유나 탈지유에 유산균을 섞어 유산 발효를 시켜서 만든 음료이다.

14 제조방법에 따른 술의 분류로 옳은 것은?

가. 발효주, 증류주, 추출주
나. 양조주, 증류주, 혼성주
다. 발효주, 칵테일, 에센스주
라. 양조주, 칵테일, 여과주

15 비알코올성 음료의 분류방법에 해당되지 않는 것은?

가. 청량음료 나. 영양음료
다. 발포성음료 라. 기호음료

16 비알코올성 음료에 대한 설명으로 틀린 것은?

가. Decaffeinated Coffee는 Caffein을 제거한 커피이다.
나. 아라비카종은 에티오피아가 원산지인 향미가 우수한 커피이다.
다. 에스프레소 커피는 고압의 수증기로 추출한 커피이다.
라. Cocoa는 카카오 열매의 과육을 말려 가공한 것이다.

해설 코코아(Cocoa)는 초콜릿액을 농축시켜서 만든 가루이다.

17 곡류를 원료로 만드는 술의 제조 시 당화과정에 필요한 것은?

가. Ethyl Alcohol 나. CO_2
다. Yeast 라. Diastase

해설 곡류 중에 함유되어 있는 전분을 전분당화효소인 디아스타제(Diastase)로 당화시킨 다음 효모인 이스트(Yeast)를 첨가하여 술을 만든다.

18 다음 중 병행 복발효주에 해당하는 것은?

가. 와인 나. 맥주
다. 사과주 라. 청주

해설
- 양조주(발효주)는 단발효주와 복발효주로 구분한다.
- 단발효주는 원료에 함유된 당분을 그대로 발효시켜 음용하는 주류로 포도주나 사과주가 여기에 속한다.
- 복발효주는 전분질을 당화, 발효시킨 것으로 단행 복발효주와 병행 복발효주로 구분한다. 단행 복발효주는 맥주와 같이 원료의 전분을 당화시킨 당액을 발효시켜 만든 술이고, 병행 복발효주는 막걸리, 청주와 같이 코지균 아밀라제(누룩)를 이용하여 전분질을 당화와 동시에 발효를 진행시키는 술이다.

19 다음 중 주세법상 발효주류에 해당하지 않는 것은?

가. 소주 나. 탁주
다. 약주 라. 과실주

해설 소주는 증류식 소주(전통방식 소주)와 희석식 소주로 나뉜다.

20 다음 중 양조주가 아닌 것은?

가. 소주 나. 레드 와인
다. 맥주 라. 청주

해설 소주는 증류주로 희석식 소주(참이슬, 처음처럼)와 증류식 소주(안동소주, 문배주)가 있다.

21 다음 중 양조주(Fermented Liquor)에 포함되지 않는 것은?

가. 와인 나. 맥주
다. 막걸리 라. 진

해설 진(Gin)은 곡류(대맥, 옥수수, 호밀 등)를 혼합, 당화, 발효시켜 증류하여 순수한 곡물주정을 얻는다. 이 증류액에 다시 노간주 열매, 고수풀, 안젤리카 캐러웨이 등의 향신료를 섞어 단식 증류하여 만든다.

22 다음 음료의 분류 중 증류주에 해당하지 않는 것은?

가. 막걸리 나. 위스키
다. 브랜디 라. 럼

23 다음 중 양조주가 아닌 것은?

가. 맥주(Beer) 나. 와인(Wine)
다. 브랜디(Brandy) 라. 풀케(Pulque)

해설 브랜디(Brandy)는 과일을 발효, 증류시켜서 만든 증류주이다.

24 음료의 역사에 대한 설명으로 틀린 것은?

가. 기원전 6000년경 바빌로니아 사람들은 레몬과즙을 마셨다.
나. 스페인 발렌시아 부근의 동굴에서는 탄산가스를 발견해 마시는 벽화가 있다.
다. 바빌로니아 사람들은 밀빵이 물에 젖어 발효된 맥주를 발견해 음료로 즐겼다.
라. 중앙아시아 지역에서는 야생의 포도가 쌓여 자연 발효된 포도주를 음료로 즐겼다.

해설 스페인 발렌시아 부근의 동굴속에서 약 1만년 전의 것으로 추측되는 암벽도각에는 한손에 바구니를 들고 봉밀을 채취하는 인물 그림이 있다.

25 다음 중 단발효법으로 만들어진 것은?
- 가. 맥주
- 나. 청주
- 다. 포도주
- 라. 탁주

해설 발효주는 단발효주(포도주, 사과주, 기타 과실주)와 복발효주로 구분되는데 복발효주는 다시 단행복발효주(맥주)와 병행복발효주(청주, 탁주, 소홍주)로 나뉜다.

26 음료에 대한 설명이 잘못된 것은?
- 가. 진저엘(Ginger ale)은 착향 탄산음료이다.
- 나. 토닉워터(Tonic Water)는 착향 탄산음료이다.
- 다. 세계 3대 기호음료는 커피, 코코아, 차이다.
- 라. 유럽에서 Cider(또는 Cidre)는 착향탄산음료이다.

해설 사이다(cider)는 사과로 만든 사과주를 말한다.

27 다음 중 식전주(aperitif)로 가장 적합하지 않은 것은?
- 가. Campari
- 나. Dubonnet
- 다. Cinzano
- 라. Sidecar

해설 사이드 카(sidecar)는 올데이 칵테일(all-day cocktail)이다.

28 다음 중 영양음료는?
- 가. 토마토 주스
- 나. 카푸치노
- 다. 녹차
- 라. 광천수

해설 비알코올성 음료는 청량음료, 영양음료, 기호음료로 분류하는데, 영양음료는 주스류와 우유류가 있다.

29 양조주에 대한 설명으로 옳은 것은?
- 가. 당질 또는 전분질 원료에 효모를 첨가하여 발효시켜 만든 술이다.
- 나. 발효주에 열을 가하여 증류하여 만든다.
- 다. Amaretto, Drambuie, Cointreau 등은 양조주에 속한다.
- 라. 증류주 등에 초근, 목피, 향료, 과즙, 당분을 첨가하여 만든 술이다.

해설 나 증류주에 대한 설명이다. 다 Amaretto, Drambuie, Cointreau 등은 혼성주에 속한다. 라 혼성주에 대한 설명이다.

30 양조주의 설명으로 맞지 않는 것은?
- 가. 주로 과일이나 곡물을 발효하여 만든 술이다.
- 나. 단발효주, 복발효주 2가지 방법이 있다.
- 다. 양조주의 알코올 함유량은 대략 25% 이상이다.
- 라. 발효하는 과정에서 당분이 효모에 의해 물, 에틸알코올, 이산화탄소가 발생한다.

해설 양조주는 효모의 활동에 따라 발효되는 당분, 즉 과당을 원료로 하는 술과 곡류 중에 함유되어 있는 전분을 당화 발효하는 전분질 원료에서 만들어지는 술로 구분하며, 알코올 함유량이 1~18%로 알코올 함량이 낮은 편이다.

31 양조주의 제조방법으로 틀린 것은?
- 가. 원료는 곡류나 과실류이다.
- 나. 전분은 당화과정이 필요하다.
- 다. 효모가 작용하여 알코올을 만든다.
- 라. 원료는 반드시 당분을 함유할 필요는 없다.

해설 양조주는 과실이나 곡류를 당화과정을 거쳐서 알코올발효를 한다.

정답

01 나	02 가	03 가	04 라	05 가	06 가	07 나	08 라	09 다	10 나
11 나	12 가	13 라	14 나	15 다	16 라	17 라	18 라	19 가	20 가
21 라	22 가	23 다	24 나	25 다	26 라	27 라	28 가	29 가	30 다
31 라									

수행내용 | 양조주의 특성 파악하기

1 와인 특성 파악

(1) 외관 Appearance

와인의 선명도Clarity, 색의 농도Depth of Color, 색Color, 점도Viscosity 등 와인이 깨끗하고 선명한지를 살펴본다. 흰색 바탕 위에 와인글라스를 약 45도 비스듬히 기울이면 와인이 넓게 퍼지면서 깊이에 따라 색을 자세히 볼 수 있다.

화이트 와인은 숙성 초기에는 녹색을 띠다가 숙성이 진행되면서 노란색으로, 숙성이 지나치면 갈색으로 변한다. 레드 와인은 자주색을 띠다가 숙성이 진행되면서 진홍색, 적갈색, 갈색의 순서로 색이 변한다.

(2) 향 Aroma & Bouquet

와인의 향은 그 와인의 품질을 나타낸다. 와인의 향을 잘 맡기 위해서는 와인 글라스에 적당한 양1/4~1/3의 와인을 따르는 것이 중요하다. 적당한 스월링Swirling을 하고 코를 글라스에 깊이 대고 숨을 깊이 들이 쉬면서 향을 맡는다.

아로마는 포도에서 나는 향으로 청포도 계열은 신맛 나는 과일 Citrus향이 많고 적포도 계열은 붉은 열매Berry의 향이 두드러지며 일반적으로 신선한 와인에 많다. 부케는 와인이 숙성되면서 나는 향으로, 포도 자체의 향과는 다른 향을 보여준다.

(3) 맛 Palate

와인의 당도Sweetness, 타닌Tannin, 산도Acidity, 밀도Body 등 미묘한 맛을 입 안에서 감지한다. 와인을 반 모금 정도 입 안에 머금고 입술을 오므린 다음 공기를 조금씩 빨아들이면서 와인을 부드럽

게 혀로 굴리면서 천천히 맛을 음미한다. 와인을 공기와 접촉시켜 향을 풍부하게 맛을 부드럽게 하고, 입 안에서 굴리면서 혀의 여러 부위에서 맛을 느끼게 해 준다.

(4) 여운 Finish

와인을 삼킨 이후에 목 안을 타고 내려간 와인이 주는 느낌과 아직 입 안에 남아있는 맛과 코에서 느껴지는 향과 함께 종합적으로 어떤 느낌을 주는지 생각한다. 여운이 오래 남는지 빠르게 사라지는지를 감지해보고 맛과 향의 밸런스가 조화로운지 느껴본다.

(5) 전체적인 평가 Conclusions

이상적인 와인은 맛과 향의 밸런스가 뛰어난 와인이라고 하는데 타닌, 산도, 당도, 과일향 등 다른 성분들이 적절하게 배합된 것을 의미하며 '와인의 균형'이라고 한다. 나쁜 와인의 대표적인 특징은 곰팡이나 썩은 냄새가 나거나, 식초로 변질되어 아세톤이나 썩은 계란 냄새가 나는 와인이다. 병이나 코르크 상태가 좋지 않았거나 온도가 높은 장소에서 보관하는 경우이다.

2 맥주 특성 파악

맥주 스타일에 맞는 적절한 크기의 거품 the head on beer에 최대한 가까운지 확인한다. 이상적으로 글라스에 맥주를 부어 적절한 거품을 확인할 수 있다. 이것은 맥주를 나누어 따를 때 조금은 어렵지만 테이스팅 하는 맥주에 좋은 거품을 만들어야 한다. 맥주를 따른 이후에 맥주를 관찰한다. 빛을 향해 들어 올려서 본다. 맥주의 중심부와 가장자리 비교한다. 시각적인 외관, 색상, 선명도, 탄산, 거품의 크기와 지속력 등을 평가한다. 글라스에 나타나는 맥주 거품 Beer lacing의 범위 및 패턴을 참고한다.

학습 2 양조주–와인 Fermented Liquor, Wine

2-1. 와인의 품질을 결정짓는 요소

와인의 맛은 원료인 포도가 자라는 지역의 토질, 기온, 강수량, 일조시간 등 자연적인 조건인 떼루아와 인위적인 조건인 포도 재배방법, 양조법 등에 따라 달라진다. 그래서 한 나라 안에서도 지역·생산연도에 따라 와인의 맛과 향이 달라지는 것이다.

와인은 이와 같은 자연성·순수성 때문에 기원전부터 오래도록 인류에게 사랑받아 왔고 현대에 이르러서도 일상적인 식생활에서 맛과 분위기를 돋우고 있으며, 더 나아가 서구문명의 중요한 부분을 차지하고 있다.

2-2. 주요 포도품종

1 레드 와인용 포도품종

① **까베르네 쇼비뇽**Cabernet Sauvignon | 레드 와인을 위한 포도품종으로 가장 많이 알려져 있다. 작은 포도알, 깊은 적갈색, 두꺼운 껍질, 많은 씨앗의 4가지 주요 특징을 갖고 있다.

② **메를로**Merlot | 메를로는 까베르네 쇼비뇽과 유사하지만 까베르네 쇼비뇽에 비해 타닌 함량이 적어 부드러워서 마시기 좋으며, 가벼워서 다른 포도의 거친 맛을 부드럽게 하기 위해 혼합용으로 많이사용한다.

③ **삐노 누아**Pinot Noir | 프랑스 부르고뉴에서 이 포도품종으로 세계 정상급의 레드와인을 만들고 있다. 우아한 과일의 맛이 풍부하고, 비단같이 부드러우면서도 야생성을 지니고 있는 매력적인 와인이다.

④ **시라**Syrah | 프랑스 남부 꼬드 뒤 론 지역에서 주로 생산되며, 최근에는 호주의 대표 품종으로 자리잡고 있다. 호주에서는 쉬라즈Shiraz라고 부른다.

⑤ **말벡**Malbec | 원산지 보르도에서 인기를 끌지 못하다가 최근 들어 칠레, 아르헨티나, 남아공 등에서 널리 재배되고 있으며, 아르헨티나에서는 국가 대표품종으로 육성하고 있다.

⑥ **가메**Gamay | 보졸레 누보 때문에 갑자기 유명해진 품종이다.
⑦ **바르베라**Barbera | 이탈리아 피에몬테 지방에서 널리 재배되는 레드 와인으로 테이블 와인 블렌딩용으로 많이 사용하고 있다.
⑧ **네비올로**Nebbiolo | 이탈리아 북서부 전통품종으로 바롤로와 바르바레스코를 생산한다.
⑨ **산지오베제**Sangiovese | 네비올로 품종과 더불어 이탈리아를 대표하는 토착품종으로 중부지방의 주 포도품종이다.
⑩ **뗌쁘라니요**Tempranillo | 스페인 최고급 레드 와인 품종으로 리오하 와인을 만드는 주품종이다.
⑪ **진판델**Zinfandel | 캘리포니아의 특화 품종인 진판델은 약간의 산도와 단맛, 그리고 풍성한 과일향과 스파이시한 맛이 특징이다.

❷ 화이트 와인용 포도품종

① **샤르도네**Chardonnay | 대부분의 고급 화이트 와인을 만드는 품종으로 주산지는 프랑스의 부르고뉴지방이며, 캘리포니아와 칠레, 호주 등에서도 재배된다.
② **쇼비뇽 블랑**Sauvignon Blanc | 보르도 남서부지방과 루아르 지역이 대표적인 산지이다.
③ **쎄미용**Semillon | 산도가 낮고 향이 강하지 않아 단독으로는 사용되지 않으며, 주로 샤르도네나 쇼비뇽 블랑과 블렌딩되는 보조품종이다.
④ **리슬링**Riesling | 독일을 대표하는 품종으로 라인과 모젤지방 그리고 프랑스의 알자스에서 생산되는 화이트 와인의 대표적인 품종이다.
⑤ **슈냉 블랑**Chenin Blanc | 프랑스 루아르지방에서 가장 많이 재배되는 품종으로 신선하고 매력적이며 부드러움이 특징이다.

⑥ **삐노 블랑**Pinot Blanc | 푸른 회색포도로 프랑스 알자스지방 포도재배량의 5%를 차지하며, 독일, 이탈리아, 오스트리아 등지에서 재배되고 있다.

⑦ **질바너**Silvaner | 갈증을 풀어주는 신선하고 가벼운 포도주를 만들고 과일향이 풍부하고 섬세하다.

⑧ **게뷔르츠트라미너**Gewürztraminer | 리슬링과 함께 독일 및 프랑스 알자스 와인을 대표하는 화이트 와인 품종이다. 독일어 Gewürz향료, 양념, 영어의 spice와 같은 뜻에 이 품종의 원산지인 Tramino에서 온 traminer를 합쳐서 만들어진 말이다.

⑨ **모스카토**Moscato | 달콤한 스타일의 스위트 화이트 와인을 생산하는 품종으로 원산지는 지중해 연안이다.

2-3. 와인의 저장 및 숙성

1 까브Cave : 포도주 저장고

장기 숙성용 포도주를 최적의 상태에서 최상의 맛을 음용할 수 있도록 저장하는 곳이다.

2 이상적인 저장고가 갖추어야 할 조건

- 8~14℃ 정도의 온도를 항상 유지해야 한다. 온도의 변화는 포도주의 저장에 매우 좋지 않다.

- 습도는 70~75% 정도를 유지해야 코르크 마개가 팽창하여 밀봉된 상태를 유지할 수 있다.
- 빛이 있으면 포도주의 노화가 촉진되므로 완전히 차단해주어야 한다.
- 원활한 통풍은 나쁜 향이 발생하지 않도록 해준다.
- 전혀 흔들림이 없도록 주의하여야 한다. 포도주의 숙성을 방해하기 때문이다.

❸ 아로마와 부케

① **아로마**Aroma | 포도의 원산지에 따라 맡을 수 있는 와인의 첫 번째 냄새 또는 향기를 말한다. 이 아로마는 원료 자체에서 우러나오는 향기이며 포도의 품종에 따라서, 같은 품종이라 하여도 포도가 자란 환경, 즉 토양의 성분, 기후, 재배조건 등에서 여러 가지 차이가 날 수 있다.

② **부케**Bouquet | 와인의 발효과정이나 숙성과정 중에 형성되는 여러 가지 복잡 다양한 향기를 말한다. 각 성분들끼리의 어울림, 오크통 속에서의 화학적인 변화, 병 숙성과정 중의 완숙한 교류 등을 통하여 우아하고 변화무쌍한 자기만의 독특한 향을 가지게 된다.

2-4. 와인 취급법 및 서비스방법

❶ 와인의 보관

① **온도**Temperature | 약 12℃ 정도의 일정한 온도가 이상적이다. 10~ 15℃ 사이의 일정치 않은 온도도 그 변화가 느리고 고정된 것이라면 괜찮다. 온도가 10℃ 이하로 내려가면 정상적인 숙성이 늦어지고, 더 낮은 온도가 지속되면 병 안의 코르크 마개를 위로 밀어 올려 와인 속에 많은 공기가 들어가게 되는 원인이 된다. 또한 15℃ 이상의 온도로 올라가면 와인이 빨리 숙성하여 적절하고도 복잡한 와인의 향과 맛에 영향을 미치고, 더 높은 온도가 지속된다면 와인은 빨리 산화되어 결국은 요리의 재료로만 쓸 수 있다.

② **진동**Vibration | 와인 속의 찌꺼기가 떠오르는 것을 막고 코르크가 풀어지는 것을 방지하기 위해 진동은 최소화해야 한다.

③ **음지**Darkness | 햇볕에 노출이 심하면 병의 온도가 급속히 올라간다. 화이트 와인의 경우 더욱 민감하여 색깔 있는 병을 사용하는 이유도 이 때문이다. 또한 햇볕은 하루에 많은 일교차를 일으키게 된다. 이러한 이유로 포도주는 어두운 곳에 저장하는 것이 원칙이다. 그러나 전등의 불빛은 와인에 영향을 주지 않는다.

④ **습도**Humidity | 찬바람은 습기가 있는 바람이다. 따라서 저장소의 온도가 낮다면 습도는 적당할 것이다. 일반적으로 습도의 상태가 기분이 좋을 정도면 와인에도 적당하다. 70~80% 정도의 습도는 병마개를 건조시키지 않으며, 캡슐이나 라벨을 손상시키지 않는다. 습도가 너무 낮으면 와인의 코르크가 말라버려 그 사이로 많은 공기가 유입되어 와인이 빨리 변하고, 습도가 너무 높으면 곰팡이가 코르크 마개에 기생하여 와인에 곰팡이 냄새를 스며들게 하여 와인의 질을 떨어뜨리고 와인라벨도 곰팡이로 인하여 알아볼 수 없게 만들기 때문에 와인의 상품적 가치를 떨어뜨린다.

2 와인과 글라스

① **림**Rim | 와인을 마실 때 입술이 닿는 부분, 림 부분의 둘레는 보울 부분보다 지름이 적은데, 이는 와인의 향을 잔속에 가능한 오래 보존할 수 있게 한다.
② **보울**Bowl | 와인 잔의 몸통 부분, 와인은 와인 잔의 1/3정도만 채우는 것이 좋다. 와인의 향을 맡으려고 와인잔을 돌릴 때 흘릴 염려가 없으며, 나머지 공간을 와인의 향으로 가득 채울 수 있기 때문이다.
③ **스템**Stem | 손으로 잡는 부분, 스템이 길면 체온이 와인에 영향을 미치지 않으며, 와인의 색을 관찰할 때 손이 방해가 되지 않는다.
④ **베이스**Base | 와인 잔의 받침부분

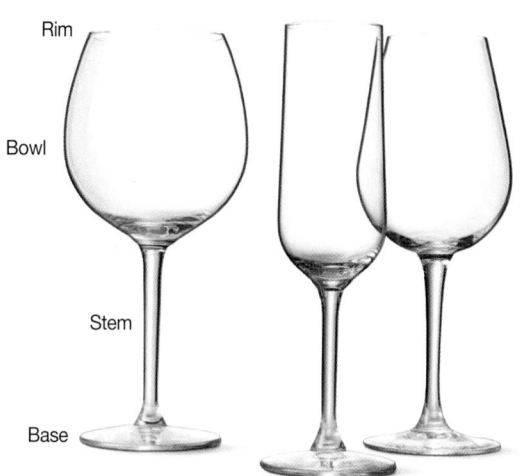

3 디캔팅 Decanting

① **디캔팅은 무엇이며 왜 하는가?** 디캔팅은 병으로부터 와인을 따를 때 침전물이 잔에 흘러들지 않도록 미리 앙금이 없는 부분의 와인을 다른 유리용기디캔터에 따르는 작업을 말한다.

② **디캔팅이 필요한 와인은?** 디캔팅은 Red Wine에서만 행해지는 작업이다. 디캔팅의 주된 이유는 첫째, 오랜 숙성을 거친 고급와인은 침전물이 많이 생긴다. 침전물이 많은 경우 처음 마실 때와 마지막 마실 때 다른 맛이 나기도 하는데, 이것을 방지하기 위해 디캔팅이 필요하다. 둘째, 숙성이 덜 된 거친 와인의 경우 공기와 접촉하면서 맛이 부드러워질 수 있으므로 디캔팅을 한다. 와인을 공기에 쏘아주는 것을 브리딩Breathing이라고 한다.

4 와인의 서비스

(1) 레드 와인 서비스 와인 바스켓을 이용

① 와인 바스켓에 냅킨을 깔고 레드 와인을 눕힌다.
② 손님에게 주문한 상표를 확인시킨다.
③ 왼손으로 바스켓을 잘 잡고 오른손으로 코르크 나이프를 이용하여 캡슐을 제거한다.
④ 냅킨으로 병목 주위를 닦은 다음 코르크 스크류를 코르크에 돌려 넣는다.
　이때 병이 움직이지 않게 조심스럽게 다루어야 한다.
⑤ 받침대를 이용, 왼손으로 받침대를 고정시키고 천천히 오른손으로 빼낸다.
⑥ 다시 병목 안팎을 깨끗이 닦은 다음 서브한다.
⑦ 서브 요령은 바스켓을 오른손의 엄지손가락과 가운데손가락 사이에 끼워 잡고 집게손가락으로 병을 살짝 누르면서 잡는다.

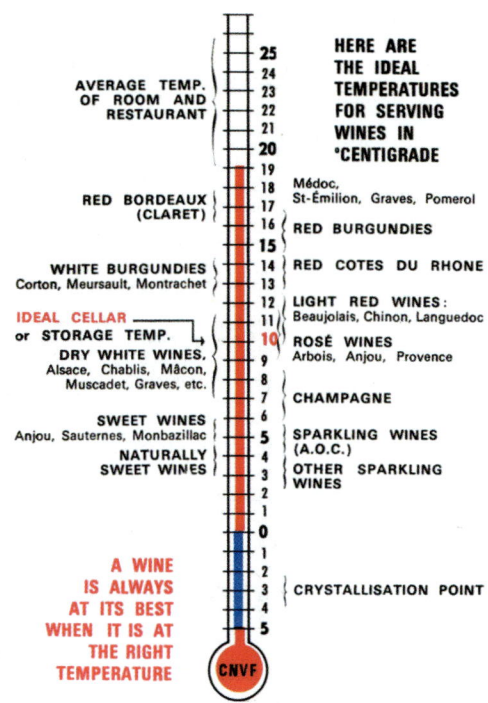

⑧ 주문한 손님Host께 먼저 맛을 보게 한 다음 좋다는 승낙이 있으면 사회적인 지위나 성별, 연령을 참작하여 서브하는 것이 일반원칙이다.
⑨ 글라스와 술병의 높이는 약간 떨어지게 하여 스탠더드급 글라스의 1/2~2/3 정도 서브하고 병을 약간돌리면서 세운다.
⑩ 이때 서비스 냅킨을 쥐고 있는 왼손은 가볍게 뒤쪽 허리 등에 붙이고 서브한다.
⑪ 서브가 끝날 때마다 술병을 조심스럽게 서비스 타월로 닦아 술방울이 테이블이나 손님에게 떨어지지 않도록 주의한다.

(2) 화이트 와인 서비스

① 적절한 온도를 유지하기 위하여 화이트 와인은 얼음과 물이 채워진 와인 쿨러나 냉장고에 넣어두어야 한다.
② 병 마개는 손님 앞에 준비된 와인 쿨러 속에서 오픈해야 한다.
③ 고객에게 프레젠테이션Presentation 및 오프닝Opening을 하는 것은 위에서 설명한 '와인 병을 오픈하는 요령'에 따라 실시하며, 와인 서비스 시 글라스와 와인 병의 높이는 일반적으로 와인의 종류에 따라 다르며 보통 2~3cm가 적당하다.

(3) 샴페인 서비스

① 와인 쿨러에 물과 얼음을 넣고 샴페인 병을 넣어 차갑게 한 다음 서브한다.
② 샴페인 병을 들어 손님의 좌측에서 상표를 확인시킨다. 이때 물기가 떨어지지 않게 서비스 타월을 술병 밑바닥에 댄다.
③ 왼손 엄지손가락은 병 마개를 누르면서 오른손으로 은박이나 금박의 포장지 윗부분을 벗긴다.
④ 왼손 엄지손가락은 계속 병 마개를 누르면서 감겨진 철사를 푼다.
⑤ 왼손으로 와인 쿨러 속에 있는 병을 꽉 잡고 오른손으로 코르크를 소리나지 않도록 조심스럽게 빼낸다.
⑥ 병의 물기를 제거한 다음 오른손 엄지손가락을 병 밑 쪽 파인 곳에 넣어 나머지 손가락으로 병을 잡고 왼손 집게손가락으로 병목부분을 받치고 따른다.
⑦ 글라스와 병의 높이는 약 3~5cm 정도가 적당하다.
⑧ 샴페인 서브 시 ⑥번과 같은 방법을 취하지 않을 때에는 서비스 냅킨을 든 왼손은 등 뒤로 붙인다.
⑨ 매 서브 후 서비스 냅킨으로 병목의 물기를 조심스럽게 닦아 술이 테이블이나 손님에게 떨어지는 것을 방지한다.

2-5. 각국의 와인

1 프랑스 와인

'Wine' 하면 가장 먼저 떠올릴 정도로 유명한 와인 생산국인 프랑스는 그리스 로마 시대를 거치며 기원전 500년경 프랑스 남부 지중해 연안으로 전래되었고, 이후 점차 프랑스 전역으로 전파되었다. 4세기 초313년 로마의 콘스탄티누스 황제의 기독교 공인 이후 종교행사에 와인이 사용된 이후부터 포도의 재배는 더욱 확산되었고, 12세기경에는 프랑스 와인이 인기상품으로 이웃 나라에 수출되기까지 했다. 18세기에는 유리병과 코르크 마개의 사용으로 와인의 판매와 유통경로가 더욱 다양해졌다. 19세기에는 철도의 가설로 인해서 남부의 와인산업은 더욱 발전했고 북부의 포도밭은 퇴조했다.

그러나 1864년 '필록세라Phylloxera'라는 포도나무뿌리 진딧물의 침입으로 인하여 프랑스의 모든 포도밭이 황폐해졌다. 그러다가 19세기 후반에 들어서면서부터 미국의 포도 묘목과 접목함으로써 필록세라 문제가 해결되어 1930년대에는 포도 생산량이 최대에 이르렀다. 현재 프랑스에서는 연간 약 4,200만 헥토리터 정도의 와인을 생산하며, 1인당 연간 약 67리터의 와인을 마신다고 한다. 프랑스는 1935년 와인에 관한 규정A.O.C. 규정을 만들어서 고급와인을 특별히 분리했고, 1949년에는 V.D.Q.S.에 관한 규정을 추가했으며, 1979년 뱅 드 뻬이Vins de Pays와 뱅 드 따블Vins de Table에 관한 규정을 신설하여 와인을 등급별로 관리해 오고 있다.

프랑스 와인

- 포도 재배의 최적지
- 연평균 기온 : 10~20℃
- 포도 재배면적 : 123만ha
- 다양한 토양에 맞는 다양한 포도품종 재배
- 연간 생산량 : 4,190만hL
- 화이트 와인 35%, 레드 와인 : 65%

1. 프랑스 와인에 관한 법률

• **와인 관련 법률**

프랑스 와인산업은 1864년 미국에서 건너온 작은 진딧물인 필록세라Phylloxera가 가르Gard 지방에서 출현한 후 프랑스 포도밭의 대부분을 괴멸시켰지만, 필록세라에 강한 미국 포도품종과 프랑스 포도묘목을 접목시킴으로써 회복되었다.

필록세라 위기는 와인 품귀를 가져와 밀수와 가짜 와인이 성행하였다. 1889년 8월 14일자 법령은 이런 부정행위를 막고자 와인에 대해 '신선한 포도나 포도즙을 부분적으로 또는 완전히 발효시킨 제품'이란 법적 정의를 내렸으며, 1905년에는 밀수방지국이 창설되었다. 포도밭 재건 후에는 과잉생산과 가격폭락이 일어나기도 하였으며, 제1차 세계대전 동안에는 포도밭 일손의 부족으로 수확량이 감소되었다. 1930년대에는 다시 포도생산량이 급증하여 생산과잉으로 인해 비도덕적인 와인 생산업자들은 부정적인 방법으로 상표를 붙였는데, 이를 방지하기 위해 프랑스 정부가 1935년에 이를 통제하는 강력한 법을 제정하였다.

- **AOP 법**신 와인 법

2009년 유럽연합EU에 속한 국가들의 와인에 대한 지리적인 표시를 보호하기 위해서 와인 라벨 표기를 새롭게 규정하였다. 복잡했던 등급이 간소화되었는데, 프랑스에서 각 지역의 와인을 보호하는 것이 아닌 유럽연합에서 보호한다. 그래서 AOP 법에 따라 유럽 국가들은 자국 와인 법을 조금씩 수정했고, 이에 프랑스도 2009년 빈티지부터 AOP 법을 적용하고 있다. 하지만 AOP 법을 의무적으로 사용해야 되는 것이 아니어서 프랑스 내부에서 판매하는 경우 여전히 AOC를 유지하는 와이너리를 많이 볼 수 있다. 프랑스 외부로 판매되는 와인에는 AOP 법을 적용해야 한다. AOC, VDQS 와인은 AOP아뻴라시옹 도리진 프로데제Appellation d'Origine Protégée로 지역 등급와인인 Vin de Pays 와인은 IGP앵디카시옹 제오그라피크 프로데제Indication Geographique Protege로 Vin de Table 와인은 Vin de France 등급으로 개정되었다.

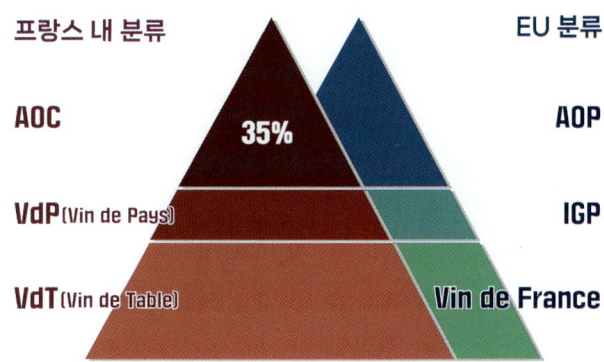

와인 법률	Quality Wine(품질이 우수한 와인)	Table wine	
등급	최상급	지방(지역 와인)	테이블 와인
프랑스	AOC	VdP(Vin de Pays)	VdT(Vin de Table)
EU 회원국	AOP	IGP	Vin de France

프랑스 와인 산지

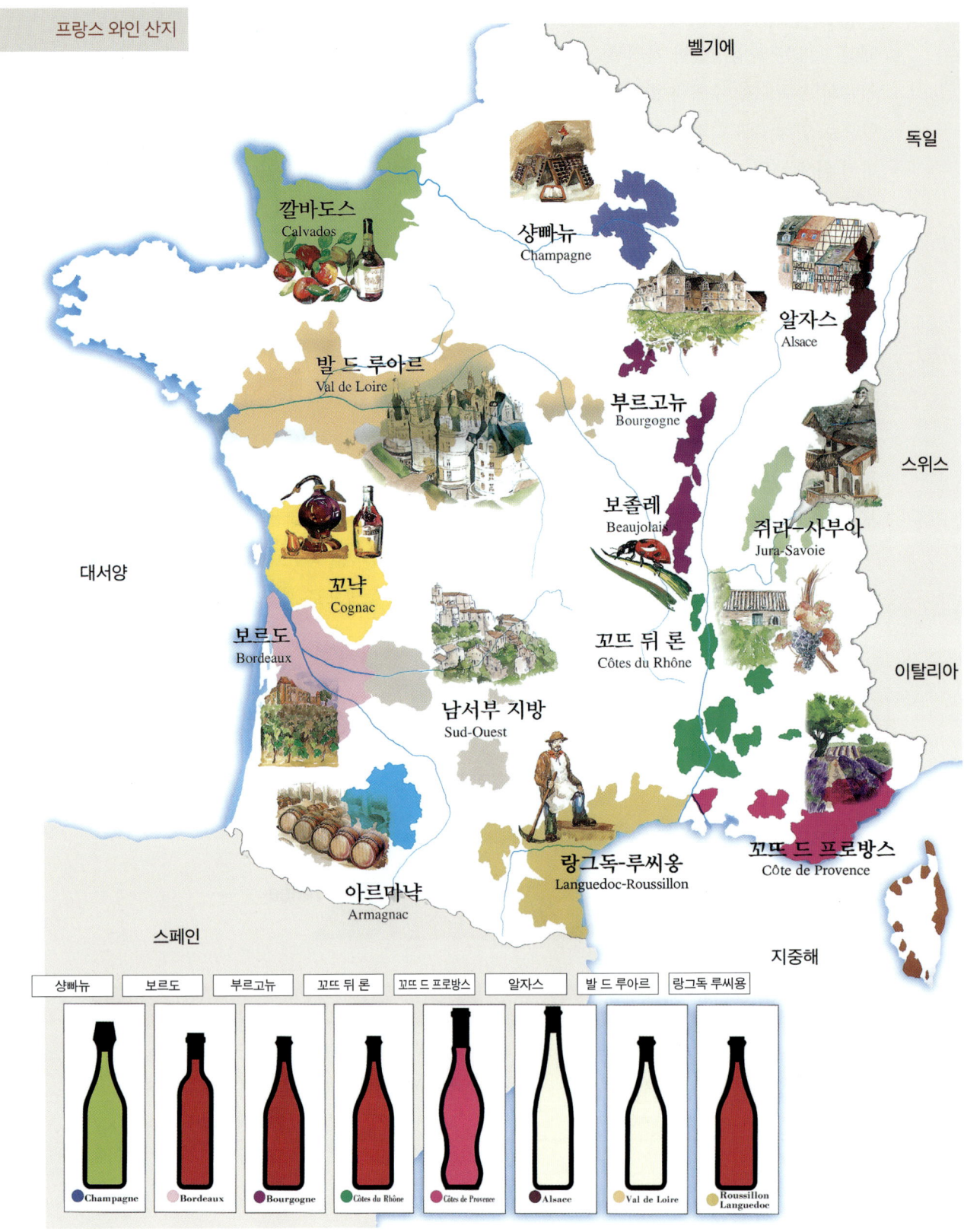

2. 프랑스 와인 산지

보르도 Bordeaux	메독(Médoc) 쏘테른과 바르싹(Sauternes et Barsac) 뽀므롤(Pomerol)	그라브(Grave) 쌩떼밀리옹(St.-Émillion) 프롱싹(Fronsac)
부르고뉴 Bourgogne	샤블리(Chablis) 꼬뜨 샬로네즈(Côte Châlonnaise) 보졸레(Beaujolais)	꼬뜨 도르(Côtes d'Or) 마꼬네(Mâconnais)
발레 뒤 론 Vallee du Rhône	꼬뜨 뒤 론(Côtes du Rhône) 북부 꼬뜨 뒤 론(Côtes du Rhône) 남부	
발 드 루아르 Val de Loire	뻬이 낭트(Pays Nantais) 뚜렌느(Touraine) 뿌이-쉬르-루아르(Pouilly-sur-Loire)	당주(d'Anjou) 상세르(Sancerre)
알자스 Alsace	콜마(Colmar) 북부 콜마(Colmar) 남부	
샹빠뉴 Champagne	몽따뉴 드 르앙스(Montagne de Reims) 발레 드 라 마르느(Vallée de la Marne) 꼬뜨 데 블랑(Côte des Blanc) 오브(Aube)	
프로방스 Provence	꼬뜨 드 프로방스(Côtes de Provence)	
랑그독 루시옹 Languedoc-Roussillon	랑그도크(Lenguedoc) 루시옹(Roussillon)	

오 메독

샤또 투르사 메독

샤또 라피뜨 로칠드

시쉘 그라브

스위트 와인 샤또 끌리망

샤또 라쎄크 쌩떼밀리옹

뽀므롤

샤블리 그랑 크뤼

2 이탈리아 와인

이탈리아는 대부분의 지역에서 와인이 생산되고 있으며, 2016년 기준 연간 4,880만hL를 생산하여 전세계 생산량의 18.8% 와인 생산량도 세계에서 제일 많고 유럽에서 가장 오래된 와인 생산국이기도 하다. 와인 수출량 역시 연간 2,200만hL 내외로 스페인과 더불어 가장 많은 와인을 수출하고 있는데, 다만 무역수지 측면에서 보면 프랑스의 연간 92억달러2014년, 전세계 수출액의 28.8% 수출에 비해 이탈리아는 약 60억달러18.8%를 수출하여 상대적으로 저평가되어 있음을 알 수 있다. 역사나 품질 면에 있어서 세계 최고의 수준으로 인정받는 이탈리아 와인이지만 프랑스에 비해 상대적으로 저렴하게 판매되는 것은 전통적 인식과 국제사회의 정치적 여건 및 국제적 마케팅 활동이 늦게 시작되어 적절한 평가를 받지 못하고 있기 때문이기도 하다. 이탈리아 사람들은 1인당 62리터 정도의 와인을 마셔 프랑스 다음으로 많이 마시고 있다.

이탈리아 와인의 역사는 로마시대부터 시작된다. 이때는 와인을 생산한 후 인근에서 소비하다가 로마 군대가 유럽을 점령하면서 유럽 전역에서 양조용 포도가 재배되기 시작했다. 즉 프랑스를 점령한 로마 군대가 주둔지 근처에 포도나무를 심어 프랑스 와인이 시작되었고, 독일 점령 후 독일 지역에 포도 재배를 시작하여 독일 와인이 시작되었다.

1. 이탈리아의 와인 등급

이탈리아는 크게 20개의 와인 생산지역이 있으며, 최상급 DOCG Denominazione di Origine Controllata e Garantita, 상급 DOC Denominazione di Origine Controllata, 지역와인 IGT Indicazione Geografica Tipica, 테이블와인 VDT, Vino da Tavola로 구분된다.

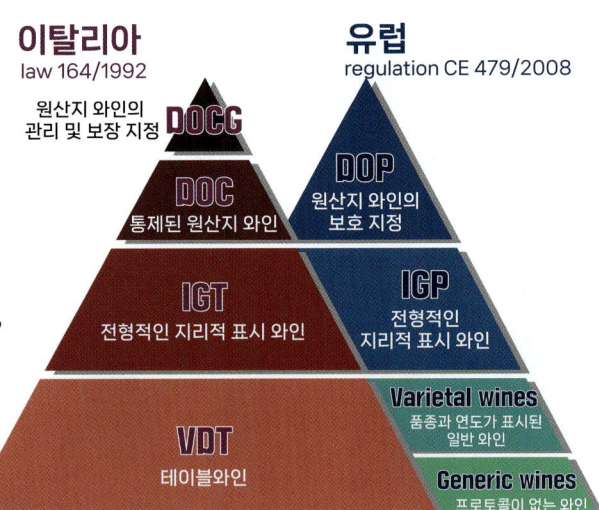

Quality Wine(품질이 우수한 와인)		Table Wine	
최상급	상급	지방(지역) 와인	테이블 와인
DOCG	DOC	IGT	VdT
전체 생산량의 13%		전체 생산량의 87%	

2. 이탈리아의 와인 산지

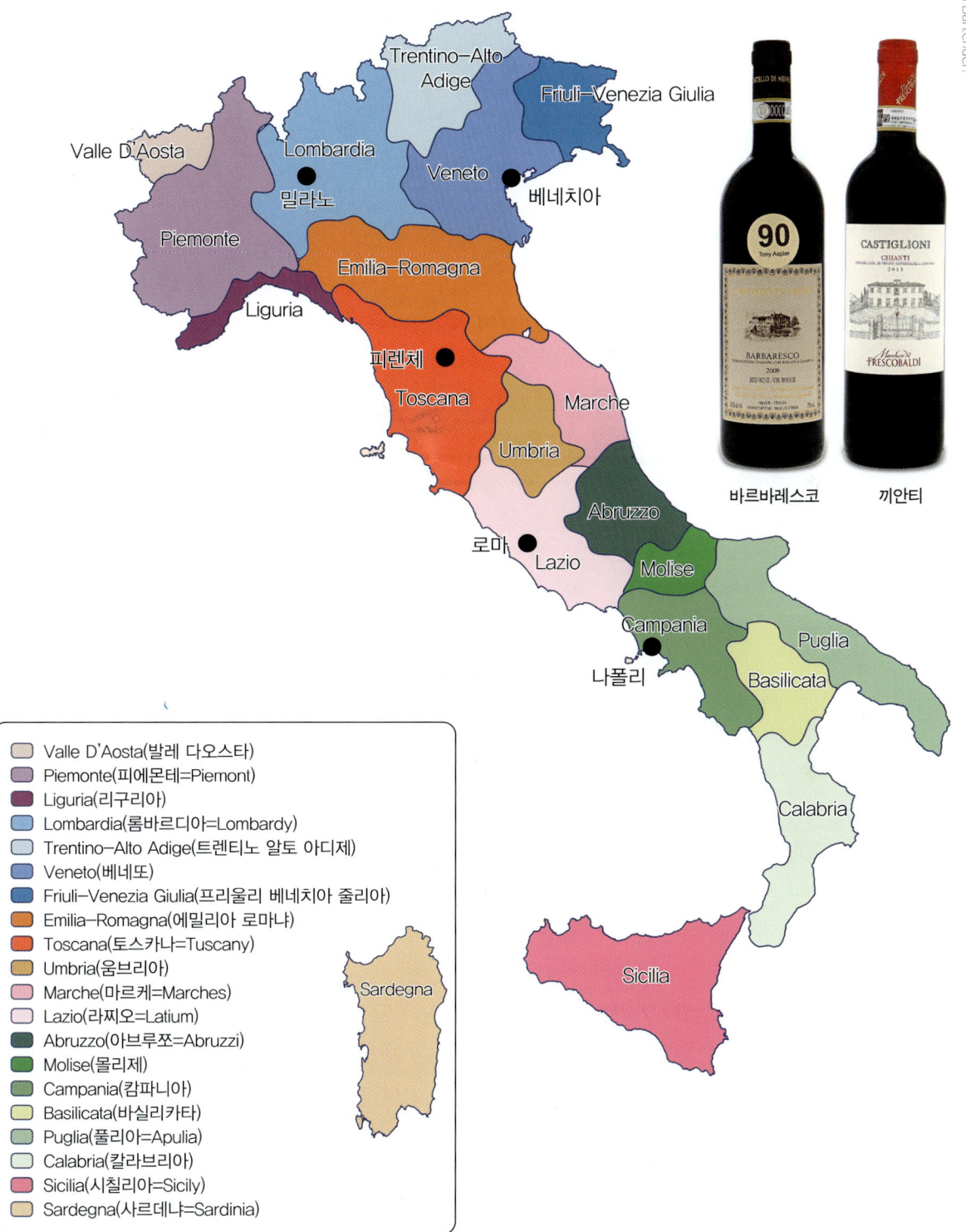

3 독일 와인

　독일은 프랑스에 비해 와인 생산량은 그다지 많지 않지만 품질 좋은 화이트 와인의 명산지이다. 독일에서 생산되는 와인은 약 85%가 화이트 와인이며, 알코올도수는 평균 7.5~10%로 다른 나라의 와인에 비해 알코올도수가 낮다. 이 지역의 신선함과 순함, 포도의 신맛과 천연의 단맛이 서로 균형을 이루면서 작용하는 조화가 독일산 와인의 큰 특징이다. 특히 천연의 단맛이 있는 관계로 독일 와인은 처음 와인을 접하는 이들과 여성에게 알맞다.

독일의 우수한 와인은 13개 지방에서 생산되고 있는데, 라인강 유역과 모젤-자르-루버 Mosel-Saar-Ruwer 유역의 2대 산지가 특히 유명하다. 모젤 자르 루버 지역에서 생산되는 와인은 신선하고 약간 신맛이 나며 녹색병이 사용되는 데 반해, 라인 지역에서 생산되는 와인은 부드러우며 갈색병이 사용된다. 포도의 품종은 개성이 뚜렷한 리슬링Riesling종과 부드러운 실바너Silvaner종을 많이 사용한다.

독일의 와인 법률

독일의 와인 품질검사기준법은 1879년 처음 제정되고 수차례에 걸쳐 수정되어 왔으며, 1970년대에는 한때 유명무실하였다가 1982년에 현재의 법으로 확정되어 시행하고 있다. 독일 와인의 품질등급분류는 크게 두 가지로 타펠바인Tafelwein; Table Wine과 크발리태츠바인Qualitätswein; Quality Wine, 품질이 우수한 와인으로 분류되며, 와인은 포도의 성숙정도와 수확시기에 따라 품질이 결정되고 늦게 수확한 것이 더 좋은 와인을 만든다.

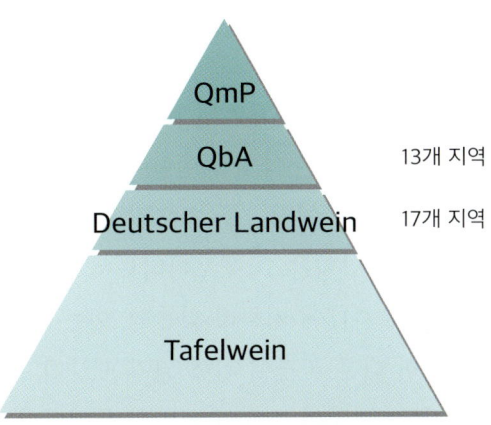

에르드네르 트렙쉔   베른카스텔 닥터

- QmP
- QbA — 13개 지역
- Deutscher Landwein — 17개 지역
- Tafelwein

Quality Wine(품질이 우수한 와인)		Table Wine	
최상급	상급	지방(지역) 와인	테이블 와인
QmP	QbA	Landwein 란트바인	Tafelwein 타펠바인
가장 품질이 좋은 와인으로 QbA급 와인과는 달리 가당을 하지 않는다.	13개 특정지역에서 생산되는 품질이 좋은 와인으로 알코올도수를 높이기 위해 가당을 한다.	알코올도수, 산도 등 최소한의 규정으로, 17개의 특정 지역에서 생산되는 와인	EU 내에서 재배된 포도로 자유롭게 만든 와인이며, 100% 독일산 포도로 만든 경우 도이치 타펠바인으로 표기한다.

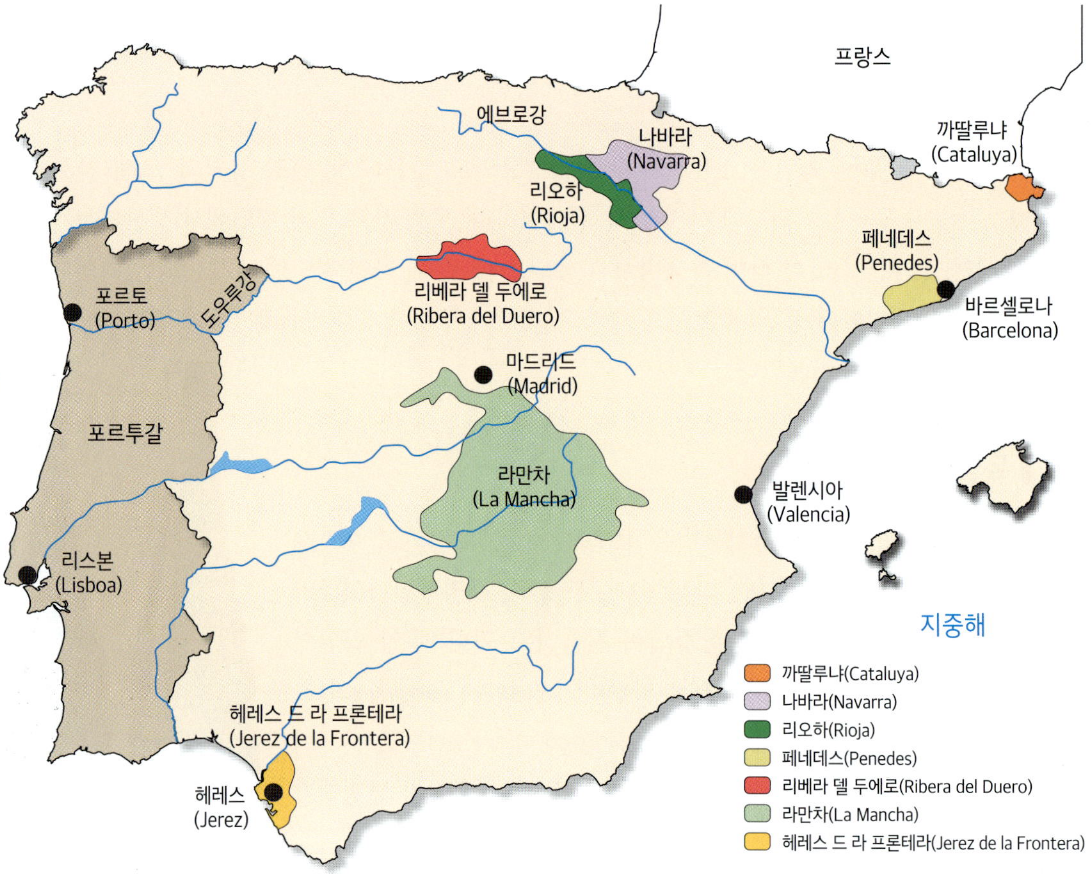

4 스페인 와인

구세계 와인Old Wine의 숨어 있는 보석 스페인은 2016년 기준 연간 3,780만hL를 생산하여 이탈리아, 프랑스에 이어 세 번째로 많은 양의 와인을 생산하고 있고, 와인 수출량도 이탈리아와 1,2위를 다투고 있으며, 유럽에서 가장 넓은 포도밭을 가지고 있다.

그러나 1헥타르당 평균 와인 생산량은 20헥토리터로서 생산성이 프랑스나 이탈리아의 50~35% 수준대에 머물러 있는데, 이는 토양이 워낙 건조해서 포도나무 간격이 다른 국가에 비해 넓기 때문이다. 대신 농도가 짙고 알코올도수가 높은 것이 스페인 와인의 특징이다. 셰리로 유명한 리오하Rioja, 페네데스Penedes 지역은 비교적 생산량이 많다. 스페인에서 상급 와인이 나는 지역은 헤레스Jerez, 리오하Rioja, 몬티야Montilla, 까딸루냐Cataluña 등이다.

세계적으로 알려진 스페인 와인은 셰리와, 프랑스 샴페인 다음으로 많이 소비되는 스파클링 와인인 까바Cava 등이다. 셰리의 정식 명칭은 헤레스Jerez로서 헤레스 데 라 프론테라Jerez de la Frontera시의 이름을 따서 불렸는데, 이 와인이 영국으로 수출되면서부터 영국 사람들이 셰리 와인으로 고쳐 부른 것이 오늘날의 셰리가 되었다.

크림 셰리와 드라이 셰리

셰리 와인 제조과정의 특이한 점

▶ 발효가 끝난 와인은 나무통에 저장할 때 꽉 채우지 않으므로 숙성과정에서 산화된다.
▶ 산화과정에 따라 쓴맛의 **피노(Fino)**가 되고 어느 것은 **올로로소(Oloroso)**가 된다.
▶ **브랜디를 첨가**하여 알코올도수(18~20도)를 높인다.
▶ **솔레라(Solera)** 시스템이라고 하는 일종의 블렌딩(blending) 과정을 거쳐 생산되는데, 오크통에서 오래 숙성된 와인액과 숙성이 얼마 되지 않은 와인 액을 서로 섞는 방법을 말한다.

솔레라(Solera)

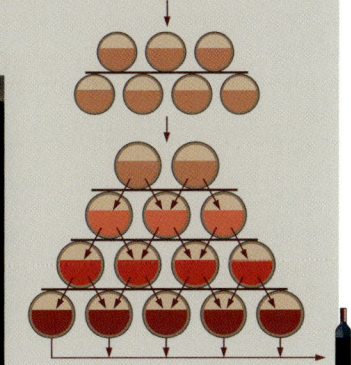

Quality Wine(품질이 우수한 와인)				Table Wine	
최상급+	최상급	상급	차상급	지방(지역) 와인	테이블 와인
Vino de Pago 비노 데 파고	DOC	DO	VCIG	Vino de la Tierra 비노 데 라 티에라	Vino de Mesa 비노 데 메사

스페인 와인의 등급

스페인 와인법은 1970년에 처음 제정되었고, 1988년 유럽의 기준에 맞게 개정되었다가 2003년 '포도밭과 와인법령'으로 재개정되었다.

① 데노미나시온 데 오리헨 파고 Denominacion de Origen Pago

2003년에 신설된 스페인 최상급 품계로, 기후나 토양이 우수하고 독특한 산지에서 생산되는 와인이나 전통적으로 인지도가 높고 품질이 좋은 와인에 주어진다. 2009년까지 9개의 포도원이 선정되어 있다.

② 데노미나시온 데 오리헨 칼리피카다 Denominacion de Origen Calificada; DOC

DO등급보다 한 등급 위로 스페인 와인 중 최상급의 와인으로 이탈리아의 DOCG급에 해당되는 와인이다. 현재 리오하Rioja, 1991년/쁘리오라뜨Priorat, 2003년/리베라 델 두에로Ribera del Duero 지역만이 유일하게 DOC등급을 받고 있다.

③ 데노미나시온 데 오리헨 Denominacion de Origen ; DO

원산지 지정 지역에서 생산된 포도품종으로 만들어진 와인으로 프랑스의AOC와 비슷한 등급이다.

④ 비노 데 칼리다드 콘 인디카시온 헤오그래피카 Vino de Calidad Con Indicacion Geografica

2003년 와인법의 개정 때 새롭게 생겨난 등급으로 지역별 와인이라고 할 수 있다. DO급으로 승격되기 전 단계의 등급이라는 면에서는 프랑스의 VDQS와 흡사하다.

⑤ 비노 데 라 티에라 Vino de la Tierra

이 와인은 가장 보편적인 일반 와인으로 프랑스의 '뱅 드 빼이 Vins de Pays'와 같은 수준이다.

⑥ 비노 데 메사 Vino de Mesa

테이블급 와인으로 규제가 거의 따르지 않는 와인등급이다. 프랑스의 '뱅 드 따블 Vins de Table'과 같은 수준이다.

5 포르투갈 와인

포르투갈은 스페인과 같이 이베리아 반도 서안에 자리 잡고 있는 풍광이 아름다운 나라로 작열하는 태양과 코발트빛 대서양의 물결이 한데 어우러진 곳으로 일찍이 와인의 명산지로 알려져 왔다.

포르투갈은 전체 인구의 약 15%가 와인산업에 종사하고 있고, 지금은 신흥 생산국들의 추월로 연간 560만hL를 생산하여 세계 11위의 와인 생산국이지만, 국민 1인당 와인 소비량이 이탈리아와 프랑스 다음으로 많기 때문에 거대한 잠재력을 지닌 나라이다.

와인산지는 서북부의 미뉴 Minho와 도우루 Douro 지역, 북부 중앙지대의 다웅 Dao, 남부 리스본의 주변 그리고 대서양에 있는 아열대의 마데이라 Madeira섬까지 널리 분포되어 있다.

DOC 와인

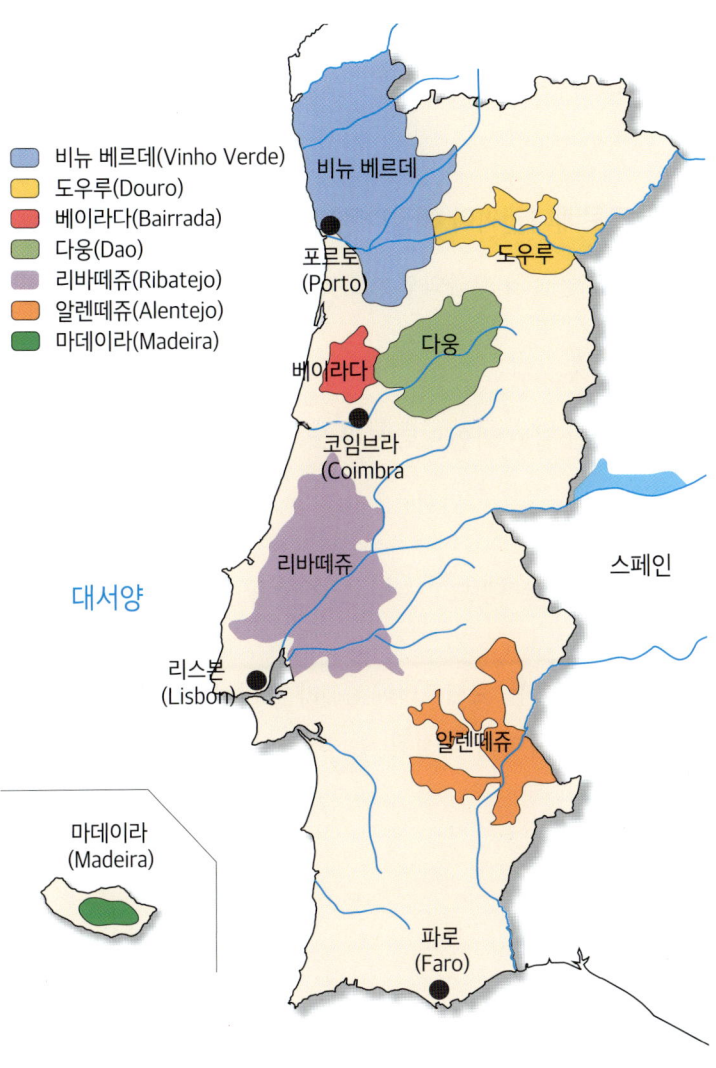

▎포르투갈의 와인 등급

Quality Wine(품질이 우수한 와인)		Table Wine	
최상급	상급	지방(지역) 와인	테이블 와인
DOC	IPR	Vinho Regional 비뉴 헤지오날	Vinho de Mesa 비뉴 데 메사

① **드노미나사웅 드 오리젱 콘트롤라다**Denominação de Origem Controlada; DOC

원산지 명칭 통제 와인으로 프랑스의 AOC, 이탈리아의 DOC, 스페인의 DO에 해당하는 등급이다.

② **인디까싸웅 데 프로베니엔싸아 헤굴라멘따다**Indicação de Proveniencia Regulamentada; IPR

DOC보다는 조금 아래 등급의 고급와인으로 프랑스 VDQS급에 해당하는 와인이다.

③ **비뉴 헤지오날**Vinho Regional

이 와인은 가장 보편적인 일반 와인으로 프랑스의 뱅 드 뻬이에 해당되는 등급이다.

④ **비뉴 드 메사**Vinho de Mesa

일반 테이블 와인으로 프랑스 뱅 드 따블에 해당된다.

이외에 보다 더 좋은 와인에는 헤세르바Reserva라 표기하고, 최고급와인에 표기하는 가하페이라Garrafeira는 수년간 오크통에서 숙성된 후 병입하고 병입한 후에도 일정 기간 병 속에서 숙성시킨 와인이다.

2-6. 와인의 제조방법

1 스파클링 와인의 제조방법에 따른 분류

- **메토드 샹빠뉴아즈**Methode Champenoise, Methode Traditional, Spumante Classico, Cava 스틸 와인을 병입한 후, 당분 및 효모를 넣어 밀봉한 다음 병 속에서 2차 발효시키는 방법
- **메토드 샤르망**Method Charmant, Method Cuvée Close(밀폐탱크 방식) 스틸 와인을 큰 탱크 안에 밀봉·2차 발효시키는 방법으로, 대량생산·원가절감이 가능하여 일반 스파클링 와인 제조 시 사용
- **메토드 트랜스퍼**Methode Transfer 2차 발효시켜 탄산가스가 있는 와인을 병 속에서 압력을 가하여 탱크에 넣고 냉각, 침전물을 제거하여 새로운 병에 병입하는 방법
- **가제피에 카버네이티드 스파클링 와인**Gazeifie Carbonated Sparkling Wine 탄산가스를 강제로 주입하는 방법으로, 가장 저급의 스파클링 와인

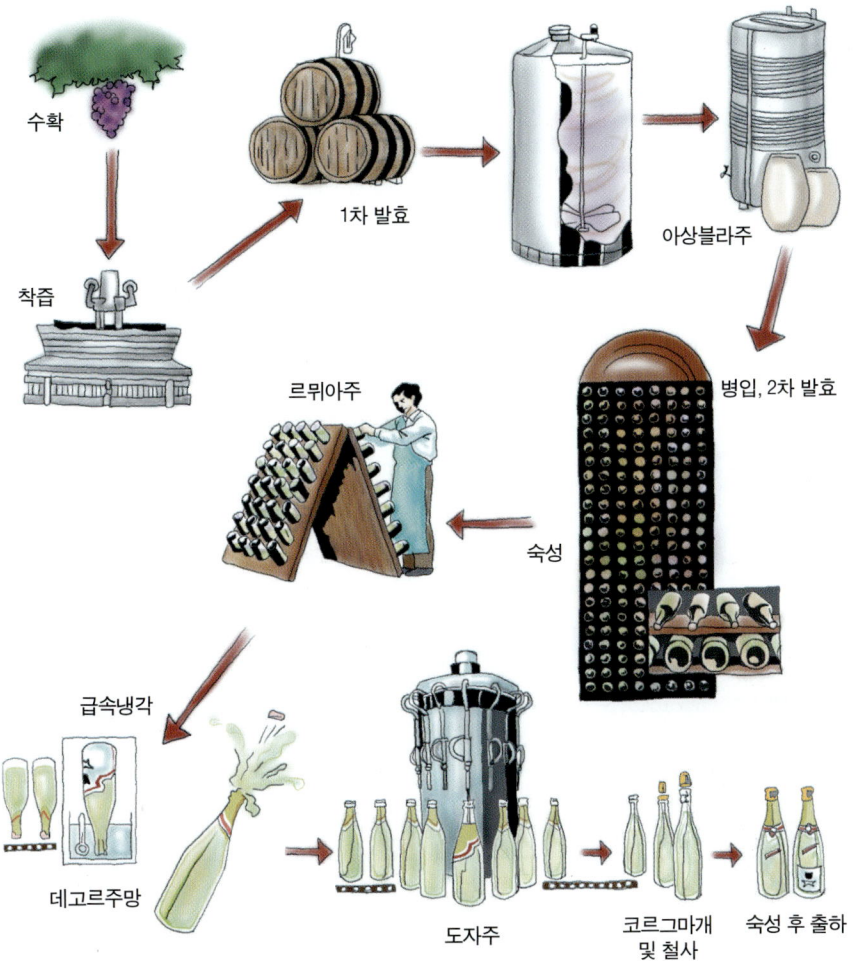

2 화이트 와인의 제조방법

화이트 와인은 잘 익은 백포도청포도, 노란 포도 등나 적포도의 껍질과 씨를 제거한 후 만든다.

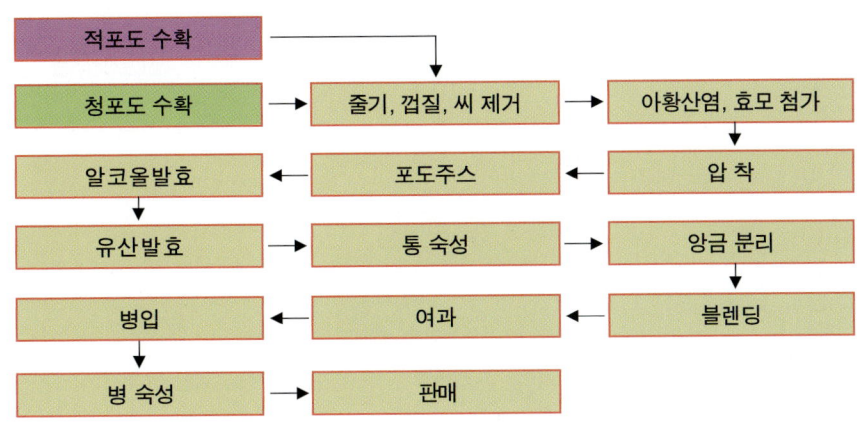

3 레드 와인의 제조방법

레드 와인은 적포도로 만든다. 화이트 와인과 달리 레드 와인은 붉은색 및 타닌 성분이 중요하므로 포도 껍질 및 씨에 있는 붉은 색소와 타닌성분을 많이 추출해서 와인을 만들어야 하므로 화이트 와인보다는 제조공정이 조금 더 복잡하다.

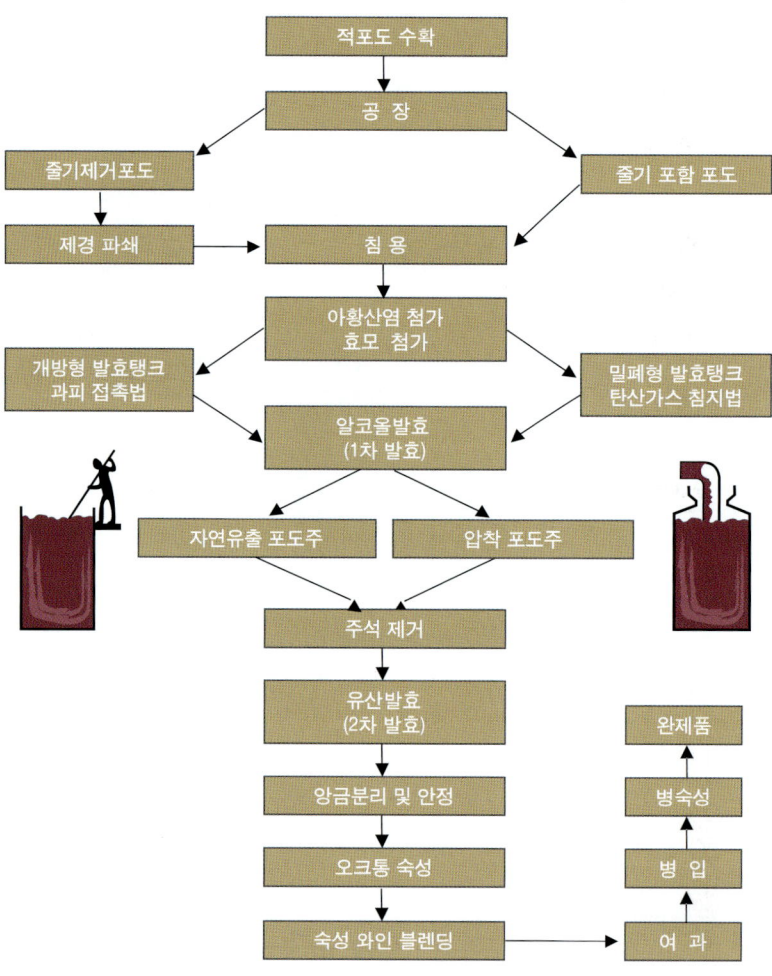

2-2. 양조주-와인 최신기출문제

01 프랑스의 와인등급에 해당되지 않는 것은?

가. DOCG 나. VOQS
다. Vins de Pays 라. Vins de Table

해설
- 프랑스는 1935년 와인에 관한 규정(A.O.C.규정)을 만들어서 고급 와인을 특별히 분리했고, 1945년에는 V.D.Q.S.에 관한 규정을 추가했으며, 1979년 뱅 드 뻬이(Vins de Pays)와 뱅 드 따블(Vinsde Table)에 관한 규정을 신설하여 와인을 등급별로 관리해 오고 있다.
- DOCG : 이탈리아의 최상급 와인을 의미한다.

02 프랑스와인의 원산지 통제 증명법으로 가장 엄격한 기준은?

가. DOC 나. AOC
다. VOQS 라. QMP

해설
- 프랑스 A.O.C규정은 전국원산지명칭협회(INAO)가 정하고 농림부령으로 공인된 생산조건을 만족시키는 포도주로 V.D.Q.S규정보다 엄격하다.
- 이탈리아 와인의 등급은 최상급인 DOCG, 고급인 DOC, 그리고 IGT, 아래등급인 비노 다 타볼라(Vino da Tavola)로 구분된다.
- 독일 와인의 등급은 크게 타펠바인(Tafelwein)과 크발리태츠바인(Qualitätswein)으로 분류된다. 크발리태츠바인(Qualitätswein)은 품질이 우수한 와인으로 포도가 성숙한 적기에 수확하지 않고 늦게 수확하여 와인을 만들며 QbA와 QmP 두 가지로 분류한다.

03 와인을 만들고 난 포도의 찌꺼기를 원료로 만드는 것으로 이탈리아에서 제조하는 것은?

가. Aquavit 나. Calvados
다. Grappa 라. Eau de Vie

해설 그라빠(Grappa)는 포도주를 만들고 난 포도의 찌꺼기를 원료로 만드는 것으로 법률에 의해 이탈리아에서 제조된 것만을 그라빠라고 칭할 수 있다. 따라서 그라빠는 이탈리아의 브랜디로 불리어진다.

04 Sparkling Wine과 관련이 없는 것은?

가. Champagne
나. Sekt
다. Cremant
라. Armagnac

해설
- 아르마냑(Armagnac)은 코냑지방에서 80km 떨어진 보르도의 남쪽 남서부지방의 아르마냑 지역에서 AOC법에 준하여 생산되는 브랜디이다.
- 프랑스 샹빠뉴지방을 제외한 지역에서 만들어진 스파클링 와인을 샴페인 방식(Method Champanois) 또는 크레망(Cremant)이라고 표기한다.
- 프랑스에서는 스파클링 와인을 뱅 무소(Vin Mousseux), 독일에서는 샴페인처럼 통제된 고급품을 젝트(Sekt), 이탈리아에서는 샴페인 방식으로 만든 것을 스푸만테(Spumante)라고 부른다.

05 포도품종에 대한 설명으로 틀린 것은?

가. Syrah: 최근 호주의 대표품종으로 자리잡고 있으며, 호주에서는 Shiraz라고 불림
나. Gamay: 주로 레드 와인으로 사용되며, 과일 향이 풍부한 와인이 됨
다. Merlot: 보르도, 캘리포니아, 칠레 등에서 재배되며, 부드러운 맛이 남
라. Pinot Noir: 보졸레에서 이 품종으로 정상급 레드 와인을 만들고 있으며, 보졸레 누보에 사용

> **해설** • 삐노 누아(Pinot Noir) : 프랑스 부르고뉴에서 이 포도 품종으로 세계 정상급의 레드 와인을 만들고 있다. 대표 와인으로는 로마네 꽁티, 샹베르땡 등이 있다.
> • 가메(Gamay) : 매년 11월 셋째 주 목요일 출시되는 '보졸레누보' 때문에 갑자기 유명해진 품종이다.

06 French Vermouth에 대한 설명으로 옳은 것은?

가. 와인을 인위적으로 착향시킨 담색 무감미주
나. 와인을 인위적으로 착향시킨 담색 감미주
다. 와인을 인위적으로 착향시킨 적색 감미주
라. 와인을 인위적으로 착향시킨 적색 무감미주

> **해설** • 베르무트(Vermouth)는 쑥의 독일명(Wermut)에서 유래한 것으로, 원료인 포도주에 브랜디나 당분을 섞고 쑥, 용담, 키니네, 창포뿌리 등의 향료와 약초를 넣어 향미를 낸 가향와인이다.
> • French Vermouth는 프랑스의 드라이한 화이트 가향와인이다.

07 프랑스 와인에 대한 설명으로 틀린 것은?

가. 풍부하고 다양한 식생활문화의 발달과 더불어 와인이 성장하게 되었다.
나. 샹빠뉴 지역은 연중기온이 높아 포도가 빨리 시어진다는 점을 이용하여 샴페인을 만든다.
다. 일찍부터 품질관리체제를 확립하여 와인을 생산해오고 있다.
라. 보르도 지역은 토양이 비옥하지 않지만, 거칠고 돌이 많아 배수가 잘된다.

> **해설** • Champagne 지역은 내륙성 기후의 영향을 받아 서늘한 편이다.(평균기온 11.10℃)
> • Bordeaux 지역은 대서양 기후의 영향을 받아 온화한 편이다.(평균기온 12.9℃)

08 셰리와인(Sherry Wine)과 같은 강화와인(Fortified Wine) 한 잔(1glass)의 용량으로 가장 적합한 것은?

가. 1 ounce   나. 3 ounce
다. 5 ounce   라. 7 ounce

09 다음 중 Dessert Wine은?

가. Dry Sherry Wine   나. Cream Sherry
다. Dry Vermouth   라. Claret

> **해설** 대표적인 Dessert Wine으로는 포트 와인(Port Wine), 크림 셰리(Cream Sherry), 쏘테른(Sauternes), 바르싹(Barsac) 등이 있다.

10 샴페인의 서비스에 관련된 설명 중 틀린 것은?

가. 얼음을 채운 바스킷에 칠링(Chilling)한다.
나. 호스트(Host)에게 상표를 확인시킨다.
다. "펑"소리를 크게 하며 거품을 최대한 많이 내야 한다.
라. 서브는 여자 손님부터 시계방향으로 한다.

> **해설** 샴페인 서비스 시 왼손으로 와인 쿨러 속에 있는 병을 잡고 오른손으로 코르크를 소리 나지 않게 조심스럽게 빼낸다.

11 와인의 서비스에 대한 설명으로 틀린 것은?

가. 레드 와인은 온도가 너무 낮으면 Tannin의 떫은맛이 강해진다.
나. 화이트 와인은 실온과 비슷해야 신맛이 억제된다.
다. 레드 와인은 고온에서 Fruity한 맛이 없어진다.
라. 화이트 와인은 차갑게 해야 신선한 맛이 강조된다.

> **해설** 각 포도주에는 포도주 맛이 가장 잘 표현되는 이상적인 서빙온도가 있다.

12 프랑스인들이 고지방 식이를 하고도 심장병에 덜 걸리는 현상인 French Paradox의 원인물질로 잘 알려진것은?

가. Red Wine - Tannin, Chlorophyll
나. Red Wine - Resveratrol, Polyphenols
다. White Wine - Vit. A, Vit. C
라. White Wine - Folic Acid, Niacin

> **해설**
> • 프렌치 패러독스(French Paradox)를 우리말로 하면 '프랑스인의 역설'이라고 번역할 수 있으며, 본래는 프랑스인의 상식적이지 않은 생활이나 이해가 되지 않는 사고방식을 일컫는 말로 사용되었다. 이렇게 문화·사회적인 말로 사용되던 용어가 1980년대 이후 프랑스인들이 동물성 지방을 다른 나라 국민들에 비해 많이 섭취함에도 심장질환에 의한 사망률이 오히려 낮다는 연구결과가 나오면서 이런 현상을 표현하는 용어로 쓰이게 되었다.
> • 1989년 발표된 연구결과에 따르면, 미국, 영국인 못지않게 지방을 많이 섭취하고 흡연율도 유사한 프랑스인들이 유독 심장병에 덜 걸리는 이유가 레드 와인 때문이라고 밝혀졌다. 보르도 제2대학의 세르쥐 르노 교수는 하루 2~3잔의 와인이 심장병 사망 위험을 40% 감소시킨다고 보고하였다. 이러한 결과는 와인에 0.2%를 차지하는 페놀화합물 성분 때문으로 레스베라트롤(Resveratrol), 폴리페놀(Polyphenols) 등이 거론되었다. 특히 레스베라트롤은 포도가 곰팡이로부터 자신을 보호하기 위해 생성하는 물질로, 강력한 항산화작용으로 세포의 손상과 노화를 막는 역할을 하는 것으로 알려졌다.

13 다음 중 식욕촉진 와인으로 가장 적합한 것은?

가. Dry Sherry Wine
나. White Wine
다. Red Wine
라. Port Wine

> **해설** 아페리티프 와인(Aperitif Wine)은 본격적인 식사를 하기 전에 식욕을 돋우기 위해서 마신다. 샴페인을 주로 마시지만 달지 않은 드라이 셰리(Dry Sherry), 베르무트(Vermouth) 등을 마셔도 좋다.

14 Dessert Wine과 거리가 먼 것은?

가. Port Wine   나. Cream Sherry
다. Vermouth   라. Barsac

> **해설** 디저트 와인(Dessert Wine)은 식사 후에 입안을 개운하게 하려고 마시는 와인으로, 포트 와인(Port Wine), 크림 셰리(Cream Sherry), 쏘테른(Sauternes), 바르싹(Barsac) 등이 있다.

15 론, 프로방스지방의 기후의 특성은?

가. 서늘한 내륙성 기후이다.
나. 온화한 지중해성 기후이다.
다. 강우가 연중 고른 대서양 기후이다.
라. 습윤 대륙성 기후이다.

> **해설** 프랑스의 론, 프로방스지방의 기후는 지중해성 기후의 영향을 받아 연평균 13~15℃ 사이로 온화한 기후이다.

16 빈(Bin)이 의미하는 것은?

가. 프랑스산 적포도주
나. 주류저장소에 술병을 넣어놓는 장소
다. 칵테일 조주시 가장 기본이 되는 주재료
라. 글라스를 세척하여 담아놓는 기구

17 Wine Cellar란?

가. 포도주 소매업자
나. 포도주 도매업자
다. 포도주 저장실
라. 포도주를 주재로 한 칵테일 명칭

18 와인의 빈티지(Vintage)가 의미하는 것은?

가. 포도주의 판매 유효연도
나. 포도의 수확연도
다. 포도의 품종
라. 포도주의 도수

19 White Wine을 차게 제공하는 주된 이유는?

가. 타닌의 맛이 강하게 느껴진다.
나. 차가울수록 색이 하얗다.
다. 유산은 차가울 때 맛이 좋다.
라. 차가울 때 더 Fruity한 맛을 준다.

20 와인의 마개로 사용되는 코르크 마개의 특성이 아닌 것은?

가. 온도변화에 민감하다.
나. 코르크 참나무의 외피로 만든다.
다. 신축성이 뛰어나다.
라. 밀폐성이 있다.

해설 코르크는 온도변화에 거의 반응하지 않으므로 쉽게 부패하지 않는다.

21 샴페인 품종이 아닌 것은?

가. 삐노 누아
나. 삐노 뫼니에
다. 샤르도네
라. 쎄미용

해설
• 샴페인을 만드는 대표적인 품종으로는 샤르도네(Chardonnay), 삐노 누아(Pinot Noir), 삐노 뫼니에(Pinot Meunier) 등이 있다.
• 쎄미용(Semillon)은 화이트 와인 포도품종으로 산도가 낮고 향이 강하지 않아 주로 샤르도네나 쇼비뇽 블랑과 블렌딩되는 보조품종으로 많이 사용된다.

22 다음 Sparkling Wine의 단맛 감도 표시 중 가장 낮은 것은?

가. Very Dry
나. Dry
다. Demi Sec
라. Sweet

해설 샹빠뉴는 당분의 함량에 따라 다음과 같이 분류한다.
• 브뤼(Brut) : Very Dry
• 엑스트라쎅(Extra Sec) : Dry
• 쎅(Sec) : Medium Dry
• 드미쎅(DemiSec) : Sweet
• 두(Doux) : Very Sweet

23 주정강화로 제조된 시칠리아산 와인은?

가. Champagne
나. Grappa
다. Marsala
라. Aabsente

해설 마르살라(Marsala) 와인은 이탈리아 시칠리아산 강화 와인이다.

24 원료인 포도주에 브랜디와 당분을 섞고, 향료나 약초를 넣어 향미를 내어 만드는 이탈리아산이 유명한것은?

가. Manzanilla
나. Vermouth
다. Stout
라. Hock

해설 Vermouth는 원료인 포도주에 브랜디나 당분을 섞고 쑥, 용담, 키니네, 창포뿌리 등 수십 가지의 향료나 약초를 넣어 향미를 낸 가향 와인이다.

25 독일의 와인 생산지가 아닌 것은?

가. Ahr 지역
나. Mosel 지역
다. Rheingau 지역
라. Penedes 지역

해설 뻬네데스(Penedes)는 바로셀로나 남쪽 해안을 따라 형성된 와인산지로, 스페인에서 가장 혁신적인 방법으로 와인을 만들고 있다.

26 이탈리아 와인 중 지명이 아닌 것은?

가. 끼안티
나. 바르바레스코
다. 바롤로
라. 바르베라

해설 바르베라(Barbera)는 이탈리아에서 널리 재배되는 적포도 품종의 하나이다.

27 음료에서 사용하는 용어인 "Dry"의 의미와 가장 가까운 샴페인 용어는?

가. Brut
나. Sec
다. Doux
라. Demi sec

해설 브뤼(Brut)는 Very Dry하다는 의미이다.

28 와인 제조시 이산화황(SO_2)을 사용하는 이유가 아닌 것은?

가. 항산화제역할
나. 부패균생성방지
다. 갈변방지
라. 효모분리

해설 이산화황(SO_2)은 항균제로 포도에 부착되어 있는 야생효모의 생육을 저해시킨다.

29 부르고뉴 지역의 주요포도 품종은?

가. 샤르도네와 메를로
나. 샤르도네와 삐노 누아
다. 슈냉블랑과 삐노 누아
라. 삐노 블랑과 까베르네 쇼비뇽

해설 부르고뉴의 대표적인 포도품종에는 고급 화이트 와인을 만드는 품종으로 샤르도네와 세계 정상급의 레드 와인을 만들고 있는 삐노 누아가 있다.

30 와인은 병에 침전물이 가라앉아 있다. 이 침전물이 글라스에 같이 따라지는 것을 방지하기 위해 도구를 사용하는데, 이 도구의 이름은 무엇인가?

가. 와인 바스켓
나. 와인 디캔터
다. 와인 버켓
라. 코르크 스크류

해설 디캔팅(Decanting)은 병으로부터 와인을 따를 때 침전물이 잔에 흘러들지 않도록 미리 앙금이 없는 부분의 와인을 다른 유리용기(디캔터)에 따르는 작업을 말한다.

31 프랑스 와인 중 가장 우수한 등급으로 승인되는 것은?

가. V.D.Q.S
나. D.O.C.G
다. D.O.C
라. A.O.C

해설 프랑스의 A.O.C(원산지 통제 명칭포도주)는 전국원산지명칭협회(INAO)가 정하고 농림부령으로 공인된 생산조건을 만족시키는 우수한 등급의 포도주이다.

32 포도주 저장창고 위치로서 가장 적당한 곳은?

가. 지하저장고
나. 구매접수가 용이한 장소
다. 바(Bar)와 가까운 곳
라. 주방창고와 가까운 곳

해설 가장 이상적인 포도주 저장고(Cave)는 적정한 온도(Red Wine 13~15℃, White Wine 10~13℃)와 일정한 온도가 중요하며 습도는 70~80%가 좋다.

33 포도 품종의 그린 수확(Green Harvest)에 대한 설명으로 옳은 것은?

가. 수확량을 제한하기 위한 수확
나. 청포도 품종 수확
다. 완숙한 최고의 포도 수확
라. 포도원의 잡초 제거

해설 그린 하비스트(Green Harvest)는 포도의 품질을 위해 일부 포도송이를 솎아내는 작업을 말한다.

34 다음 중 Dry Sherry의 용도로 가장 적합한 것은?

가. Aperitif Wine
나. Dessert Wine
다. Entree Wine
라. Table Wine

해설 아페리티프 와인(Aperitif Wine)은 본격적인 식사를 하기 전에 식욕을 돋우기 위해서 마시는 와인으로 Dry Sherry, Vermouth 등이 있다.

35 이탈리아 와인에 대한 설명으로 틀린 것은?

가. 거의 전 지역에서 와인이 생산된다.
나. 지명도가 높은 와인산지로는 피에몬테, 토스카나, 베네또 등이 있다.
다. 이탈리아의 와인등급체계는 5등급이다.
라. 네비올로, 산지오베제, 바르베라, 돌체토 포도 품종은 레드 와인용으로 사용된다.

해설 이탈리아 적포도 품종

• 네비올로(Nebbiolo) : 이탈리아 피에몬테지방에서 가장 많이 재배되는 품종으로 당분 함량이 높아, 이것으로 만든 와인은 알코올 함량이 높고 산도도 비교적 높은 편이다.
• 산지오베제(Sangiovese) : 네비올로와 함께 이탈리아의 대표적인 품종으로 와인의 맛이 가볍고 신선하다. 끼안티가 산지오베제로 만든 대표적인 와인이다.
• 바르베라(Barbera) : 당도가 높고 신맛이 많은 적포도로서 피에몬테지방에서 많이 재배한다.
• 돌체토(Dolcetto) : 피에몬테지방의 적포도로서 부드럽고 풍부한 맛의 와인을 만든다.

이탈리아 와인 등급
• D.O.C.G.(Denominazione di Origine Controllata e Garantita) : 원산지 명칭 통제 보

증함. 5년 이상 D.O.C와인으로서 일정 수준 이상의 것을 심사하여 결정한다. 2004년 현재 32개임.
- D.O.C.(Denominazione di Origine Controllata) : 원산지 명칭 통제함. 포도품종은 표시하지 않고 원산지만 나타낸다. 2001년 4월 현재 294개임.
- I.G.T.(Indicazione Geografica Tipica) : 생산지명만 표시하는 것과 포도품종과 생산지명을 표시하는 두 가지가 있다.
- Vino da Tavola : 테이블 와인으로 외국산 포도를 블렌딩하지 못한다. 상표에는 레드, 화이트, 로제로 표시한다.

36 백포도주를 서비스할 때 함께 제공하여야 할 기물은?

가. Bar Spoon 나. Wine Cooler
다. Muddler 라. Tongs

해설
- 화이트 와인은 적절한 온도를 유지하기 위해 얼음과 물이 채워진 와인 쿨러를 함께 제공한다.
- 서비스 온도는 감미 백포도주 6~8℃, 무감미 백포도주 8~10℃가 적절하다.

37 다음 중 가장 Dry한 표기는?

가. Brut 나. Sec
다. Doux 라. Demi sec

해설
- Brut(당분 함유량 0~1%) : Very Dry
- Extra Sec(당분 함유량 1~2%) : Dry
- Sec(당분 함유량 3~6%) : Medium Dry
- Demi sec(당분 함유량 5~10%) : Sweet
- Doux(당분 함유량 10~15%) : Very Sweet

38 Champagne 서브방법으로 옳은 것은?

가. 병을 미리 흔들어서 거품이 많이 나도록 한다.
나. 0~4℃ 정도의 냉장온도로 서브한다.
다. 쿨러에 얼음과 함께 담아서 운반한다.
라. 가능한 코르크를 열 때 소리가 크게 나도록 한다.

해설 Champagne의 서비스 온도는 6~8℃가 적절하며, 거품이 많이 나지 않고 개봉 시 소리가 나지 않도록 주의해야 한다.

39 로제와인(Rose Wine)에 대한 설명으로 틀린 것은?

가. 대체로 붉은 포도로 만든다.
나. 제조 시 포도껍질을 같이 넣고 발효시킨다.
다. 오래 숙성시키지 않고 마시는 것이 좋다.
라. 일반적으로 상온(17~18℃) 정도로 해서 마신다.

해설
- 대체로 적포도로 만드는 로제와인의 색은 핑크색을 띠며, 로제와인의 제조과정은 레드 와인과 같이 포도껍질을 같이 넣고 발효시키다가 어느 정도(몇 시간 정도) 시간이 지나서 색이 우러나면 껍질을 제거한 채 과즙만을 가지고 와인을 만들거나 또는 레드 와인과 화이트 와인을 섞어서 만들기도 한다.
- 로제와인 서비스 온도는 9~12℃가 적절하다.

40 프랑스에서의 스파클링와인 명칭은?

가. Vin Mousseux 나. Sekt
다. Spumante 라. Perlwein

해설
- 발포성 와인(Sparkling Wine) : 프랑스-뱅 무소(Vin Mousseux), 독일-젝트(Sekt), 이탈리아-스푸만테(Spumante)
- 독일의 젝트, 이탈리아의 스푸만테는 샴페인 방식의 스파클링 와인이다. 영어의 스파클링 와인과 불어의 뱅 무소는 같은 뜻이지만 젝트와 스푸만테는 불어의 샴페인과 같다.

41 탄산음료나 샴페인을 사용하고 남은 일부를 보관할 때 사용되는 기구는?

가. 코스터 나. 스토퍼
다. 풀러 라. 코르크

해설 스토퍼는 일시적으로 다량의 샴페인의 요구시 시간절약을 위해 사전에 코르크 마개를 따서 잠그는 기능이 있다. 또한 이것은 마시다 남은 샴페인을 탄산가스 누출이 없는 상태로 보존시키는 역할을 한다.

42 다음 중 얼음(On the Rocks)을 넣어서 마실 수 있는 것은?

가. Champagne 나. Vermouth
다. White Wine 라. Red Wine

해설 언 더 락스(On the Rocks)는 일반적으로 주정도가 높은 증류주나 혼성주에 얼음을 넣어 마신다.

43 호크(Hock) 와인이란?

가. 독일 라인산 화이트 와인
나. 프랑스 버건디산 화이트 와인
다. 스페인 호크하임엘산 레드 와인
라. 이탈리아 피에몬테산 레드 와인

해설 Hock는 독일의 라인강 주변에서 생산되는 와인을 영어를 사용하는 나라에서 지칭하는 말로, 독일의 지역명인 Hockheim에서 유래한다.

44 클라레(Claret)는 어떤 와인인가?

가. 레드 와인 나. 화이트 와인
다. 로제와인 라. 옐로와인

해설 영국에서는 프랑스 보르도 레드 와인을 클라레(Claret)라고 부른다.

45 프랑스에서 생산되는 칼바도스(Calvados)는 어느 종류에 속하는가?

가. Brandy 나. Gin
다. Wine   라. Whiskey

해설
- 노르망디에서 애플 시드르(Apple Cidre)는 칼바도스를 만들기 위해 증류되고 A.O.C법에 의해 통제 관리된 것에 한하여 칼바도스로 표기가 가능하다.
- 사과로 발효 증류한 미국 브랜디는 애플 잭(Apple Jack)이다.

46 와인 제조용 포도 재배 시 일조량이 부족한 경우의 해결책은?

가. 알코올분 제거
나. 황산구리 살포
다. 물 첨가하기
라. 발효 시 포도즙에 설탕을 첨가

해설 일조량이 부족하면 당분형성이 감소되며, 주석산보다는 사과산의 함량이 많아진다. 그리고 타닌이나 안토시아닌이 감소된다. 와인의 향을 부여하는 성분도 감소되며 풋내가 증가한다. 따라서 당도가 낮은 포도주스는 당분을 보충하여 과즙을 조절해준다.

47 포도주(Wine)의 용도별 분류가 바르게 된 것은?

가. 백(White)포도주, 적(Red)포도주, 녹색(Green)포도주
나. 감미(Sweet)포도주, 산미(Dry)포도주, 강화(Fortified)포도주
다. 식전포도주(Aperitif Wine), 식탁포도주(Table Wine), 식후포도주(Dessert Wine)
라. 발포성포도주(Sparkling Wine), 비발포성포도주(Still Wine)

해설 포도주는 용도에 따라 아페리티프 와인(Aperitif Wine), 테이블 와인(Table Wine), 디저트 와인(Dessert Wine)으로 분류한다.

48 다음 중 발포성포도주가 아닌 것은?

가. Vin Mousseux 나. Vin Rouge
다. Sekt   라. Spumante

해설 각국의 스파클링 와인 명칭
• 프랑스
- 샹빠뉴 : 샹빠뉴지방에서 만든 발포성 와인
- 뱅 무세(Vin Mousseus) : 샹빠뉴지방 이외에서 만든 발포성 와인의 총칭
• 독일
- 섹트(Sekt) : 기준을 만족시킨 발포성 와인
• 이탈리아
- 스푸망테(Spumante) : 발포성 와인의 총칭
• 스페인
- 까바(Cava) : 병 내에서 2차 발효시키는 발포성 와인
※ 뱅 루즈(Vin Rouge)는 적포도주를 가리키는 프랑스어이다.

49 식사 중 생선(Fish) 코스에 주로 곁들여지는 술은?

가. 크림 셰리(Cream Sherry)
나. 레드 와인(Red Wine)
다. 포트 와인(Port Wine)
라. 화이트 와인(White Wine)

해설 화이트 와인은 타닌성분이 적어서 맛이 순하고, 포도 알맹이의 유기산으로 인해 상큼해서 생선요리에 적합하다.

50 양조주에 대한 설명으로 옳은 것은?

가. 당질 또는 전분질 원료에 효모를 첨가하여 발효시켜 만든 술이다.
나. 발효주에 열을 가하여 증류하여 만든다.
다. Amaretto, Drambuie, Cointreau 등은 양조주에 속한다.
라. 증류주 등에 초근, 목피, 향료, 과즙, 당분을 첨가하여 만든 술이다.

> **해설** 양조주는 효모의 활동에 따라 발효되는 과당을 원료로 하는 술(와인, 사과주)과 곡류 중에 함유되어 있는 전분질을 원료로 하는 술(맥주, 막걸리, 약(청)주)이 있다.

51 와인(Wine)의 빈티지(Vintage) 설명을 올바르게 한 것은?

가. 포도의 수확연도를 가리키는 것으로 병의 라벨에 표기되어 있다.
나. 와인 숙성시키는 기간을 의미하고 병의 라벨에 표기되어 있다.
다. 와인을 발효시키는 기간과 첨가물을 의미한다.
라. 와인의 향과 맛을 나타내는 것으로 병의 라벨에 표기되어 있다.

> **해설** 빈티지란 포도가 수확된 해를 가리킨다.

52 프랑스의 포도주 생산지가 아닌 것은?

가. 보르도 나. 부르고뉴
다. 보졸레 라. 끼안티

> **해설** 끼안티(Chianti)는 이탈리아 토스카나 지역의 레드 와인이다.

53 와인의 코르크가 건조해져서 와인이 산화되거나 스파클링 와인일 경우 기포가 빠져나가는 것을 막기 위한 방법은?

가. 와인을 서늘한 곳에 보관한다.
나. 와인의 보관위치를 자주 바꿔준다.
다. 와인을 눕혀서 보관한다.
라. 냉장고에 세워서 보관한다.

54 매그넘 1병의 용량은?

가. 1.5L 나. 750mL
다. 1L 라. 1.75L

> **해설** 매그넘(Magnum)은 포도주 등을 담는 1.5리터짜리 병이다.

55 다음은 어떤 포도품종에 관하여 설명한 것인가?

> '작은 포도알, 깊은 적갈색, 두꺼운 껍질, 많은 씨앗이 특징이며 씨앗은 타닌함량을 풍부하게 하고, 두꺼운 껍질은 색깔을 깊이 있게 나타낸다. 블랙커런트, 체리, 자두향을 지니고 있으며, 대표적인 생산지역은 프랑스 보르도지방이다.'

가. 메를로(Merlot)
나. 삐노 누아(Pinot Noir)
다. 까베르네 쇼비뇽(Cabernet Sauvignon)
라. 샤르도네(Chardonnay)

56 프랑스의 위니 블랑을 이탈리아에서는 무엇이라 일컫는가?

가. 트레비아노
나. 산조베제
다. 바르베라
라. 네비올로

> **해설** 위니 블랑(Ugni Blanc)은 브랜디용으로 많이 재배하며, 알코올 농도가 낮고 신맛이 강하다. 이탈리아에서는 "트레비아노(Trebbiano)"로 알려져 있다.

57 와인 제조과정 중 말로락틱 발효(Malolactic Fermentation)란?

가. 알코올 발효 나. 1차 발효
다. 젖산 발효 라. 타닌 발효

> **해설** 말로락틱 발효는 2차 발효로 젖산발효라고도 한다. 이 발효는 포도 중의 사과산이 박테리아에 의해 젖산으로 변하면서 와인의 맛이 부드러워지고 향기가 변하여 훨씬 세련되어지므로 숙성의 첫 단계라고 할 수 있다.

58 Dry Wine의 당분이 거의 남아 있지 않은 상태가 되는 주된 이유는?

가. 발효 중에 생성되는 호박산, 젖산 등의 산 성분 때문
나. 포도 속의 천연 포도당을 거의 완전히 발효시키기 때문
다. 페노릭 성분의 함량이 많기 때문
라. 설탕을 넣는 가당공정을 거치지 않기 때문

59 주정강화 와인(Fortified Wine)의 종류가 아닌 것은?

가. 이태리의 아마로네(Amarone)
나. 프랑스의 뱅 드 리퀘르(Vin doux Liquere)
다. 포르투갈의 포트와인(Port Wine)
라. 스페인의 셰리와인(Sherry Wine)

해설 아마로네(Amarone)는 이탈리아 발폴리첼라에서 나오는 특이한 레드 와인으로, 포도를 수확한 다음 짚방석에서 건조시켜 당분 함량을 높인 다음 와인을 만든다. 알코올 함량은 14~16% 정도로 이탈리아 레드 와인 중 가장 강한 맛을 가지고 있다.

60 일반적으로 식사 전의 음료로 적합한 술은?

가. Red Wine
나. Cognac
다. Liqueur
라. Italian Vermouth

해설 베르무트(Vermouth)는 식전주로서 이탈리아에서 가장 많이 애용되는 이탈리아 특유의 강화와인이다.

61 포트와인(Port Wine)을 가장 잘 설명한 것은?

가. 붉은 포도주를 총칭한다.
나. 포르투갈의 도우루(Douro)지방 포도주를 말한다.
다. 항구에서 노역을 일삼는 서민들의 포도주를 일컫는다.
라. 백포도주로서 식사 전에 흔히 마신다.

해설 포트는 세계적으로 유명한 디저트 와인이며 주로 포르투갈 북부에 위치한 도우루(Douro) 계곡에서 생산된다.

62 디캔터(Decanter)를 필요로 하는 것은?

가. White Wine
나. Rose Wine
다. Brandy
라. Red Wine

해설 디캔팅은 병으로부터 와인을 따를 때 침전물이 잔에 흘러들지 않도록 미리 앙금이 없는 부분의 와인을 다른 유리용기(디캔터)에 따르는 작업을 말한다. 디캔팅은 Red Wine만이 필요로 하는 작업이다.

63 와인의 Tasting방법으로 옳은 것은?

가. 와인을 오픈한 후 공기와 접촉되는 시간을 최소화하여 바로 따른 후 마신다.
나. 와인에 얼음을 넣어 냉각시킨 후 마신다.
다. 와인잔을 흔든 뒤 아로마나 부케의 향을 맡는다.
라. 검은종이를 테이블에 깔아 투명도 및 색을 확인한다.

64 A.O.C.법의 통제관리 하에 생산되며 노르망디 지방의 잘 숙성된 사과를 발효 증류하여 만든 사과브랜디는?

가. Calvados
나. Grappa
다. Kirsch
라. Absente

해설
• 키르쉬(Kirsch)는 프랑스어로 체리로 만든 오드비이다.
• 그라빠(Grappa)는 포도주를 만들고 난 포도의 찌꺼기를 원료로 만드는 것으로 법률에 의해 이탈리아에서 제조되는 것만을 그라빠라고 칭할 수 있다.
• 압생트(Absente)는 오팔색으로 감초 비슷한 맛이 나는 리큐어이다.

65 White Wine과 Red Wine의 보관방법 중 가장 알맞은 방법은?

가. 가급적 통풍이 잘되고 습한 곳에 보관하여 숙성을 돕는다.
나. 병을 똑바로 세워서 침전물이 바닥으로 모이도록 보관한다.
다. 따뜻하고 건조한 장소에 눕혀서 보관한다.
라. 통풍이 잘되는 장소에 보관 적정온도에 맞추어 병을 뉘어서 보관한다.

66 탄산음료나 샴페인을 사용하고 남은 일부를 보관시 사용되는 기물은?

가. 스토퍼   나. 포우러
다. 코르크   라. 코스터

해설 스토퍼(Stopper)는 남은 스파클링 와인이나 탄산음료를 탄산가스 누출이 없는 상태로 보존시키는 역할을 한다.

67 아로마(Aroma)에 대한 설명 중 틀린 것은?

가. 포도의 품종에 따라 맡을 수 있는 와인의 첫번째 냄새 또는 향기이다.
나. 와인의 발효과정이나 숙성과정 중에 형성되는 여러 가지 복잡 다양한 향기를 말한다.
다. 원료 자체에서 우러나오는 향기이다.
라. 같은 포도품종이라도 토양의 성분, 기후, 재배조건에 따라 차이가 있다.

해설 아로마는 포도의 원산지에 따라 맡을 수 있는 와인의 첫 번째 냄새 또는 향을 말한다.
부케는 주로 와인의 발효과정이나 숙성과정 중에 형성되는 복잡다양한 향기를 말한다.

68 샴페인 품종이 아닌 것은?

가. 삐노 누아(Pinot Noir)
나. 삐노 뫼니에(Pinot Meunier)
다. 샤르도네(Chardonnay)
라. 쎄미용(Sémillon)

해설 샴페인용 포도품종으로는 삐노 누아(Pinot Noir), 삐노 뫼니에(Pinot Meunier), 샤르도네(Chardonnay) 등이 있다.

69 발포성 와인의 이름이 잘못 연결된 것은?

가. 스페인 - 까바(Cava)
나. 독일 - 젝트(Sekt)
다. 이탈리아 - 스푸만테(Spumante)
라. 포르투갈 - 도스(Doce)

해설 도스(Doce)는 단맛의 Sweet라는 뜻이다.

70 솔레라 시스템을 사용하여 만드는 스페인의 대표적인 주정강화 와인은?

가. 포트 와인   나. 셰리 와인
다. 보졸레 와인   라. 보르도 와인

해설 셰리 와인은 솔레라(Solera) 시스템이라고 하는 일종의 블렌딩과정을 거쳐 생산된다.

71 샴페인의 발명자는?

가. Bordeaux   나. Champagne
다. St. Emilion   라. Dom Perignon

해설 오빌레 수도원의 수도승인 돔 뻬리뇽은 포도주 관리원으로 부임하면서 거품이 나는 포도주를 만드는 법과 코르크마개, 스파클링 와인의 압력에 견딜 수 있는 샴페인 병을 개발하였다.

72 Table Wine으로 적합하지 않은 것은?

가. White Wine   나. Red Wine
다. Rose Wine   라. Cream Sherry

해설 크림 셰리(Cream Sherry)는 식사 후 입안을 개운하게 하려고 마시는 디저트 와인으로 적합하다.

73 '단맛'이라는 의미의 프랑스어는?

가. Trocken   나. Blanc
다. Cru   라. Doux

해설 두(Doux)는 당분 함유량이 10~15%로 Very Sweet한 뜻이다. 크뤼(Cru)는 보졸레 최고급 10개 지역에서 생산되는 와인으로, 일반 보졸레와는 전혀 다른 스타일이다.

74 와인과 음식과의 조화가 제대로 이루어지지 않은 것은?

가. 식전 - Dry Sherry Wine
나. 식후 - Port Wine
다. 생선 - Sweet Wine
라. 육류 - Red Wine

75 백포도주의 보관온도로 가장 적합한 것은?

가. 14~18℃   나. 12~16℃
다. 8~10℃   라. 5~6℃

해설
- 무감미 백포도주 8~10℃
- 감미 백포도주 6~8℃
- 영 와인 스타일의 적포도주 12~14℃
- 숙성 적포도주 15~19℃

76 보르도(Bordeaux)지역에서 재배되는 레드 와인용 포도품종이 아닌 것은?

가. 메를로(Merlot)
나. 뮈스까델(Muscadelle)
다. 까베르네 쇼비뇽(Cabernet Sauvignon)
라. 까베르네 프랑(Cabernet Franc)

해설 뮈스까델(Muscadelle)은 보르도에서 재배되는 화이트 와인 포도품종으로 블렌딩용으로 사용된다.

77 프랑스 보르도(Bordeaux) 지방의 와인이 아닌 것은?

가. 보졸레(Beaujolais), 론(Rhone)
나. 메독(Medoc), 그라브(Grave)
다. 포므롤(Pomerol), 소테른(Sauternes)
라. 생떼밀리옹(Saint-Emilion), 바르삭(Barsac)

78 와인의 용량 중 1.5L 사이즈는?

가. 발따자르(Balthazar)
나. 드미(Demi)
다. 매그넘(Magnum)
라. 제로보암(Jeroboam)

해설 매그넘(Magnum)은 포도주 등을 담는 1.5리터 짜리 병이다.

79 포트 와인(Port Wine)이란?

가. 포르투갈산 강화주
나. 포도주의 총칭
다. 캘리포니아산 적포도주
라. 호주산 적포도주

80 스파클링 와인에 해당되지 않는 것은?

가. Champagne 나. Cremant
다. Vin Doux Naturel 라. Spumante

해설 뱅 두 나뛰렐(Vin Doux Naturel)은 스위트한 강화와인으로 레드, 화이트가 있으나 2/3는 화이트이다.

81 와인 서빙에 필요치 않은 것은?

가. Decanter 나. Cork Screw
다. Stir Rod 라. Pincers

해설 스터로드(Stir Rod) : 주로 음료를 저을 때 사용하며, 플라스틱으로 되어 있다.

82 다음 중 Decanter와 가장 관계있는 것은?

가. Red Wine 나. White Wine
다. Champagne 라. Sherry Wine

해설 디캔팅(Decanting)이 필요한 와인은?
첫째, 오랜 숙성을 거친 고급와인은 침전물이 많이 생긴다. 침전물이 많은 경우 처음 마실 때와 마지막 마실 때 다른 맛이 나기도 하는데, 이것을 방지하기 위해 디캔팅이 필요하다.
둘째, 숙성이 덜 된 와인의 경우 공기와 접촉하면서 맛이 부드러워질 수 있으므로 디캔팅을 한다.
셋째, 디캔팅은 Red Wine만이 필요로 하는 작업이다.

83 재배하기가 무척 까다롭지만 궁합이 맞는 토양을 만나면 훌륭한 와인을 만들어 내기도 하며 Romancee-Conti를 만드는데 사용된 프랑스 부르고뉴 지방의 대표적인 품종으로 옳은 것은?

가. Cabernet Sauvignon
나. Pinot Noir
다. Sangiovese
라. Syrah

84 샴페인 제조시 블렌딩 방법이 아닌 것은?

가. 여러 포도 품종
나. 다른 포도밭 포도
다. 다른 수확 연도의 와인
라. 10%이내의 샴페인 외 다른 지역 포도

85 다음 중 Aperitif Wine으로 가장 적합한 것은?

　가. Dry Sherry Wine　　나. White Wine
　다. Red Wine　　　　　　라. Port Wine

86 발포성 와인의 서비스 방법으로 틀린 것은?

　가. 병을 45°로 기울인 후 세게 흔들어 거품이 충분히 나오도록 한 후 철사 열 개를 푼다.
　나. 와인쿨러에 물과 얼음을 넣고 발포성 와인병을 넣어 차갑게 한 다음 서브한다.
　다. 서브 후 서비스 냅킨으로 병목을 닦아 술이 테이블 위로 떨어지는 것을 방지한다.
　라. 거품이 너무 나지 않게 잔의 내측 벽으로 흘리면서 잔을 채운다.

87 이태리 와인의 주요 생산지가 아닌 것은?

　가. 토스카나(Toscana)　나. 리오하(Rioja)
　다. 베네토(Veneto)　　　라. 피에몬테(Piemonte)

　해설 리오하(Rioja)는 스페인 와인의 주요 생산지이다.

88 다음 와인 종류 중 냉각하여 제공하지 않는 것은?

　가. 클라렛(Claret)　　나. 호크(Hock)
　다. 샴페인(Champagne)　라. 로제(Rose)

　해설 클라렛(Claret)은 프랑스 보르도 지방의 레드 와인으로 포도주의 여왕이란 뜻이다. 레드 와인은 냉각하지 않고 실온에서 서브한다.

89 Wine Master의 의미로 가장 적합한 것은?

　가. 와인의 제조 및 저장관리를 책임지는 사람
　나. 포도나무를 가꾸고 재배하는 사람
　다. 와인을 판매 및 관리하는 사람
　라. 와인을 구매하는 사람

90 부르고뉴(Bourgogne) 지방과 함께 대표적인 포도주 산지로서 Medoc, Graves 등이 유명한 지방은?

　가. Pilsner　　나. Bordeaux
　다. Staut　　　라. Mousseux

　해설 보르도(Bordeaux)의 와인산지는 프랑스 남서부에 위치해 있으며 대표적인 산지로는 메독(Medoc), 그라브(Graves), 쏘떼른느(Sauternes)와 바르싹(Barsac), 쌩떼밀리옹(St-E`milion)이 있다.

91 샴페인에 관한 설명 중 틀린 것은?

　가. 샴페인은 포말성(Sparkling) 와인의 일종이다.
　나. 샴페인 원료는 피노 노아, 피노 뫼니에, 샤르도네이다.
　다. 동 페리뇽(Dom perignon)에 의해 만들어졌다.
　라. 샴페인 산지인 샹파뉴 지방은 이탈리아 북부에 위치하고 있다.

　해설 샹파뉴 지역은 파리에서 동쪽으로 150km 떨어져 있는 세계적으로 유명한 샴페인 산지이다.

92 다음 중 레드와인용 포도 품종이 아닌 것은?

　가. 리슬링(Riesling)
　나. 메를로(Merlot)
　다. 삐노 누아(Pinot Noir)
　라. 카베르네 쇼비뇽(Cabernet Sauvignon)

　해설 리슬링(Riesling)은 독일을 대표하는 포도품종으로 라인과 모젤지방 그리고 프랑스 알자스에서 생산되는 화이트와인의 대표적인 품종이다.

93 개봉한 뒤 다 마시지 못한 와인의 보관방법으로 옳지 않은 것은?

　가. vacuum pump로 병 속의 공기를 빼낸다.
　나. 코르크로 막아 즉시 냉장고에 넣는다.
　다. 마개가 없는 디캔터에 넣어 상온에 둔다.
　라. 병속에 불활성 기체를 넣어 산소의 침입을 막는다.

　해설 디캔딩(Decanting)은 레드와인에서만 행해지는 작업으로 오랜 숙성을 거친 고급와인은 침전물이 많이 생겨 침전물 제거와 숙성이 덜 된 거친 와인의 경우 공기와 접촉하면서 맛이 부드러워질 수 있으므로 디캔딩을 한다.

94 와인 제조 시 이산화황(SO2)을 사용하는 이유가 아닌 것은?

가. 항산화제 역할 나. 부패균 생성 방지
다. 갈변 방지 라. 효모 분리

95 독일와인 분류 중 가장 고급와인의 등급표시는?

가. Q.b.A 나. Tafelwein
다. Landwein 라. Q.m.P

해설
1. 타펠바인(Tafelweine): 가장 낮은 등급
2. 란트바인(Landwein): 타펠바인의 높은 등급
3. 크발리테츠바인 베쉬팀터 안바우게비테(QbA): 품질이 우수한 와인
4. 크발리테츠바인 밋트 프레디가트(QmP): 상급의 와인

96 프랑스 보르도(Bordeaux) 지방의 와인이 아닌 것은?

가. 보졸레(Beaujolais), 론(Rhone)
나. 메독(Medoc), 그라브(Grave)
다. 포므롤(Pomerol), 소테른(Sauternes)
라. 생떼밀리옹(Saint-Emilion), 바르삭(Barsac)

97 이탈리아 와인 중 지명이 아닌 것은?

가. 키안티 나. 바르바레스코
다. 바롤로 라. 바르베라

해설 바르베라(Barbera)는 이탈리아 삐에몬테(piemontese)에서 주로 재배되는 산도가 높고 감칠맛이 나는 레드와인 품종이다.

98 와인의 숙성 시 사용되는 오크통에 관한 설명으로 가장 거리가 먼 것은?

가. 오크 캐스크(cask)가 작은 것 일수록 와인에 뚜렷한 영향을 준다.
나. 보르도 타입 오크통의 표준 용량은 225리터이다.
다. 캐스크가 오래될수록 와인에 영향을 많이 주게 된다.
라. 캐스크에 숙성시킬 경우에 정기적으로 랙킹(racking)을 한다.

해설 숙성은 와인의 맛과 향을 강화시켜 보다 개성적으로 만들 수 있는 단계로 숙성의 가장 중요한 매개체는 오크통이다. 새 오크통은 여러번 사용됐던 오크통에 비해서 더 많은 향을 가지고 있다. 따라서 3~5년 이상 된 오크통들은 특유의 향을 잃게 된다.

99 다음 중 와인의 정화(fining)에 사용되지 않는 것은?

가. 규조토
나. 달걀의 흰자
나. 카세인
라. 아황산용액

해설 아황산은 식품의 변질과 오염을 막기 위해 다양하게 쓰이는 식품첨가물이다.

100 화이트와인 품종이 아닌 것은?

가. 샤르도네(Chardonnay)
나. 말벡(Malbec)
다. 리슬링(Riesling)
라. 뮈스까(Muscat)

해설 말벡(Malbec)은 원산지 보르도에서 인기를 끌지 못하다가 최근 들어 칠레, 아르헨티나, 남아공 등에서 널리 재배되고 있는 레드 와인용 포도품종이다.

101 Terroir의 의미를 가장 잘 설명한 것은?

가. 포도재배에 있어서 영향을 미치는 자연적인 환경요소
나. 영양분이 풍부한 땅
다. 와인을 저장할 때 영향을 미치는 온도, 습도, 시간의 변화
라. 물이 잘 빠지는 토양

해설 떼루아(Terroir)는 와인의 원료가 되는 포도를 생산하는데 영향을 주는 토양, 기후 따위의 조건을 통틀어 이르는 말이다.

102 스페인와인의 대표적 토착품종으로 숙성이 충분히 이루어지지 않을 때는 짙은 향과 풍미가 다소 거칠게 느껴질 수 있지만 오랜 숙성을 통해 부드러움이 갖추어져 매혹적인 스타일이 만들어지는 것은?

가. Gamay 나. Pinot Noir
다. Tempranillo 라. Cabernet Sauvignon

> 해설 뗌쁘라니요(Tempranillo)는 스페인 최고급 레드 와인 품종으로 리오하 와인을 만드는 주품종이다.

103 포도주를 관리하고 추천하는 직업이나 그 일을 하는 사람을 뜻하며 와인마스타(wine marster)라고도 불리는 사람은?

가. 쉐프(chef)
나. 소믈리에(sommelier)
다. 바리스타(barista)
라. 믹솔로지스트(mixologist)

104 빈(bin)이 의미하는 것으로 가장 적합한 것은?

가. 프랑스산 적포도주
나. 주류 저장소에 술병을 넣어 놓는 장소
다. 칵테일 조주 시 가장 기본이 되는 주재료
라. 글라스를 세척하여 담아 놓는 기구

105 언어별 와인 철자가 틀린 것은?

가. 영어 - Wine
나. 포르투갈어 - Vinho
다. 프랑스어 - Vin
라. 이탈리아어 - Wein

> 해설 프랑스 - 뱅(Vin), 이탈리아 - 비노(Vino), 독일 - 바인(Wein), 미국과 영국 - 와인(Wine), 포르투갈 - 비뉴(Vinho)

106 와인을 분류하는 방법의 연결이 틀린 것은?

가. 스파클링 와인 - 알코올유무
나. 드라이 와인 - 맛
다. 아페리티프 와인 - 식사용도
라. 로제와인 - 색깔

> 해설 스파클링 와인(Sparking Wine)은 탄산가스 유무에 따른 분류이다.

107 다음 중 Fortified Wine이 아닌 것은?

가. Sherry Wine 나. Vermouth
다. Port Wine 라. Blush Wine

> 해설 셰리 와인(Sherry Wine), 포트 와인(Port Wine), 베르무트(Vermouth)는 주정강화 와인(Fortified Wine) 이다. 블러시 와인(Blush Wine)은 일반적으로 미국에서 엷은 핑크빛에서 살구 빛 정도에 이르는 와인을 가리킬 때 쓰는 말이다.

108 다음 중 Red Wine용 포도 품종은?

가. Cabernet Sauvignon
나. Chardonnay
다. Pinot Blanc
라. Sauvignon Blanc

> 해설 까베르네 쇼비뇽(Cabernet Sauvignon)은 Red Wine의 대표적인 포도품종이다.

109 감미 와인(Sweet Wine)을 만드는 방법이 아닌 것은?

가. 귀부포도(noble rot grape)를 사용하는 방법
나. 발효 도중 알코올을 강화하는 방법
다. 발효 시 설탕을 첨가하는 방법 (chaptalization)
라. 햇빛에 말린 포도를 사용하는 방법

> 해설 발효 시 설탕을 첨가하는 방법은 와인에 알코올을 높이기 위함이지 감미 와인을 만들기 위한 것은 아니다.

110 와인의 보관방법 중 잘못된 것은?

가. 보관온도를 일정하게 유지한다.
나. 병을 세워서 보관한다.
다. 진동을 최소화한다.
라. 장시간 빛에 노출되지 않도록 한다.

> 해설 와인은 코르크가 마르지 않게 눕혀서 보관한다.

111 발포성 와인의 서비스 방법으로 옳은 것은?

가. 병을 수직으로 세운 후 병 안쪽의 압축가스를 신속하게 빼낸다.
나. 병을 45도로 기울인 후 세계 흔들어 거품이 충분히 나오도록 한 후 철사 열 개를 푼다.
다. 거품이 충분히 일어나도록 잔의 가운데에 한 꺼번에 양을 넣어 잔을 채운다.
라. 거품이 너무 나지 않게 잔의 내측 벽으로 흘리면서 잔을 채운다.

112 이탈리아의 IGT 등급은 프랑스의 어느 등급에 해당되는가?

가. VDQS　　나. Vin de Pay
다. Vin de Table　　라. AOC

해설 이탈리아의 와인등급 최상급 DOCG, 상급 DOC, 지방(지역) 와인 IGT, 테이블 와인 VdT, 프랑스의 와인등급 최상급 AOC, 상급 VDQS, 지방(지역) 와인 VdP, 테이블 와인 VdT,

113 각 나라별 와인등급 중 가장 높은 등급이 아닌 것은?

가. 프랑스 VDQS
나. 이탈리아 DOCG
다. 독일 QmP
라. 스페인 DOC

해설 프랑스 와인등급에서 최상급은 AOC이고, 상급이 VDQS 이다.

114 다음 중 프랑스의 주요 와인 산지가 아닌 것은?

가. 보르도(Bordeaux)
나. 토스카나(Toscana)
다. 루아르(Loire)
라. 론(Rhone)

해설 프랑스 유명 와인산지는 보르도, 부르고뉴, 발레 뒤 론, 발 드 루아르, 알자스, 샹빠뉴, 프로방스, 랑그독 루시용이 있고, 이탈리아 유명 와인산지로는 베네또, 토스카나, 피에몬테, 바롤로, 캄파니아, 시칠리아 등이 있다.

115 와인의 빈티지(Vintage)가 의미하는 것은?

가. 포도주의 판매 유효 연도
나. 포도의 수확 년도
다. 포도의 품종
라. 포도주의 도수

해설 와인의 빈티지(Vintage)는 포도의 수확 년도를 의미한다.

116 효모의 생육조건이 아닌 것은?

가. 적정 영양소　　나. 적정온도
다. 적정 pH　　라. 적정 알코올

해설 효모의 생육조건은 적정 영양소, 적정 온도, 적정 pH이다.

117 다음 중 소믈리에(sommelier)의 역할로 틀린 것은?

가. 손님의 취향과 음식과의 조화, 예산 등에 따라 와인을 추천한다.
나. 주문한 와인은 여성에게 우선적으로 와인 병의 상표를 보여주며 주문한 와인을 확인시켜 준다.
다. 시음 후 여성부터 차례로 와인을 따르고 마지막에 그 날의 호스트에게 와인을 따라준다.
라. 코르크 마개를 열고 주빈에게 코르크 마개를 보여주면서 시큼하고 이상한 냄새가 나지 않는지, 코르크가 젖어있는지를 확인한다.

해설 와인을 주문한 고객 혹은 당일의 주최자에게 우선적으로 상표를 보여주며 주문한 와인임을 확인한다.

118 매년 보졸레 누보의 출시일은?

가. 11월 첫째주 목요일
나. 11월 세째주 목요일
다. 11월 첫째주 금요일
라. 11월 세째주 금요일

해설 가메(Gamay)품종으로 만든 보졸레 누보가 매년 11월 3째주 목요일로 출시일이 결정된 것은 1985년부터이다.

정답

01 가	02 나	03 다	04 라	05 라	06 가	07 나	08 나	09 나	10 다
11 나	12 나	13 가	14 다	15 나	16 나	17 다	18 나	19 라	20 가
21 라	22 가	23 다	24 나	25 라	26 라	27 가	28 라	29 나	30 나
31 라	32 가	33 가	34 가	35 다	36 나	37 가	38 다	39 라	40 가
41 나	42 나	43 가	44 가	45 가	46 라	47 다	48 나	49 라	50 가
51 가	52 라	53 다	54 다	55 다	56 가	57 다	58 나	59 가	60 라
61 나	62 라	63 다	64 가	65 라	66 가	67 나	68 라	69 라	70 나
71 라	72 라	73 라	74 다	75 다	76 나	77 가	78 다	79 가	80 다
81 다	82 가	83 나	84 라	85 가	86 가	87 나	88 가	89 가	90 나
91 라	92 가	93 다	94 라	95 라	96 가	97 라	98 다	99 라	100 나
101 가	102 다	103 나	104 나	105 다	106 가	107 라	108 가	109 다	110 나
111 라	112 나	113 가	114 나	115 나	116 라	117 나	118 나		

학습 3 양조주-맥주 Fermented Liquor, Beer

3-1. 맥주

1 맥주의 원료

맥주는 대맥, 호프, 효모, 물을 주원료로 하며 전분 보충원료로서 쌀, 옥수수, 전분, 설탕 등을 부원료로 사용하여 만든다.

(1) 대맥 Barley

맥주용 보리품종은 2조종과 6조종이 있으며, 입자가 크고 곡피가 얇은 2조종 보리는 맥주 양조에 적합하므로 독일, 일본, 우리나라 등지에서는 2조종 보리만을 사용하고 있으나, 미국에서는 6조종 보리가 사용되고 있다.

- 맥주용 보리의 조건
    ① 껍질이 얇고, 담황색을 띠고 윤택이 있는 것
    ② 알맹이가 고르고 95% 이상의 발아율이 있는 것
    ③ 수분 함유량은 13% 이하로 잘 건조된 것
    ④ 전분(澱粉) 함유량이 많은 것
    ⑤ 단백질이 적은 것(많으면 맥주가 탁하고 맛이 나쁘다)

(2) 호프 Hop

호프는 뽕나무과, 삼나무아과 식물로서 자웅이주이며 숙근성·연년생 식물이다. 구화는 맥주 양조에 쓰이는 것으로서 맥주 특유의 상쾌한 쓴맛을 내며 거품, 색깔 등을 띠게 하고 방부의 역할을 한다. 호프는 양조용 이외에도 사료용, 의약용, 섬유용, 타닌 제조용 등 그 용도가 매우 다양하다.

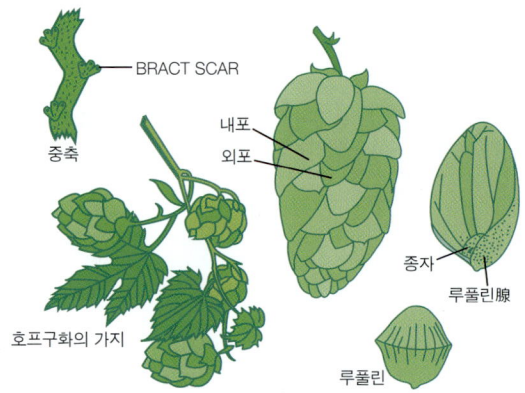

- 호프
  ① 줄기가 덩굴지는 자웅이주의 숙근宿根식물로서 수정이 안된 암꽃을사용Lupulin잎
  ② 루풀린 잎의 성분은 휴물론Humulon과 루풀론으로서 맥주의 쓴맛과 향을 부여
  ③ 거품의 지속성, 향균성 부여
  ④ Hop의 타닌성분이 양조공정에서 불안정한 단백질을 침전·제거하여 맥주의 청징에 효과
  ⑤ 7월 상순 개화, 8월 중순 수확하여 45℃ 이하에서 열풍건조수분10~11% 압축 밀봉하여 0℃에서 저장

(3) 효모 Yeast

맥주에 사용되는 효모는 맥아즙 속의 당분을 분해하고 알코올과 탄산가스를 만드는 작용을 하는 미생물로서, 발효 후기에 표면에 떠오르는 상면발효효모Top Yeast와 일정기간을 경과하고 밑으로 가라앉는 하면발효효모Bottom Yeast가 있다. 따라서 맥주를 양조할 때 어떤 효모를 사용하느냐에 따라 맥주의 질도 달라진다.

(4) 물

맥주 양조는 원래 수질 좋은 곳을 선택하여 시작하였다고 한다. 과거에는 양조수의 질質을 임의로 개량하지 못했기 때문에 그 지방의 수질에 따라 맥주 타입이 결정되었는데, 뮌헨의 농색맥주濃色麥酒와 필젠Pilsen의 담색맥주淡色麥酒가 대표적인 예라고 하겠다. 양조용수는 무색투명하고 착색, 혼탁, 부유물, 이취 등이 없어야 하며, 각종 무기성분도 적당량 함유되어야 한다.

2 맥주의 제조공정

맥주의 제조공정은 크게 제맥, 양조담금, 발효, 저장 및 여과, 제품화의 5공정으로 나눌 수 있다.

3 맥주의 분류

(1) 효모에 의한 분류

- 상면발효맥주 : 스타우트Stout, 에일Ale, 포터Porter, 램빅Lambic 등
- 하면발효맥주 : 라거맥주Lager beer, 도르트문트Dortmund 맥주, 복Bock, 필스너Pilsner, 뮌헨München, 바이첸비어Weizenbier 등

(2) 맥주의 색도에 따른 분류

- 농색맥주 : 뮌헨München, 스타우트Stout, 포터Porter 등
- 담색맥주 : 필스너Pilsner, 도르트문트Dortmund, 에일Ale 등
- 중간색맥주 : 빈Wien 등

■ 맥주의 보관

① 맥주를 얼지 않도록 보관한다맥주의 어는 온도 -2.5~1.8℃. 맥주가 얼게 되면 맥주성분 중 단백질이 응고되어 혼탁이 일어나기 쉬우므로, 특히 겨울철에 맥주를 운송하거나 옥외 보관되는 경우에는 주의해야 한다.
② 온도 변화가 적어야 한다. 낮은 온도에 있다가 갑자기 태양의 직사광선에 장시간 노출시켜 맥주의 온도차가 심하면 맥주가 변질되기 쉽다.
③ 직사광선을 피한다. 맥주는 직접 열을 받거나 직사광선을 장시간 받으면 맥주의 향을 내는 물질이 산화되어 맛과 향이 크게 나빠지게 된다. 맥주를 보관할 때에는 될 수 있으면 그늘지고 바람이잘 통하는 곳에 놓아두는 것이 좋다.
④ 적정온도로 보관하는 것이 좋다. 냉장고에 맥주를 보관할 때에는 4~10℃ 정도의 온도에 보관하는 것이 가장 적당하다.그리고 맥주를 마시는 온도는 사람에 따라 다르겠지만, 하절기엔 4~8℃ 정도, 가을에는 6~10℃ 정도, 동절기에는 6~12℃가 좋다.
⑤ 너무 오랫동안 보관하지 않는다. 맥주를 장기간 보관하면 적갈색을 띠고 맛, 향기도 나빠지는데, 이것을 노화현상이라고 한다.

수행내용 | 증류주의 종류별 특성 파악하기

1 증류주 테이스팅

증류주의 체계적인 평가를 통해 증류주의 다양한 특성을 인지하는 방법을 습득해야 한다. 증류주는 발효주와는 달리 알코올 도수가 높아 향이 강렬하게 발현되어 글라스를 스월링Swirling할 필요가 없다. 알코올의 풍미가 많이 발현되면 후각에 불필요한 영향을 주어 오히려 방해가 된다. 짧은 순간에 향을 맡는 것이 좋고 알코올 도수가 높기에 약간의 물을 첨가하여 테이스팅하는 방법도 초보자에게는 아주 좋다.

(1) 외관Appearance

증류주의 외관을 살펴보고 깨끗하고 투명한지 전반적인 색Colour과 점도Viscosity를 확인한다. 증류주의 색은 인위적으로 만들 수 있기 때문에 색만으로 음료의 품질을 판단하지 않는다.

(2) 아로마와 풍미의 강도Intensity

증류주가 가지고 있는 향과 풍미의 강도가 가벼운지, 진하고 강렬한지 향을 맡아보고 시음을 한다. 가능하면 눈을 감고 온 감각을 집중해서 향을 맡은 후 분석을 해 보고 잠시 쉬었다가 다시 향을 맡으면서 풍미의 강도를 확인한다.

(3) 아로마와 풍미의 특징Characteristics

증류주를 시음하면서 증류주가 가지고 있는 향과 맛의 특징을 확인한다. 증류주의 풍미 성분이 혀끝에서 증발하여 코 뒷부분에 도달하면서 느껴진다. 시간의 차이를 두면서 시음을 하여 증류주가 가지고 있는 풍미의 특징을 충분하게 인지한

다. 이후에 약간의 물을 첨가하여 다시 향을 맡으면서 물 첨가 전·후의 특정되는 아로마와 풍미를 파악한다. 물로 희석된 증류주를 시음하여 물이 첨가된 증류주가 가진 풍미의 특징을 재차 확인하여 원래 증류주가 가진 풍미의 특징과 비교한다.

(4) 기타Other 평가

증류주가 가지고 있는 기본적인 알코올Alcohol, 단맛Sweetness, 바디Body 등 입 안에서의 느낌을 확인한다. 물을 첨가한 전·후를 비교한다.

(5) 여운Finish과 평가Conclusions

증류주를 마시고 나서 느껴지는 맛과 향의 균형감Balance, 복합성Complexity, 여운의 길이Length를 평가한다. 물을 첨가한 전·후를 비교하여 평가한다. 단순한 풍미를 가진 증류주는 한 번에 평가하는 것이 가능하나 아주 뛰어난 증류주라면 증류주가 가진 모든 풍미를 느끼기 위해 천천히 다시 테이스팅 하기를 권한다.

2-3. 양조주-맥주 기출문제

01 맥주용 보리의 조건이 아닌 것은?

가. 껍질이 얇아야 한다.
나. 담황색을 띠고 윤택이 있어야 한다.
다. 전분 함유량이 적어야 한다.
라. 수분 함량이 13% 이하로 잘 건조되어야 한다.

> **해설** 맥주용 보리의 조건
> ① 껍질이 얇고, 담황색을 띠고 윤택이 있는 것
> ② 알맹이가 고르고 발아율이 95% 이상인 것
> ③ 수분 함유량이 13% 이하로 잘 건조된 것
> ④ 전분 함량이 많은 것
> ⑤ 단백질이 적은 것

02 하이네켄(Heineken) 맥주의 산지는?

가. 미국   나. 영국
다. 독일   라. 네덜란드

03 맥주 제조과정에서 미살균 상태로 저장되는 맥주는?

가. Black Beer   나. Draft Beer
다. Porter Beer   라. Lager Beer

> **해설** Black Beer, Porter Beer, Lager Beer는 저온 열처리 맥주, 생맥주(Draft Beer)는 미살균 맥주.

04 Draft(or Draught) Beer란?

가. 미살균 생맥주   나. 살균 생맥주
다. 살균 병맥주   라. 장기저장가능 맥주

05 맥주의 원료 중 홉(Hop)의 역할이 아닌 것은?

가. 맥주 특유의 상큼한 쓴맛과 향을 낸다.
나. 알코올의 농도를 증가시킨다.
다. 맥아즙의 단백질을 제거한다.
라. 잡균을 제거하여 보존성을 증가시킨다.

> **해설** 효모(Yeast)는 맥아즙 속의 당분을 분해하여 알코올과 탄산가스 만드는 작용을 하는 미생물로 맥주 양조 시 어떤 효모를 사용하느냐에 따라 맥주의 질이 달라진다. 홉(Hop)은 맥주의 쓴맛과 향을 부여, 거품의 지속성과 항균성을 부여, 단백질을 침전, 제거하여 맥주의 청정효과 등이 있다.

06 각 맥주에 대한 설명이 옳은 것은?

가. Stout : 하면발효시켜 밀의 함량이 많고 호프를 조금 첨가한 맥주
나. Root Beer : 엿기름으로 발효한 달콤한 맥주
다. Lambics : 자연효모와 젖산류를 첨가하여 자연발효시킨 맥주
라. Malt Beer : 샤르샤 나무뿌리로 만든 생맥주

> **해설**
> • 상면발효맥주는 18~25℃의 고온으로 발효한 맥주로 Stout, Ale, Porter 등이 있다.
> • 하면발효맥주는 5~10℃로 저온 발효한 맥주로 Larger, Pilsen, Dortmund Beer 등이 있다.
> • 램빅(Lambics) : 벨기에에서 가장 전통적인 발효법을 사용해 만드는 맥주로 발효시키기 전에 뜨거운 맥즙을 공기 중에 직접 노출시켜 자연에 존재하는 야생효모와 미생물이 자연스럽게 맥즙에 섞여 발효하게 만든 맥주이다.
> • 나 - Malt Beer
> • 라 - Root Beer

07 맥주의 재료 중 맛과 잡균 번식 억제에 관여하며 약리작용의 역할을 하는 것은?

가. 맥아   나. 효모
다. 보리   라. 호프

해설
- 호프의 이용 : 자웅이주의 숙근식물로서 수정이 안 된 암꽃을 사용(Lupulin잎)한다.
- 루풀린잎의 성분은 맥주에 쓴맛과 향을 부여한다. 거품의 지속성, 향균성을 부여한다. 단백질을 침전, 제거하여 맥주의 청정효과가 있다.
- 효모 : 맥아즙 속의 당분을 분해하여 알코올과 탄산가스를 만드는 작용을 하는 미생물이다.

08 맥주의 원료로, 보리를 싹 틔워 건조시키는 것은?
가. 맥아   나. 밀
다. 홉   라. 효모

해설 맥아(엿기름)에 대한 설명이다.

09 Bock Beer에 대한 설명으로 옳은 것은?
가. 알코올 도수가 높은 흑맥주
나. 알코올 도수가 낮은 담색 맥주
다. 이탈리아산 고급 흑맥주
라. 제조 12시간 내의 생맥주

해설 복(Bock) 비어는 엿기름의 사용량을 늘리고 그 일부를 강하게 불에 쬐어 말린 후 홉을 잘 살려 웃면을 발효시킨 중세독일의 짙은 흑맥주이다. 알코올 도수는 7도이다.

10 흑맥주가 아닌 것은?
가. Stout Beer   나. Münchener Beer
다. Kölsch Beer   라. Porter Beer

해설 쾰쉬맥주(Kölsch Beer)는 필스너 타입의 맥주처럼 금색이나 보다 연하고 다소 과일향이 나는 상면발효에일 타입의 맥주이다.

11 에일(Ale)이란 음료는?
가. 와인의 일종이다.   나. 증류주의 일종이다.
다. 맥주의 일종이다.   라. 혼성주의 일종이다.

해설 원래 영국에서 호프를 첨가한 맥주를 Beer라 하고, 첨가하지 않은 것을 Ale이라 구분하였다.

12 일반적인 병맥주(Lager Beer) 만드는 방법은?
가. 고온발효   나. 상온발효
다. 하면발효   라. 상면발효

해설
- 상면발효맥주: 상면으로 떠오르는 성질을 가진 효모(18~25도의 비교적 고온) 스타우트, 에일, 포터, 램빅 등이 있다.
- 하면발효맥주: 발효중 밑으로 가라앉는 성질을 가진 효모(5~10도의 저온) 라거맥주, 도르트문트 맥주, 복, 필스너 등이 있다.

13 좋은 맥주용 보리의 조건으로 알맞은 것은?
가. 껍질이 두껍고 윤택이 있는 것
나. 알맹이가 고르고 발아가 잘 안되는 것
다. 수분 함유량이 높은 것
라. 전분 함유량이 많은 것

해설 맥주용 보리의 조건 01 해설 참조

14 다음 중 상면발효맥주가 아닌 것은?
가. 에일   나. 복
다. 스타우트 라. 포터

15 맥주의 효과와 가장 거리가 먼 것은?
가. 향균 작용
나. 이뇨 억제 작용
다. 식욕 증진 및 소화 촉진 작용
라. 신경 진정 및 수면 촉진 작용

해설 맥주의 효과
① 식욕증진 및 소화촉진작용
② 이뇨촉진작용(맥주 중 고미질은 이뇨촉진 작용이 있다.)
③ 신경진정 및 수면촉진작용
④ 항균작용
⑤ 호르몬의 작용

16 하면 발효 맥주가 아닌 것은?
가. Lager beer   나. Porter beer
다. Pilsen beer   라. Munchen beer

해설 하면발효맥주는 5~10℃로 저온 발효한 맥주로 Larger, Pilsen, Dortmund Beer 등이 있다.

17 맥주의 재료인 호프(hop) 설명으로 틀린 것은?
가. 자웅이주 식물로서 수꽃인 솔방울 모양의 열매를 사용 한다.
나. 맥주의 쓴맛과 향을 낸다.
다. 단백질을 침전·제거하여 맥주를 맑고 투명하게 한다.
라. 거품의 지속성 및 향균성을 부여한다.

18 Draft Beer의 특징으로 가장 잘 설명한 것은?

가. 맥주 효모가 살아 있어 맥주의 고유한 맛을 유지한다.
나. 병맥주보다 오래 저장할 수 있다.
다. 살균처리를 하여 생맥주 맛이 더 좋다.
라. 효모를 미세한 필터로 여과하여 생맥주 맛이 더 좋다.

19 맥주(Beer)에서 특이한 쓴맛과 향기로 보존성을 증가시키고 또한 맥아즙의 단백질을 제거하는 역할을 하는 원료는?

가. 효모(yeast)   나. 홉(hop)
다. 알코올(alcohol)   라. 과당(fructose)

20 다음 중 국가에 따른 맥주의 명칭이 잘못 연결된 것은?

가. 이태리 - Birra   나. 러시아 - Pivo
다. 독일 - Ollet   라. 프랑스 - Biere

> 해설 독일은 비어(Bier)이고, 올레트(Ollet)는 덴마크이다.

21 맥주의 원료로 알맞지 않은 것은?

가. 물   나. 피트
다. 보리   라. 호프

> 해설 맥주의 4대 원료는 보리, 물, 호프, 효모이다.

22 상면발효 맥주로 옳은 것은?

가. bock beer   나. budweiser beer
다. porter beer   라. asahi beer

> 해설 에일(Ale), 스타우트(Stout), 포터(Porter)는 대표적인 상면발효 맥주이다.

23 생맥주(Draft Beer) 취급요령 중 틀린 것은?

가. 2~3℃의 온도를 유지할 수 있는 저장시설을 갖추어야 한다.
나. 술통 속의 압력은 12~14Pound로 일정하게 유지해야 한다.
다. 신선도를 유지하기 위해 입고 순서와 관계없이 좋은 상태의 것을 먼저 사용한다.
라. 글라스에 서비스할 때 3~4℃ 정도의 온도가 유지되어야 한다.

> 해설 생맥주는 선입선출(FIFO)의 원칙을 지켜야 한다.

24 각국을 대표하는 맥주를 바르게 연결한 것은?

가. 미국 - 밀러, 버드와이저
나. 독일 - 하이네켄, 레벤브로이
다. 영국 - 칼스버그, 기네스
라. 체코 - 필스너, 벡스

> 해설 하이네켄은 네덜란드, 칼스버그는 덴마크, 기네스는 아일랜드 벡스는 독일 맥주이다.

25 Bock는 어떤 종류의 술인가?

가. 알코올 도수가 높은 흑맥주
나. 알코올 도수가 낮은 담색 맥주
다. 이탈리아산 고급 흑맥주
라. 제조 12시간 내의 생맥주

> 해설 복(Bock) 비어는 독일 북부에서 유래한 라거맥주의 일종으로 동절기 내내 충분한 숙성과정을 거쳐 봄에 즐기는 맥주로 알코올도수가 높은 농색맥주이다.

정답

01 다	02 라	03 나	04 가	05 나	06 다	07 라	08 가	09 가	10 다
11 다	12 다	13 라	14 나	15 나	16 나	17 가	18 가	19 나	20 다
21 나	22 다	23 가	24 가	25 가					

학습 4 위스키 Whisky

4-1. 위스키

1 위스키의 역사

위스키Whisky, Whiskey는 동방의 증류기술이 중세 십자군전쟁을 통하여 서양에 전달된 후 생겨난 술이다. 12C경 이전에 처음으로 아일랜드에서 제조되기 시작하여 15C경에는 스코틀랜드로 전파되어 오늘날의 스카치 위스키의 원조가 된 것으로 본다. 중세기 초 많은 연금술사들의 노력에 의해 금은 만들지 못하였으나 생명의 물을 발견하게 되었다.

그 후 18세기에 이르러 재증류법을 시도하게 되었고, 드디어 1826년에 영국의 로버트 스타인Robert Stein에 의해 연속식 증류기가 발명되었으나 실용화되지는 못했다. 1831년에는 아일랜드의 아네스 코페이Aeneas Coffey가 보다 진보된 연속식 증류기를 발명하여 특허를 내서 Patent-Still로 불리게 되었다.

초기의 위스키는 증류한 직후 바로 마셨기 때문에 무색투명한 것이었으나, 1707년 대영제국이 건설된 후 부족한 재정을 마련하기 위해 주세를 심하게 부과하자 스코틀랜드의 위스키 제조 업자들은 스코틀랜드 북부지방Highland의 산 속에 숨어들어 달빛아래서 몰래 위스키를 밀주Moon Shiner하기 시작했다. 그때 위스키 증류업자들은 대맥아를 건조시킬 연료가 부족하여 산간에 묻혀 있던 피트Peat탄을 사용하였는데, 이로 인해 위스키 특유의 향이 발생되었고 이것이 피트탄의 훈연 때문인 것을 알게 되었다. 그 후 증류업자들은 밀주된 술이 많이 누적되자 위스키를 장기간 저장하기 위하여 스페인에서 수입해 온 셰리 와인을 마시고 난 빈 통그 당시에는 스페인으로부터 포도주를 다량 수입했기 때문에 빈 통을 쉽게 구할 수 있었다)에 담아 두었다. 나중에 술을 팔기 위해 술통을 열어보니 투명한 호박색의 짙은 향취를 지닌 부드러운 맛의 술이 되어 있었다.

1824년 조지 스미스가 만든 글렌리벳이 영국 정부로부터 스카치 위스키 제조면허를 최초로 받았다.

2 위스키의 어원

위스키의 어원은 켈트Celt어의 우스개바하Uisgebeatha에서 시작되었으며, 이 말은 라틴어 'Aqua Vitae'와 같이 '생명의 물'이란 의미이다. 우스개바하는 우스개베이야Usquebaugh로, 이후 우스키Uisky로 불리다가 오늘과 같이 위스키로 부르기 시작한 것은 대략 18C말부터이다. 위스키는 보리Barley, 호밀Rye, 밀Wheat, 옥수수Corn, 귀리Oat 등 곡류를 주원료로 곡물에 싹을 내거나 갈아서 발효하여 증류·숙성의 과정을 거쳐 만들어진 술이다. 이렇게 만들어진 무색투명한 알코올을 참나무Oak와 같은 목재통에 수년 동안 저장하여 숙성시키면 나무의 성분이 우러나와 짙은 호박색의 훌륭한 맛과 향기를 지닌 완숙한 위스키가 된다.

4-2. 스카치 위스키의 제조

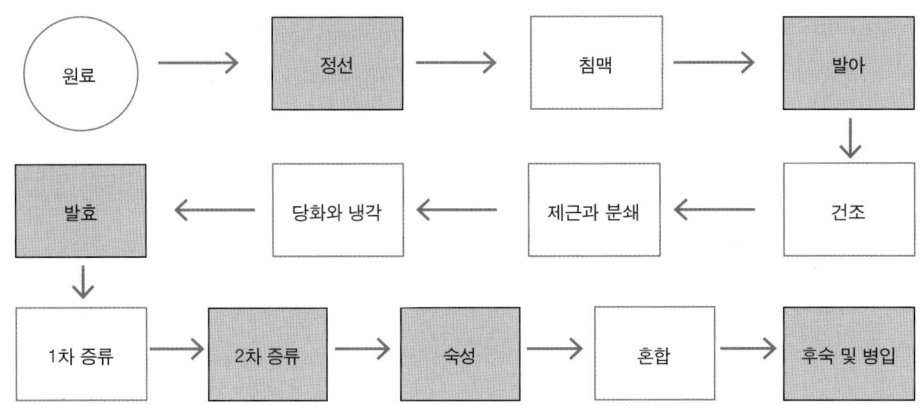

- **원료** 원료 보리는 주로 골든 프로미즈Golden promise종과 옵틱Optic종이 많이 사용되며, 그 외에도 호밀, 밀, 귀리 등이 쓰인다.
  - 맥아 : 보리 싹을 낸 것을 말한다엿기름.
  - 곡물 : 발아하지 않은 곡류, 즉 옥수수, 보리, 밀, 귀리 등을 말한다.
- **정선** 보리를 정선기에 넣어 마른 알갱이, 불량한 보리를 완전히 제거한다.
- **침맥** 보리를 깨끗이 씻고 속이 빈 보리를 제거하기 위함과 동시에 물을 주어 발아준비를 하기 위해 행한다. 약 2일 동안 침수한다.
- **발아** 침맥한 보리를 발아실로 보내 1주일 정도 발아시킨다. 항상 온도나 습도가 발아에 적당한 상태로 유지되어야 한다.
- **건조** 발아한 보리는 건조상에서 상단과 하단으로 각각 1주일씩 교반되면서 피트의 열로써 건조시킨다. 옛 날에는 일광에 의해 자연 건조시켰지만, 스코틀랜드에서 밀주시대에 발견된 피트의 사용이 위스키의 스모키한 향기에 중요한 역할을 했기 때문에 스카치 위스키 제조에 있어서 지금은 피트가 맥아 건조를 위하여 필요 불가결한 것으로 인식되어 중요한 공정의 하나로 되어 있다.

- **제근과 분쇄** 건조한 맥아의 뿌리는 불필요하므로 제거하고 당화하기 쉽게 분말로 한다. 몰트 위스키의 경우는 발아한 맥아만을 분쇄시키지만 그레인 위스키의 경우는 발아하지 않은 보리, 호밀, 밀 등의 분쇄한 것을 사용한다.
- **당화와 냉각** 분쇄된 맥아에 승온된 양조수를 가하여 당화조에 넣는다. 이때 점분은 맥아 속의 당화효소인 아밀라아제Amylase에 의해 맥아당으로 변하고 당화액이 생기는 것이다. 당화액은 효모의 번식에 적당한 온도까지 냉각시킨다.
- **발효** 냉각된 당화액은 발효조로 보내 위스키용의 순수 효모를 가해서 발효시킨다. 당분은 알코올과 이산화탄소로 분해되는데, 발효는 보통 3일 만에 끝난다. 여기서 알코올성분 약 8% 정도의 보리 발효주가 생기는 것이다.
- **증류** 발효가 끝난 보리 발효주는 단식 증류기로 두 번 증류한다. 두 번째 증류에서 나온 액체 중 최초에 나온 부분과 최후에 나온 액체를 제외한 가운데 부분만을 위스키의 원주로서 오크통Oak Barrel에 넣는다. 제외된 최초, 최후의 액체는 다시 두 번째 증류기에 붓고 재증류를 한다.
- **숙성** 2차 증류를 마친 위스키 원주는 알코올성분 60~70%로 수정과 같이 맑고 무색 투명한 액체이다. 이 원주는 술통에 갇혀 저장되고 저장고에서 오랫동안 숙성을 거치게 된다. 저장용 통으로는 떡갈나무, 참나무White Oak 등이 사용된다. 숙성을 보다 촉진시키기 위해 한번 셰리 와인을 담았던 통을 사용하기도 한다. 최저 저장기간은 나라마다 다르며, 영국과 캐나다는 3년, 미국은 2년으로 법령에 따라 강제 숙성기간을 설정하고 있지만, 경우에 따라서 20~30년 동안 저장하기도 한다. 오래 숙성시킨다고 해서 반드시 좋은 것은 아니고 성질에 따라 일정기간이 지나면 오히려 퇴화하는 것도 있다.
- **혼합** 같은 조건으로 증류·저장된 위스키라도 연수가 경과함에 따라 한 통, 한 통 모두 미묘하게 다른 맛과 향기를 갖게 된다. 이것을 테스트하고 각각의 특성을 살려 이상적으로 조합하여 균일한 품질로 만들기 위해 섞는데 이것을 혼합Blend이라 한다. 이 혼합과정이 위스키 제조공정 가운데서도 가장 중요한 역할을 하며, 감각적인 기술이 필요하고 풍부한 경험과 날카로운 감각의 코와 혀를 가지고 있지 않으면 할 수가 없다. 이러한 것을 전문으로 하는 직업을 위스키에서는 마스터 블렌더Master Blender, 와인에서는 쎌러 마스터Celler Master라 부르며, 이들은 최고의 전문직업으로 각광받고 있을 뿐만 아니라 자부심 또한 대단하다.
- **후숙 및 병입** 혼합이 끝난 위스키는 다시 술통에 넣고 수년간 후숙시킨 뒤 병에 넣어 시판된다.

- **피트Peat** 헤더Heather라는 관목이 오랜 세월이 지나면서 탄화된 토탄의 일종으로 주로 스코틀랜드 지방의 땅에 자연적으로 널려 있다. 이것을 이탄이라 한다. 스코틀랜드 북부의 아일레이 섬에서 생산되는 위스키는 이탄의 향이 가장 강하고 자극적인 위스키로 유명하다.

4-3. 위스키의 분류

1 원료 및 제법에 의한 분류

(1) 몰트 위스키 Malt Whisky

Malted Barley발아시킨 보리, 즉 엿기름 또는 맥아만을 원료로 해서 만든 위스키로서, 맥아를 건조시킬 때 피트탄의 훈향Smoky Flavor이 배도록 하여 단식 증류기로 2회 증류한 후 오크통에서 숙성시키는데, 피트향과 오크향이 잘 어우러진 독특한 맛의 위스키이다.

여러 증류소의 몰트 위스키만을 혼합하여 마시기 쉽게 한 것을 블렌디드 몰트 위스키 Blended Malt Whisky라고 하며, 한 증류소의 몰트 위스키만을 사용한 것은 싱글 몰트 위스키Single Malt Whisky라 한다.

> 보리(2조 보리) ⇨ 침맥 ⇨ 건조(피트) ⇨ 분쇄 ⇨ 당화 ⇨ 발효 ⇨ 증류(단식 증류 2회) ⇨ 숙성(오크통) ⇨ 병입

(2) 그레인 위스키 Grain Whisky

발아시키지 않은 보리와 호밀, 밀, 옥수수 등의 곡류에다 보리 맥아Malted Barley를 15~20% 정도 혼합하여 당화·발효하여 현대식 증류기로 증류한 고농도 알코올의 위스키이다. 비교적 향이 약하며 부드럽고 순한 맛이 특징이다.

> 곡물 ⇨ 분쇄 ⇨ 당화 ⇨ 발효 ⇨ 증류(연속식 증류) ⇨ 숙성(저장)

(3) 블렌디드 위스키 Blended Whisky

1860년대 초 에든버러에 있는 앤드류 어셔Andrew Usher에 의해 개발되었으며, 몰트 위스키에 그레인 위스키를 혼합한 것으로 몰트 위스키의 제조원가는 그레인 위스키에 비해 두 배 정도로 비싸고 특색이 있다.

또 몰트 위스키는 향미가 매우 강해 일부 사람들에게 거부감을 주는 경우가 있어 풍미가 순하고 부드러운 그레인 위스키와 혼합하면 대개 거부감을 주지 않는다. 일반적으로 몰트의 함량이 그레인보다 많을 수록 고급품으로 분류한다.

❖ 몰트 위스키(40%) + 그레인 위스키(60%) = 혼합(Blending) ⇨ 병입
❖ 스카치 위스키 협회(SWA) 새 규정에 따른 위스키 분류
　① 싱글 몰트 스카치 위스키 Single Malt Scotch Whisky
　② 싱글 그레인 스카치 위스키 Single Grain Scotch Whisky
　③ 블렌디드 몰트 스카치 위스키 Blended Malt Scotch Whisky
　④ 블렌디드 그레인 스카치 위스키 Blended Grain Scotch Whisky
　⑤ 블렌디드 스카치 위스키 Blended Scotch Whisky

2 산지에 따른 분류

(1) 아이리시 위스키 Irish Whiskey

아이리시 위스키는 위스키 중 가장 빠른 시기인 12세기에 만들어지기 시작하였는데, 제조과정이 스카치와 유사한 듯 다른 점이 있다.

스카치는 맥아를 건조시킬 때 이탄을 태운 연기에 건조시키는데, 아이리시 위스키는 보통 이탄을 사용하지 않고 건조시킨다. 또한 스카치는 몰트 위스키를 만들 때 100% 맥아만을 사용하는데, 아이리시 위스키는 건조시킨 맥아에 물을 넣고 열을 가하여, 맥아즙을 만들 때 보리를 함께 넣고 맥아즙을 만든다. 이것은 한 번에 끝내는 것이 아니고, 4번 반복하여 끓여서 냉각시킨 다음 발효시켜 단식 증류법으로 3번 반복하여 증류한다. 이러한 과정을 거쳐 아이리시 위스키는 보리의 깊고 진한 맛과 향을 지닌 위스키가 된다.

내수용 위스키는 대맥 맥아로 발효하여 단식 증류기로 3회 증류하여 만들어 가볍고 경쾌한 맛을 지닌 몰트 위스키이고, 수출용으로 1974년부터 만드는 위스키들은 주로 옥수수로 발효하여 연속식 증류기로 증류하여 숙성한 전통적인 내수용 위스키와 블렌딩하여 가볍고 경쾌한 제품으로 만든다.

(2) 스카치 위스키 Scotch Whisky

1909년 법에 의해 규정된 이후 1969년, 1988년 개정되었다. 물과 발아된 보리 Malted Barley를 사용하여 스코틀랜드에서 증류된 것으로서, 증류된 알코올 강도가 94.8% 이내이고 증류액은 사용된 재료에서 나온 향과 맛이 있어야 하며, 스코틀랜드에 있는 창고에서 700리터가 넘지 않는 오크통에서 최소 3년 이상 숙성시켜야 한다. 그리고 색, 향, 맛은 사용된 재료와 제조방법, 생산과 숙성과정에서 나와야 하고, 물과 캐러멜 외에는 어떤 첨가물도 넣어서는 안 된다.

스카치 위스키의 명성은 스코틀랜드 지방의 깨끗한 물, 기온, 습도, 토양의 네 가지 조건이 뛰어난 데서 기인한다. 어디서나 떠마실 수 있는 맑은 시냇물이 있으며, 특히 습도가 아주 높아 숙성시켜 둔 위스키가 10년 후에도 80% 이상 남아 있을 정도이고, 이렇게 높은 습도를 가진 공기가 오크통을 통과하여 위스키와 어울리면 스카치 위스키의 신비한 맛을 만들어낸다. 스카치 위스키의 종류는 만들어지는 지리적 위치에 따라 다음과 같이 5지역으로 분류된다.

A. 하이랜드

스코틀랜드 북부지방으로 물이 좋고 피트가 풍부하여 우수한 몰트 위스키 생산지역이다. 가장 유명하고 우리나라에 수입하는 대부분의 스카치 위스키는 이 지역에서 생산한다. 단맛이 나는 듯하면서 잘 익은 과일에서 나는 향과 싱그러운 꽃밭에서 나는 향이 좋아 최고로 인정받고 있다.

B. 아일레이, 아이라 Islay

서남해안에 있는 아일레이섬으로 세계에서 피트향이 가장 강한 독특한 싱글 몰트 위스키 성지로 잘 알려져 있다. 싱글 몰트 위스키는 피트향이 코와 혀를 자극하며, 중후한 맛을 자아낸다. 개성이 독특한 9개의 증류소가 현재 운영 중에 있다.

C. 캠벨타운 Campbeltown

서남해안의 아일레이 섬 아래 있는 반도이며, 피트향이 강한 아일레이 위스키와 과일과 꽃향을 가진 하이랜드 위스키의 특징을 동시에 가지고 있다. 향은 강하나 혀끝을 자극하는 맛이 거의 없다. 현재 3곳의 증류소가 운영 중이다.

D. 로우랜드 Lowland

스코틀랜드 남부 지역으로 글래스고를 중심으로 생산되고, 그레인위스키의 주요 산지이며, 이 지역의 몰트 위스키는 향이 부드럽고 바디가 섬세하여 약간 가벼운 느낌을 준다.

E. 스페이사이드 Speyside

스페이사이드는 가장 대표적인 몰트 위스키 생산지역으로 스코틀랜드에서 가동 중인 증류소 중 절반에 가까운 증류소가 밀집되어 있는 지역이다.

위치로는 하이랜드에 속하나 스페이사이드로 따로 분류한다. 이곳의 몰트 위스키는 과일향, 꽃향, 셰리향 등 다양한 향과 맛을 가진 풀바디한 위스키부터 미디엄바디의 위스키까지 다양한 위스키를 선보이고 있다.

(3) 아메리칸 위스키 American Whiskey

아메리칸 위스키는 미국에서 생산되는 위스키를 말한다. 1600년대 초 미국의 뉴잉글랜드를 중심으로 한 동부지방에서 과일, 호밀 등을 원료로 해서 증류주를 제조하였는데, 당시에는 주로 영국과 버뮤다 제도와의 삼각무역의 주체로서 사탕수수를 원료로 한 럼Rum을 생산했다. 그러던 것이 1807년에 노예무역이 폐지되자 당밀의 수입이 금지되었고, 또한 곡물의 과잉생산, 잉여곡물 처리 등의 사정으로 원료를 곡물로 바꾸게 되었으며, 펜실베이니아주가 중심이 되어 다른 주로 전파하게 되었다.

독립전쟁 후 정부는 경제사정상 과중한 과세를 부과해 위스키의 반란이 일어나면서 증류업자들은 켄터키주, 인디애나주, 테네시주 등 서부로 도망가서 정부 몰래 밀주를 만들기 시작했다. 특히 이때 켄터키주에서는 옥수수를 사용하고 나무통 속에서 숙성한 새로운 위스키를 제조하게 되었는데, 이것이 버번Bourbon 위스키의 시초이다.

그러나 1920년 1월 1일부터 1933년 12월 31일까지 13년 동안의 금주법 시행으로 증류업자는 다시 밀주·밀매를 하게 되고, 또 많은 제조업자들이 캐나다로 흘러들어가 캐나다 위스키의 본격적인 발전을 이룩하게 되었다. 금주법이 폐지되면서 이때까지의 단식증류기는 서서히 자취를 감추고 연속식 증류기를 사용하여 대량생산으로 미국의 독자적인 아메리칸 위스키가 스카치 위스키 다음의 자리를 확실히 굳혀가면서 세계적인 명성을 얻기 시작하였다. 또한 1934년에 만들어 1948년 개정한 법률은 무질서한 위스키 제조업에 질적 향상을 위하여 Bottled-in-Bond제를 실시하기에 이르렀다.

■ **American Whiskey의 분류**

미국 위스키는 스트레이트 위스키Straight Whiskey와 블렌디드 위스키Blended Whiskey로 크게 나누고 또 그것은 세부적으로 지역이나 원료 등에 의해 나누어진다.

A. 스트레이트 위스키 Straight Whiskey

옥수수, 호밀, 대맥, 밀 등의 원료를 사용하여 만든 것으로, 주정을 다른 중성곡물주정Neutral Grain Spirits이나 다른 위스키와 섞지 않고 그을린 참나무통에 최소한 125Proof 이하로 저장해야 하며, 저장이 완료되면 증류수로 희석하여 40% 정도로 만들어 시판하게 된다. 스트레이트 위스키Straight Whiskey는 다음과 같이 5가지 형태로 구분된다. 스트레이트 버번Straight Bourbon은 옥수수가 51%이상이며, 호밀이 51% 이상이면 스트레이트 라이Straight Rye라 하고, 밀이 51% 이상이면 스트레이트 휘트Straight Wheat, 옥수수가 80% 이상이면 스트레이트 콘 위스키

Straight Corn Whiskey, 맥아가 51% 이상이면 몰트 위스키Malt Whiskey라 부른다.

- **버번 위스키**Bourbon Whiskey

    버번 위스키는 51% 이상의 옥수수가 포함되어 있는 곡물로 만들어진 알코올을 그을린 새 참나무통에 넣어 4년 동안 숙성시키는 것이 보통이나, 법적 의무기간은 2년이다. 버번의 원산지인 켄터키주에서 증류되는 것을 켄터키 스트레이트 버번 위스키Kentucky Straight Bourbon Whiskey라고 하며, 그 외에 일리노이주, 오하이오 주, 펜실베이니아주, 테네시주, 미주리주 등지에서도 생산된다. 전체 생산량의 80%가 켄터키주에서 생산된다.

- **테네시 위스키**Tennessee Whiskey

    테네시 위스키는 버번과 유사하지만 제조과정에서 테네시 위스키는 특이한 여과방법을 사용하고 독특한 향과 매끄러운 풍미를 지니고 있어 별도로 구분된다. 이 특별한 방법은 참숯 여과과정에 있는데, 증류기에서 나온 알코올이 숯이 채워져 있는 통 속을 천천히 지나면서 여과된다. 여기에 사용되는 숯은 테네시 고산지대에서 생산되는 사탕단풍나무로부터 만들어지는 특수한 것으로서, 이로 인하여 대단히 부드러운 위스키가 만들어지게 된다.

- **라이 위스키**Rye Whiskey

    51% 이상의 호밀이 포함되어 있는 곡물로 만들어지며, 80% 이하로 증류하고 참나무 통에 2년 이상 숙성시킨 것이다. 색상은 버번과 매우 흡사하나 더 짙은 편이고 맛이 약간 다르다.

- **콘 위스키**Corn Whiskey

    콘 위스키는 80% 이상의 옥수수가 포함되어 있는 곡물로 만들어지며 보통 재사용되는 그을린 참나무통에 저장·숙성시킨다. 그 결과 Corn의 성질을 많이 남겨 풍미가 부드러운 위스키가 된다.

- **보틀 인 본드 위스키**Bottled in Bond Whiskey

    보통 미합중국 정부의 감독하에 생산된 버번이나 라이 위스키를 말하는 것으로, 스트레이트 위스키이다. 이 술은 정부에서 품질을 보증하는 것은 아니지만, 정부의 감독하에 보세 창고에서 분류하고 병에 담아 수출된다. 이 종류의 위스키는 적어도 4년 이상 저장해야 하며, 100proof로 병에 넣는다.

B. 블렌디드 위스키 Blended Whiskey

한 가지 이상의 스트레이트 위스키와 중성 곡류주정을 섞은 것을 뜻하며, 최소한 20% 이상의 스트레이트 위스키를 함유하여야 한다. 일반적으로 80 proof 이상으로 병에 담아 시판된다. Seagram's 7 Crown이 이 타입의 대표적인 위스키이다.

(4) 캐나디안 위스키 Canadian Whisky

미국 독립전쟁이 일어나자 캐나다로 이주하는 사람들이 늘어나게 되었다. 당시에는 주로 보리로 물물교환을 하면서 제분업이 번창하였다. 그러던 것이 보리가 잉여되어 차츰 증류소가 발전하게 되었고, 1950년대에 씨그램사와 하이럼 워커사가 등장하면서 위스키의 산업화가 시작되었다. 1920년 미국의 금주법 시행으로 증류업자 및 이민자들이 캐나다로 오면서 본격적인 활기를 띠게 되었다. 캐나다에서 생산되는 위스키는 호밀, 옥수수, 대맥 등을 원료로 사용하여 만들어지는 블렌디드 위스키 Blended Whisky이며, 정부의 감독하에 캐나다에서만 생산된다. 캐나디안 위스키는 최소한 3년을 숙성시켜야 하며, 수출품은 대개 6년을 숙성한다.

(5) 일본 위스키 Japanese Whisky

위스키의 원액생산에서 제품생산까지 일괄적으로 이루어지고 있는 일본 위스키는 일본의 음식 문화와 연계시킨 새로운 위스키 소비문화와 독주를 좋아하지 않는 일본식 음주문화에 착안한 '미즈와리물에 희석한 위스키'의 개발 등 일본인의 입맛에 맞고 소비자가 원하는 제품의 생산으로 일본 위스키만의 독특한 맛을 창출하며, 세계 5대 위스키 산지로 잘 알려져 있다.

학습 5 브랜디 Brandy

5-1. 브랜디의 정의

브랜디의 어원은 프랑스에서 뱅 브루레Vin Brûlle라고 불리던 술을 네덜란드어인 브란데 웨인 Brande-wijn ; Burnt Wine ; 불에 구운 포도주이라고 부르며 유럽 각지에 소개되었고 영국에서 영어화되어 브랜디Brandy라 부르게 되었다. 넓은 의미의 브랜디란 과일류의 발효액을 증류 한 알코올 성분이 강한 술을 총칭하지만, 우리가 흔히 브랜디라고 부르는 것은 포도를 발효, 증류, 저장, 숙성시켜 만든 것이므로 브랜디의 원료는 포도가 되는 것이다. 포도 이외의 다른 과일을 원료로 할 경우는 브랜디 앞에 그 과일의 이름을 붙인다. 예를 들어 사과를 원료로 하여 만든 것은 애플 브랜디Apple Brandy, 애플 잭Apple Jack 등으로 부르고, 체리를 원료로 하여 만든 것을 체리 브랜디Cherry Brandy라고 하며 독일에서는 키르슈바서 Kirsch Wasser로 부른다.

5-2. 브랜디의 유래

브랜디가 정확하게 언제부터 만들어지게 되었는지는 알 수 없지만 13세기경 스페인 태생의 의사이며 연금술사인 아르노 드 빌뇌브Arnaude de Villeneuve, 1235~1312가 와인을 증류한 것을 뱅 브뢰레Vin Brûlle라 하고 이것을 '불사의 영주'라 하며 판매를 하였다.

이것은 '태운 와인'이란 뜻을 가진 술로서 브랜디의 시초라고 볼 수 있다. 이 당시에는 흑사병이 유행하였으며 사람들은 이것을 마시면 흑사병에 걸리지 않는다고 믿게 되어 '생명의 물 Aqua Vitae'이라고 부르며 널리 퍼지게 되었다. 프랑스에서 브랜디의 시작은 1411년, 피레네 지방으로부터 멀지 않은 아르마냑 지방에서 볼 수 있으며 이것은 스페인 연금술사들의 기술이 피레네 산맥을 넘어 프랑스에 전래되지 않았나 생각된다. 이후 15세기 말에는 몇몇 지방으로 퍼지고 16세기 들면서 프랑스 전국 각지로 폭넓게 퍼졌다. 당시에 불렸던 생명의 물은 지금의 프랑스어로 하면 오 드 비Eau-de-vie가 되고 코냑 브랜디나 아르마냑 브랜디도 법률상으로는 오 드 비로 분류하고 있다. 그러나 세계 최고의 브랜디로 알려진 코냑 브랜디는 이것보다 훨씬 늦은 17세기부터 시작되었다. 이 당시 샤랑뜨 지역의 와인을 네덜란드 상인들이 대량 구입하게 됨으로써 생산과잉이 되고 판매하고 남은 와인을 처리하기 위한 고심 끝에 이것을 증류한 것이 다른 지방의 브랜디보다 품질이 더 좋은 것을 알고 좀더 적극적으로 생산하기 시작한 것이 바로 오늘날의 코냑이다. 이렇게 본다면 초기 형태의 브랜디가 기업화되어 증류주로 마시기 시작한 것은 17세기 코냑 지방에서 생산된 것이 시초라 할 수 있겠다.

5-3. 브랜디의 제조방법Cognac의 예

1 양조작업와인제조

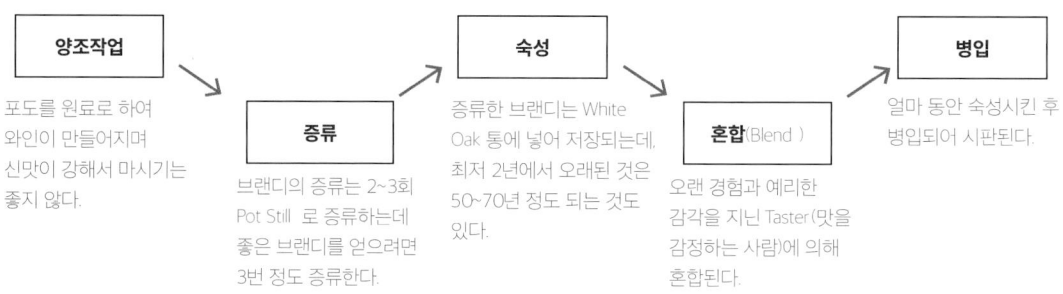

브랜디의 원료로 사용되는 포도품종은 생산지에 따라 다르나 프랑스에서는 유니블랑Ugni Blanc, 폴 브랑슈Folle Blanche, 꼴롱바르Colombard종을 주로 사용한다. 9월에서 10월 하순에 걸쳐 수확하여 곧바로 브랜디의 원료가 되는 화이트 와인알코올도수 약 7~8%이 만들어지는데, 신맛이 강하고 당도가 낮아서 와인으로는 맛이 아주 나쁘다. 그러나 이 신맛이 고급 브랜디에는 필수불가결의 요소로 되어 있다.

2 증류

브랜디의 증류는 와인을 2~3회 단식 증류기Pot Still로 증류하는데, 위스키의 것과는 조금 다르다. 첫 번째 증류에서 알코올성분 25% 정도의 초류액이 얻어지는데 이것을 부루이이Brouillis라 한다. 이것을 다시 증류하여 알코올성분 68~70%의 재류액이 얻어지는데 이것을 라

본느 쇼프La Bonne Chauffe라 한다. 이렇게 2단계로 나누어 증류하면 평균 8통의 와인에서 1통의 브랜디가 얻어진다. 여기서 더 좋은 브랜디를 얻으려면 다시 한번 주의 깊게 10~15시간에 걸쳐 세 번째의 증류를 하게 된다. 증류작업은 3월 31일까지 마친다.

3 저장

증류한 브랜디는 White Oak Barrel새로운 오크통에 넣어 저장한다. 술통은 새것보다 오래된 것이 더 좋다. 새 술통을 사용할 때에는 반드시 열탕으로 소독하고 다시 화이트 와인을 채워 유해 한 색소나 이취물질을 제거한 후 화이트 와인을 쏟아내고 브랜디를 넣어 저장한다. 저장 기간은 최저 2년에서 20년이나, 오래된 것은 50~70년 정도 되는 것도 있다. 저장 중 브랜디의 양은 증발에 의해 줄어드는데, 이는 술통의 나뭇결에서 발산하므로 2~3년마다 다른 술통의 것을 채워 넣는다.

4 혼합

브랜디도 위스키처럼 블렌딩Blending, Le mariage하여 만드는데, 쎌러마스터Cellar Master라 불리는 블렌더Blender는 자사의 브랜드별로 고객의 입맛에 고착된 독특한 맛과 이미지를 지속적으로 유지시켜 나가야 하기 때문에 아주 중요한 공정이다. 이처럼 오랜 경험과 예리한 감각을 지닌 쎌러마스터에 의해 혼합된 브랜디는 다시 어느 정도 숙성시킨 후 병입되어 시판된다.

코냑과 아르마냑

세계에서 가장 유명한 브랜디 제조지역은 프랑스의 코냑과 아르마냑 지방이다. 브랜디 중에서 특별히 프랑스의 코냑 지방에서만 만든 브랜디를 코냑이라 하고, 아르마냑 지방에서 제조한 브랜디를 아르마냑이라 칭한다. 즉 모든 코냑은 브랜디이지만 브랜디는 코냑이 아니다.

5-4. 브랜디의 등급

브랜디는 숙성기간이 길수록 품질도 향상된다. 그러므로 브랜디는 품질을 구별하기 위해서 여러 가지 문자나 부호로 표시하는 관습이 있다. 코냑 브랜디에 처음으로 별표의 기호를 도입한 것은 1865년 헤네시Hennessy사에 의해서이다. 이러한 브랜디의 등급표시는 각 제조회사마다 공통된 문자나 부호를 사용하는 것은 아니다.

1 머리글자 Initial

V — Very **S** — Superior **O** — Old
P — Pale **X** — Extra

2 브랜디의 등급과 숙성연수

와인을 갓 증류한 오더비를 꽁트Compte 00이라고 하고 4월1일이 되면 공식적으로 증류가 끝 나는데 이때를 꽁트 0이라고 하며 그 다음해 4월1일이 되면 꽁트 1이 되며 V.S.O.P. 는 꽁트 4 이상이면 붙일 수 있고 더 오래 숙성한 것은 꽁트 6이상이면 붙일 수 있다. 하지만 회사들마다 더 좋은 코냑을 만들기 위해서는 보통은 아래와 같이 오래 숙성시킨다BNIC(the Bureau National Interprofessionnel du Cognac) 기준.

V.S. Very Special or ★★★ three stars 2년
V.S.O.P. Very Superior Old Pale or **Reserve** 4년
Napoléon 6년
XO Extra Old 10년
XXO Extra Extra Old 14년
Hors d'âge Beyond Age 10년

이외에도 여러 가지의 다른 등급 표기가 있다. 각 회사별로 등급을 달리 표시하기도 해 같은 등급이라도 저장연수가 다를 수 있다. 코냑의 경우 별 셋Three Star만이 법적으로 보증되는 연수5년이고, 그 외는 법적구속력이 전혀 없다.

학습 6 진 Gin

6-1. 진의 역사

    진의 주재료인 주니퍼베리는 고대 그리스부터 건강 증진에 도움이 되는 것으로 알려져 있었다. 고대의 이집트인들은 주니퍼를 유향, 큐민 등과 함께 끓여 두통약으로 사용하였고 아랍인들은 주니퍼 나무에서 진액을 추출하여 치통을 치료하는 등 약용으로 꾸준히 사용하였다.

    중세시대부터 주니퍼를 와인에 넣어 약용으로 사용하기 시작했는데, 현대와 같이 곡물을 사용한 주정에 주니퍼를 넣은 진은 1582년의 기록에 처음 등장한다. 처음에는 진이 약용으로 사용되었지만, 이것이 널리 퍼지면서 네덜란드 선원들에 의해 게네르바 Generva로 불리면서 치료제보다는 애주가들에게 술로서 더 많은 호평을 받게 되었다.

주니퍼베리(노간주 열매)

1689년 윌리엄 III세Orange공, 재위 1689~1702가 영국왕의 지위를 계승하면서 프랑스로부터 수입하는 와인이나 브랜디의 관세를 대폭 인상하자 노동자들은 값싼 술을 찾던 중 네덜란드에서 종교전쟁에 참전하였던 영국 병사들이 귀향하면서 게네르바를 가지고 와 급속도로 영국에 전파되어 획기적인 발전을 하고, Dry Gin으로 이름도 바뀌게 되었다. 값싸고 강렬한 이 술을 많이 마셔 중독사하는 이가 생겨날 정도로 폭발적인 인기를 누렸던 것이다. 이것은 앤 여왕재위1702~1714이 누구라도 자유로이 진을 제조할 수 있게 법률을 고쳐서 보급에 노력한 결과이다.

1736년 진의 판매를 저지할 목적으로 '진 법령'이 의회를 통과하여 많은 역경이 있었으나 시민의 폭동으로 진 법령의 효력이 정지되고 드디어 1831년 연속증류기가 발명되면서 진은 대량생산이 이루어졌으며, 품질이 좋아지고 가격은 저렴하게 판매되자 영국의 가난한 노동자들이 스트레스를 풀며 용기를 내기 위해 많이 마시게 되었다. 그 후 진은 미국에 전파되어 칵테일용으로 가장 많이 쓰이게 되었다. 따라서 진은 '네덜란드 사람이 만들었고, 영국인이 꽃을 피웠으며, 미국인이 영광을 주었다'라는 말이 있다. 대부분의 진은 숙성하지 않아 무색이며 솔잎향이 난다.

진은 주니퍼베리의 독특한 향과 풍미를 가지고 있어 칵테일 베이스로 가장 많이 사용되고 있는데, 대표적으로 마티니, 핑크 레이디, 진 피즈 등이 있다.

윌리엄 호가트William Hogarth가
진법령을 지지하기 위해 그린
Beer Street and Gin Lane(1751)

윌리엄 로저 리차드슨
William Rodgers Richardson의 풍자화
The Gin Shop(1829)

6-2. 진의 제조법

1 영국 진England Gin의 제법

원료인 곡류대맥, 옥수수, 호밀 등를 혼합하여 당화, 발효시킨 뒤 먼저 연속식 증류기로 증류하여 알코올 90~95%의 순수한 곡물주정을 얻는다. 이 증류액에 다시 노간주 열매, 고수 열매, 안젤리카, 캐러웨이, 레몬 껍질 등의 향료식물을 섞어 단식 증류기로 두 번째 증류를 한다. 여기에 증류수로 알코올을 37~47.5%까지 낮추어 병입, 시판한다.

2 네덜란드 진Netherlands Gin의 제법

곡류의 발효액 속에 노간주 열매나 향료식물을 넣어 단식 증류기로만 2~3회 증류하여 55% 정도의 주정을 만든다. 이것을 술통에 단기간 저장하고 45% 정도까지 증류수를 묽게 하여 병입, 시판한다. 이때 사용하는 노간주 열매는 독일, 스페인 등지에서 수입하며 네덜란드 진은 노간주 열매를 생으로 사용하지만, 영국 진은 2~3년 정도 건조시켜 사용한다.

6-3. 진의 종류

1 Dry Gin

(1) 런던 드라이 진London Dry Gin

영국에서 생산되는 진을 뜻하였으나 현재는 일반적인 용어로 사용된다. 영국의 증류기술로 매우 깨끗하고 부드러운 진으로 바뀌게 되었는데 네덜란드 진과 구분하기 위하여 드라이 진으로 불러왔다. 드라이 진으로서는 품질이 가장 우수하다.

비피터Beefeater, 고든스 드라이 진Gordons Dry Gin, 길비스 진Gilbeys Gin, 텐거레이Tanqueray, 봄베이 사파이어Bombay Sapphire 등이 유명하다.

(2) 플레이버드 진 Flavored Gin

노간주나무 열매 Juniper Berry 대신 여러 가지 과일 Fruits, 씨 Seeds, 뿌리 Roots, 허브 Herbs 등으로 향을 낸 것이다. 이것은 술의 개념으로 말하면 리큐어 Liqueur이나 유럽에서는 진의 일종으로 취급되고 있다. Flavored Gin으로는 Sloe Gin 자두의 일종인 야생 오얏, Damson Gin 서양자두, Orange Gin, Lemon Gin, Ginger Gin, Mint Gin 등이 있다.

(3) 제네바 진 Geneva Gin

네덜란드의 암스테르담과 쉬담 지방에서 많이 생산한다. 짙은 향과 감미가 있다.

(4) 올드 톰 진 Old Tom Gin

드라이 진에 약간의 당분을 더하여 감미를 더한 것이다.

(5) 플리머스 진 Plymouth Gin

1830년 영국의 남서부에 있는 플리머스 시의 도미니크파의 수도원에서 만들어진 것이 시초이다. 런던 드라이 진보다 강한 향을 가지고 있다.

학습 7 보드카 Vodka

7-1. 보드카의 역사

보드카는 혹한의 나라 러시아인들에게 몸을 따뜻하게 하는 수단으로 음용해왔다. 노동자나 귀족계급 할 것 없이 누구나 즐겨 마시는 술이었다. 러시아 마지막 3대에 걸친 황제들도 즐겨 마셨던 전설의 술로서 제조법은 비밀에 부쳐졌었다.

그런데 최후의 황제인 니꼴라이 2세Nicolai II 1868~1918는 알코올농도가 높은 보드카는 건강에 좋지 않다는 이유로 알코올도수를 40%까지로 제한하기도 했다. 또 1917년 러시아혁명 후 볼셰비키 정부는 한때 보드카의 제조·판매를 금지하였으나 국민들의 강력한 요구에 금지를 해제시켰다. 혁명 후 제조기술이 백인계 러시아인들에 의해 남부 유럽으로 전해지고, 1933년 미국의 금주법이 폐지되자 제조기술이 미국으로 전해져 대단한 인기를 끌었다. 1958년 미국에서 보드카의 생산량은 원조인 러시아를 능가하여 세계 1위가 되었다.

7-2. 보드카의 정의

보드카는 슬라브 민족의 국민주라고 할 수 있다. 무색Colorless, 무미 Tasteless, 무취Odorless의 술로서 칵테일의 기본주로 많이 사용하지만 러시아인들은 아주 차게 해서 작은 잔으로 우리의 소주와 같이 스트레이트로 단숨에 들이킨다.

러시아를 여행하는 외국인이 기대하는 것의 하나로 캐비어Caviar; 철갑상어의 알젓에 보드카를 곁들여 마시는 것을 꼽을 수 있다. 이러한 보드카의 어원은 12C경 러시아 문헌에서 지제니스 붜타Zhiezenniz Voda; Water of Life란 말로 기록된 데서 유래한다. 15C경에는 붜타Voda; Water라는 이름으로 불리었고, 18C경부터 Vodka라 불리었다.

7-3. 보드카의 제조법

원료는 감자와 보리, 밀, 옥수수 등에 Malted Barley를 가해서 당화 발효시켜 '세바라식'이라는 연속 증류기로 95% 정도의 주정을 증류한다. 이것을 자작나무의 활성탄이 들어 있는 여과조를 20~30번 반복해서 여과한다. 그러면 퓨젤 오일 Fusel Oil 등의 부성분이 제거되어 순도 높은 알코올이 생긴다. 끝으로 모래를 여러 번 통과시켜 목탄의 냄새를 제거한 후 증류수로 40~50%로 묽게 하여 병입한다.

보드카가 무색, 무미, 무취로 되는 중요 요인은 자작나무의 활성탄과 모래를 통과시켜 여과하기 때문이다.

7-4. 보드카의 유명상표

(1) 스미노프Smirnoff

위스키가 '블렌딩'이라는 혼합과정을 중시한다면 보드카는 여과과정을 통해 나타나는 순수함을 강조한다. 스미노프는 3번의 증류과정과 자작나무 숯을 사용한 10번의 여과를 거쳐 순수하고 깨끗한 맛을 만들어낸다. 세계적인 보드카 브랜드 스미노프Smirnoff는 무색, 무취, 무향의 순수한 정통 보드카 오리지널 스미노프 레드NO. 21, 각종 과일향을 첨가한 스미노프 그린애플Smirnoff Green Apple, 스미노프 오렌지Smirnoff Orange, 스미노프 라즈베리Smirnoff Raspberry, 스미노프 피치Smirnoff Peach가 있다.

(2) 그레이 구스Grey Goose

프랑스의 슈퍼프리미엄 보드카 그레이 구스는 라 보스 지방에서 재배되는 100% 프랑스산 밀과 샹빠뉴 지역의 석회암에 자연스럽게 여과된 알프스 지역의 청정수를 사용하여 만들어진다. 이외에 그레이 구스의 맛을 완벽하게 하는 것은 세심하고 엄격한 5번의 증류과정인데 이 과정을 거친 그레이 구스는 깔끔하면서도 부드러운 맛을 자랑한다. 오리지널 보드카 외에 레몬의 맛을 살린 시트론, 배 특유의 상쾌한 맛이 일품인 포아, 오렌지의 향미가 살아 있는 오렌지 플레이버가 있다. 그레이 구스의 병은 눈이 쌓인 산맥을 배경으로 유유히 날아가는 거위를 표현하고 있다.

(3) 스톨리치나야Stolichnaya

스톨리치나야는 러시아 탐보프Tambov 지방에서 생산하기 시작하였으며, 스톨리치나야 소유의 밀 농장과 초현대식 증류소인 탈비스Talvis가 위치해 있다. 최상의 맛을 생산하기 위해 3번 증류하여 최고 품질의 알파 스피리츠Alpha Spirit을 생산하며 4번의 여과과정을 거친다. 처음에는 석영 모래를 사용하고 자작나무 숯으로 여과한다.

(4) 앱솔루트Absolut

앱솔루트는 1979년 스웨덴에서 출시된 세계 2위 프리미엄 보드카이자 세계 유명 증류주 가운데 3번째로 많이 판매되고 있는 브랜드이다. 유명 제품으로는 앱솔루트 보드카를 비롯

해, 감귤류의 일종인 시트러스Citrus 열매가 주원료인 앱솔루트 시트론Citron, 천연 바닐라 열매가 원료인 앱솔루트 바닐라Vanilla, 감귤과 오렌지는 물론 다양한 시트러스 계열의 과일을 혼합한 앱솔루트 맨드린Mandrin, 복숭아 맛의 앱솔루트 어피치Apeach 등이 있다.

(5) 핀란디아Finlandia

핀란디아는 1971년 핀란드에서 생산하기 시작하여 지금은 140여 개국에서 판매되고 있는 프리미엄 보드카다. 핀란드에서 1만 년 전에 형성된 자연 그대로의 순수한 빙하 샘물을 사용하기 때문에 별도의 인공 여과 처리과정을 필요로 하지 않는다. 핀란드산 6줄 보리만을 사용하여 깨끗한 맛을 잘 표현하고 있다.

(6) 벨베디어Belvedere

벨베디어 보드카는 100% 폴란드산 호밀과 4차례의 증류과정을 거쳐 생산된다. 병에는 폴란드 대통령 관저인 벨베디어 하우스의 모습이 그려져 있다.

(7) 쇼팽Chopin

쇼팽 보드카는 유기농으로 재배한 고품질의 감자, 호밀 또는 밀, 효모 그리고 정수된 물을 이용해서 만든다. 쇼팽 보드카는 폴란드의 낭만파 작곡가 프레데릭 쇼팽Frederic Chopin의 이름을 사용하였다. 그가 음악으로 전 세계에 조국 폴란드를 알린 것처럼 보드카에 대한 세계인의 생각을 바꿀 수 있는 보드카의 예술을 만들고자 한 것이다.

(8) 시락Cîroc

보드카의 샴페인으로 불리는 시락은 포도로 증류된 첫 번째 보드카다. 상쾌하고 신선한 풍미, 풍부한 부드러움과 숨겨진 깊은 맛은 8℃의 차가운 상태에서 침용 및 발효를 하기 때문이다. 수탉 로고는 포도나무 가지 위에 서 있는 수탉을 형상화했다.

(9) 케틀원Ketel One

케틀원 보드카는 네덜란드 쉬담의 놀렛Nolet 증류소에서 수작업으로 만들어진다. 네덜란드에서 가장 오래된 가족경영 기업 중 하나인 놀렛 패밀리는 대대로 내려오는

비밀제조법을 여전히 사용하며 케틀원을 최고의 보드카로 자리 잡게 했다. 케틀원은 100% 밀로 만들어지며, 원조 구리 단식 증류기인 디스틸러 케틀 1호기의 이름을 따서 명명하였다.

(10) 스카이 Skyy

스카이는 1992년 미국 샌프란시스코에서 만들었다. 기업가이자 유명한 발명가 모리스 캔버 Maurice Kanbar는 숙취, 특히 두통이 없는 맑고 깨끗한 보드카를 만들어보겠다는 신념으로 여러 증류소를 찾아다니며 연구를 거듭해 독창적인 공법을 개발했고 숙취 유발 물질인 컨지너스 Congeners를 최대한 줄이는 데 성공했다. 그는 샌프란시스코의 구름 한 점 없는 높고 파란 하늘을 보고 영감을 얻어 샌프란시스코의 하늘을 상징하는 SKY에 Y를 하나 더 붙여 SKYY라고 명명하였다.

(11) 벨루가 Beluga

벨루가는 2002년 12월 13일 마린스크 공장에서 38병의 벨루가 보드카를 처음으로 생산하기 시작하여 2009년에는 유럽, 2010년에는 미국과 아시아로 진출하면서 러시아 프리미엄 보드카의 대명사로 불리고 있다. 마린스크 공장은 1900년에 시베리아의 외딴 지역에서 설립되어 지난 112년 동안 이 공장에서 자신의 생산품에 자부심을 가진 기술자들이 5대째 내려오고 있다. 벨루가 노블은 합성 첨가물이 아닌 자연 발효로 만든 몰트 증류주를 30일간 숙성시키고, 골드는 90일간 숙성시킨다. 가장 깨끗한 시베리아 청정수를 사용한다.

(12) 아르키 Arkhi

아르키는 몽골 마지막 황제의 황궁 안에 있는 오리지널 증류소에서 생산되는 보드카이다. 몽골 태고의 청정 평원인 셀렝게 지역 최상급의 유기농 밀만을 사용하며, 신성한 보드그칸 산의 80만년설이 흘러내려 만들어지는 순수한 샘물을 사용한다.

(13) 주브루프카 Żubrówka

폴란드 비아워비에자 Białowieża 숲에서 서식하는 들소 주브르 Żubr의 먹이인 풀이 들어있다. 황녹색이고 병 속에 이 풀잎이 떠 있어 유명하다.

학습 8 럼 Rum

8-1. 럼의 정의

서인도제도가 원산지인 럼Rum은 사탕수수의 생성물을 발효·증류·저장시킨 술로 독특하고 강렬한 향이 있으며, '해적의 술' 또는 '해군들의 술'이라고도 한다. 럼이란 단어가 나오기 시작한 문헌은 영국의 식민지 바베이도즈Barbados섬에 관한 고 문서에서 '1651년에 증류주Spirits가 생산되었다. 그것을 서인도제도의 토착민들은 럼불리온Rumbullion이라 부르면서 흥분과 소동이란 의미로 알고 있다'라고 기술되어 있다. 이것이 현재의 럼으로 불려졌다는 설이 있다. 다른 한편으로는 럼의 원료로 쓰이는 사탕수수의 라틴어인 사카룸Saccharum의 어미인 'rum'으로부터 생겨난 말이라는 것이 가장 유력하다.

8-2. 럼의 역사

럼의 역사는 서인도제도의 역사를 보는 데서 시작된다. 1492년 서인도제도가 콜럼버스에 의해 발견된 이후 사탕수수를 심어 재배하였다. 이후 유럽과 미국을 연결하는 중요지점으로서 유럽 여러 나라의 식민지가 되고, 설탕의 공급지로 번영했다.

17세기가 되어 바베이도즈섬에서 사탕의 제당공정에서 생기는 폐액에서

럼이 만들어진 것이 시작이다. 이러한 럼은 18C로 접어들자 카리브해를 무대로 빈번하게 활약했던 대영제국의 해적들에 의해 점점 보급되었다.

또 서인도제도를 통치하는 유럽의 열강들은 식민정책을 전개하기 위한 노동력을 아프리카의 흑인에 의존했다. 노예 수송선은 카리브해에 도착하면 빈 배가 되는데, 여기에 당밀을 싣고 미국으로 가서 증류하여 럼으로 만든다. 그 배는 아프리카로 돌아가서 노예의 몸값을 럼으로 준다. 이와 같은 식민정책삼각무역에 의해 럼 산업은 성장해 온 것이다. 1740년경 괴혈병을 예방하기 위해 에드워드 바논이라는 영국해군의 제독은 럼에 물을 탄 것을 군함 안에서 지급했다는 기록이 있다. 럼하면 빼놓을 수 없는 사람이 있는데 넬슨 제독1758~1805이다. 1805년 트라팔가 해전에서 제독은 나폴레옹 I세의 함대를 내파하여 승리로 이끌었으나 결국 전사하였다. 이 때 시체의 부패를 막기 위해 럼주 술통 속에 넣어 런던으로 옮겨졌다. 이에 기인하여 영국 사람들은 넬슨의 충성심을 찬양하기 위해 Dark Rum을 '넬슨의 피Nelson's Blood'라고 불렀다 한다.

8-3. 럼의 제조법

럼의 원료는 사탕수수줄기를 롤러로 눌러 즙을 짠 뒤 여과한 당액Sugarcane Honey을 그대로 쓰는 경우와 제당공정의 부산물인 당밀Molasses을 쓰는 두 가지 방법이 있는데, 후자의 경우가 많이 사용된다.

원료가 이미 당분이므로 당화의 공정은 불필요하다. 당액을 발효시키는데 라이트 럼Light Rum의 발효는 2~4일 정도이고, 헤비 럼Heavy Rum의 발효는 5~20일 정도에 걸쳐 서서히 이루어진다. 산 발효를 조장하기 위해 발효용의 천연 이스트인 버개스를 첨가하는 경우도 있다.

이 발효과정에서 이스트균의 영양분으로서 발효를 돕는 작용을 하는 당밀dunder(바짝 조린 사탕수수즙의 진한 침전물)을 첨가하는데, 이것이 럼 특유의 독특한 방향을 내게 한다. 향기를 한층 강하게 하기 위해 아카시아 수액이나 파인애플즙을 첨가하여 발효시키는 경우도 있다.

다음은 증류인데, 헤비 타입의 럼은 단식 증류기로 하고 산지에 따라 라이트 럼은 연속식 증류기로 증류하는 경우도 있다. 저장은 셰리 와인의 빈 통이나 White Oak Barrel의 안쪽을 그을려 사용한다. 자메이카 럼Jamaica Rum과 같이 헤비 럼의 경우일수록 숙성시간이 더 필요하다. 양질의 것은 10년 이상 숙성시킨다.

8-4. 럼의 종류

럼은 고장마다 증류법, 숙성법, 블렌드법에 차이가 있어서 만들어지는 풍미가 가벼운 라이트 럼에서부터 가볍지도 무겁지도 않은 미디엄 럼, 풍미가 중후한 헤비 럼까지 여러 가지가 있다. 색깔도 무색투명한 것부터 짙은 갈색의 것까지 있어 증류주로서는 가장 다양한 술이다.

1 Heavy Rum Dark Rum

감미가 강하고 짙은 갈색으로 특히 자메이카산이 유명하다.

주요 산지로는 Jamaica, Martinique, Trinidad Tobago, Barbados Demerara, New England 등이 있다.

2 Medium Rum Gold Rum

헤비 럼과 라이트 럼의 중간색으로, 오크통에서 숙성한 이후 서양인들의 위스키나 브랜디의 색을 좋아하는 기호에 맞추어 캐러멜로 착색한다. 주요 산지로는 도미니카, 남미의 기아나, Martinique 등이 있다.

3 Light Rum White Rum

담색 또는 무색으로 칵테일의 기본주로 사용된다. 쿠바산이 제일 유명하다. 주요 산지로는 Cuba, Puerto Rico, Mexico, Haiti, Bahamas, Hawaii 등이 있다.

Heavy Rum   Bacardi Gold   Bacardi White

9-1. 테킬라의 역사

1968년 멕시코 올림픽으로 세계적으로 유명해진 테킬라는 멕시코의 특산주이다. 멕시코에 살던 토착민에 의해 용설란의 일종인 여섯 가지 이상의 아가베Agave로 발효주Pulque를 만들어 마시다가 16세기경 스페인으로부터 증류기술이 도입되어 풀케를 증류하여 메즈칼Mezcal을 만들게 되었다. 이것에서 한 단계 발전하여 멕시코의 중앙고원지대에 위치한 제2의 도시인 과달라하라 교외에 테킬라라는 마을에서 멕시코 인디언들에 의해 테킬라Tequila가 생산되기 시작했다.

멕시코 원주민들은 테킬라를 마실 때 레몬이나 라임을 반 잘라서 왼 손가락 사이에 끼고 손등을 적셔서 소금을 묻힌 다음 찬 테킬라를 스트레이트로 마시고 레몬이나 라임의 즙을 빨고 손등의 소금을 핥으면서 즐긴다. 이것은 멕시코가 열대지방이므로 건조하여 염분을 보충하고 신맛의 과즙을 섭취하기 위한 것이라고 한다.

9-2. 테킬라의 제조법

원료는 백합과의 아가베Agave, 난초과의 식물로서 술에 사용되는 것은 세 가지 종류를 사용인데, 이 대형 식물에는 '이눌린'이라는 전분과 비슷한 물질이 함유되어 있다. 8~10년 정도 자란 용설란의 잎을 잘라내고 지름 50cm 정도의 줄기를 반으로 쪼개 증기솥에 넣어 열을 가하면 줄기 속의 다당류가 쉽게 당화되고, 이 당화액을 발효하면 멕시코 원주민들이 즐겨 마시는 발효주인 풀케Pulque, 여섯 종 이상 Agave Plant를 사용하여 수액을 발효시킨 양조주, 스페인의 멕시코 정복 이전부터 애용되어 온 멕시코 국민주가 만들어진다. 이 풀케를 단식 증류기로 두 번 증류55% 이내하여 숙성시키지 않고 활성탄으로 정제하여 오크통에서 약 3개월~2년 정도 숙성시켰다가 바로 시판하는 것이 화이트 또는 실버 테킬라, 오크통에서 3년 이상 숙성시킨 테킬라 아네호Tequila Anejo, 오크통에서 7년 이상 숙성시켜 맛이 매우 부드럽고 향이 좋은 레알레스 테킬라Reales Tequila이다. 테킬라의 도수는 40~55%이다.

9-3. 테킬라의 종류

원료는 아가베 아즐 테킬라나 Agave Azul Tequilana를 사용하여 반드시 51% 이상 함유해야 테킬라라는 이름을 붙일 수 있다. 프리미엄 테킬라는 반드시 아가베 아즐 테킬라나를 100% 사용해야 한다.

- **테킬라 블랑코**blanco, white, plata, silver 숙성시키지 않은 테킬라 또는 스테인레스 스틸통에서 2개월미만 숙성한 것
- **테킬라 호벤**joven, young, oro, gold 숙성시키지 않은 테킬라이나 카라멜로 착색한 것
- **테킬라 레포사도**reposado 오크통에서 최소 2달 이상 1년 미만 숙성한 것. 숙성시킬 때 오크통은 어떠한 것을 사용해도 무방하나 20,000리터 미만일 것
- **테킬라 아네호**anejo, aged, vintage 최소 1년이상 3년 미만을 숙성한 것. 오크통은 주로 미국위스키를 사용한 통을 사용
- **엑스트라 아네호**extra anejo, extra aged, ultra aged 최소 3년이상을 오크통에서 숙성시켜야 하며, 그 후에는 스테인레스 스틸통에 옮겨서 보관한다. 2006년 3월에 새롭게 생긴 등급이다.

2-4. 증류주 기출문제

01 블렌디드(Blended) 위스키가 아닌 것은?

가. Chivas Regal 18년
나. Glenfiddich 15년
다. Royal Salute 21년
라. Dimple 12년

해 설 글렌피딕(Glenfiddich)은 스페이사이드에서 생산하는 가장 순수한 싱글몰트위스키이다.

02 Irish Whisky에 대한 설명으로 틀린 것은?

가. 깊고 진한 맛과 향을 지닌 몰트위스키이다.
나. 피트훈연을 하지 않아 향이 깨끗하고 맛이 부드럽다.
다. 스카치위스키와 제조과정이 동일하다.
라. John Jameson, Old Bushmills가 대표적이다.

해 설 아이리시 위스키와 스카치위스키의 제조과정을 살펴보면, 스카치는 맥아를 건조시킬 때 이탄을 태운 연기에 건조 시키는데, 아이리시 위스키는 바닥에 넣어서 건조시키기 때문에 피트(Peat)를 사용하지 않는다.

03 옥수수를 51% 이상 사용하고 연속식 증류기로 알코올 농도 40% 이상, 80% 미만으로 증류하는 위스키는?

가. Scotch Whisky 나. Bourbon Whiskey
다. Irish Whisky 라. Canadian Whiskey

해 설 Bourbon Whiskey에 대한 설명이다.

04 주로 Gin에 혼합하는 탄산음료로 레몬, 설탕, 액상과당, 탄산가스, 구연산, 향료 등이 첨가되는 탄산음료는?

가. Cola 나. Collins Mix
다. Fanta Grape 라. Cider

해 설 카린스 믹스(Collins Mix)는 레몬과 설탕이 주원료이며, 첨가물로 액상과당, 탄산가스, 구연산, 구연산삼나트륨, 향료등이 들어있다.

05 다음 중 Rum의 원산지는?

가. 러시아
나. 카리브해 서인도제도
다. 북미지역
라. 아프리카지역

해 설 서인도제도가 원산지인 럼(Rum)은 사탕수수의 생성물을 발효, 증류, 저장시킨 술로 독특하고 강렬한 방향이 있고, 남국적인 야성미를 갖추고 있으며, "해적의 술" 또는 "해군의 술"이라고도 한다.

06 두송자를 첨가하여 풍미를 나게 하는 술은?

가. Gin 나. Rum
다. Vodka 라. Tequila

해 설 진(Gin)은 주니퍼 베리(Juniper Berry; 노간주 열매=杜松子)와 코리앤더(Coriander; 미나리과의 초본식물), 안젤리카(Angelica) 등을 침출시켜 착향하여 만든다.

07 보드카와 관련이 없는 것은?

가. Colorless, Orderless, Tasteless
나. Voda, 러시아
다. 감자, 고구마
라. 이탄, 사탕수수

해설
- 보드카는 슬라브 민족의 국민주로 무색(Colorless), 무미(Tasteless), 무취(Orderless)의 술로 최근에는 감귤류, 천연 바닐라, 복숭아향이 첨가된 보드카가 출시되고 있다.
- 원료는 주로 감자, 고구마 등과 보리, 밀, 호밀, 옥수수에 Malted Barley를 가해서 당화, 발효시켜 '세바라식'이라는 연속식증류기로 증류한다.
- 보드카의 어원은 12C경의 러시아 문헌에서 지제니스 붜타(Zhiezenniz Voda, Water of Life)란 말로 기록된 데서 유래한다.

08 담색 또는 무색으로 칵테일의 기본주로 사용되는 Rum은?

가. Heavy Rum
나. Medium Rum
다. Light Rum
라. Jamaica Rum

해설 Light Rum(White Rum) : 담색 또는 무색으로 칵테일의 기본주로 사용된다.

09 브랜디의 제조순서로 옳은 것은?

가. 양조작업-저장-혼합-증류-숙성-병입
나. 양조작업-증류-저장-혼합-숙성-병입
다. 양조작업-숙성-저장-혼합-증류-병입
라. 양조작업-증류-숙성-저장-혼합-병입

해설 브랜디의 제조방법
양조작업-증류-저장-혼합(Blending)-숙성시킨 후 병입과정을 거친다.

10 다음 중 Tequila와 관계가 없는 것은?

가. 용설란
나. 풀케
다. 멕시코
라. 사탕수수

해설
- 아가베(Agave)를 원료로 발효시키면 멕시코 원주민이 즐겨 마시는 풀케(Pulque)가 되고, 이것을 증류하면 테킬라가 된다.
- 사탕수수는 럼(Run)을 만드는 주원료이다.

11 Bourbon Whiskey 80proof는 우리나라 주정도수로 몇 도인가?

가. 35도
나. 40도
다. 45도
라. 50도

해설 미국의 술은 알코올 농도표시로 proof 단위를 사용하는데 2proof는 주정도가 1%이다.(80proof = 40도)

12 Brandy와 Cognac의 구분에 대한 설명으로 옳은 것은?

가. 재료의 성질이 다른 것이다.
나. 같은 술의 종류이지만 생산지가 다르다.
다. 보관 연도별로 구분한 것이다.
라. 내용물의 알코올 함량이 크게 차이가 난다.

해설 브랜디란 본래 포도로 만든 증류주를 말한다. 그러나 오늘날에는 과일을 원료로 한 증류주 모두를 가리키는 명칭으로 확대 해석하는 경우가 많다. 이러한 브랜디 중에서 특별히 프랑스의 코냑 지방에서만 만든 브랜디를 코냑이라고한다.

13 다음 중 풀케(Pulque)를 증류해서 만든 술은?

가. Rum
나. Vodka
다. Tequila
라. Aquavit

해설 아가베(Agave) → 풀케(Pulque) → 테킬라(Tequila)

14 Jack Daniel's과 버번위스키의 차이점은?

가. 옥수수의 사용여부
나. 단풍나무 숯을 이용한 여과과정의 유무
다. 내부를 불로 그을린 오크통에서 숙성시키는지의 여부
라. 미국에서 생산되는지의 여부

해설
- 버번위스키(Bourbon Whiskey) : 버번위스키는 51% 이상의 옥수수가 포함되어 있는 곡물(Straight Whiskey)로 만들어진 알코올을 그을린 새 참나무통에 넣어 4년 동안 숙성시키는 것이 보통이나, 법적 의무기간은 2년이다. 단일 원액만을 사용해야 하며 알코올 함유량은 40% 이상 80% 이하로 증류하여야 한다.

• 테네시위스키(Tennessee Whiskey) : 버번과 거의 유사한 것같이 보이나 제조과정에서 테네시위스키는 특유의 여과방법을 사용하고 독특한 향과 매끄러운 풍미를 지니고 있어 별도로 구분한다. 이 특별한 방법은 참숯 여과과정에 있는데, 이는 알코올이 증류기에서 나오면 이를 숯이 채워져 있는 통 속으로 유도하여 천천히 거르게 된다.

15 다음 중 테킬라의 주원료는?
가. 아가베 나. 포도
다. 옥수수 라. 호밀

해설 테킬라 주원료는 백합과의 아가베(Agave)이다.

16 위스키의 종류 중 증류방법에 의한 분류는?
가. Malt Whisky
나. Grain Whisky
다. Blended Whisky
라. Patent Whisky

해설 증류기는 단식증류기(Pot Still), 연속식증류기(Patent Still)가 있다.

17 프리미엄 테킬라의 원료는?
가. 아가베 아메리카나
나. 아가베 아즐 테킬라나
다. 아가베 아트로비렌스
라. 아가베 시럽

해설 프리미엄 테킬라는 반드시 아가베 아즐 테킬라나(Agave Azul Tequilana)를 100% 사용해야 한다.

18 원료와 주류의 연결이 잘못된 것은?
가. Grain - Canadian Whisky
나. Malt - Scotch Whisky
다. Corn - Canadian Whisky
라. Rye - Canadian Whisky

19 브랜디의 제조공정에서 증류한 브랜디를 열탕소독한 White Oak Barrel에 담기 전에 무엇을 채워 유해한 색소나 이물질을 제거하는가?
가. Beer 나. Gin
다. Red Wine 라. White Wine

해설 White Oak Barrel에 화이트 와인을 채워 유해한 색소나 이취물질을 제거한 후 화이트 와인을 쏟아내고 브랜디를 넣어 저장한다.

20 위스키의 원료가 아닌 것은?
가. Grape 나. Barley
다. Wheat 라. Oat

해설 포도(Grape)는 포도주의 원료이며, 위스키의 원료는 곡류로 보리(Barley), 호밀(Ray), 밀(Wheat), 옥수수(Corn), 귀리(Oat) 등이 있다.

21 보드카 생산국가가 나머지 셋과 다른 하나는?
가. Smirnoff 나. Samovar
다. Monarch 라. Finlandia

해설 스미노프(Smirnoff), 사모바(Samova), 모나크(Monarch)는 미국의 유명 보드카이고, 핀란디아(Finlandia)는 핀란드의 유명 보드카이다.

22 코냑 세계 5대 메이커에 해당하지 않는 것은?
가. Hennessy 나. Remy Martin
다. Camus 라. Tanqueray

해설 세계 5대 코냑회사로는 헤네시(Hennessy), 레미 마르땡(Remy Martin), 마르텔(Martell), 까뮈(Camus), 꾸르브와지에(Courvoisier)가 있다.

23 사과를 주원료로 해서 만들어지는 브랜디는?
가. Kirsch 나. Calvados
다. Campari 라. Framboise

해설
• 키르쉬(Kirsch)는 프랑스어로 체리로 만든 오드비이다.
• 칼바도스(Calvados)는 프랑스 노르망디에서 생산되는 사과 브랜디이다.
• 후람브와즈(Framboise)는 프랑스어로 나무딸기로 만든 오드비이다.
• 캄파리(Campari)는 이탈리아 전통 식전주로 창시자의 이름을 딴 붉은색의 매우 쓴맛의 리큐어이다.

24 곡물(Grain)을 원료로 만든 무색투명한 증류주에 두송자(Juniper Berry)의 향을 착향시킨 술은?

　가. Tequila　　나. Rum
　다. Vodka　　라. Gin

　해설　진(Gin)은 곡물(대맥, 옥수수, 호밀 등)을 혼합하여 당화, 발효시킨 뒤 증류해서 주로 주니퍼 베리(Juniper Berry; 노간주나무 열매)의 향과 그 외 몇 가지 재료의 향을 착향하여 만든다.

25 다음 중 증류주는?

　가. Bourbon　　나. Champagne
　다. Beer　　라. Wine

　해설　샴페인, 맥주, 와인은 양조주(발효주)이고, 버번은 아메리칸 위스키로 증류주이다.

26 세계 4대 위스키가 아닌 것은?

　가. American Whiskey
　나. Japanese Whisky
　다. Scotch Whisky
　라. Canadian Whisky

　해설　세계 4대 위스키
　　1) 아이리시위스키(Irish Whiskey)
　　2) 스카치위스키(Scotch Whisky)
　　3) 아메리칸위스키(American Whiskey)
　　4) 캐나디안위스키(Canadian Whisky)
　　※ 재패니스위스키(Japanese Whisky)는 세계 5대 위스키이다.

27 다음 중 연속식 증류주에 해당하는 것은?

　가. Pot still Whisky　　나. Malt Whisky
　다. Cognac　　라. Patent still Whisky

　해설　Patent still Whisky는 연속식 증류기를 사용한다. 연속식 증류기는 대량생산이 가능하고, 생산원가를 절감할 수 있기 때문에 Grain Whisky, American Whiskey 제조에 사용된다.

28 Aquavit에 대한 설명으로 틀린 것은?

　가. 감자와 맥아를 당화시켜 발효하여 만든다.
　나. 알코올 농도는 40~45%이다.
　다. 엷은 노란색이다.
　라. 북유럽에서 만드는 증류주이다.

　해설　• Aquavit는 북유럽 스칸디나비아(노르웨이, 덴마크, 스웨덴)지방의 특산주로 어원은 '생명의 물(Aqua Vitae)'이라는 라틴어이다.
　　• 아쿠아비트의 제조과정은 먼저 감자를 익혀서 으깬 감자와 맥아를 당화, 발효시켜 연속식증류기로 95%의 고농도 알코올을 얻은 다음 물로 희석하고 회향초씨(Caraway Seed)나, 박하, 오렌지껍질 등 여러 가지 종류의 허브로 향기를 착향시킨 술이다.
　　• 아쿠아비트는 주로 무색, 투명한 색을 띤 것과 엷은 노란색을 띤 것이 있다.

29 다음 중 Agave의 수액을 발효하여 만든 술은?

　가. Tequila　　나. Aquavit
　다. Grappa　　라. Rum

　해설　Aquavit는 감자, Rum은 사탕수수, Grappa는 이탈리아에서 포도를 양조하고 남은 찌꺼기가 주원료이고, Tequila의 원료는 백합과의 아가베(Agave)이다.

30 다음 증류주에 대한 설명으로 틀린 것은?

　가. Gin은 곡물을 발효 증류한 주정에 두송나무 열매를 첨가한 것이다.
　나. Tequila는 멕시코 원주민들이 즐겨 마시는 풀케(Pulque)를 증류한 것이다.
　다. Vodka는 무색, 무미, 무취이며 러시아인들이 즐겨 마신다.
　라. Rum의 주원료는 서인도제도에서 생산되는 자몽(Grapefruit)이다.

　해설　Rum의 주원료는 사탕수수이다.

31 다음 중 Cognac지방의 Brandy가 아닌 것은?

　가. Remy Martin　　나. Hennesy
　다. Hiram Walker　　라. Napoleon

　해설　• Hiram Walker는 미국의 기업가이며, 캐나다 몬타리오 윈저에 Hiram Walker and Sons 증류소를 만든 사람이다. 대표적인 위스키로는 캐나디언 클럽이 있다.

• 세계 5대 Cognac회사는 헤네시(Hennessy), 레미 마르땡(Remy Martin), 마르텔(Matell), 까뮈(Camus), 꾸르브와지에(Courvoisier)이다.

32 다음 중 Rum의 맛에 의한 분류로 옳은 것은?

가. Light Rum : 향신료를 첨가한 것이 특징이다.
나. Heavy Rum : 색과 향이 가장 진한 럼으로, 단식 증류기를 사용하여 증류한다.
다. Flavored Rum : Light Rum과 Heavy Rum의 중간 타입을 말한다.
라. Medium Rum : 가볍고 깔끔한 맛을 가진 Rum을 말한다.

해설 가 - Flavored Rum,
다 - Medium(Gold) Rum
라 - Light(White) Rum /
Heavy Rum=Dark Rum

33 다음 중 Tequila와 관계가 없는 것은?

가. 용설란 나. 풀케
다. 멕시코 라. 사탕수수

해설 아가베(Agave)를 원료로, 발효하면 멕시코 원주민이 즐겨 마시는 Pulque가 되고, 이것을 증류하면 테킬라가 된다. 사탕수수는 럼을 만드는 주원료이다.

34 다음 중 연속식 증류(Patent Still Whisky)법으로 증류하는 위스키는?

가. Irish Whiskey 나. Blended Whisky
다. Malt Whisky   라. Grain Whisky

해설 • 연속식 증류(Patent Still)는 1831년 아일랜드의 Aeneas Coffee가 개발한 신식 증류기로 2개의 Column Still로 구성되어 있다. 장점은 대량 생산이 가능하고, 생산원가 절감, 연속적인 작업을 할 수 있는 것이다. 단점은 주요 성분이 상실되고, 시설비가 고가라는 것이다. 대표적인 술로 Grain Whisky가 있다.
• Whisky는 원료 및 제법에 따라 Malt, Grain, Blended Whisky로 분류
• Malt Whisky : Malted Barley(발아시킨 보리; 맥아)만을 원료로 단식증류기로 2회 증류
• Grain Whisky : 발아시키지 않은 보리와 곡류에 Malted Barley를 15~20% 정도 혼합하여 당화·발효한 뒤 현대식 증류기(연속식증류기)로 증류
• Blended Whisky : 몰트 위스키에 그레인 위스키를 혼합한 것(프리미엄 위스키 혼합률 4 : 6)
• Irish Whiskey - 맥아즙을 4번 반복해 끓여 냉각 후 발효. 단식증류법으로 3번 반복 증류

35 다음 중 Brandy의 숙성 연수가 가장 긴 것은?

가. V.O   나. V.S.O
다. V.S.O.P 라. X.O

해설 BNIC(the Bureau National Interprofessionnel du Cognac) 기준
• V.S.(Very Special) or ★★★ (three stars) 2년
• V.S.O.P.(Very Superior Old Pale) or Reserve 4년
• Napoléon 6년
• XO (Extra Old) 10년
• XXO (Extra Extra Old) 14년
• Hors d'âge (Beyond Age) 10년

36 다음 중 Irish Whiskey는?

가. Johnnie Walker Blue
나. John Jameson
다. Wild Turkey
라. Crown Royal

해설 아이리시 위스키(Irish Whiskey)는 아일랜드에서 만들어지는 위스키로 주원료는 엿기름이며, 그 밖에 보리, 호밀, 밀 등을 사용한다. 단식증류기를 이용하여 3번 증류하며, 대표적인 위스키는 존제임슨(John Jameson), 부시밀스(Bushmills) 등이 있다.

37 감자를 주원료로 해서 만드는 북유럽의 스칸디나비아 술로 유명한 것은?

가. Aquavit   나. Calvados
다. Steinhager 라. Grappa

해설 • Aquavit는 북유럽 스칸디나비아(노르웨이, 덴마크, 스웨덴)지방의 특산주로 어원은 '생명의 물(Aqua Vitae)'이라는 라틴어에서 온 말이다.
• 슈타인헤거(Steinhager)는 독일에서 생산되는 진으로 주니퍼 베리의 향이 독특하다.

• 그라빠는 이탈리아에서 포도찌꺼기로 만든 브랜디이다.

38 다음 증류주 중에서 곡류의 전분을 원료로 하지 않는 것은?

  가. 진(Gin)   나. 럼(Rum)
  다. 보드카(Vodka)   라. 위스키(Whisky)

  해설   럼(Rum)은 사탕수수의 생성물을 발효, 증류시켜 만든 술이다.

39 콘 위스키(Corn Whiskey)란?

  가. 50% 이상 옥수수가 포함된 것
  나. 옥수수 50%, 호밀 50% 섞인 것
  다. 80% 이상 옥수수가 포함된 것
  라. 40% 이상 옥수수가 포함된 것

  해설   스트레이트 버번(Straight Bourbon)은 콘(Corn)이 51% 이상이며, 호밀이 51% 이상이면 스트레이트 라이(StraightRye)라 하고, 밀이 51% 이상이면 스트레이트 휘트(Straight Wheat), 콘(Corn)이 80% 이상이면 스트레이트 콘 위스키(Straight Corn Whisky)라 부른다.

40 다음 중 저장 숙성(Aging)시키지 않는 증류주는?

  가. Scotch Whisky   나. Brandy
  다. Vodka   라. Bourbon Whiskey

  해설   보드카는 주로 감자(50% 이상), 고구마 등과 보리, 밀, 호밀, 옥수수에 Malted Barley를 가해서 당화 발효시켜 세라비아식이라는 연속식증류기를 이용하여 만든다.

41 브랜디와 코냑에 대한 설명으로 틀린 것은?

  가. 모든 코냑은 브랜디에 속한다.
  나. 모든 브랜디는 코냑에 속한다.
  다. 코냑지방에서 생산되는 브랜디만이 코냑이다.
  라. 코냑은 포도를 주재료로 한 증류주의 일종이다.

  해설   포도를 원료로 하여 증류한 증류주를 통틀어 브랜디라 하고, 넓게는 과일을 증류시켜 만든 것을 브랜디라고 한다. 코냑은 프랑스 코냑지방에서만 만든 브랜디를 말한다.

42 진(Gin)에 대한 설명으로 틀린 것은?

  가. 저장·숙성을 하지 않는다.
  나. 생명의 물이라는 뜻이다.
  다. 무색·투명하고 산뜻한 맛이다.
  라. 알코올 농도는 40~50% 정도이다.

  해설   진은 네덜란드 라이덴대학 교수인 실비우스 박사가 의약품으로 쓸 생각으로 순수 알코올에 이뇨효과가 있다는 주니퍼베리의 정유 외에 코리앤더, 안젤리카 등을 침출 증류해서 만든 증류주이다.

43 다음 중 버번 위스키(Bourbon Whiskey)는?

  가. Ballantine   나. I. W. Harper
  다. Lord Calver   라. Old Bushmills

  해설   아이 더블유 하퍼(I. W. Happer)는 대규모 버번 메이커인 센레이사의 주력 브랜드로서 술 이름은 두 사람의 공동창업자 아이작(I) 울프(W) 번하임과 버나드 하퍼라는 이름의 머리글자를 합친 것이다.

44 테킬라에 대한 설명으로 맞게 연결된 것은?

  '최초의 원산지는 (①)로서 이 나라의 특산주이다. 원료는 백합과의 (②)인데, 이 식물에는 (③)이라는 전분과 비슷한 물질이 함유되어 있다.'

  가. ① 멕시코, ② 풀케(Pulque), ③ 루플린
  나. ① 멕시코, ② 아가베(Agave), ③ 이눌린
  다. ① 스페인, ② 아가베(Agave), ③ 루플린
  라. ① 스페인, ② 풀케(Pulque), ③ 이눌린

45 가장 오랫동안 숙성한 브랜디는?

  가. V.O.   나. V.S.O.P.
  다. X.O.   라. EXTRA

  해설   브랜디의 등급과 숙성 연수
  BNIC(the Bureau National Interprofessionnel du Cognac) 기준
  • V.S.(Very Special) or ★★★(three stars) 2년
  • V.S.O.P.(Very Superior Old Pale) or Reserve 4년
  • Napoléon 6년
  • XO (Extra Old) 10년

- XXO (Extra Extra Old) 14년
- Hors d'âge (Beyond Age) 10년

따라서 EXTRA보다 XXO(Extra Extra Old)가 적합하다.

46 스카치위스키의 주원료는?

가. 호밀　　　나. 옥수수
다. 보리　　　라. 감자

해설 스카치위스키는 발아된 보리(Malted Barley)를 사용한다.

47 위스키(Whisky)를 만드는 과정이 맞게 배열된 것은?

가. mashing - fermentation - distillation - aging
나. fermentation - mashing - distillation - aging
다. aging - fermentation - distillation - mashing
라. distillation - fermentation - mashing - aging

해설 위스키 만드는 과정은 분쇄 - 당화 - 발효 - 증류 - 저장 및 숙성과정을 거친다.

48 오드비(eau-de-vie)와 관련 있는 것은?

가. Tequila　　나. Grappa
다. Gin　　　라. Brandy

해설 오드비(eau de vie)는 일종의 증류주로 과일과 작은 열매를 증류해서 만든다.

49 다음 중 나머지 셋과 성격이 다른 것은?

| A. Cherry Brandy | B. Peach Brandy |
| C. Hennessy Brandy | D. Apricot Brandy |

가. A　　　나. B
다. C　　　라. D

해설
- 포도를 원료로 하여 증류한 증류주를 통틀어 브랜디라 하고, 포도 이외의 과일을 원료로 할 경우는 브랜디 앞에 그 과일의 이름을 붙인다. 예) 애플 브랜디, 체리 브랜디
- Cherry Brandy, Peach Brandy, Apricot Brandy는 리큐어 제품도 있다.
- 세계 5대 코냑회사로는 헤네시(Hennessy), 레미 마르땡(Remy Martin), 마르텔(Martell), 까뮈(Camus), 꾸르브와지에(Courvoisier)가 있다.

50 다음 중 오드비(eau de vie)가 아닌 것은?

가. Kirsch　　나. Apricots
다. Framboise　라. Amaretto

해설
- 오드비(eau de vie)는 일종의 증류주로 과일과 작은 열매를 증류해서 만든다.
- 아마레토(Amaretto)는 살구의 씨를 물과 함께 증류하여 몇 종류의 향초 추출액을 중성 알코올과 혼합하여 탱크 숙성시킨 후 시럽을 첨가해서 만든 리큐어이다.
- 프랑부아즈(Franboise)는 나무딸기로 만든 브랜디이다.
- 키르슈(Kirsch)는 버찌를 양조·증류하여 만든 증류주이며 키르슈바서(Kirschwasser)라고도 한다.

51 보드카(Vodka)에 대한 설명 중 틀린 것은?

가. 슬라브 민족의 국민주라고 할 수 있을 정도로 애음되는 술이다.
나. 사탕수수를 주원료로 사용한다.
다. 무색(colorless), 무미(tasteless), 무취(odorless)
라. 자작나무의 활성탄과 모래를 통과시켜 여과한 술이다.

해설 보드카의 원료는 주로 감자(50% 이상), 고구마 등과 보리, 밀, 호밀, 옥수수에 Malted Barley를 사용한다. 사탕수수를 주원료로 만드는 술은 럼이다.

52 코냑(Cognac)은 무엇으로 만든 술인가?

가. 보리　　　나. 옥수수
다. 포도　　　라. 감자

해설 코냑은 프랑스의 코냑 지방에서 생산되는 브랜디(Brandy)를 말하며, 원료는 포도이다.

53 알코올성 음료 중 성질이 다른 하나는?

가. Kahlûa　　나. Tia Maria
다. Vodka　　라. Anisette

해설 보드카(Vodka)는 증류주이다.

54 다음 중 Bourbon Whiskey는?

가. Jim Beam 나. Ballantine's
다. Old Bushmills 라. Cutty Sark

해설
- 짐 빔(Jim Beam)은 버번 위스키
- 발렌타인(Ballantine's), 커티 샥(Cutty Sark)은 스카치 위스키
- 올드 부시밀(Old Bushmills)은 아이리시 위스키

55 다음 중 블렌디드(Blended) 위스키가 아닌 것은?

가. Johnnie Walker Blue
나. Cutty Sark
다. Macallan 18
라. Ballentine's 30

56 북유럽 스칸디나비아 지방의 특산주로 감자와 맥아를 주재료로 사용하여 증류 후에 회향초 씨(Caraway Seed) 등 여러 가지 허브로 향기를 착향시킨 술은?

가. 보드카(Vodka) 나. 진(Gin)
다. 테킬라(Tequila) 라. 아쿠아비트(Aquavit)

57 증류주가 아닌 것은?

가. 풀케 나. 진
다. 테킬라 라. 아쿠아비트

해설 풀케(pulque)는 여섯종 이상 아가베 플랜트(Agave Plant)를 사용하여 수액을 발효시킨 양조주이다.

58 몰트 위스키의 제조과정에 대한 설명으로 틀린 것은?

가. 정선 - 불량한 보리를 제거한다.
나. 침맥 - 보리를 깨끗이 씻고 물을 주어 발아를 준비한다.
다. 제근 - 맥아의 뿌리를 제거시킨다.
라. 당화 - 효모를 가해 발효시킨다.

해설 당화는 분해된 맥아에 더운 양조수를 가해 전분이 맥아 속의 당화효소인 아밀라제(Amylase)에 의해 맥아당으로 변하는 과정이다.

59 Vodka에 속하는 것은?

가. Bacardi 나. Stolichnaya
다. Blanton's 라. Beefeater

해설 스톨리치나야(stolichnaya)는 러시아 보드카이다.

60 다음 중 코냑이 아닌 것은?

가. Courvoisier
나. Camus
다. Mouton Cadet
라. Remy Martin

해설 세계 5대 코냑회사로는 헤네시(Henessy), 레미 마르뗑(Remy Martin), 마르텔(Martell), 까뮈(Camus), 쿠르브와지에(Courevoisier)가 있다. 무똥 까데(Mouton Cadet)는 프랑스 보르도 와인이다.

61 진(Gin)의 상표로 틀린 것은?

가. Bombay Sapphire 나. Gordon's
다. Smirnoff 라. Beefeater

해설 스미노프(Smirnoff)는 보드카이다.

62 Tequila에 대한 설명으로 틀린 것은?

가. Tequila 지역을 중심으로 지정된 지역에서만 생산된다.
나. Tequila를 주원료로 만든 혼성주는 Mezcal이다.
다. Tequila는 한 품종의 Agave만 사용된다.
라. Tequila는 발효 시 옥수수당이나 설탕을 첨가할 수도 있다.

해설 메즈칼(Mezcal)은 아가베(agave)를 발효시킨 풀케를 증류하여 만든 증류주이다. 테킬라는 메즈칼의 일종이지만 메즈칼은 테킬라가 아니다.

63 칼바도스에 대한 설명으로 옳은 것은?

가. 프랑스의 사과 브랜디 나. 스페인의 와인
다. 북유럽의 아쿠아비트 라. 멕시코의 테킬라

해설 칼바도스는 프랑스 노르망디 지방에서 생산되는 사과 브랜디이다.

64 스카치 위스키가 아닌 것은?

가. Crown Royal
나. White Horse
다. Johnnie Walker
라. VAT 69

해설 크라운 로열(Crown Royal)은 캐나다산 위스키이다.

65 위스키(Whisky)와 브랜디(Brandy)에 대한 설명이 틀린 것은?

가. 위스키는 곡물을 발효시켜 증류한 술이다.
나. 캐나디언 위스키(Canadian Whisky)는 캐나다 산 위스키의 총칭이다.
다. 브랜디는 과일을 발효·증류해서 만든다.
라. 꼬냑(Cognac)은 위스키의 대표적인 술이다.

66 다음 중 몰트 위스키가 아닌 것은?

가. Aberiour   나. Macallan
다. Crown royal   라. Glenlivet

해설 아벨라워 아브나흐(Aberiour A`bunadh), 맥켈란(Macallan), 글렌리벳(Glenlivet)은 몰트 위스키이고 크라운로열(Crown Royal)은 캐나디안 위스키이다.

67 다음 증류주 중에서 곡류의 전분을 원료로 하지 않는 것은?

가. 진(Gin)   나. 럼(Rum)
다. 보드카(Vodka) 라. 위스키(Whisky)

해설 서인도제도가 원산지인 럼은 사탕수수의 생성물을 발효, 증류, 저장시킨 술로 독특하고 강렬한 방향이 있고, 남국적인 야성미를 갖추고 있으며, '해적의 술' 또는 '해군들의 술'이라고도 한다.

68 테킬라의 구분이 아닌 것은?

가. 블랑코   나. 그라빠
다. 레포사도   라. 아네호

해설 그라빠(Grappa)는 포도주를 만들고 난 포도의 찌꺼기를 원료로 만드는 것으로 법률에 의해 이탈리아에서 제조된 것만을 그라빠라고 칭할 수 있다.

69 '생명의 물'로 지칭되었던 유래가 없는 술은?

가. 위스키   나. 브랜디
다. 보드카   라. 진

해설 생명의 물이 어원인 술은 위스키, 브랜디, 보드카이다.

70 위스키 제조과정을 순서대로 나열한 것으로 가장 적합한 것은?

가. 맥아 - 당화 - 발효 - 증류 - 숙성
나. 맥아 - 당화 - 증류 - 저장 - 후숙
다. 맥아 - 발효 - 증류 - 당화 - 브랜딩
라. 맥아 - 증류 - 저장 - 숙성 - 발효

해설 몰트 위스키(2조보리) 제조과정
보리(2조보리) - 침맥 - 건조(피트) - 분쇄 - 당화 - 발효 - 증류(단식증류 2회) - 숙성(오크통) - 병입

정답									
01 나	02 다	03 나	04 나	05 나	06 가	07 라	08 다	09 나	10 라
11 나	12 나	13 다	14 나	15 가	16 라	17 나	18 다	19 라	20 가
21 라	22 라	23 나	24 라	25 가	26 나	27 라	28 다	29 가	30 라
31 다	32 나	33 라	34 라	35 라	36 나	37 가	38 나	39 다	40 다
41 나	42 나	43 라	44 나	45 라	46 다	47 가	48 라	49 다	50 라
51 나	52 다	53 다	54 가	55 다	56 라	57 가	58 다	59 나	60 다
61 다	62 나	63 가	64 가	65 라	66 다	67 나	68 나	69 라	70 가

학습 10 리큐어 Liqueur

10-1. 리큐어의 종류

1 약초, 향초류

가장 초기의 리큐어는 증류주에 약초, 향초류를 첨가하여 치료제를 목적으로 생산하기 시작했다. 처음 만들어졌을 때의 약초, 향초류의 리큐어는 단맛이 전혀 없는 약냄새가 나는 술이었다. 그 당시의 설탕은 매우 귀중한 것이었으므로 거의 사용할 수 없었기 때문이다. 프랑스와 이탈리아에서 생산하는 약초, 향초류의 리큐어는 맛을 추구하는 것이 대부분이고, 독일에서는 약용효과를 추구해 오늘날 최상급의 리큐어를 만들었다. 이와 같은 식물의 성분에서 추출하는 약초, 향초류의 리큐어는 강장건위, 소화불량에 효능이 있는 것으로 알려져 있다.

(1) 압생트 Absente, Absinthe

오팔색으로 감초 비슷한 맛이 나는 리큐어로서 향쑥의 라틴명 압신티움 wormwood, 향쑥에서 어원을 찾을 수 있고, '녹색의 마주'라고도 한다. 물을 가하면 오팔 모양이 되고, 태양광선을 쏘이면 7가지 색으로 빛난다. 원료로는 국화, 향쑥, 안젤리카, 육계, 회향풀, 정향나무, 파슬리, 레몬 등의 향료나 향초류이다. 강장효과가 있다고 하나 상습적으로 마시면 향쑥에 들어있는 마취성의 화학성분이 신경을 범하게 되어 두뇌의 활동을 저하시키고, 결국은 폐인처럼 되므로 제조·판매를 금지하는 나라도 많이 있다. 주산지는 프랑스나 스위스에서도 제조한다. 원래 이 술은 프랑스인 오디나레 박사가 프랑스혁명을 피하여 스위스에서 발명한 것으로 1797년 그 제조법을 앙리 루이 페르노에게 팔아 페르노가 제조법을 인계받아 술 이름을 'Pernod'로 지었다. 주정도는 보통 68%이나 대용품으로 사용하는 페르노는 45%로서 보통 약 4~5배의 물을 타서 마신다. 'Knock-Out' Cocktail에 사용하며, 열탕에 씻지 않으면 그 향내는 쉽게 없어지지 않는다.

(2) 아니세트Anisette

아니스Anise ; 미나리과, 1년초의 향이 나며, 증류주에 아니스 열매Aniseed, 레몬 껍질Lemon Peels, 육계, 코리앤더Coriander 등의 향미를 첨가하고 시럽으로 단맛을 낸 리큐어이다. 아니스는 지중해 연안의 특산 식물로서 소화촉진, 진통작용, 기침진정, 구취방지에 효과가 있는 것으로 알려져 있다.

(3) 페르노 45Pernod 45

압생트 메이커였던 페르노사가 압생트 금지령 이후 압생트의 유해성분을 아니스의 농축액아니스 종자의 즙으로 바꾸어 만든 것으로 노란색을 띤다. 주로 5배의 얼음물에 희석하여 마시거나 오렌지 주스에 타서 마신다.

(4) 리까르Ricard

페르노에 가까운 리큐어로 아니스의 종자와 감초, 프랑스 프로방스 지방의 식물을 배합해서 만든 것이다.

(5) 베네딕틴 디오엠Benedictine D.O.M.

프랑스에서 가장 오래된 리큐어 중 하나로 호박색을 띠고, 안젤리카를 주향료로 하여 박하, 약초, 주니퍼 베리, 시나몬, 너트메그, 바닐라, 레몬 껍질, 벌꿀 등 약 27종의 약초를 사용한다. 이 술은 16C 초1510년경 노르망디의 페캉에 있는 베네딕트파의 사원에서 수도사인 돈 베르날드 빈시리가 창제하였다. 현재도 만들고 있으나 경영은 하지 않고 그 원료나 제법은 비밀로 되어 있다. D.O.M.은 라틴어로 '데오 옵티모 맥시모Deo Optimo Maximo'로서 '최대최선의 신에게'라는 뜻이다. 기본주는 코냑이며, After dinner drink 또는 Night cap cocktail취침 전으로 최상의 리큐어이다. 당시 수도승들의 아주 훌륭한 강장제이며, 하루 노동의 피로를 푸는 데 안성맞춤이었다.

(6) 베네딕틴 비앤비Benedictine B&B

베네딕틴과 브랜디를 60:40으로 혼합하여 병입한 것으로 베네딕틴보다 드라이하다. 베네딕틴이나 B&B 모두 보통 스트레이트로 마시나 프라페Frappe나 온더락스On the Rocks로 마시기도 한다.

(7) 캄파리Campari

이탈리아의 국민주로 제조법은 각종 식물의 뿌리, 씨, 향초, 껍질 등 70여 가지의 재료로 만들어지며 제조기간은 45일이 걸린다. 캄파리의 빨간색은 페루의 캐어리서에서 수입한 색소를 첨가한 것이다. 쓴맛이 나는 Bitter Campari24~30%, 식전주와 단맛의 Cordial Campari36%, 연한 노란색도 제조되고 있지만 전혀 특색 없는 무색의 리큐어이다. 모두 이탈리아의 밀라노산이다. Campari & Soda 또는 Orange juice, On the Rocks, Americano, Negroni 등에 사용하여 즐긴다.

(8) 시나Cynar

포도주에 아티초크를 배합한 리큐어로서 약간 진한 커피색이다. 식전주로서 On the Rocks로 많이 즐긴다.

(9) 샤르뜨뢰즈Chartreuse

프랑스어로 '수도원, 승원'이란 뜻이며, 리큐어의 여왕이라 불린다. 프랑스 남동부 지방 이젤현 그르노불시의 북동부 산중에 있는 '라 그랑 샤르뜨뢰즈La Grande Chartreuse' 수도원에서 교단 승려들의 손에 의해 만들어졌다. 그 원료와 제법은 아직도 공개되어 있지 않지만 11C경부터 레몬 껍질, 이소프화, 박하초, 제네가초 등의 130여 가지나 되는 알프스 약초를 포도주에 침지하여 5회에 걸친 약초의 침전, 4회에 걸친 증류를 거쳐 약주를 만들어 수도승들의 활력증진을 위하여 애용되었으며, 그 후 18C 중엽1735에 수도원의 약제사이며 신부였던 '세로움 모베크'가 증류법을 도입하여 증류시킨 옐로우 샤르뜨뢰즈Yellow Chartreuse가 완성되었다. 최초의 그린 샤르뜨뢰즈Green Chartreuse가 창제되어 상류사회에서 애음되어 오다가, 드디어 옐로우가 만들어지면서 리큐어의 여왕으로 추대받기에 이르렀다.

- White : 무색투명하며, 현재는 제조하지 않는다. 알코올도수 72%
- Green : 단맛을 약간 억제한 맛이며, 알코올도수 55%
- Yellow : 벌꿀 함량이 많아서 진한 감미가 나며, 알코올도수 40%

(10) 듀보네Dubonnet

프랑스산으로 레드 와인에 키니네를 원료로 첨가하여 만든 강화주로서 옅은 갈색을 띠고 있다. 현재는 미국에서도 생산하며, 식전주로 애음되고 있다. Straight, On the Rocks, Dubonnet with Soda, Tonic or bitter Lemon, Dubonnet with Gin or Vodka 등의 방법으로 즐겨 마신다.

(11) 갈리아노Galliano

갈리아노는 알프스와 지중해의 열대지방에서 생산되는 오렌지와 기타 아니스, 바닐라 등 각종 약초 40여 종을 95% 정도의 순수 알코올에 담그고 일부는 증류하여 블랜딩하고 설탕, 착색료, 물을 섞어서 단기간 숙성한 후 병에 넣는다. 색깔은 연한 황금색을 띤다.

(12) 큄멜Kümmel

회향풀Caraway seeds, 독어로 Kümmel로 만든 무색 투명한 리큐어로 소화불량에 특효가 있다. 1575년 네덜란드에서 처음 생산하였고, '화장품의 분 냄새가 난다.'라고 할 만큼 옛날에는 향이 강했었다.

(13) 파르페 아무르Parfait Amour

Lemon, Orange, Vanilla, Rose, Herbs, Brandy로 만든 스위트한 프랑스산 리큐어로서 '완전한 사랑'이란 뜻을 가진 핑크빛 리큐어이다.

(14) 예거마이스터 Jägermeister

예거마이스터는 56가지 허브를 주원료로 하는 허브 리큐어로 1935년 맥주의 나라 독일에서 탄생되었다. 인공감미료나 향료를 전혀 사용하지 않은 이 술은 영하 18도에서도 얼지 않으며 특히 마시는 음용법이 세계적으로 유명한데, 영하 11도 상태에서 예거마이스터만의 짜릿하고 유쾌한 향과 맛을 느낄 수 있다. 독일어로 사냥꾼의 우두머리 hunting master라는 의미가 있다.

(15) 삼부카 Sambuca

이탈리아에서 생산되며, 말오줌나무 열매에 감초를 배합한 Anisette와 비슷한 술이지만 향이 약간 연하다.

(16) 운더베르크 Underberg

주로 식사 후에 마시지만 찬 맥주를 마시기 전 위를 따뜻하게 하거나 술 마시기 전 숙취를 예방하기 위해, 장거리 여행, 일이 끝난 후, 피로를 풀기 위해 마신다.

(17) 크렘 드 망뜨 Créme de Menthe

일명 Peppermint라고도 하며, 민트를 주원료로 계피, 세이지, 이리스 iris 뿌리, 생강 뿌리 등의 각종 향초, 약초류를 주정에 담근다. 침출액을 얻고 당분이나 착색료를 가해 만든다. 민트는 소화기관의 경련, 구토 등의 대증제나, 신경통, 두통 등에 특효제로 써도 효용이 있다. Green, White, Pink Red의 세 종류가 있고, 스트레이트로 마실 때에는 차갑게 해서 마시는 것이 더욱 산뜻한 맛을 느끼게 하고, 잘게 부순 얼음에 부어 마시면 더욱 좋다 Frappe 방식.

2 과일류 Fruits

주로 After Dinner Drink로 디저트와 함께 제공되는 술로서 근대 미식학적 요청에 의하여 탄생된 것이라 할 수 있다. 최초의 과일 리큐어는 17C 말 베네수엘라 앞바다에 있는 네덜란드령 퀴라소 Curaçao섬에서 오렌지 과피를 알코올에 배합하여 탄생되었는데, 이곳 지명의 이름을 따서 퀴라소라고 명명되었다. 그 후 다양한 종류의 리큐어가 생산되었고, 이것은 단일 과일만으로 만들어지는 것이 아니고 식물의 성분과 배합하여 단조로운 맛을 피하고 균형과 조화를 이루고 있다.

주정분은 25~35% 정도이고, 당분 함유량은 약 22~29%이다.

■ 오렌지

(1) 퀴라소 Curaçao

남미 베네수엘라에서 북방으로 약 20km 떨어진 카리브해에 있는 네덜란드령 퀴라소섬에서 재배되는 오렌지를 원료로 하여 만든 것이 원조로서 이에 연유하여 퀴라소라 부르게 되었다. 현재는 이 섬의 오렌지만 사용한다고 볼 수는 없다. 오렌지 껍질을 건조시킨 것과 스파이스류를 브랜디나 그 밖의 증류주Rum에 담가 감미를 첨가하여 만든다. 프랑스나 네덜란드에 유명 메이커가 많고, 특히 Holland Amsterdam산의 퀴라소를 일품으로 친다. 종류로는 White, Orange, Blue, Green, Red 등 다섯 가지가 있다.

(2) 꼬엥뜨로 Cointreau

France Loire Angers시의 Cointreau Pére & Fils사에서 만든 화이트 퀴라소의 불후의 걸작으로서 오렌지 껍질의 추출물로 제조되는 꼬엥뜨로는 1875년 에드워드 꼬엥뜨로Edouard Cointreau에 의해 탄생되어 오늘날까지 그 제조 비법이 비밀로 전해오는 신비의 리큐어이다. 다른 제품과 비교될 수 없는 부드러운 맛과 향으로 감식가들의 탄복을 자아내는 꼬엥뜨로는 가벼운 칵테일이나 디저트용으로 남녀 누구에게나 어울리는 리큐어로서 애호가들에게는 그 독특한 병 모양으로 더 잘 알려져 있다.

(3) 트리플 섹 Triple Sec

프랑스 꼬엥뜨로사 제품으로 오렌지 껍질을 브랜디에 담가 감미를 첨가하여 만든 것으로 꼬엥뜨로보다 품질이 조금 떨어진다.

(4) 그랑 마니에 Grand Marnier

1827년 프랑스의 'J.B. Lapostolle Fondateur'사에 의해 탄생한 오렌지 퀴라소 타입의 최고급 리큐어이다. 3~4년 정도 숙성시킨 자가제 코냑에 Haiti산 Bitter Orange Peel을 배합해서 오크통에서 숙성시키기 때문에 통의 향기가 균형 있게 스며들어 있다. Cordon rougeRed Velvet 40%와 Cordon JauneYellow Velvet 40%의 두 가지 타입이 있으며, 제품이 우수하여 디저트 요리에 가장 많이 사용되고 있다.

■ 복숭아

(1) 피치 트리 Peach Tree

중성 알코올에 복숭아를 담가서 숙성시킨 다음 시럽을 첨가하여 여과한 리큐어이다.

■ 사과

(1) 사워 애플 퍼커 Sour Apple Pucker

달콤하고 신맛이 나는 사과 맛 리큐어이다. 보드카와 사워 애플 퍼커를 넣고 1 : 1로 셰이킹해서 칵테일 잔에 따르고 얇게 썬 사과로 장식하면 애플티니Appletini라는 칵테일이 된다.

■ 살구

(1) 애프리콧 브랜디 Apricot Brandy

살구를 씨와 함께 으깨서 발효시키고 발효액을 증류한 것에 당분과 Bitters, Almond유 등을 첨가한 것으로 프랑스에서는 리큐어 다브리코d'Apricot, 헝가리에서는 바라크 리켈이라 하여 국민주로 애용하고 있다.

■ 체리

(1) 체리 브랜디 Cherry Brandy

보통은 체리를 통에 절반쯤 넣고 브랜디를 채워 계피Cinnamon, 정향Clove 등의 향료와 더불어 40일 정도 담가 만드나 체리 그 자체를 씨와 함께 으깨어 발효시킨 것을 증류해서 만드는 것도 있다. 암적색으로 네덜란드나 덴마크산이 좋다.
왼쪽 사진은 덴마크의 Cherry Heeringor Peter Heering

(2) 마라스퀸 Marasquin

유고슬라비아 서부에서 재배되고 있는 마라스크Marasque라는 체리를 사용해서 만들어 이 이름이 생겼다. 체리의 과육과 씨 안에 들어 있는 인을 함께 으깨어 발효해서 그 발효액을 다시 증류한다. 거기에 각종 스파이스Spice, 슈가 시럽을 첨가해서 만드는 감미가 있는 일종의 체리 브랜디이나 색깔은 무색투명하다. 주로 차갑게 해서 마시거나 프라페로 마시기도 한다.

■ 오얏

(1) 슬로 진 Sloe Gin

Sloe Berry미국산 야생오얏를 진에 첨가해서 만든 빨간색 리큐어이다. Straight, On the Rocks, Long Drinks의 방법으로 즐겨 마시고, 특히 소다나 토닉을 섞으면 글라스 표면에 매혹적인 핑크색 거품이 인다.

■ 기타 과일류

리큐어의 라벨Label에 크렘Créme이라는 문자가 있는데, 이는 프랑스의 리큐어업자 단체가 자국산의 리큐어를 세계적인 신뢰도를 유지하기 위하여 붙인 급별 표시에서 온 것이다. 영어로는 크림Cream에 해당되는데, 그 뜻은 유제품이란 뜻이 아니라 극상, 정수, 가장 좋은 부분 등의 뜻을 나타낸다. 그리고 '크렘 드Créme de-'라는 이름이 있으면 거의가 브랜디가 기본주로 쓰인다. 프랑스의 제조가들은 리큐어를 다음의 4등급으로 분류하고 있다.

- Sur Fines슈르 피느 : 현재 이 용어는 잘 사용하지 않고 있지만 최상품을 의미한다.
- Fines피느 : 최상품으로 당분이 법적 함유량을 가지고 있어야 하며, 이것을 Créme이라고 한다.
- Deme Fines드미 피느 : 중급 정도의 상품이다.
- Ordinaires오디네르 : 보통의 상품이다.

(1) 크렘 드 바나나 Créme de Bananas

증류주에 바나나를 원료로 배합한 술로 바나나 맛이 나며, 주로 미국에서 생산한다.

(2) 크렘 드 카시스 Créme de Cassis

영어로는 Black Currant Brandy구스베리, 포도의 일종라고도 한다. 약간 산미가 있고 훌륭한 소화촉진 효과가 있는 After Dinner Drink로 암적색이며 프랑스 부르고뉴 지방의 디종시가 본고장이다. Dry White Wine, Champagne, Dry Vermouth 등의 음료와 혼합하여 마신다.

(3) 멜론 Melon

에메랄드 그린색의 멜론 리큐어는 풍부한 멜론즙과 양질의 천연 주정이 혼합되어 만든 싱그러운 맛의 과일 리큐어이다. 미도리는 일본 산토리사에서 제조한 멜론 리큐어로 미도리의 아름다운 녹색과 훌륭한 향기를 간직하고 있다.

(4) 워터 멜론 Water Melon

워터 멜론은 잘 익고, 즙이 풍부한 워터 멜론의 상큼하고 풍부한 맛을 느낄 수 있는 과일 리큐어이다.

(5) 스트로베리 크림 Strawberry Cream

연분홍색의 스트로베리 크림은 상큼하고 잘 익은 산딸기 추출물과, 부드럽고 달콤한 크림이 조화된 딸기 맛 크림 리큐어이다.

(6) 라즈베리 퍼커 Raspberry Pucker

라즈베리 퍼커는 달콤하고 신맛이 나는 잘 익은 라즈베리 맛의 리큐어이다. 첫 맛은 풍부하고 잘 익은 산딸기 향으로 시작해 야생과일의 상큼한 뒷맛을 느낄 수 있다.

(7) 크랜베리 Cranberry

크랜베리 생과일 주스와 추출물로 만들어져, 상큼한 맛과 향이 특징이다.

3 종자류 Beans & Nuts

과일의 씨 Seeds에 함유되어 있는 방향성분이나 커피, 카카오, 바닐라, 콩 등의 성분을 추출하여 향미와 감미를 첨가한 식후주로 이용되고 있다.

■ 커피

(1) 깔루아 Kahlûa
멕시코산 커피를 주원료로 하여 Cocoa, Vanilla향을 첨가해서 만든 리큐어이다.

(2) 크렘 드 모카 Créme de Mocha
Arabian Mocha Coffee를 주원료로 사용한 커피 리큐어이다.

(3) 크렘 드 카페 Créme de Café
프랑스에서 만든 커피 리큐어이다.

(4) 티아 마리아 Tia Maria
자메이카산 커피를 원료로 만든 커피 리큐어이다. Straight, Tia Maria with ice or cream으로 식후에 즐겨 마신다.

(5) 아이리시 벨벳 Irish Velvet
아이리시 위스키에 커피와 감미를 배합한 것이다.

■ 기타 종자류

(1) 아마레토 Amaretto
원료는 살구의 씨를 물과 함께 증류하여 몇 종류의 향초 추출액을 중성 알코올과 혼합하여 탱크 숙성시킨 후 시럽을 첨가하여 만든 리큐어이다.

(2) 아산티 골드 Ashanti Gold
가나의 카카오콩을 사용한 리큐어이다.

(3) 크렘 드 카카오 Créme de Cacao
남미 베네수엘라의 Caracas 또는 에콰도르의 Guayquil의 특산물인 Cocoa Seeds Cacao Beans를 주원료로 하여 카라다몬 Caradamon이나 계피, 바닐라콩 Vanilla Beans을 사용해서 만든 리큐어이다. 화이트와 브라운색의 두 종류가 있다.

(4) 사브라 Sabra
오렌지와 초콜릿을 혼합하여 만든 이스라엘의 리큐어이다.

(5) 쇼콜라 스위스 Chocolat Suisse
병 속에 초콜릿 조각을 띄운 초콜릿향이 나는 스위스 리큐어이다.

4 기타 Others

- 꿀

(1) 드람뷰이 Drambuie

스코틀랜드산의 유명한 리큐어로 향료 농축 배합물에 15년 이상 숙성된 몰트 위스키에 Honey, Herbs를 첨가하여 만든 암갈색의 술이다. 어원은 고대 게릭어인 'Dram Buid Heach사람을 만족시키는 음료'라는 뜻이다. 드람뷰이 리큐어에는 유명한 일화가 있는데, 1745년 프랑스에서 오랜 생활을 하다 영국 왕위 계승을 위해 귀국한 찰스 에드워드 왕자는 왕위계승 전에서 패배하여 스코틀랜드의 스카이섬에 도망가 있을 때 그곳의 호족인 매키논Mackinnon 일가가 목숨을 걸고 왕자를 지켜주었다고 한다. 후에 왕자는 프랑스로 다시 망명을 하면서 그때의 은공을 잊지 못하여 왕가에만 대대로 전해 내려오던 드람뷰이 제조법을 전수했다. 그러던 것이 1906년 매키논 일가의 마르컴 매키논에 의해 세상에 알려지게 되었다. 이 술은 'Prince Charles Edwards Liqueur'라는 별명을 가지고 있다.

(2) 아이리시 미스트 Irish Mist
아일랜드에서 생산되는 대표적인 담갈색 리큐어로서 아이리시 위스키에 10여 종의 향초와 히스Heath의 꽃에서 얻은 벌꿀을 배합하여 숙성시킨 술이다. 아일랜드의 안개란 뜻처럼 매혹적이고 아늑한 풍미가 특징이다.

- 달걀

(1) 아드보카트 Advocaat
네덜란드의 달걀술로 브랜디에 달걀노른자, 설탕을 섞어 바닐라향을 곁들인 몹시 진득한, 일명 에그 브랜디이다. 마시기 전에는 병을 잘 흔들어 마시고, 한번 개봉 후에는 빨리 마시는 것이 좋다. 영어로는 변호사Advocate이다.

- 크림

(1) 베일리스 오리지널 아이리시 크림 Baileys Original Irish Cream

아이리시 위스키에 크림과 카카오의 맛을 곁들인 것으로 스트레이트 또는 On the Rocks로 즐겨 마신다. 주재료는 아이리시 위스키, 신선한 크림, 벨기에산 초콜릿을 혼합하여 만든 아일랜드산 달콤한 리큐어이다.

■ 비터Bitters

쓴맛이라는 영어이름으로 프랑스에서는 아메르Amer라고 한다. 보통 알코올성분은 20~30% 정도이나 45% 정도의 것도 있다. 강한 주정에 약초, 향초, 스파이스 등을 침출시킨 강장제로써 건위 해열에 효과가 좋다. 이는 불필요한 향을 제거하기도 하고 원하는 향을 만들기도 하여 칵테일에는 소량을 첨가하여 향료, 또는 고미료로써 사용한다. 쓴맛 때문에 주로 식전주Aperitif로 사용한다.

(1) 아메르 피콘Amer Picon

Orange Bitters의 일종으로 파리의 Champs - Elysee's 거리에 있는 피콘사 제품으로 오렌지 향이 가미된 Bitters이다. 원래 이 술은 1837년 아프리카의 알제리에 주둔하던 프랑스의 한 병사인 가에탄 피콘G. Picon이 알제리산의 Quinine퀴닌, 말라리아 특효약을 배합하여 만든 쌉쌀한 술이다. 때문에 별명으로 "Amer African"이라고도 한다. 현재 이 술은 오렌지 껍질, 퀴닌, 스파이스 등을 배합하고 캐러멜로 착색하여 진한 커피색이 난다. 열병의 예방이나 강장에 효과가 있다.

(2) 앙고스투라 비터Angostura Bitter

1824년 남미 베네수엘라의 앙고스투라시Angostura ; 현재는 보리바시의 당시 영국 육군 병원장이었던 Siegert 박사는 럼을 기본주로 하여 용담에서 채취한 고미제를 주체로 하여 많은 약초 향료를 배합한 술을 만들어냈다. 현재는 서인도제도 트리니다드토바고의 포트 오브 스페인Port of Spain시에서 앙고스투라 비터 회사에 의해 제조되고 있다. Martini Bitter, Campary Bitter 등에 사용된다.

(3) 오렌지 비터Orange Bitters

오렌지 껍질이나 향초류를 주정에 담가 만든 것이다. English Gin의 메이커가 최초이나 이탈리아 캄파리사의 것이 유명하다. Dry Martini에 1 dash Orange Bitters를 넣는 경우도 있다.

2-5. 혼성주 기출문제

01 이탈리아 밀라노지방에서 생산되며, 오렌지와 바닐라 향이 강하고 길쭉한 병에 담긴 리큐어는?
- 가. Galliano
- 나. Kummel
- 다. Kahlúa
- 라. Drambuie

해설 갈리아노는 오렌지, 아니스, 바닐라 등 각종 약초 40여 종을 이용하여 만든 이탈리아산 리큐어이다.

02 혼성주의 특징으로 옳은 것은?
- 가. 사람들의 식욕부진이나 원기회복을 위해 제조되었다.
- 나. 과일에 함유되어 있는 당분이나 전분을 발효시킨다.
- 다. 향료, 약초 등을 첨가하여 약용이 목적이었으며, 현재는 식후주로 많이 애용된다.
- 라. 저온 살균하여 영양분을 섭취할 수 있다.

해설 혼성주는 과일이나 곡류를 발효시킨 술을 기초로 하여 증류한 증류주에 당분을 더하고 과일이나 과즙, 꽃, 약초, 향료 등 초근목피의 침출물로 향미를 더한 술이다.

03 Benedictine의 Bottle에 적힌 D.O.M의 의미는?
- 가. 완전한 사랑
- 나. 최대 최선의 신에게
- 다. 쓴맛
- 라. 순록의 머리

해설 D.O.M은 라틴어로 '데오 옵티모 맥시모(Deo Optimo Maximo)'로서 '최대 최선의 신에게'라는 뜻이다.

04 Liqueur의 제조방법이 아닌 것은?
- 가. 양조법(Fermentation)
- 나. 증류법(distillation)
- 다. 침출법(Infusion)
- 라. 에센스추출법(Essence)

해설 리큐어의 제조법은 증류법, 침출법, 에센스법, 여과법 등이 있다.

05 혼성주(Compounded Liquor)에 대한 설명 중 틀린 것은?
- 가. 칵테일 제조나 식후주로 사용된다.
- 나. 발효주에 초근목피의 침출물을 혼합하여 만든다.
- 다. 색채, 향기, 감미, 알코올의 조화가 잘된 술이다.
- 라. 혼성주는 고대 그리스시대에 약용으로 사용되었다.

해설 혼성주는 일반적으로 스피리츠(주정)에 당분과 천연향(과일, 과즙, 약초, 향료 등)을 첨가하여 만든다.

06 다음 중 리큐어가 아닌 것은?
- 가. Apricot Brandy
- 나. Cherry Brandy
- 다. Cognac Brandy
- 라. Créme de Menthe

해설 Apricot Brandy와 Cherry Brandy는 리큐어이고, Cognac Brandy는 프랑스 코냑지방에서 생산되는 브랜디로 증류주이다.

07 다음 술 중 리큐어가 아닌 것은?

가. Cointreau
나. Seagrams V.O
다. Anisette
라. Benedictine

해설 씨그램스 V.O(Seagrams V.O)는 캐나디안 위스키이다.

08 황금색 감미주로 병에 D.O.M이라고 표시되어 있는 것은?

가. Benedictine   나. Curaçao
다. Chartreuse   라. Cointreau

해설 베네딕틴 디오엠(Benedictine D.O.M)은 프랑스에서 가장 오래된 리큐어 중 하나로 호박색을 띠며 D.O.M은 라틴어로 '데오 옵티모 맥시모(Deo Optimo Maximo)'로서 '최대 최선의 신에게'라는 뜻이다.

09 커피를 주원료로 만든 리큐어는?

가. Grand Marnier   나. Benedictine
다. Kahlûa   라. Sloe Gin

해설 깔루아(Kahlûa)는 멕시코산 커피를 주원료로 하여 Cocoa, Vanilla향을 첨가해서 만든 리큐어이다.

10 포도주에 아티초크를 배합한 리큐어로 약간 진한 커피색을 띠는 것은?

가. Chartreuse   나. Cynar
다. Dubonnet   라. Campari

해설 시나(Cynar)는 포도주에 아티초크를 배합한 리큐어로서 약한 커피색이다.

11 다음 혼성주 중 오렌지 껍질을 주원료로 만든 것은?

가. Anisette
나. Campari
다. Triple Sec
라. Underberg

해설
- 아니세트(Anisette)는 증류주에 아니스 열매, 레몬 껍질, 육계, 코리앤더 등의 향미를 첨가하고 시럽으로 단맛을 낸 리큐어이다.
- 캄파리(Campari)는 이탈리아의 국민주로 제조법은 각종 식물의 뿌리, 씨, 향초, 껍질 등 70여 가지의 재료로 만들어진다.
- 트리플섹(Triple Sec)은 오렌지 껍질을 증류주에 담가 감미를 첨가하여 만든다.
- 운더베르그(Underberg)는 40여 종의 Herb, Spice 등을 사용한 쓴맛의 위장 건강주로 독일제품이다.
- 오렌지계열 리큐어는 Triple sec→Cointreau(고급품)→Grand Marnier(최고급품)가 있다.

12 다음 중 리큐어는?

가. Burgundy
나. Bacardi Rum
다. Cherry Brandy
라. Canadian Club

해설 원래 체리 브랜디는 증류주이지만 보통 체리를 통에 절반쯤 넣고 브랜디를 채워 계피, 정향 등의 향료와 더불어 40일 정도 담가서 만드는 리큐어이다.

13 아티초크를 원료로 사용한 혼성주는?

가. 운더베르그(Underberg)
나. 시나(Cynar)
다. 아마르피콘(Amer Picon)
라. 샤브라(Sabra)

해설 시나(Cynar)는 포도주에 아티초크를 배합한 리큐어로서 약한 커피색이다.

14 다음 중 혼성주에 속하는 것은?

가. Whisky   나. Tequila
다. Rum   라. Benedictine

해설 베네딕틴(Benedictine)은 프랑스에서 가장 오래된 리큐어 중 하나로 안젤리카를 주향료로 하여 박하, 약초, 주니퍼베리, 시나몬, 너트메그(Nutmeg), 바닐라, 레몬 껍질, 벌꿀 등 약 27종의 약초를 사용하여 제조한다.

15 Liqueur에 적혀 있는 D.O.M의 의미는?

가. 이탈리아어의 약자로 '최고의 리큐어'라는 뜻이다.
나. 라틴어로서 베네딕틴 술을 말하며 '최대 최선의 신에게'라는 뜻이다.
다. 15년 이상 숙성된 약술을 의미한다.
라. 프랑스 샹빠뉴지방에서 생산된 리큐어를 의미한다.

해설 Benedictine D.O.M.은 16C 초 노르망디 페캄에 있는 베네딕틴 사원의 수도사인 돈 베르날드 빈시리가 창제하였다. D.O.M.은 라틴어로 '데오 옵티모 맥시모(Deo Optimo Maximo)'로서 '최대 최선의 신에게'라는 뜻이다.

16 다음 중 혼성주에 속하는 것은?

가. London Dry Gin   나. Créme de Cacao
다. Schnapps   라. Moët & Chandon

해설
• London Dry Gin : 영국에서 생산되는 진을 뜻하였으나 현재는 일반적인 용어로 사용된다.
• Créme de Cacao : Cocoa Seeds를 주원료로 하여 카라다몬(Caradamon)이나 계피, 바닐라콩을 사용해서 만든 리큐어이다. 화이트와 브라운색의 두 종류가 있다.
• 슈납스(Schnapps)는 독일, 오스트리아 지역에서 즐겨 마시는 증류주로 알코올 도수가 40%이다.
• Moët & Chandon : 프랑스 샹빠뉴지역에서 생산되는 유명한 샴페인 브랜드이다.

17 다음 중 원료가 다른 술은?

가. 트리플섹   나. 마라스퀸
다. 꼬엥뜨로   라. 블루 퀴라소

해설 마라스퀸(Marasquin)은 유고슬라비아 서부에서 재배되고 있는 마라스카종(야생버찌)이라 하는 체리를 사용해서 만든 리큐어이다.

18 다음 리큐어(Liqueur) 중 베일리스가 생산되는 곳은?

가. 스코틀랜드   나. 아일랜드
다. 잉글랜드   라. 뉴질랜드

해설 베일리스 아이리시 크림은 아이리시 위스키에 크림과 카카오의 맛을 곁들인 것으로 아일랜드산 리큐어이다.

19 다음 리큐어 중 부드러운 민트 향을 가진 것은?

가. Absente   나. Curaçao
다. Chartreuse 라. Créme de Menthe

해설 크렘 드 망뜨(Créme de Menthe)는 민트를 주원료로 계피, 세이지, 이리스(iris) 뿌리, 생강 뿌리 등의 각종 향초, 약초류를 주정에 침출해서 만든다.

20 혼성주의 제조법이 아닌 것은?

가. 증류법   나. 침출법
다. 에센스법 라. 압착법

해설 혼성주의 제조법은 침출법, 증류법, 에센스법, 여과법 등이 있다.

21 과일이나 곡류를 발효시킨 주정을 기초로 증류한 스피리츠(Spirits)에 감미를 더하고 천연 향미를 첨가한 것은?

가. 양조주(Fermented Liquor)
나. 증류주(Distilled Liquor)
다. 혼성주(Liqueur)
라. 아쿠아비트(Aquavit)

해설
• 혼성주(Liqueur)는 과일이나 곡류를 발효시킨 술을 기초로 하여 증류한 증류주에 당분을 더하고 과일이나 과즙, 꽃, 약초, 향료 등 초근목피의 침출물로 향미를 더한 술이다.
• 아쿠아비트(Aquavit)는 익힌 감자와 맥아를 당화, 발효시켜서 연속식증류기로 95%의 주정을 얻은 다음 물을 희석하고 회향초씨, 박하, 오렌지껍질 등 여러 종류의 허브로 향기를 착향시킨 술이다.

22 다음 중 혼성주의 제조방법이 아닌 것은?

가. 샤르마법(Charmat Process)
나. 증류법(Distilled Process)
다. 침출법(Infusion Process)
라. 배합법(Essence Process)

해설 샤르마법(Charmat Process)은 이탈리아의 아스티 등 스파클링와인 만드는 방식으로 커다란 스테인리스 탱크에서 후발효를 하고 강한 압력하에서 병입한다.

23 프랑스에서 가장 오래된 혼성주 중 하나로 호박색을 띠고 '최대 최선의 신에게'라는 뜻을 가지고 있는 것은?

가. 압생트(Absente)
나. 아쿠아비트(Aquavit)
다. 캄파리(Campari)
라. 베네딕틴 디오엠(Benedictine D.O.M)

24 오렌지향이 가미된 혼성주가 아닌 것은?

가. Triple Sec
나. Tequila
다. Grand Marnier
라. Cointreau

해설 오렌지를 원료로 하여 만든 혼성주는 퀴라소(Curacao), 꼬앵뜨로(Cointreau), 트리플섹(Triple Sec), 그랑마니에(Grand Marnier)등이 있다.

25 혼성주의 제조방법 중 시간이 가장 많이 소요되는 방법은?

가. 증류법(Distillation process)
나. 침출법(Infusion process)
다. 추출법(Percolation process)
라. 배합법(Essence process)

해설 침출법은 변질될 수 있는 과일이나 약초, 향료 따위에 증류주를 가해 향미성분을 용해시키는 방법이다.

26 다음 중 리큐어의 종류에 속하지 않는 것은?

가. Créme de Cacao   나. Curaçao
다. Negroni   라. Dubonnet

해설 니그로니(Negroni)는 Dry Gin 3/4oz, Sweet Vermouth 3/4oz, Campari 3/4oz를 넣어서 만든 식전주 칵테일이다.

27 꿀로 만든 리큐어(Liqueur)는?

가. Créme de Menthe   나. Curaçao
다. Galliano   라. Drambuie

해설 드람뷔이(Drambuie)는 스코틀랜드산의 유명한 리큐어로 향료 농축 배합물이 15년 이상 숙성된 몰트 위스키에 Honey, Herbs를 첨가하여 만든 암갈색 술이다.

28 다음 중 리큐어(Liqueur)와 관계가 없는 것은?

가. Cordials
나. Arnaud de Villeneuve
다. Benedictine
라. Dom Perignon

해설 돔 뻬리뇽(Dom perignon)은 샹빠뉴 지역에서 생산되는 유명한 샴페인 브랜드이다.

29 다음 중 혼성주가 아닌 것은?

가. Apricot brandy   나. Amaretto
다. Rusty nail   라. Anisette

해설 러스티 네일(Rusty Nail)은 '녹슨물' 또는 '고풍스러운'이라는 의미를 지닌 스카치 위스키 베이스 칵테일이다.

30 오렌지 과피, 회향초 등을 주원료로 만들며 알코올 농도가 24% 정도가 되는 붉은 색의 혼성주는?

가. Beer   나. Drambuie
다. Campari   라. Cognac

해설 캄파리(campari)는 이탈리아의 국민주로 제조법은 각종식물의 뿌리, 씨, 향토, 껍질 등 70여가지의 재료로 만들어진다.

31 커피를 주 원료로 만든 리큐어는?

가. Grand Marnier   나. Benedictine
다. Kahlúa   라. Sloe Gin

해설 깔루아(kahlua)는 멕시코산 커피를 주원료로 하여 코코아, 바닐라향을 첨가해서 만든 리큐어이다.

32 다음 술 종류 중 코디얼(cordial)에 해당하는 것은?

가. 베네틱틴(Benedictine)
나. 고든스 런던 드라이 진(Gordons london dry gin)
다. 커티 샥(Cutty sark)
라. 올드 그랜드 대드(Old grand dad)

33 다음 중 오렌지향의 리큐어가 아닌 것은?

가. 그랑 마니에르(Grand Marnier)
나. 트리플 섹(Triple Sec)
다. 꼬엥뜨로(Cointreau)
라. 뮤슈(Mousseux)

> 해설 스파클링 와인을 프랑스에서는 뱅 무스(Vin Mousseux)라고 부른다.

34 혼성주 특유의 향과 맛을 이루는 주재료로 가장 거리가 먼 것은?

가. 과일 나. 꽃
다. 천연향료 라. 곡물

35 프랑스 수도원에서 약초로 만든 리큐어로 '리큐어의 여왕'이라 불리는 것은?

가. 압생트(Absinthe)
나. 베네딕틴 디오엠(Benedictine D.O.M.)
다. 두보네(Dubonnet)
라. 샤르트뢰즈(Chartreuse)

36 다음 중 종자류 계열이 아닌 혼성주는?

가. 티아 마리아 나. 아마레또
다. 쇼콜라 스위스 라. 갈리아노

> 해설 갈리아노는 약초, 향초류 계열이다.

정답

01 가	02 다	03 나	04 가	05 나	06 다	07 나	08 가	09 다	10 나
11 다	12 다	13 나	14 라	15 나	16 나	17 나	18 나	19 라	20 라
21 다	22 가	23 라	24 가	25 나	26 다	27 라	28 라	29 다	30 다
31 다	32 가	33 라	34 라	35 라	36 라				

학습 11 우리술 Korean Traditional Liquor

11-1. 지역별 전통주

1 강원도

■ 홍천 옥선주

강원도 홍천의 옥선주는 가문의 효심 덕에 세상에 나온 술이다. 조선 고종 38년 전주이씨 가문의 이용필 씨가 괴질에 걸린 부모를 봉양하고자 자신의 허벅지 살을 도려내 고깃국을 끓였다. 이 이야기를 전해들은 고종은 이씨의 효심을 높이 사 정3품의 벼슬을 내렸고, 이씨는 감사의 뜻으로 집에서 빚은 옥선주를 진상해 알려졌다. 재료는 멥쌀과 옥수수, 누룩, 옥수수 엿물을 주원료로 하여 당귀, 갈근, 엿기름을 넣고 빚은 혼양주이다.

2 서울

■ 송절주

조선 중엽부터 서울에서 유래된 술로 멥쌀로 밑술을 만들고 다시 찹쌀밥을 넣어서 덧술을 빚는 2차 담금으로 술에 독특한 향기를 주기 위하여 송절과 국화, 진달래 등을 가향재로 활용하거나 희첨, 당귀 등을 첨가하기도 한다. 발효숙성과정 중에 덧술을 담글 때 봄에는 진달래꽃을, 가을이면 국화를, 겨울에는 유자 껍질을 솔잎과 함께 띄운다.

■ 삼해주

삼해주(三亥酒)란 찹쌀을 발효시켜 두 번 덧술하여 빚는 약주藥酒를 말한다. 정월 첫 해일亥日; 돼지날에 시작하여 매월 해일마다 세 번에 걸쳐 빚는다고 해서 삼해주라고 하며, 담가 마시기까지 백일이 걸려 백일주, 정월 첫 해일에 담가 버들가지가 날릴 때쯤 먹는다고 해서 유서주柳絮酒라고도 한다. 삼해주는 누룩을 적게 사용하기 때문에 누룩에서 오는 거친 맛이 없고, 높은 도수의 청주를 만들어 오래 두고 마실 수 있는 향이 좋고 도수가 높은 약주이다.

③ 경기도

■ 문배주

평안도지방에서 전승되어 오는 술로, 술의 향기가 문배나무의 과일에서 풍기는 향기와 같아 붙여진 이름이다. 원료는 좁쌀, 수수이며, 누룩의 주 원료는 밀이다.

■ 부의주

경기도 화성에서 먹는 부의주는 우리가 흔히 말하는 '동동주'의 원조이다. '쌀알이 동동 떠 있다'는 뜻의 동동주는 원래 뜰 부浮, 개미 의蟻자를 쓰는 부의주를 풀어 쓴 말이다. 고려시대 문헌에 부의주를 마셨다는 기록이 있다. 경기도지정 무형문화재 2호이다.

■ 계명주

계명주鷄鳴酒는 술을 담근 다음 날 닭이 우는 새벽녘에 벌써 다 익어 마실 수 있는 술이라고 하여 붙여진 이름이다. 따라서 급하게 술을 빚을 필요가 있을 때 만들었던 속성주로 일명 엿탁주라고도 한다.

■ 옥로주

술을 증류할 때 증기가 액화되어 마치 옥구슬 같은 이슬방울이 떨어진다 하여 옥로주라는 이름이 붙여졌다 한다. 재료는 율무, 누룩을 사용한다. 경기도 무형문화재 12호이다.

■ 감홍로

고려시대부터 관서지방에서 내려오는 전통주로 전주의 이강고, 정읍의 죽력고와 함께 조선 3대 명주로 꼽힌다. 감홍로는 누룩과 쌀, 좁쌀로 빚은 술을 증류해 일정 기간 숙성시킨 후 다시 한 번 증류해 지초, 감초, 계피, 정향, 용안육, 생강, 진피 등 7가지 한약재기존에 재료로 사용하던 방풍은 2009년 식약처에서 의약품으로 지정되어 사용하지 않는다를 넣어 침출했다가 다시 숙성시켜 만든다.

④ 충청도

■ 두견주

청주에 진달래꽃을 넣어 만든 가향주이다. 진달래꽃을 '두견화'라고도 하므로 진달래로 담은 술을 '두견주'라 부른다. 충청남도 당진군 면천면의 두견주가 유명하다.

■ 금산 인삼주

인삼누룩에 쌀, 미삼과 물을 섞어 밑술을 만든 다음 여기에 고두밥, 미삼, 솔잎, 쑥을 섞어 발효시키는 충청남도 금산지역의 민속주이다.

■ 한산 소곡주

우리나라에서 전래되는 민속주 중 가장 오래된 술로 백제 때부터 빚어졌으며, 다른 술과는 달리 누룩을 적게 쓰는 까닭에 소곡주라는 이름이 붙었다. 한양으로 과거 보러 가던 선비가 한산을 지나다 타는 목을 축이려고 주막에 들렀다가 주모가 가져온 술을 받고 미나리 부침을 안주로 한 잔 마셨는데, 그 술맛에 취해 주저앉아 밤낮 술과 시로 날을 보내 과거마저 보지 못했다 하여 일명 앉은뱅이술이라 불리기도 한다. 멥쌀, 찹쌀, 누룩, 엿기름, 생강, 들국화가 주원료이다.

■ 청명주

조선시대 중엽부터 유행했던 술인데 청명(淸明; 음력 2월 하순) 때쯤 빚는 술이라 해서 청명주라 하였다.

■ 연엽주

조선시대 병자호란이 한창이던 어느 해 이완 장군이 심신이 지친 병사들의 사기를 돋우기 위해 약으로서의 효용과 향기를 고루 갖춘 연엽주를 담가 마시게 했다고 한다. 전쟁이 끝난 후에도 선비들이 아침저녁으로 보신을 위해 이 술을 마셨다고 전한다. 연엽주의 재료는 찹쌀과 멥쌀, 누룩이 기본이며, 여기에 연근이나 연잎을 넣고 마지막으로 솔잎이 첨가된다.

■ 계룡 백일주

'백일 동안 술을 익힌다'고 해서 붙여진 이름의 계룡 백일주는 명산인 계룡산 지방에서 주조되었는데, 충청남도 지정 무형문화재 7호이다. 재료는 찹쌀, 백미, 누룩, 솔잎, 홍화, 오미자, 진달래꽃, 재래종 국화꽃을 재료로 빚어 증류시켜 여기에 벌꿀을 넣어 만든 40도 전통주로 은은한 향과 부드럽고 담백한 맛이 일품이다.

5 경상도

■ 경주 교동법주

법주는 조선시대 문무백관이나 사신을 대접할 때 쓰였던 특주로 빚는 날과 빚는 법이 정해져 있다 해서 법주라 하였는데, 일설에는 찹쌀과 국화와 솔잎을 넣고 100일간 땅에 묻었다가 꺼낸 술로 절에서 양조되었다고 해서 법주라 하였다고 한다.

■ 김천 과하주

이조 초기 김천지방에서 빚어졌다. 이름 그대로 여름을 날 수 있다(過夏)는 뜻에서 나온 술로, 찹쌀과 누룩으로 빚은 다음 소주를 적당히 넣어 술의 도수를 조절하는, 소주도 약주도 아닌 합주이다.

■ 문경 호산춘

원래 춘春자가 붙는 술은 여러 번 덧술을 하여 주도를 높인 맑은 청주인데, 이 술도 예외는 아니어서 옛날 상주 목사가 호산춘을 마시고 그날 밤 자다가 요강을 들어 마셨다는 일화가 있을 정도로, 취하면 대책이 없는 술이라 한다. 알코올 도수가 18도인 이 술은 투명한 황갈색으로 곡주 특유의 향기로운 냄새와 솔향기가 어울려 독특한 명주가 된다.

■ 안동소주

경북 안동의 '안동소주'는 그 유명세만큼이나 역사가 깊다. 13세기의 안동은 몽골의 쿠빌라이 칸이 일본 원정길에 오르면서 만든 병참기지 노릇을 하고 있었다. 당시 몽골식 소주가 안동에 전해지고, 고려시대 집권층 사이에서도 이 '안동소주'가 유행하기 시작했다. 1920년 '제비원'이라는 상표를 달고 처음 대량생산이 되었으나, 1967년 순곡소주 금지령으로 잠시 명맥이 끊겼다가 1990년부터 다시 생산되고 있다.

■ 안동 송화주

알코올 도수 15~18도 내외의 송화주는 주원료인 솔잎과 국화에서 풍겨 나오는 진한 향이 일품이며 경상북도 무형문화재 20호로 지정되어 있다.

6 전라도

■ 전주 이강주

이강주는 조선 중기부터 전라도와 황해도에서 빚어온 한국의 전통 민속주로, 소주에 배(梨)와 생강을 혼합하여 만든 리큐어이다.

■ 송죽 오곡주

송죽 오곡주는 오곡을 비롯하여 산수유, 감초, 구기자, 당귀, 하수오 등 각종 한약재와 소나무액, 대나무잎을 첨가하여 빚어낸 술이다. 독특한 향기와 아름다운 자색이 특징이며 전북 완주군 모악산의 산사에서 전해 내려오는 술이다.

■ 진도 홍주

진도 홍주는 보리쌀이나 멥쌀을 쪄서 고두밥을 짓고, 밀과 보리를 반반씩 섞어 띄운 누룩을 물과 함께 섞어 술을 빚어 항아리에 담는다. 30~50일 정도의 오랜 발효기간을 거친 뒤 소주고리를 이용하여 소주를 내린다. 이때 술방울이 떨어져 내리면서 술단지에 받쳐둔 지초를 통과하는 과정에서 지초의 색소가 착색되어 빨간 홍옥색의 빛깔을 띠게 된다.

■ 모주

전주지방의 해장술로 막걸리에 생강, 대추, 감초, 인삼, 칡(갈근) 등의 8가지 한약재를 넣고 술의 양이 절반 정도로 줄고 알코올 성분이 거의 없어졌을 때 마지막으로 계핏가루를 넣어 마신다.

■ 죽력고

전라도지방에서 유래된 술로 누룩, 찹쌀, 담죽, 고죽, 생지황, 계심, 석창포, 꿀이 주원료이다.

7 제주

■ 오메기술

누룩가루와 차좁쌀가루에 온도가 높은 물을 쳐가며 만든 떡을 담아둔 술독에서 윗국만 떠낸 술로, 제주도에서는 원래 청주라 불렸는데 요즘은 오메기떡(차조가루로 빚어 삶아 콩고물을 묻힌 제주지방의 향토 떡으로 술을 빚는다 하여 흔히 오메기술이라 불리고 있다.

전통주의 종류별 특성 파악하기

1 전통주 특성 파악

(1) 모양
① **동동주** - 술 위에 쌀알이 동동 뜬 모습
② **막걸리** - 술을 거르는 모습
③ **매화주** - 뜬 쌀알이 모여 매화꽃처럼 보이는 모습
④ **백화주** - 술 위에 흰 꽃이 피어 있는 모습
⑤ **부의주** - 쌀알이 개미 유충처럼 떠 있는 모습

(2) 향기
① **하향주** - 연꽃 향이 나는 술
② **감향주** - 달콤한 향이 나는 술
③ **만년향** - 향이 만 년을 가는 술
④ **집성향** - 성인을 모으는 향기를 가진 술
⑤ **석탄향** - 마시기 아까울 정도로 맛과 향이 좋은 술

(3) 맛
① **감주** - 단맛이 강한 술
② **석탄주** - 입에 머금고 삼키기 아까운 술
③ **점감청주** - 진한 단맛이 있는 맑은 술
④ **녹파주** - 입 안에서 파도가 치는 듯한 술
⑤ **점주** - 술의 농도가 진한 술

(4) 시간
① **삼해주** - 정월의 세 해일亥日에 만든 술
② **삼오주** - 세 번째 말의 날에 빚는 술
③ **벼락술** - 벼락처럼 빨리 완성되는 술
④ **일일주** - 하루 만에 완성되는 술
⑤ **삼일주** - 삼일 만에 완성되는 술

2-6. 우리술 기출문제

01 다음 민속주 중 증류식 소주가 아닌 것은?

가. 문배주   나. 이강주
다. 옥로주   라. 안동소주

해설 이강주는 조선 중기부터 전라도와 황해도에서 빚어온 한국의 전통 민속주로, 소주에 배(梨)와 생강을 혼합하여 만든 리큐어이다.

02 지방의 특산 전통주가 잘못 연결된 것은?

가. 금산-인삼주
나. 홍천-옥선주
다. 안동-송화주
라. 전주-오곡주

해설
• 금산 인삼주 : 인삼누룩에 쌀, 미삼과 물을 섞어 밑술을 만든 다음 여기에 고두밥, 미삼, 솔잎, 쑥을 섞어 발효시키는 충청남도 금산지역의 민속주이다.
• 홍천 옥선주 : 강원도 홍천에서 멥쌀과 옥수수, 누룩, 옥수수엿물을 주된 원료로 하여 당귀, 갈근, 엿기름을 넣고 빚은 혼양주이다.
• 안동 송화주 : 경상북도 안동지방의 전주유씨 무실파 정재종택에서 전승되어 온 한국의 전통 민속주이다.
• 송죽 오곡주 : 오곡을 비롯하여 산수유, 감초, 구기자, 당귀, 하수오 등 각종 한약재와 소나무액, 대나무잎을 첨가하여 빚어낸 술이다. 독특한 향기와 아름다운 자색을 특징으로 하며, 전북 완주군 모악산의 산사에서 전해 내려오는 술이다.

03 조선시대 정약용의 지봉유설에 전해오는 것으로 이것을 마시면 불로장생한다 하여 장수주로 유명하며, 주로 찹쌀과 구기자, 고유 약초로 만들어진 우리나라 고유의 술은?

가. 두견주   나. 백세주
다. 문배주   라. 이강주

해설
• 두견주(杜鵑酒)는 청주에 진달래꽃을 넣어 만든 가향주이다. 진달래꽃을 '두견화'라고도 하므로 진달래로 담은 술을 '두견주'라 부른다. 충청남도 당진군 면천면의 두견주가 유명하다.
• 문배주는 평안도지방에서 전승되어 오는 술로, 술의 향기가 문배나무의 과일에서 풍기는 향기와 같이 붙여진 이름이다. 원료는 밀, 좁쌀, 수수이며 누룩의 주원료는 밀이다.
• 이강주는 조선 중기부터 전라도와 황해도에서 빚어온 한국의 전통 민속주로 소주에 배(梨)와 생강을 혼합하여 만든 리큐어이다.

04 민속주 도량형 '되'에 관한 설명으로 틀린 것은?

가. 곡식이나 액체, 가루 등의 분량을 재는 것이다.
나. 보통 정육면체 또는 직육면체로써 나무나 쇠로 만든다.
다. 분량(1되)을 부피의 기준으로 하여 2분의 1을 1홉(合)이라고 한다.
라. 1되는 약 1.8리터 정도이다.

해설 1말은 10되이며 18리터, 1되의 10분의 1이 1홉(18mL)이다.

05 쌀, 보리, 조, 수수, 콩 등 5가지 곡식을 물에 불린 후 시루에 쪄 고두밥을 만들고, 누룩을 섞고 발효시켜 전술을 빚는 것은?

가. 백세주 나. 과하주
다. 안동소주 라. 연엽주

해설
- 안동소주는 1987년 5월 13일 경상북도 무형문화재 제12호로 지정되었다. 또한, 이례적으로 2명에게 식품명인을 지정하였는데, 경상북도 안동시 신안동(新安洞) 276-6번지에 사는 조옥화(趙玉花)와 경상북도 안동시 옥동 766-1번지에 사는 박재서가 기능보유자로 선정되어 증류식 소주 제조의 맥을 잇고 있다.
- 조옥화 안동소주의 경우, 먼저 쌀, 보리, 조, 수수, 콩 등 5가지 곡식을 물에 불린 후 시루에 쪄 고두밥을 만들고, 여기에다 누룩을 섞어 7일가량 발효시켜 전술을 빚는다. 전술을 솥에 담고 그 위에 소주고리를 얹어 김이 새지 않게 틈을 막은 후 열을 가하면 증류되어 소주가 된다.
- 박재서의 안동소주는 쌀만 사용하여 고두밥을 만들고, 쌀로 만든 누룩을 섞어 28일간 3단 사입을 거쳐서 전술을 빚어 청주를 만든다. 전술 후 소주 내리는 방법은 조옥화 안동소주와 동일하며, 여과 후 100일간 숙성시킨다.

06 우리나라의 고유한 술 중에서 증류주에 속하는 것은?

가. 경주법주 나. 동동주
다. 문배주 라. 백세주

해설 문배주는 평안도지방의 향토 술로 알코올 농도 40도 정도의 증류주이다.

07 조선시대에 유입된 외래주가 아닌 것은?

가. 천축주
나. 섬라주
다. 금화주
라. 두견주

해설 두견주는 우리나라의 전통주로 청주(淸酒)에 진달래꽃을 넣어 만든 알코올 도수 19%의 가향주이며 삼월삼짇날의 절기주이다. 충남 당진군 면천의 두견주가 유명하다.

08 곡물로 만들어 농번기에 주로 먹었던 막걸리의 제조방법은?

가. 혼성주 나. 증류주
다. 양조주 라. 화주

해설 막걸리는 곡류 중에 함유된 전분을 당화 발효시켜서 만드는 양조주이다.

09 전통 민속주 중 모주(母酒)에 대한 설명으로 틀린 것은?

가. 조선 광해군 때 인목대비의 어머니가 빚었던 술이라고 알려져 있다.
나. 증류해서 만든 제주도의 대표적인 민속주다.
다. 막걸리에 한약재를 넣고 끓인 해장술이다.
라. 계핏가루를 넣어 먹는다.

해설
- 모주는 전주지방의 해장술로 막걸리에 생강, 대추, 감초, 인삼, 칡(갈근) 등의 8가지 한약재를 넣고, 술의 양이 절반 정도로 줄고 알코올 성분이 거의 없어졌을 때 마지막으로 계핏가루를 넣어 마신다.
- 제주도의 대표적인 민속주는 좁쌀막걸리라고 하는 오메기술이다.

10 우리나라 고유의 술로 Liqueur에 해당하는 것은?

가. 삼해주 나. 안동소주
다. 인삼주 라. 동동주

해설
- '삼해주' 하면 맨 먼저 떠오르는 말이 금주령이다. 조선시대 때 삼해주를 빚는데, 쌀의 소비가 너무 많아 술을 빚지 못하게 해달라는 상소문이 빗발쳤으므로, 나라에서 급기야 금주령을 내렸다고 한다. 술 빚는 법은 밑술, 덧술, 2차 덧술을 하여 만든 청주이다.
- 안동소주는 증류식 소주이다.
- 인삼주는 주정에 인삼을 넣어 우려낸 혼성주(Liqueur)이다.
- 동동주는 찹쌀과 누룩 및 물을 사용하여 1차 담금법으로 제조되는 술이며, 동동주라는 이름은 찹쌀밥알이 동동뜨게 빚어 개미가 떠 있는 것과 같다고 해서 붙여진 이름으로 추측되고 있다.

11 안동소주에 대한 설명으로 틀린 것은?

가. 제조 시 소주를 내릴 때 소주고리를 사용한다.
나. 곡식을 물에 불린 후 시루에 쪄 고두밥을 만들고 누룩을 섞어 발효시켜 빚는다.
다. 경상북도 무형문화재로 지정되어 있다.
라. 희석식 소주로써 알코올 농도는 20도이다.

해설 안동소주는 전통 증류식 소주이다.

12 우리나라 전통주 중에서 약주가 아닌 것은?

가. 두견주	나. 한산 소곡주
다. 칠선주	라. 문배주

해설 문배주는 술의 향이 문배나무의 과일에서 풍기는 향기와 같아 붙여진 이름으로 통밀에 황금곰팡이라는 토종 누룩곰팡이를 배양시킨 누룩에 찰수수, 메조로 3번 빚어 증류한 증류주이다. 중요무형문화재 제86호-가호

13 부드러우며 뒤끝이 깨끗한 약주로서 쌀로 빚으며 소주에 배, 생강, 울금 등 한약재를 넣어 숙성시킨 전북 전주의 전통주는?

가. 두견주	나. 국화주
다. 이강주	라. 춘향주

해설
• 이강주 : 종래의 토종누룩을 만들어 백미를 원료로 해서 약주를 만든 후 이 술로 토종 소주를 내리고 여기에 배, 생강, 울금, 계피, 꿀을 넣어 장기간 후숙시켜 마신다. 울금이 왕실에 진상품으로 올리던 전주지방에서 재배된 것도 이강주가 전주에서 빚어질 수 있었던 이유 중의 하나이다.
• 국화주 : 국화로 담근 한국 약용주이다. 음력 9월 9일 중양절(重陽節)에 마시면 무병장수한다는 민간신앙이 있다. 원래 국화주는 감국꽃과 생지황, 구기자나무의 뿌리와 껍질을 넣고 찹쌀로 빚어《본초강목(本草綱目)》에는 "두통을 없애고 이목(耳目)을 밝게 하며, 위비(痺)를 제거하여 백병(百病)을 없앤다"고 기록되어 있다. 국화에는 크리산테민, 용뇌양 방향정유(龍腦樣芳香精油), 시네린 등이 함유되어 식욕증진, 건위(健胃), 정장(整腸), 피로회 복, 녹내장 등에도 효능이 있다. 맛은 약간 쓴 편이므로 다른 과일주나 약주를 섞어 마시거나 탄산음료와 함께 Long Drink로 마셔도 무방하다.
• 춘향주 : 전북 남원의 특산품으로 지리산에서 재배한 멥쌀과 야생국화, 솔순에 한약재를 넣고 지리산의 맑은 물을 사용하여 전통기법으로 빚은 민속주이다. 향과 맛이 뛰어나며, 식욕증진, 골수를 보강하는 효과가 있고 은은한 향의 여운이 좋고 숙취가 없어 여성에게 좋은 혼성주이다.

14 다음 중 우리나라의 전통주가 아닌 것은?

가. 소흥주	나. 소곡주
다. 문배주	라. 경주법주

해설 소흥주(紹興酒 : 사오싱주)는 중국 8대 명주 중 하나로, 중국의 황주(黃酒) 가운데 가장 오래된 술이다. 찹쌀을 보리누룩으로 발효시켜 만들며, 알코올 도수는 15~20%로 다른 중국술에 비하면 약한 편이다. 색깔은 짙은 갈색이며, 오래 숙성될수록 향이 좋아진다. 보통 따뜻하게 데워서 마시는데, 여름에는 차게 하여 마시기도 한다.

15 다음 중 청주의 주재료는?

가. 옥수수	나. 감자
다. 보리	라. 쌀

해설 청주는 쌀의 속살인 백미(白米)와 누룩, 주모, 물을 넣어 발효시킨다.

16 다음 민속주 중 약주가 아닌 것은?

가. 한산 소곡주	나. 경주 교동법주
다. 아산 연엽주	라. 진도 홍주

해설 진도 홍주는 보리쌀이나 멥쌀을 쪄서 고두밥을 짓고, 밀과 보리를 반반씩 섞어 띄운 누룩을 물과 함께 섞어 술을 빚어 항아리에 담는다. 30~50일 정도의 오랜 발효기간을 거친 뒤 소주고리를 이용하여 소주를 내린다. 이때 술방울이 떨어져 내리면서 술단지에 받쳐둔 지초를 통과하는 과정에서 지초의 색소가 착색되어 빨간 홍옥색의 빛깔을 띠게 된다.

17 고려시대의 술로 누룩, 좁쌀, 수수로 빚어, 술이 익으면 소주고리에서 증류하여 받은 술로 6개월 내지 1년간 숙성시킨 알코올 도수 40도 정도의 민속주는?

가. 문배주	나. 한산 소곡주
다. 금산 인삼주	라. 이강주

해설
- 문배주는 고려 왕건시대부터 제조되어 내려온 평양 일대의 증류식 소주로, 술의 향기가 문배나무의 과일에서 풍기는 향기와 같아 붙여진 이름이다. 원료는 밀, 좁쌀, 수수 등이며, 누룩의 주원료는 밀을 사용한다.
- 한산 소곡주는 감칠맛을 내는 독특한 술맛 때문에 '앉은뱅이'술로 유명하다. 백제 유민들이 나라를 잃고 그 한을 달래기 위하여 빚어 마신 백제 때의 궁중술이다. 만드는 법은 멥쌀로 떡을 쪄서 떡과 누룩가루를 묽게 섞어 아랫목에서 발효시켜 밑술을 만든다. 찹쌀로 다시 술밥을 찌고, 누룩을 밀가루처럼 곱게 진 가루누룩을 준비한다. 시루 맨 밑에 술밥, 그 위에 누룩가루, 그 위에 밑술을 갈아 마치 시루떡처럼 안친 뒤 100일 동안 땅속에 묻어둔다.
- 이강주는 조선 중기부터 전라도와 황해도에서 빚어온 한국의 전통 민속주로 소주에 배(梨)와 생강을 혼합하여 만든 혼성주이다.

18 소주의 특성 중 틀린 것은?

가. 초기에는 약용으로 음용되기 시작하였다.
나. 희석식 소주가 가장 일반적이다.
다. 자작나무 숯으로 여과하기에 맑고 투명하다.
라. 저장과 숙성과정을 거치면 고급화된다.

해설 자작나무 숯으로 여과하는 술은 보드카이다.

19 약주, 탁주 제조에 사용되는 발효제가 아닌 것은?

가. 누룩   나. 입국
다. 조효소제   라. 유산균

해설 약주, 탁주 제조에 사용되고 있는 발효제에는 누룩, 입국, 조효소제 등이 있다.

20 우리나라 민속주에 대한 설명으로 틀린 것은?

가. 탁주류, 약주류, 소주류 등 다양한 민속주가 생산된다.
나. 쌀 등 곡물을 주원료로 사용하는 민속주가 많다.
다. 삼국시대부터 증류주가 제조되었다.
라. 발효제로는 누룩만을 사용하여 제조하고 있다.

해설 증류주인 소주가 우리나라에 빚어지기 시작한 것은 고려와 원나라의 교역이 활발하게 이루어지면서 원나라에서 고려 초기에 도입된 것으로 믿어진다.

21 다음에서 설명하고 있는 술은?

> 고구려의 술로 전해지며, 여름날 황혼 무렵에 찐 차좁쌀로 담가서 그다음 날 닭이 우는 새벽녘에 먹을 수 있도록 빚었던 술이다.

가. 교동법주
나. 청명주
다. 소곡주
라. 계명주

22 조선시대의 술에 대한 설명으로 틀린 것은?

가. 중국과 일본에서 술이 수입되었다.
나. 술 빚는 과정에 있어 여러 번 걸쳐 덧술을 하였다.
다. 고려시대에 비하여 소주의 선호도가 높았다.
라. 소주를 기본으로 한 약용약주, 혼양주의 제조가 증가했다.

해설 조선시대는 고려의 청주, 약주, 증류주(소주)의 전통주체계가 정착되어 이를 빚는 방법과 기술이 더욱 발전된 시기이다.

23 다음 민속주 중 증류식 소주가 아닌 것은?

가. 문배주
나. 삼해주
다. 옥로주
라. 안동소주

해설 삼해주란 찹쌀을 발효시켜 두 번 덧술하여 빚은 약주를 말한다.

24 우리나라 주세법 상 탁주와 약주의 알코올도수 표기 시 허용 오차는?

가. ±0.1%
나. ±0.5%
다. ±1.0%
라. ±1.5%

해설 - 주세법 시행령[시행2017. 3. 30]
제1조(주류의 알코올분)「주세법」제5조
②주류에 대하여는 최종제품의 알코올분 표시도수의 0.5도까지 그 증감(增減)을 허용한다. 다만, 살균하지 아니한 탁주 및 약주의 경우에는 추가로 0.5도의 증가를 허용한다. <개정2010.2.18., 2010.12.30.>

25 문배주에 대한 설명으로 틀린 것은?
  가. 술의 향기가 문배나무의 과일에서 풍기는 향기와 같다하여 붙여진 이름이다.
  나. 원료는 밀, 좁쌀, 수수를 이용하여 만든 발효주이다.
  다. 평안도 지방에서 전수 되었다.
  라. 누룩의 주원료는 밀이다.

해설 - 문배주에 사용되는 누룩은 밀로, 술은 조와 수수를 이용해서 만들어진다.

26 우리나라의 증류식 소주에 해당되지 않는 것은?
  가. 안동 소주   나. 제주 한주
  다. 경기 문배주   라. 금산 삼송주

해설 금산 삼송주는 인삼, 쑥을 이용해 만드는 양조주(발효주)이다.

27 다음에서 설명되는 약용주는?

> 충남 서북부 해안지방의 전통 민속주로 고려 개국공신 복지겸이 백약이 무효인 병을 앓고 있을 때 백일기도 끝에 터득한 비법에 따라 찹쌀, 아미산의 진달래, 안샘물로 빚은 술을 마심으로써 질병을 고쳤다는 신비의 전설과 함께 전해져 내려온다.

  가. 두견주   나. 송순주
  다. 문배주   라. 백세주

28 조선시대의 술에 대한 설명으로 틀린 것은?
  가. 중국과 일본에서 술이 수입되었다.
  나. 술 빚는 과정에 있어 여러 번 걸쳐 덧술을 하였다.
  다. 고려시대에 비하여 소주의 선호도가 높았다.
  라. 소주를 기본으로 한 약용약주, 혼양주의 제조가 증가하였다.

해설 조선시대에는 일본, 중국 등으로 증류주를 수출하였다.

정답									
01 나	02 라	03 나	04 다	05 다	06 다	07 라	08 다	09 나	10 다
11 라	12 라	13 다	14 가	15 라	16 라	17 가	18 다	19 라	20 다
21 라	22 가	23 나	24 다	25 나	26 라	27 가	28 가		

학습 12 음료 활용하기

1 알코올성 음료의 활용

(1) 소주를 활용한 인퓨전Infusion 음료

우리나라의 소주는 인퓨전 음료 제조에 아주 적합한 증류주이다. 위스키, 브랜디, 럼, 보드카와 같은 증류주에 비교하여 깨끗하고 풍부한 맛과 향을 가진 증류주이다. 소주에 재료를 넣고 숙성을 하고 재료를 여과한 이후에 음용하거나 계속 숙성을 한다. 다양한 재료를 사용하여 독특한 특징을 가진 인퓨전 음료를 만들 수 있다.

(2) 비터Bitters

인퓨전 음료와 유사한 비터Bitters가 있는데 히포크라테스 시대부터 사용되어 왔다. 로마시대의 사람들도 쓴맛 나는 스타일의 음료를 갖고 있었고 이탈리아는 비터를 즐기는 사람이 가장 많은 나라이다.

가. 비터의 기원

대부분의 비터가 처음 개발되었을 당시에는 술보다는 소화촉진제, 위장약, 강장제, 해열제 같은 약제로 개발되었다. 특히 약초 종류를 많이 사용하여 대부분이 쓴맛이 많이 난다. 비터는 약으로도 사용되지만 칵테일과 요리를 만들 때 향신료로도 많이 사용된다.

나. 비터의 특징

비터의 특징은 하나 또는 여러 가지의 자연 재료쓴맛을 가진들의 첨가하여 제조되는 데, 기나피Cinchona Bark, 퀴닌, 안젤리카, 용담, 루타Ruta, 혹은 Rue, 마전자Nux Vomica, 아티초크, 대황Rhubarb을 증류시켜 에센셜 오일을 얻거나 중성 증류주에 침용하여 만든다. 비터 베이스는 브랜드에 따라 클로브, 바닐라, 코리앤더, 생강 등을 첨가하여 향을 준다. 그 후, 이 혼합물에 당분을 첨가한다. 대부분의 비터를 제조하는 레시피는 비밀에 싸여 있다.

다. 비터의 부활

비터는 칵테일처럼 인기가 줄어들면서 사라지는 듯하다 칵테일의 인기가 다시 살아나면서 바텐더들이 강력한 향을 조절해 주는 비터에 다시 관심을 갖기 시작했다. 오래된 브랜드의 다수가 이미 사라졌을 수도 있지만 오렌지 비터 같은 스타일들이 다시 사용되기 시작했다.

(3) 플레이버드 스피릿 Flavored Spirits

과일, 야채, 허브, 향초, 견과, 크림, 과자 등 여러 가지 재료에서 추출이 가능한 향미 성분을 사용해 만들어진 플레이버드 스피릿은 스미노프, 앱솔루트 등 보드카를 중심으로 독창적인 풍미가 생겨나고 있다. 플레이버드 스피릿은 맛이 아니라 향을 가리키며, 사용한 재료의 구성에 따라 마신 이후의 여운에 복합적인 풍미를 느낄 수 있다. 1980년대부터 서서히 제품이 출시되고 있지만, 오래 전부터 향미를 가진 진이나 주브루프카 Zubrówka 등 플레이버드 스피릿이라고 할 수 있다. 보드카 이외에도 다양한 향을 가진 플레이버드 럼이 출시되고 있다.

2 비알코올성 음료의 활용

(1) 주스 Juice 와 스무디 Smoothie

칵테일에서 주스는 많이 사용되는 재료이다. 보다 신선하게 재료의 맛을 살리는 칵테일을 만들고 싶으면 싱싱한 과일과 야채를 직접 주스로 만들어서 사용하는 것이 좋다. 보통 야채와 과일로 만든 음료를 모두 '주스'라고 하지만 만드는 방법에 따라 주스와 스무디는 다르다. 주스는 야채와 과일을 짜서 섬유질을 여과한 '즙'을 말하고, 야채와 과일을 갈아서 만든 부드럽고 크림 같은 걸쭉한 형태의 음료를 '스무디'라고 한다.

가. 천연 주스

아무 과일이나 야채를 섞어 주스을 만들어 칵테일에 사용하면 마시기 어려운 맛을 경험한다. 모든 과일과 야채가 주스를 만드는 데 어울리지는 않는다. 맛과 영양에 따라 과일과 야채를 사용하여 주스를 만든다.

나. 천연 스무디

1940년대 미국의 요리책에서 시작된 스무디는 주스에 사용되는 재료의 종류가 다양하다.

과일과 야채 이외에도 견과류, 요거트, 시리얼 등 다채로운 재료로 영양과 맛의 균형을 주며 포만감도 얻을 수 있다. 칵테일에 사용하여 일석이조의 효과를 얻을 수 있다.

(2) 허브 Herb

허브는 약효를 얻을 수 있는 식물의 씨, 꽃잎, 뿌리 등을 건조시켜서 약이나 음식, 음료에 사용한다. 수많은 종류의 허브가 있으며 오감만족을 주는 중요한 역할을 한다. 일종의 치료제로서 소화촉진, 해열, 해독 작용을 하며, 음식과 음료의 맛과 향을 증진시킨다. 허브를 가공하는 방법에 따라 채취하는 시기에 따라 맛과 향이 달라진다.

가. 허브의 역할

허브는 각종 약리 성분을 함유하고 있고 소화, 이뇨, 살균, 항균 작용을 한다. 허브를 식이요법으로 사용하기도 하며 정유精油 성분이나 화학 성분은 인간의 오감을 자극해 기분을 좋게 해주고 식욕을 불러일으킨다. 음식, 차, 칵테일에 어떤 종류의 허브를 사용하느냐에 따라서 맛과 향이 달라진다.

- 음식의 불쾌한 냄새를 없애주고 단맛, 신맛, 매운맛, 쓴맛을 준다.
- 색소 성분이 있어서 착색 작용을 한다.
- 식욕을 자극해 소화 흡수를 돕고 신진대사에 기여한다.

3 홈 메이드 음료

(1) 시럽

칵테일 제조에 많이 사용하는 시럽은 심플 시럽 Simple Syrup과 그레나딘 시럽 Grenadine Syrup 두 가지 종류가 있다. 카페나 레스토랑에서도 다양한 종류의 시럽이 만들어지고 있으며 플레이버드 시럽 Flavored Syrup과 플라워 시럽 Flower Syrup이 인기가 있다.

다양한 시럽이 판매되고 있지만, 다양하면서 소량의 시럽이 필요한 경우, 독창적이고 특별한 시럽을 만들고 싶은 경우, 향료나 첨가물을 사용하고 싶지 않는 경우, 유기농을 지향하는 경우

등이 있기 때문에 시럽을 직접 만드는 바텐더가 늘고 있다.

(2) 탄산수

칵테일에 사용되는 비알코올성 음료 중에 미네랄 워터와 탄산가스가 혼합된 탄산음료를 많이 사용한다. 기존의 제품들은 식물 추출물에 첨가물과 탄산가스를 주입하여 풍미를 살린 탄산음료가 주로 사용되었다면, 요즘은 건강에 대한 관심이 커지면서 탄산수 제조기 구입이 늘어나면서 다양한 재료를 사용한 홈 메이드 탄산수가 인기를 끌고 있다. 이제는 칵테일에 사용되는 탄산수도 건강과 칼로리를 생각하면서 마실 때가 되었다.

가. 탄산수의 효능

(가) 다이어트

탄산수의 탄산가스가 소화 효소가 들어있는 침을 발생시켜 위와 장의 연동 운동을 돕고 포만감을 주어 식사량 조절에 도움을 주며 탄산가스로 장 운동이 활발해진다.

(나) 소화 불량

속이 더부룩할 때 탄산수를 마시면 많은 양의 공기가 위로 들어가 트림을 유도하여 속을 편안하게 해 준다.

(다) 피부 미용

탄산수로 세안을 하면 탄산이 피부에 적당한 자극을 주어 혈액 순환을 도와주며 얼굴의 노폐물을 제거하고 근육에 탄력을 준다고 한다.

2-7. 비알코올성음료 기출문제

01 커피에 대한 설명으로 틀린 것은?

가. 아라비카종의 원산지는 에티오피아이다.
나. 초기에는 약용으로 사용하기도 했다.
다. 발효와 숙성과정을 통하여 만들어진다.
라. 카페인이 중추신경을 자극하여 피로감을 없애준다.

해설

종류	아라비카	로부스타	리베리카
원산지	에티오피아	콩고	라이베리아
생산비율	세계 총생산량의 70%	세계 총생산량의 20~30%	매우 소량
재배조건 및 특징	• 기온 15~24℃ • 표고 800~1,500m • 기후와 토양의 선택성이 강하고, 내병성이 약하다.	• 기온 24~30℃ • 표고 800m 이하에서 재배 가능하다. • 나무의 성장이 빠르며 관리하기 쉽다. • 단위면적당 수확량이 아라비카보다 많다.	• 기온 15~30℃ • 표고 200m 이하에서도 생산이 가능하다. • 수확량이 적고 병에 강하다. • 재배기간이 매우 길다.
나무높이	5~6m	10m	15m
생두의 형태	납작한 타원형	둥글둥글하고 길이가 짧은 타원형	양끝이 뾰족한 곡물 모양
생산국	브라질, 콜롬비아, 페루, 자메이카, 베네수엘라, 코스타리카, 엘살바도르, 인도네시아, 에티오피아, 케냐, 인도 등	콩고, 우간다, 카메룬, 베트남, 마다가스카르, 인도, 타이, 코트디부아르 등	수리남, 라이베리아, 코트디부아르 등

• 아라비아의 저명한 의학인 라제스(850~922)가 10세기에 쓴 의학백서에는 커피나무의 붉은 열매로 즙을 낸 '번컴(Bunchum)'이 소화를 돕고, 심장을 튼튼하게 하며, 여러 의학적 효능을 지녔다는 내용이 있다.
• 커피란 커피나무에 열리는 커피열매(Cherry/Berry)의 씨 부분이다. 이 씨를 원두(Coffee Bean)라 부르며, 원두는 다시 생두(Green Bean)와 볶은 원두(Roasted Bean)로 구분한다.

• 카페인은
① 인체의 에너지 소비량을 증가시켜 비만을 방지한다.
② 아세트알데히드의 분해를 촉진시켜 숙취를 해소한다.
③ 운동능력 향상, 잠을 쫓는 효과, 중추신경을 자극하여 피로감을 없애준다.

02 커피의 3대 원종이 아닌 것은?

가. 아라비카종
나. 로부스타종
다. 리베리카종
라. 수마트라종

해설 커피의 3대 원종은 아라비카종, 로부스타종, 리베리카종이다.

03 다음 중 소프트 드링크(Soft Drink)에 해당하는 것은?

가. 콜라   나. 위스키
다. 와인   라. 맥주

04 커피를 재배하기에 적합한 기후와 토양을 가지고 있어 커피벨트(커피존)이라 불리는 지역은?

가. 적도~남위 25도 사이의 지역
나. 북위 25도~남위 25도 사이의 지역
다. 북위 25도~적도 사이의 지역
라. 남위 25도~남위 50도 사이의 지역

05 커피의 품종이 아닌 것은?
가. 아라비카(Arabica) 나. 로부스타(Robusta)
다. 리베리카(Riberica) 라. 얼그레이(Earl Gray)

해설 • 커피의 3대 원종은 아라비카종, 로부스타종, 리베리카종이다.
• 얼 그레이(Earl Gray)는 19세기 영국의 수상이었던 그레이 백작에게 토머스 트와이닝 또는 로버트 잭슨 중 한 사람이 홍차를 제공했던 것이 기원이며, 정확히 누구였는지는 확실하지 않다. 당시 영국 귀족들에게 인기 있던 중국 푸젠성(福建省) 우이산(武夷山)에서 생산되는 랍상소우총 홍차가 높은 가격에 거래되고 있었는데, 유사품을 만들기 위해 베르가모트 향을 홍차에 입힌 것이 시작이다. 현재 기문이나 랍상소우총, 우바, 아삼 등 홍차에 베르가모트 향을 입힌 제품이 출시되고 있다.

06 탄산음료에서 탄산가스의 역할이 아닌 것은?
가. 당분 분해 나. 청량감 부여
다. 미생물의 발효저지 라. 향기의 변화 보호

해설 탄산음료는 탄산가스가 함유되어 있어 음료에 청량감을 주고, 미생물의 발육을 억제하며, 향기의 변화를 예방한다.

07 생강을 주원료로 만든 탄산음료는?
가. Soda Water 나. Tonic Water
다. Perrier Water 라. Ginger Ale

해설 진저(Ginger)는 생강이라는 뜻이고, 엘(Ale)은 알코올을 뜻하며, 진저엘(Ginger ale)은 생강주를 의미한다. 그러나 우리나라의 진저엘은 알코올분이 전혀 없는 순수한 청량음료이다. 생강의 향을 함유한 탄산음료로서 일종의 자극을 주는 풍미는 식욕증진의 효과가 있으며, 소화를 돕고 정신을 맑게 한다.

08 Tonic Water에 대한 설명으로 옳은 것은?
가. 레몬, 라임, 오렌지, 키니네 껍질 등으로 만든 즙에 당분을 첨가한 음료이다.
나. 커피의 향과 맛을 첨가하여 소화를 도와주고 정신을 맑게 하는 음료이다.
다. 사과를 발효하여 만든 음료로서 알코올 6%
라. 소다수에 레몬주스와 당분을 섞어 만든 음료이다.

해설 토닉 워터(Tonic Water)는 레몬, 라임, 오렌지, 키니네 껍질 등으로 농축액을 만들어 당분을 배합한 것이다.

09 커피 생산량이 가장 많은 나라는?
가. 에티오피아 나. 브라질
다. 멕시코 라. 콜롬비아

해설 커피 생산량은 브라질이 전체 생산량의 약 30%로 1위, 2위는 콜롬비아로 10%이다. 이와 같이 중남미에서 전 세계 생산량의 약 60%를 차지하고 있다.

10 세계의 유명한 광천수 중 프랑스 지역의 제품이 아닌 것은?
가. 비시 생수(Vichy Water)
나. 에비앙 생수(Evian Water)
다. 셀처 생수(Seltzer Water)
라. 페리에 생수(Perrier Water)

해설 셀처 생수(Seltzer Water)는 독일의 위스바덴 지방에서 용출되는 천연 광천수이다.

11 소다수에 대한 설명 중 틀린 것은?
가. 인공적으로 이산화탄소를 첨가한다.
나. 식욕을 돋우는 효과가 있다.
다. 레모네이드 만들 때 넣으면 청량감 효과가 있다.
라. 과즙과 설탕, 소다를 넣어 제조한다.

해설 소다수는 천연광천수 가운데 이산화탄소를 함유한 것을 마시면 혀에 닿는 특유한 자극이 청량감을 주는 데서 인공적으로 이산화탄소를 함유한 물을 고안해 낸 것이 시초이다.

12 세계의 커피 재배 적지라고 불리는 '커피벨트(Coffee Belt)'로 알맞은 것은?
가. 북위 20도와 남위 20도 사이를 말한다.
나. 북위 30도와 남위 30도 사이를 말한다.
다. 북위 30도와 남위 20도 사이를 말한다.
라. 북위 25도와 남위 25도 사이를 말한다.

해설 커피를 재배하고 있는 적도를 낀 남북의 양 회귀선(북위 25도, 남위 25도) 안에 있는 열대와 아열대 지역은 커피를 재배하기에 매우 적합한 기후와 토양을 가지고 있기 때문에 '커피벨트(일명 커피존)'라고 부른다.

13 차와 코코아에 대한 설명으로 틀린 것은?

가. 차는 보통 홍차, 녹차, 청차로 분류된다.
나. 차의 등급은 잎의 크기나 위치 등에 크게 좌우된다.
다. 코코아는 카카오기름을 제거하여 만든다.
라. 코코아는 사이폰(Syphon)을 사용하여 만든다.

해설 코코아는 초콜릿의 원료인 카카오를 이용하여 제조한다.

14 토닉워터(Tonic Water)에 대한 설명으로 틀린 것은?

가. 무색투명한 음료이다.
나. Gin과 혼합하여 즐겨 마신다.
다. 식욕증진과 원기를 회복시키는 강장제 음료이다.
라. 주로 구연산, 감미료, 커피향을 첨가하여 만든다.

해설 토닉워터는 영국에서 처음으로 개발한 무색투명한 탄산음료로 레몬, 라임, 오렌지, 키니네 등으로 농축액을 만들어 당분을 배합한 것이다. 열대지방 사람들의 식욕증진과 원기를 회복시키는 강장음료이다.

15 탄산음료(Carbonated Drink)가 아닌 것은?

가. Collins Mixer   나. Soda Water
다. Ginger Ale   라. Grenadine Syrup

해설 • 그레나딘 시럽(Grenadine Syrup) : 설탕을 만들고 남은 찌꺼기인 당밀에 과일향(석류)을 넣어 만든 붉은색의 달콤한 시럽으로 칵테일 조주 시 많이 사용한다.
• 검 시럽(Gum Syrup) : 백설탕에 물을 넣어 끓인 플레인 시럽(Plain Syrup)에 결정체로 되어 굳는 것을 방지하기위해 아라비아의 검분말을 첨가한 점도가 강한 시럽이다.
• 플레인 시럽(Plain Syrup) = 심플 시럽(Simple Syrup) = 캔 슈가시럽(Can Sugar Syrup)

16 다음 중 비탄산성 음료는?

가. Mineral Water
나. Soda Water
다. Tonic Water
라. Cider

해설 • 무탄산음료(Non-Carbonated Drink)는 자연수로서 탄산가스가 함유되어 있지 않은 음료를 말한다. 물(Pure Water), 광천수(Mineral Water), 에비앙생수(Evian Water) 등이 있다.
• 탄산음료(Carbonated Drink)는 청량감을 주는 탄산가스가 함유된 음료로 콜라(Cola), 소다수(Soda Water), 사이다(Cider), 진저엘(Ginger ale), 토닉워터(Tonic Water) 등이 있다.

17 Dispenser용 Soft Drink 보관방법으로 맞는 것은?

가. 온도차가 큰 곳에 보관한다.
나. 시원하고 그늘진 곳에 보관한다.
다. 햇볕이 들어오는 창가에 보관한다.
라. 열기가 많은 주방에 보관한다.

해설 Dispenser용 청량음료(Soft Drink)는 농축상태에서 제조 시 탄산가스와 섞이게 되는데, 온도차가 큰 곳에 있거나 고온에 방치하면 맛이 떨어지고 변질의 우려가 있다.

18 다음 탄산음료 중 없을 경우 레몬 1/2oz, 슈가시럽 1tsp, 소다수를 사용하여 만들 수 있는 음료는?

가. 시드로
나. 사이다
다. 콜린스 믹서
라. 스프라이트

해설 콜린스 믹스는 레몬과 설탕이 주원료이며, 첨가물로는 액상과당, 탄산가스, 구연산, 구연산삼나트륨, 향료 등이 들어 있다. 카린스 믹스가 없을 경우에 레몬주스 1/2oz, Sugar Syrup 1tsp, Soda Water를 사용하여 만든다.

19 다음 중 카페라떼(Cafe Latte) 커피의 재료로 알맞은 것은?

가. 에스프레소 20~30mL, 스팀 밀크 120mL, 계핏가루 약간
나. 에스프레소 20~30mL, 스팀 밀크 120mL
다. 에스프레소 20~30mL, 스팀 밀크 120mL, 캐러멜시럽 30mL
라. 에스프레소 20~30mL, 스팀 밀크 120mL, 화이트 초코시럽 30mL

> **해설** 카페라떼는 에스프레소를 추출하여 커피 위에 스팀 밀크를 올려준다.

20 진저엘의 설명 중 틀린 것은?

가. 맥주에 혼합하여 마시기도 한다.
나. 생강향이 함유된 청량음료이다.
다. 진저엘의 엘은 알코올을 뜻한다.
라. 진저엘은 알코올분이 있는 혼성주이다.

> **해설** 진저(Ginger)는 생강이라는 뜻이고, 엘(Ale)은 알코올을 뜻하며, 진저엘은 생강주를 의미한다. 그러나 우리나라의 진저엘은 알코올분이 전혀 없는 순수한 청량음료이다.

21 커피의 맛과 향을 결정하는 중요 가공 요소가 아닌 것은?

가. Roasting   나. Blending
다. Grinding   라. Weathering

> **해설** 커피의 맛과 향을 결정하는 중요 가공요소는 로스팅(Roasting), 블렌딩(Blending), 분쇄(Grinding) 등이 있다.
> • 블렌딩(Blending): 서로 다른 2가지 이상의 커피를 섞어 새로운 맛과 향의 커피를 만드는 것이다.
> • 로스팅(Roasting): 산지에서 생산된 그린커피에 새 생명을 불어 넣는 열을 가해속에 잠재되어 있는 독특한 맛과 향기를 발현하는 과정을 의미한다.
> • 그라인딩(Grinding): 원두는 분쇄를 해야만 추출이 가능하고, 분쇄된 입자의 크기에 따라 맛과 향을 좌우한다.

22 수분과 이산화탄소로만 구성되어 식욕을 돋우는 효과가 있는 음료는?

가. Mineral Water
나. Soda Water
다. Plain Water
라. Cider

23 차를 만드는 방법에 따른 분류와 대표적인 차의 연결이 틀린 것은?

가. 불발효차 - 보성녹차
나. 반발효차 - 오룡차
다. 발효차 - 다즐링차
라. 후발효차 - 쟈스민차

> **해설** 쟈스민차는 반발효차로 차 잎에 쟈스민 꽃 향기를 흡착시킨 차로 중국에서 가장 유명한 향기나는 차 중 하나이다.

24 탄산음료의 종류가 아닌 것은?

가. 진저엘
나. 카린스 믹스
다. 토닉워터
라. 리까르

> **해설** 리까르(Ricard)는 페르노에 가까운 리큐어로 아니스의 종자와 감초, 프랑스 지방의 식물을 배합하여 만든 것이다.

25 핸드 드립 커피의 특성이 아닌 것은?

가. 비교적 조리 시간이 오래 걸린다.
나. 대체로 메뉴가 제한된다.
다. 블렌딩한 커피만을 사용한다.
라. 추출자에 따라 커피맛이 영향을 받는다.

26 차나무의 분포 지역을 가장 잘 표시한 것은?

가. 남위 20° ~ 북위 40° 사이의 지역
나. 남위 23° ~ 북위 43° 사이의 지역
다. 남위 26° ~ 북위 46° 사이의 지역
라. 남위 25° ~ 북위 50° 사이의 지역

27 커피 로스팅의 정도에 따라 약한 순서에서 강한 순서대로 나열한 것으로 옳은 것은?

가. American Roasting → German Roasting → French Roasting → Italian Roasting
나. German Roasting → Italian Roasting → American Roasting → French Roasting
다. Italian Roasting → German Roasting → American Roasting → French Roasting
라. French Roasting → American Roasting → Italian Roasting → German Roasting

해설 커피 원두 로스팅 단계(볶음정도) 순서
▶ 그린커피(Green Coffee)
▶ 라이트 로스팅(Light Roasting 196℃)
▶ 시나몬 로스팅(Cinamon Roasting 202℃)
▶ 미디엄(아메리칸) 로스팅(Medium Roasting 208℃)
▶ 하이 로스팅(High Roasting 214℃)
▶ 시티(저먼) 로스팅(City Roasting 220℃)
▶ 풀 시티 로스팅(Full City Roasting 226℃)
▶ 프렌치 로스팅(French Roasting 232℃)
▶ 이탈리안 로스팅(Italian Roasting 238℃)

28 물로 커피를 추출할 때 사용하는 도구가 아닌 것은?

가. Coffee Urn
나. Siphon
다. Dripper
라. French Press

해설 커피언(Coffee urn)은 스테인리스 재질로 된 커피워머기이다.

29 레몬주스, 슈가시럽, 소다수를 혼합한 것으로 대용할 수 있는 것은?

가. 진저엘
나. 토닉워터
다. 칼린스 믹스
라. 사이다

해설 콜린스 믹스(Collins Mix)는 레몬과 설탕이 주원료이며, 첨가물로는 액상과당, 탄산가스, 구연산, 구연산나트륨, 향료 등이 들어 있다. 콜린스믹스가 없을 경우 레몬주스 1/2oz, 슈가시럽 1tsp, 소다워터를 사용하여 만든다.

30 다음 광천수 중 탄산수가 아닌 것은?

가. 셀처 워터(Seltzer Water)
나. 에비앙 워터(Evian Water)
다. 초정약수
라. 페리에 워터(Perrier Water)

31 롱드링크 칵테일이나 비알콜성 펀치 칵테일을 만들 때 사용하는 것으로 레몬과 설탕이 주원료인 청량음료(soft drink)는?

가. Soda Water
나. Ginger Ale
다. Tonic Water
라. Collins Mix

32 세계3대 홍차에 해당되지 않는 것은?

가. 아삼(Assam)
나. 우바(Uva)
다. 기문(Keemun)
라. 다즐링(Darjeeling)

해설 인도 히말라야 산맥 고지대에서 생산되는 다즐링, 중국 안휘성의 기문에서 생산되는 기문, 스리랑카의 중부 산악지대인 우바에서 생산되는 우바 홍차가 세계3대 명차로 꼽히고 있다.

33 4월20일(곡우) 이전에 수확하여 제조한 차로 찻잎이 작으며 연하고 맛이 부드러우며 감칠맛과 향이 뛰어난 한국의 녹차는?

가. 작설차
나. 우전차
다. 곡우차
라. 입하차

34 제조방법상 발효 방법이 다른 차(Tea)는?

가. 한국의 작설차
나. 인도의 다르질링(Darjeeling)
다. 중국의 기문차
라. 스리랑카의 우바

해설 작설차라는 이름은 차나무의 어린잎이 참새 혀끝만큼 자랐을 때 채취하여 만드는 데서 연유하였고 연한 잎을 채취하는 시기는 봄철의 곡우전후로, 이때가 어린잎의 길이가 참새 혀끝만큼 자랐을 무렵이다.

35 다음 중 Bitters란?

가. 박하냄새가 나는 녹색의 색소
나. 칵테일이나 기타 드링크류에 사용하는 향미제용 술
다. 야생체리로 착색한 무색 투명한 술
라. 초콜릿 맛이 나는 시럽

정답

01 다	02 라	03 가	04 나	05 라	06 가	07 라	08 가	09 나	10 다
11 라	12 라	13 라	14 라	15 라	16 가	17 나	18 다	19 나	20 라
21 라	22 나	23 라	24 라	25 다	26 나	27 가	28 가	29 다	30 나
31 라	32 가	33 나	34 가	35 나					

Part 3

고객서비스

[NCS학습모듈]
고객서비스
LM1301020404_17v2, LM1301020409_17v3

고객 서비스 학습모듈의 개요

학습모듈의 목표

- 고객 서비스는 고객 영접, 주문, 서비스, 다양한 편익 제공, 환송, 기초 외국어, 음료 영업장 전문 용어 등 고객에 대한 서비스를 수행할 수 있다.

학습모듈의 내용체계

학습	학습 내용	NCS 능력단위 요소	
		코드번호	요소 명칭
1. 고객 응대하기	1-1. 고객 응대	1301020404_17v2.1	고객 응대하기
		1301020409_17v3.1	기초 외국어 구사하기
2. 주문 서비스 제공하기	2-1. 주문 서비스 제공	1301020404_17v2.2	주문 서비스하기
		1301020404_17v2.3	편익 제공하기
		1301020409_17v3.2	음료 영업장 전문용어 구사하기

학습 1 고객 응대하기

1-1. 고객 응대

> **학습 목표**
> - 고객의 예약사항을 관리할 수 있다.
> - 고객을 영접할 수 있다.
> - 고객의 요구사항과 불편사항을 적절하게 처리할 수 있다.
> - 고객을 환송할 수 있다.
> - 기초 외국어 습득을 통하여 외국어로 고객을 응대할 수 있다.
> - 기초 외국어 습득을 통하여 고객 응대에 필요한 외국어 문장을 해석할 수 있다.
> - 기초 외국어 습득을 통해서 고객 응대에 필요한 외국어 문장을 작성할 수 있다.

1 고객의 개념 및 정의

'고객'의 어원적 정의를 살펴보면 한자어로 顧돌아볼 고, 客손 객으로 客은 사람, 상객常客, 항상 찾아오는 단골손님, 단골손님, 손님 등의 뜻을 가지고 있다. 따라서 고객이란 불특정 다수의 사람을 상객으로 모시고, 단골손님으로 만들어 항상 돌보고, 생각하고, 찾아보고, 사랑하고, 보살펴야 하는 존재라고 정의할 수 있다.

2 서비스의 개념 및 정의

서비스란 고객이 원하는 바를 고객이 원하는 방식대로 제때에 제공하는, 만족을 주는 일련의 과정을 일컫는다.

식음료 서비스는 물적 서비스, 인적 서비스, 시스템적 서비스 등으로 구분할 수 있는데, 물적 서비스는 영업장에서 판매되는 식사와 음료food & beverage, 시설, 장비 등을 의미하며, 인적 서비스는 일반적인 서비스의 개념으로서 고객의 만족과 편익을 위해 제공되는 직원들의 모든 활동을 의미한다고 볼 수 있다.

(1) 서비스인의 갖추어야 할 마음가짐

① 확고한 직업 의식을 가져야 한다.
② 항상 고객의 입장에서 생각하여야 한다.
③ 고객의 마음에 들도록 노력해야 한다.
④ 긍정적인 사고를 가져야 한다.
⑤ 고객에 따라 서비스가 달라지지 말아야 한다.
⑥ 끈기를 가지고 자신감을 가져야 한다.
⑦ 항상 반성하고 개선의 의지를 갖추어야 한다.

(2) 서비스의 4대 요소

① **신속 Speed** : 고객의 일부터 신속하게 처리하여 고객을 기다리게 하지 않는다.
② **정중 Sincerity** : 정중한 마음으로 고객의 가치를 높여준다.
③ **정확 Accurate** : 고객의 말을 정확하게 이해하고 실천한다.
④ **스마일 Smile** : 밝게 웃는 얼굴로 고객의 방문을 환영한다는 이미지를 심어주어야 한다.

3 식음료 서비스의 특성

식음료 서비스에서는 아무리 컴퓨터가 도입되고 기계화 및 자동화가 실행된다고 할지라도 종사원과 고객 간의 접촉 과정이 가장 큰 비중을 차지한다. 따라서 식음료 서비스는 무형의 인적 서비스를 주요 상품으로 판매하기 때문에 일반 제조업과는 매우 상이한 다음과 같은 특징을 가지게 된다.

(1) 무형성 보거나 만질 수 없다.

서비스는 제품에 비교하여 실체가 없으므로 서비스를 직접 경험하기 전에는 파악이 곤란하고, 비교 분석 등의 테스트나 품질의 측정이 용이하지 않다.

(2) 생산과 소비의 동시성 생산과 소비가 동시에 일어난다.

서비스는 공간적으로 서비스 기업 내에서 생산과 이용이 동시에 이루어지는 특성을 가지고 있다. 또 시간적으로도 고객의 참여 속에서 생산과 소비가 거의 동시에 이루어지는 특성이 있다. 이것을 생산과 소비의 동시성, 또는 비분리성이라고도 한다.

(3) 이질성 품질이 일정하지 않다.

일상생활 속에서 동질적인 제품을 접하는 경우가 많다. 이런 동질적인 제품들은 대부분 유형화된 것들이다. 그러나 서비스는 이질적이다. 이것은 서비스의 수행 과정이 동일하지 않고 많은 변화가 이루어진다는 의미이다.

(4) 소멸성 판매되지 않은 서비스는 사라진다.

상품은 판매가 되지 않으면 재고로 보관하여 재판매가 가능하며, 판매가 되면 소유권이 이전되지만, 판매가 되지 않은 서비스는 추후 사용할 목적으로 보관 또는 저장할 수 없으며, 시간과 함께 자동 소멸되어 반복 사용이나 소유권 이전이 안 된다.

4 서비스직의 기본 요건

(1) 일반적 요건

식음료 서비스는 고객에 대한 음식과 음료의 판매 행위와 그에 따른 물적·인적 서비스를 제공하는 대표적인 서비스 산업이다. 따라서 식음료 서비스 종사원은 항상 깨끗하고 예의 바르며 자신의 직업관 확립과 올바른 정신 자세를 갖도록 하여 서비스 업무를 성실히 수행할 수 있어야 하며, 서비스직의 기본 정신인 봉사성, 청결성, 능률성, 경제성, 정직성, 환대성 등의 일반적 요건을 잘 갖추어야 한다.

(2) 실제적 요건

레스토랑 종사원의 복장과 용모는 그 식당의 이미지를 대표하며, 접객 태도는 그 레스토랑의 품위를 대변한다고 할 수 있다. 따라서 종사원들은 근무에 임하기 전에 자신이 갖추어야 할 몸가짐을 점검하는 자세를 습관화하여 항상 고객에게 깨끗하고 단정한 인상을 주도록 하는 것이 종사원으로서의 실제적 요건이라 할 수 있다.

5 고객의 불평 처리

고객의 불평은 소비자의 소비 경험에 대한 평가에서 시작되어 그 경험에 대한 모든 비행동적이거나 행동적인 반응을 마친 시점까지 지속된다는 것이다. 또 소비자의 불평 행동을 구매 경험에 따른 반응과 비행동적 반응을 포괄하는 복합적 반응이라고도 한다.

고객의 불만족을 어떤 방법으로 처리할 것인가에 따라 기업의 성패가 좌우될 수도 있는 상황이다.

6 고객 응대에 필요한 기초 영어

바 종사원들은 고객과 직접 접하고 있으므로 고객이 느끼는 만족도에 크게 영향을 미친다. 고객 응대에 필요한 기본적인 표현들을 익힘으로써 바 서비스 직무를 원만히 수행하고 고객 만족도를 높일 수 있다.

(1) 예약과 안내

가. 전화로 좌석 예약을 받을 때

G : I'd like a table for two
　　두 사람이 앉을 자리를 예약하고자 합니다.

W : Certainly, Sir. For what day?
　　그러시죠, 며칠로 하시겠습니까?

G : For today.
　　오늘로 예약하겠습니다.

W : For today. And for what time?
　　오늘이죠. 시간은 몇 시로 하시겠습니까?

G : For about seven thirty.
　　약 7시 30입니다.

W : Seven thirty. And how many sir?
　　7시 30분으로 모두 몇 분이십니까?

G : Four people.
　　네 사람입니다.

W : That would be fine.
　　네 분이면 예약이 가능하겠습니다.

G : Could I have your name, please?
　　성함을 말씀해 주시겠습니까?

W : James.
　　제임스입니다.

G : Could you spell your name, please?
　　성함을 스펠링으로 말씀해 주시겠습니까?

W : Yes, James. J-A-M-E-S. It's my first name.
　　그러죠. James. J-A-M-E-S. 제 퍼스트 네임입니다.

　　■ 이상의 예문에서 본 바와 같이 예약 순서는 ① 시간, ② 날짜, ③ 인원을 묻고 끝에 가서는 이름을 스펠링으로 묻는다. 이상의 과정이 다 끝나면 예약을 받은 종사원은 다음과 같은 요령으로 복창하여 손님에게 확인을 시킨다.

W : May I repeat your reservation for sure?
　　예약 사항을 확실히 하기 위하여 다시 말씀드리겠습니다.

It's a table for 4 people for tomorrow night at Seven thirty in the name of Mr. James.
　　내일 밤 7시 30분 네 분이시고, Mr. 제임스 이름으로 예약되었습니다.

나. 고객 응대 첫인사

- Good afternoon, sir / madam.
　　안녕하십니까?
- Welcome to our restaurant.
　　어서 오십시오.(저희 레스토랑에 오신 것을 환영합니다.)
- How many persons, please?
　　몇 분이십니까?

- Good morning, sir. A table for two?
    안녕하십니까? 두 분이십니까?
- W : Do you have a reservation, sir?
    예약을 하셨습니까?
- G : Yes.
    예.
- W : May I have your name, please?
    성함을 말씀해 주시겠습니까?

다. 단골고객 응대

- Mr. James, welcome back.
    제임스 씨, 다시 와주셔서 감사합니다.
- We are very happy to see you again.
    다시 뵈니 기쁩니다.
- Good morning, sir. It's very nice to see you again.
    안녕하십니까? 다시 뵈니 기쁩니다.
- Thank you. It's good to be back.
    다시 와 주셔서 감사합니다.

라. 고객 테이블 안내

- This way, please.
    이쪽으로 오십시오.
- Shall I show you the way?
    안내해 드리겠습니다.
- Would you like to come this way?
    이쪽으로 오시겠습니까?
- I'll show you to your new table.
    다른 자리로 안내해 드리겠습니다.
- Is this all right for you, sir?
    이 자리가 괜찮겠습니까?

W : I'll show you to your table. This way, please. Is this fine ?
　　손님 자리로 안내하겠습니다. 이쪽으로 오십시오. 이 자리가 괜찮겠습니까?

G : O. K. That'll be fine.
　　예. 됐습니다.

(2) 영업시간을 말할 때

G : When does the restaurant open?
　　레스토랑은 언제 오픈합니까?

W : The restaurant opens at 11 a.m.
　　오전 11시입니다.

G : When does the restaurant open the breakfast?
　　아침 식사는 언제부터 됩니까?

W : It opens for breakfast from 6 a.m. untill 10 a.m.
　　오전 6시에서 오전 10시까지입니다.

G : What are the restaurant's hours?
　　레스토랑의 영업 시간은 몇 시까지입니까?

W : Opening hour are from 11 a.m. untill 10 p.m.
　　오전 11시부터 오후 10시까지입니다.

(3) 작별 인사

가. 헤어질 때

- I hope to see you again.
- Good-bye. See you Friday.
- See you again soon / then, or later.
- Say hello to Bill.
- Take care of yourself.
- Good-bye / Bye / So long.

나. 주말의 인사

- Have a nice weekend.
- Good-bye. See you next week.
- Good-bye. I'll see you Monday.
- Bye. See you Monday.

다. 여행하는 사람을 전송할 때

- Good-bye. I hope you have a nice trip.
- Good-bye. Have a nice time.
- Enjoy your trip.
- Please come back soon. I'll miss you.

학습 2 주문 서비스 제공하기

2-1. 주문 서비스 제공

학습 목표
- 음료 영업장의 메뉴를 파악할 수 있다.
- 음료 영업장의 메뉴를 설명하고, 주문 받을 수 있다.
- 고객의 요구나 취향, 상황을 확인하고, 맞춤형 메뉴를 추천할 수 있다.
- 고객에 필요한 서비스 용품을 제공할 수 있다.
- 고객에 필요한 서비스 시설을 제공할 수 있다.
- 고객 만족을 위하여 이벤트를 수행할 수 있다.
- 음료 영업장 시설물과 조주 기구를 외국어로 표현할 수 있다.
- 다양한 음료를 외국어로 표현할 수 있다.
- 다양한 조주 기법을 외국어로 표현할 수 있다.

1 주문의 정의

주문이란 품명, 수량, 모양, 크기 등을 일러주고 제작, 의뢰하는 것을 의미하지만, 식당에서의 주문이란 고객의 기호와 취향에 맞게 판매 가능한 상품을 제공하기 위한 고객과의 계약 행위라고 할 수 있다. 따라서 서비스 요원들은 주문 접수에 필요한 충분한 상품 지식과 세련된 판매 기법을 습득하여 효과적인 상품 선전과 적극적인 판매 활동 등을 할 수 있는 자세를 갖추어야 한다.

(1) 판매자의 필수 조건

① 고객에게 상품요리, 음료에 대한 정확한 정보를 전달할 수 있어야 한다.

② 항상 미소 띤 얼굴로 서비스와 친절을 판매한다는 것을 잊어서는 안 된다.
③ 상품 가격을 파는 것이 아니라 상품의 가치를 팔아야 한다.
④ 레스토랑의 전체적인 분위기를 함께 판매해야 한다.

(2) 식음료 주문 순서

상기 순서는 양식당의 풀 코스full course 주문을 기준으로 나열한 것이며, 식당의 종류, 메뉴의 종류 및 내용, 고객의 선택 등에 따라 주문 순서와 서비스가 달라진다.

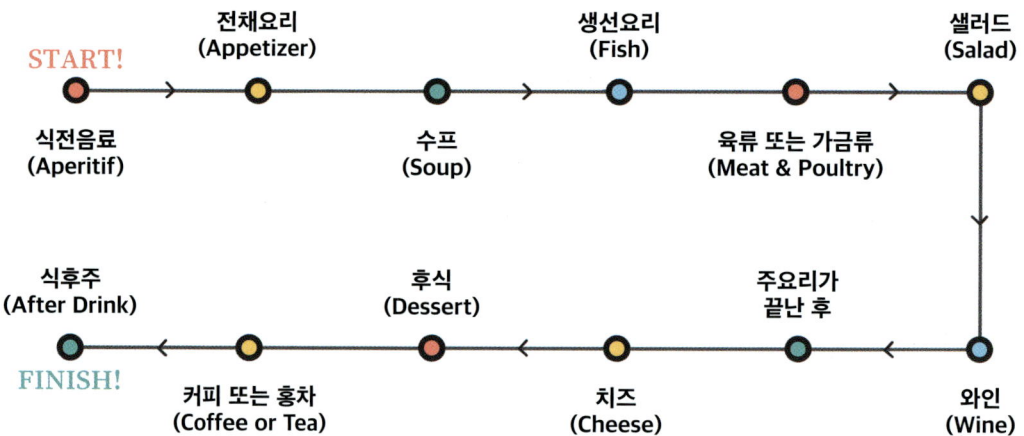

❷ 메뉴의 역사 및 정의

(1) 메뉴의 역사

메뉴의 유래는 정확하다고는 할 수 없지만 메뉴의 어원은 라틴어의 미누투스minutus에서 유래한 말로 이것은 영어의 미누트minute에 해당되는, 아주 작은 표small list라는 뜻이다.

(2) 메뉴의 정의

「Webster's Dictionary」에 의하면 메뉴란 "A detailed list of the foods served at a meal"이라 설명되어 있고, 「The Oxford Dictionary」에서는 "A detailed list of the dishes to be served at a banquet or meal"로 설명되어 있다. 즉 '식사로 제공되는 요리를 상세히 기록한 차림표'라 할 수 있다.

3 메뉴의 기능 및 역할

(1) 메뉴의 기능

메뉴는 판매 도구이다. 메뉴에는 영업 품목과 가격, 서비스 제공 방법이 상세히 기록되어 있기 때문에 웨이터의 상세한 서비스보다 메뉴를 대함으로써 그 식당의 분위기와 영업 행위를 파악할 수 있다. 따라서 메뉴는 고객의 욕구를 충족시켜 줄 수 있는 방향으로 구성되어야 하며, 내용이나 가격 설정에 있어서도 고객의 입장에서 세심한 관찰이 이루어져야 한다.

가. 판매 도구 기능

① 레스토랑의 판매는 메뉴로부터 시작된다.
② 메뉴는 무언無言의 판매자이며, 가장 중요한 판매 수단이다.
③ 메뉴는 고객으로 하여금 식욕을 자극하여 판매를 촉진시켜 준다.

나. 레스토랑의 얼굴과 상징 기능

메뉴는 레스토랑의 수준을 나타내 주고, 레스토랑의 운영 상태를 보여 준다. 바꾸어 말하면, 메뉴는 레스토랑의 상징이며 얼굴인 셈이다.

다. 커뮤니케이션 기능

메뉴는 레스토랑과 고객을 연결해 주는 커뮤니케이션 수단이다. 메뉴에는 음식의 품목과 가격, 서비스 제공 방법이 상세히 기록되어 있기 때문에 고객은 서비스 요원의 상세한 설명보다 메뉴를 대함으로써 그 레스토랑의 분위기와 영업 본질을 파악할 수 있다.

라. 레스토랑 리더 기능

메뉴는 레스토랑 경영과 관련된 모든 부문에 있어서 기준 역할을 한다. 때문에 메뉴는 레스토랑 경영에 있어서 리더이며 근원이다. 즉, 고객에게 제공할 음식의 그룹을 정하고, 아이템의 수, 아이템의 이름, 아이템의 설명 그리고 가격 결정 등을 결정하는 것을 말한다.

(2) 역할

일반적으로 메뉴는 레스토랑에서 제공하는 식료와 음료를 기록하여 고객에게 알리는 단순한 역할 정도만 생각한다. 그러나 메뉴는 식음료 운영의 모든 과정에 영향을 미친다. 즉 식재료의 구매, 검수, 저장, 준비, 생산, 판매, 분식, 피드백feedback 등 일련의 과정을 포함하고 있다.

① 고객과 영업장을 연결한 판매 촉진의 모체로서 판매원의 역할
② 고객에게 메뉴에 있는 식음료를 제공하겠다는 계약서의 역할
③ 고객에게 식음료를 판매하는 데 있어서 자세한 설명을 제공하는 설명서의 역할
④ 고객과의 의사소통을 위한 중요한 마케팅 도구의 역할
⑤ 기업주로 하여금 제공되는 상품의 생산 과정, 원가 관리, 투자 범위 등의 역할
⑥ 식당의 개성 표현과 이미지 조성의 역할
⑦ 요리 연구의 자료 역할
⑧ 서비스의 약점 보강을 위한 유형화 역할 등을 메뉴의 역할에서 제시하기도 한다.

4 메뉴의 특성

(1) 상품의 특성

① 식음료 상품은 부패성이 강한 특징을 가지고 있다.
② 장소적인 제약을 받는다.
③ 시간적 제약을 받는다.
④ 외식 산업은 영업장의 시설과 분위기 등에 영향을 받는다.

5 메뉴의 분류

(1) 변화 정도에 의한 구분

메뉴가 교체되는 빈도에 따라 일정기간6개월 또는 1년 동안 반복적으로 제공되는 고정 메뉴와 일정한 주기로 바뀌는 순환 메뉴로 구분할 수 있다.

가. 고정 메뉴 Static Menu, Fixed Menu

고정 메뉴는 일정 기간 동안 메뉴 품목이 변하지 않고, 새로운 메뉴가 등장하기 전까지 몇 개월 또는 그 이상 사용되는 메뉴이다.

나. 순환 메뉴 Cycle Menu

일정한 주기 또는 계절에 맞추어 교체하는 메뉴이다. 메뉴에 변화를 주어 고객에게 신선함을 제공할 수 있고, 계절에 따라 메뉴 조정이 가능한 장점이 있다.

(2) 식사 내용에 의한 구분

레스토랑에서 제공하는 음식의 종류는 식사 내용 및 가격에 따라 크게 정식요리 메뉴와 일품요리 메뉴, 그리고 이 두 가지를 혼합한 콤비네이션 메뉴로 구분된다.

가. 정식 요리 메뉴 Table d'Hote, Full course Menu

전채, 수프, 생선, 육류, 샐러드, 후식, 커피의 순서가 표준이다. 일반적으로 미각, 영양, 분량을 고려하여 구성되는데, 5~9코스가 보통이다. 정식 요리定食料理 메뉴의 특징을 살펴보면 다음과 같다.

① 메뉴가 정해져 있어 선택의 폭이 좁다.
② 제공되는 메뉴 아이템의 구성이 한정되어 있다.
③ 메뉴에 대한 지식이 없어도 주문하기가 쉽다.

나. 일품 요리 메뉴 A La Carte Menu

메뉴의 구성은 정식 메뉴의 순으로 되어 있으나, 각 코스별로 여러 가지의 종류를 나열해 놓고, 고객의 기호에 맞는 음식을 한 아이템씩 선택할 수 있도록 만들어진 메뉴이다. 각 아이템에 가격이 정해져 있어 고객이 선택한 아이템에 대한 가격만을 지불하면 된다. 일품 요리 一品料理 메뉴의 특징은 다음과 같다.

① 제공되는 메뉴 아이템이 다양하다.
② 고객의 기호에 따라 메뉴를 선택할 수 있다.
③ 메뉴 아이템의 종류가 많아 식자재의 관리가 어렵다.
④ 가격이 정식보다 비교적 비싼 편이다.

다. 콤비네이션 메뉴 Combination Menu

정식 요리 메뉴와 일품 요리 메뉴의 장점만을 혼합하여 만든 것으로 최근에 많이 선호되는 메뉴이다. 콤비네이션 메뉴의 특징을 살펴보면 다음과 같다.

① 타블 도트와 알 라 카트의 혼합으로 다양성을 제공할 수 있다.
② 고객의 기호에 따라 선택의 폭이 넓다.
③ 고객의 식습관 변화나 트렌드 변화를 적절하게 반영할 수 있다.

(3) 식사 시간에 의한 구분

메뉴는 유형에 따라 그 범위가 다양하다. 식사 시간에 따른 기본적 메뉴의 유형은 조식, 브런치, 중식, 석식 등으로 구분되며, 성수기의 식자재와 조리장의 창의성에 따른 특별 메뉴가 있다.

가. 조식 메뉴 Breakfast Menu

조식 메뉴는 시간적으로는 7~10시에 제공되며, 신속·간단·저렴한 특징이 있다. 조식은 대체로 가벼운 요리로서 커피, 주스, 빵, 계란 요리, 시리얼, 팬케이크, 과일 등을 제공하며 하루 일과의 시작으로 신속하고 효율적이며 경쾌하고 즐거운 분위기를 조성하는 노력이 필요하다.

(가) 미국식 조식 American breakfast

미국식 조식 America breakfast은 과일, 주스류, 시리얼cereal: 곡물 요리, 달걀요리eggs, 케이크류, 핫케익hot cake, 음료, 빵, 토스트, 샐러드, 커피, 베이컨, 햄, 소시지를 기본적으로 제공하지만 모든 아이템이 선택적으로 주어지는 세트 메뉴이다.

(나) 유럽식 조식 European breakfast

유럽식 조식은 계란 요리가 포함되지 않고 빵, 주스, 커피 정도로 간단히 하는 식사이다. 호텔 객실료 책정 방법 중 콘티넨탈 플랜continental plan이라고 하여, 객실료에 아침 식사 요금이 포함된 형식으로 유럽에서 많이 사용하고 있다.

(다) 한식 조식 Korean breakfast

내국인을 위한 한식 조식은 밥과 국, 생선구이, 세 가지의 나물과 김치, 계절 과일과 인삼차 등으로 구성되어 있다.

(라) 일식 조식 Japanese breakfast

일본 단체 관광객을 위해 준비된 메뉴로서 밥과 된장국, 야채 조림, 절임류, 생선구이, 김, 계절 과일, 일본식 녹차 등으로 구성되어 있다.

(마) 조식 뷔페 Breakfast Buffet

조식 뷔페는 이른 아침 조찬 모임이나 단체 관광객의 식사 시간을 고려해 만든 메뉴이다. 찬요리와 더운 요리 그리고 빵과 음료로 구분한다.

나. 브런치 메뉴 Brunch Menu

블랙퍼스트breakfast와 런치lunch가 합쳐진 용어로 공휴일에 늦게 일어난 고객들을 위한 메뉴이다. 아침 겸 점심 메뉴가 혼합된 것으로 보통 10부터~12시까지 제공되는 요리를 말한다.

다. 중식 메뉴 Lunch Menu

중식 메뉴는 보통 코스가 복잡하지 않고 저녁보다 가볍게 구성된다.

(4) 행사 내용에 의한 분류

가. 축제 메뉴 Festival menu

축제 메뉴gala & festival menu는 특정 나라의 축제일이나 기념일에 특별히 제공되는 메뉴로, 예를 들면 추수 감사절 때의 칠면조 요리 같은 것이다.

나. 오늘의 메뉴 Today's menu

오늘의 메뉴daily special menu는 요일별·주별 또는 월별로 메뉴를 다양하게 세트화하여 고객의 욕구 변화를 충족시켜 줄 수 있는 메뉴이다.

다. 계절 메뉴 Seasonal menu

계절 메뉴seasonal menu는 성수기인 계절의 재료를 선정하여 짧게는 1주에서 길게는 2~3개월까지 판매하는 메뉴이다.

6 이벤트의 어원 및 정의

(1) 이벤트의 어원과 개념

이벤트의 어원은 라틴어 e-(out, 밖으로)와 venire(to come, 오다)의 합성어로 '밖으로 나오다'는 을 의미한다. 처음에는 evenire에서 eventus로, 그 후 event로 바뀌게 되었다.

롯데시그니엘호텔 프로포즈 이벤트

(2) 이벤트의 정의

이벤트의 구성요소와 특성을 바탕으로 한 이벤트의 정의는 다음과 같다.

> 주어진 기간 동안 정해진 장소에 사람을 모이게 하여 사회·문화적 경험을 제공하는 행사 또는 의식으로서, 긍정적 참여를 위해 비일상적으로 특별히 계획된 활동

(3) 이벤트의 구성 요소

이벤트를 구성하고 있는 요소는 매우 다양하나, 그 중에서도 이벤트의 개최와 운영을 위해 반드시 필요한 몇 가지 요소가 있다. 이러한 구성 요소들은 각종 이벤트를 기획할 때 고려되

어야 할 중요한 요인으로 작용되고 있으며, 그 중 다음의 구성 요소는 이벤트 성패를 좌우하는 기본 요소로 인식되고 있다.

가. 이벤트의 기간

이벤트가 언제when 개최되느냐 하는 것은 매우 중요한 사항이라고 할 수 있다. 이는 참가자의 관심과 접근성을 최대화하거나 또는 제한시킬 수 있는 중요한 요소로 인식되고 있다. 따라서 이벤트 개최 기간을 설정하기 위해서는 계절별 특성, 시간대별 특성, 개최 횟수 등이 고려되어야 한다.

나. 이벤트의 장소

이벤트의 개최 장소는 이벤트 참가 대상자에게 접근성을 부여하는 직접적인 요소라 고 할 수 있다. 모든 이벤트는 개최되는 장소가 정해져 이 장소에 참가자들이 모이게 되는 것이다. 따라서 이벤트가 어디에서where 개최되느냐에 따라 이벤트 참가자의 구성 또는 분포가 달라질 수 있다.

(4) 이벤트의 특성

가. 계획성

흔히 우리가 사용하고 있는 이벤트라는 용어는 서구 사회에서 "특별한 이벤트special event"라는 말로 가장 많이 통용되고 있다. 즉 이벤트란 '주어진 시간에 특정 목적을 달성하기 위하여 인위적으로 행해지는 계획된 행사'라는 개념을 지니고 있다. 이는 자연적으로 발생하는 일을 이벤트라고 부를 수 없는 이유이기도 하다. 따라서 홍수, 지진, 등과 같이 자연적으로 발생하는 사건을 이벤트라고 칭할 수 없으며, 운동 경기나, 축제 등과 같이 인위적으로 특별히 계획된 활동만을 이벤트라고 부를 수 있는 것이다.

나. 비일상성

긍정적인 개념과 인위적으로 계획된 개념을 지니고 있다 하더라도, 일상적으로 행해지는 활동이거나 일상생활 주변에서 늘 접할 수 있는 것이라면, 이는 일반적으로 통용되는 이벤트의 범주에서 벗어난다고 할 수 있다. 출퇴근이나 매일 접하게 되는 아침 식사, 또는 일상적인 과정의 업무 처리 등을 이벤트라고 부를 수 없는 이유이다.

7 주문 서비스에 필요한 기초 영어

바에서 종사하는 모든 구성원들은 고객들과 가장 밀접하게 접해 있는 서비스맨으로서, 고객의 요구에 즉각적으로 대응할 수 있어야 한다.

(1) 주문 받기

가. 주문을 받을 때

- May I take your order?
  주문하시겠습니까
- May I take your order for your main dish now?
  주요리를 지금 주문하시겠습니까
- Could you call a waiter when you are ready to order?
  주문하시고 싶을 때 웨이터를 불러 주십시오
- What would you like to order, sir?
  어떤 요리를 주문하시겠습니까

나. [주문 DIALOG 1] May I take your order?

W : May I take your order, please?

G : Yes. We'll have some bacon and soft scrambled eggs.

W : Very well, sir. How'd you like to have your bacon done, sir?

G : Have it done very crispy for both of us.

W : Very well, sir.

다. [주문 DIALOG 2] May I suggest our bulgogi?

G : What would you recommend?

W : May I suggest our bulgogi? Many people like it.

G : What is bulgogi?

W : It's thin slices of beef that you broil at your table.

G : Is it hot?

W : No, sir. It's very mild. It's served with rice and kimchi. some kinds of kimch are pretty spicy.

G : OK. Let me give it a try.

W : Yes, sir. What would you like to drink? Beer goes very well with this.
G : Fine. Bring two beer.

라. [주문 DIALOG 3] What would you like to drink?

W : And What would you like to drink?
G1 : I'll have coffee.
W : Thank you, sir.
W : How about you, Mr. James?
G2 : Make mine cheese omelet and a slice of ham.
　　　A glass of tomato juice, too.

(2) 좌석이 없을 때

- I'm sorry, the bar is full now.
- We may be able to seat you in about half a hour.
- You may wait in the lounge if you like and we'll call you when we have a seat.
- Would you care to have a soft drink in the lounge while you're waiting?
- I'm sorry, but the bar is fully booked tonight.

(3) 주문한 상품이 없을 때

- I'm afraid it is not on our breakfast menu.
  죄송합니다만 그것은 저희 아침 메뉴에 없습니다.
- I'm afraid We don't have your order on our menu.
  죄송합니다. 손님이 주문하신 요리는 저희 메뉴에는 없습니다.

W : I'm sorry, spaghetti is not on the menu.
　　죄송합니다. 스파게티가 저희 메뉴에는 없습니다.
G : Can you make some for me?
　　특별히 만들어 줄 수는 없습니까?
W : Just a moment, please. I'll ask.
　　We can make some for you.
　　잠시 기다려주십시오. 물어 보겠습니다.
　　손님이 주문하신 요리는 별도로 만들어 드리겠습니다.

(4) 추천하기

- I would recommend some brandies.
- Our wine is very good.
- Perhaps you'd like this.
- These are very nice.
- We guarantee its quality.

(5) 계산하기

- Would you pay the bill, now?
- How would you like to pay, sir?
- We accept most credit cards except cash cards.
- Would you like separate checks?
- I am sorry, we cannot get approval for the card. Do you have any other card?
- Check the amount and your signature, please.
- Here's your receipt.

You will become a Good Bartender!

학습 3 술과 건강

1 술의 작용

① 자극작용

② 살균작용

③ 중추신경 억제작용

④ 에너지의 공급

2 알코올의 작용

우리 몸에는 뇌의 명령에 따라 슬픔, 우울 등의 감정을 유발하게 하는 아세틸콜린Acetyl Choline과 우리의 마음을 들뜨게 하는 아민류Amines라는 두 가지의 신경전달물질이 있는데 이들은 조화를 이루면서 감정을 나타낸다.

① **아세틸콜린**Acetyl Choline : 슬픔, 우울 등의 감정을 유발시키는 신경전달물질

② **아민류**Amines : 승리감이나 행복감을 느끼게 하는 신경전달물질

3 숙취를 다스리는 법

과음한 다음날 심한 숙취로 갈증과 설사, 두통 등의 고통을 견디기 힘들 정도면 의사에게 도움을 청해야 한다. 병원에 가기 어려운 경우 다음과 같은 방법을 쓰면 회복하는 데 도움이 된다.

① 위 속에 남아 있는 알코올 찌꺼기를 토해낸다.

② 토했으면 위장약을 먹도록 한다.

③ 잘 토해지지 않으면 따뜻한 물에 꿀을 진하게 타서 마신다.

④ 가을에는 따뜻한 차를 몇 잔 마신다.

⑤ 잘 익은 홍시를 먹는다.
⑥ 따뜻한 물로 목욕을 한다. 너무 뜨거운 열탕이나 사우나는 좋지 않다.
⑦ 지압을 한다.

4 숙취해소 음식

① **선짓국** : 선짓국에는 흡수되기 쉬운 철분이 많고, 단백질이 풍부하다. 콩나물, 무 등이 영양의 밸런스를 이루며 피로한 몸에 활력을 주고 주독을 풀어준다.

② **콩나물국** : 콩나물은 최고의 해장국! 콩나물 속에 다량으로 함유되어 있는 아스파라긴은 간에서 알코올을 분해하는 효소의 생성을 돕는다. 숙취에 탁월한 효과가 있으며 특히 꼬리부분에 많이 들어있다.

③ **북엇국** : 다른 생선보다 지방함량이 적어 맛이 개운하고 혹사한 간을 보호해 주는 아미노산이 많아 숙취 해소에 그만이다.

④ **조갯국** : 조개 국물의 시원한 맛은 단백질이 아닌 질소화합물 타우린, 베타인, 아미노산, 핵산류와 호박산 등이 어울린 것이다. 이 중 타우린과 베타인은 강정효과가 있어 술 마신 뒤에 간장을 보호해 준다.

⑤ **굴** : 굴은 비타민과 미네랄의 보고이다. 옛날부터 빈혈과 간장병 후의 체력회복에 애용되어 온 훌륭한 강장식품이다. 과음으로 깨어진 영양의 균형을 바로잡는 데 도움을 준다.

⑥ **야채즙** : 산미나리, 무, 오이, 부추, 시금치, 연근, 칡, 솔잎, 인삼 등의 즙은 우리 조상들이 애용해 왔던 숙취 해소 음식으로 간장과 몸에 활력을 불어넣어 준다. 오이즙은 특히 소주 숙취에 좋다.

⑦ **감나무잎차** : 감나무잎을 따서 말려두었다가 달여 마시면 '타닌'이 위점막을 수축시켜서 위장을 보호해 주고 숙취를 덜어준다.
⑧ **녹차** : 녹차잎엔 폴리페놀이란 물질이 있다. 이것이 아세트알데히드를 분해하는 데 많은 도움을 주므로 숙취효과가 크다. 진하게 끓여 여러 잔 마신다.
⑨ **굵은소금** : 굵은소금을 물에 타 마시면 술 마신 뒤 숙취 해소도 도와주고 변비도 줄여준다. 이는 유산마그네슘이란 성분이 담즙의 분비를 도와주기 때문이며, 굵은소금천일염만이 효과가 있다.

5 건강을 지키는 음주수칙

① 과음, 폭음을 피하라.
② 첫잔은 오래, 그리고 천천히!
③ 술! 섞어 마시지 말자.
④ 술에는 장사가 없다.
⑤ 간은 휴식이 필요하다.
⑥ 약과 함께 절대 마시지 마라.
⑦ 안주를 충분히 먹는다.
⑧ 술 마실 때 담배를 피하라.
⑨ 속이 좋지 않으면 반드시 토하라.
⑩ 숙취는 충분히 풀어주어야 한다.
⑪ 체질을 알고 마시자.
⑫ 음주 후 스포츠는 위험하다.

3. 고객서비스 기출문제

01 레드와인의 서비스로 틀린 것은?

가. 적정한 온도로 보관하여 서비스한다.
나. 잔이 가득 차도록 조심해서 서서히 따른다.
다. 와인 병이 와인 잔에 닿지 않도록 따른다.
라. 와인 병 입구를 종이냅킨이나 크로스냅킨을 이용하여 닦는다.

해 설 레드와인은 잔의 1/2~1/3정도 따라서 마시는 것이 좋다.

02 마신 알코올량(ml)을 나타내는 공식은?

가. 알코올량(mL) x 0.8
나. 술의 농도(%) x 마시는 양(mL) ÷100
다. 술의 농도(%) - 마시는 양(mL)
라. 술의 농도(%) ÷ 마시는 양(mL)

03 고객에게 음료를 제공할 때 반드시 필요치 않는 비품은?

가. Cocktail Napkin   나. Can Opener
다. Muddler   라. Coaster

04 조주 서비스에서 Chaser의 의미는?

가. 음료를 체온보다 높여 약 62~67도 로 해서 서빙하는 것
나. 따로 조주하지 않고 생으로 마시는 것
다. 서로 다른 두 가지 술을 반씩 따라 담는 것
라. 독한 술이나 칵테일을 내놓을 때 다른 글라스에 물 등을 담아 내놓는 것

해 설 체이서(Chaser)는 위스키, 브랜디, 보드카 등의 강한 알코올 도수의 술을 스트레이트로 마실 때에 제공되는 소다수, 진저엘 등의 청량음료를 말한다.

05 식음료 서비스의 특성이 아닌 것은?

가. 제공과 사용의 분리성
나. 형체의 무형성
다. 품질의 다양성
라. 상품의 소멸성

해 설 고객의 주문에 의해서 생산을 하므로 생산과 소비가 분리되지 않는 동시성을 가지고 있다.

06 음료를 서빙할 때에 일반적으로 사용하는 비품이 아닌 것은?

가. Napkin   나. Coaster
다. Serving Tray   라. Bar Spoon

해 설 바 스푼(Bar Spoon)은 칵테일 조주시 젓기 위한 기구이다.

07 서비스의 방법으로 적합하지 않은 것은?

가. 주문된 음료를 신속·정확하게 서비스한다.
나. 주문은 연장자의 주문을 먼저 받은 다음 여성 손님 순으로 주문을 받는다.
다. 손님과의 대화 중에 다른 손님의 주문이 있을 때는 대화 중인 손님의 양해를 구한 후 다른 손님의 주문에 응한다.

라. 바 카운터는 항상 정리·정돈하여 청결을 유지한다.

> **해설** 여성 손님의 주문을 가장 먼저 받는다.

08 음료서비스조직의 형태 중 쉐프 드 랑 시스템(chef de rang system)의 장점이 아닌 것은?

가. 종사원이 근무조건에 대해 대체로 만족할 수 있다.
나. 종사원에 대한 의존도가 낮아 인건비의 지출이 낮다.
다. 휴식시간이 충분하다.
라. 고객에 대하여 정중한 서비스를 제공한다.

> **해설** 쉐프 드 랑 시스템은 프랑스의 고급식당에서 팀을 이루어 서비스하는 식당 조직에서 사용하는 말이다.
> 장점 -최고의 분위기 연출
>   -매출의 증대
> 단점 -직원의 의존도가 높음
>   -인건비의 지출이 높음
>   -서비스가 오래 걸림
>   -서비스가 섬세하므로 회전율이 낮음

09 경우에 따라 고객에게 제공할 때 미리 병마개를 따 놓는 것은?

가. 샴페인   나. 레드와인
다. 맥주   라. 위스키

> **해설** 숙성이 덜 된 거친 와인의 경우 공기와 접촉하면서 부드러워지기 때문에 미리 오픈하기도 한다.

10 와인의 서비스에 대한 설명으로 틀린 것은?

가. 레드 와인은 온도가 너무 낮으면 tannin의 떫은 맛이 강해진다.
나. 화이트 와인은 실온과 비슷해야 신맛이 억제된다.
다. 레드 와인은 실온에서 부케(Bouquet)가 풍부해진다.
라. 화이트와인은 차갑게 해야 신선한 맛이 강조된다.

11 Whisky의 주문·서빙 방법으로 적합하지 않은 것은?

가. 상표선택은 관리인이나 지배인의 추천에 의해 인기 있는 상표를 선택한다.
나. 상표가 다른 위스키를 섞어서 사용하는 것은 금한다.
다. 고객의 기호와 회사의 이익을 고려하여 위스키를 선택한다.
라. 특정한 상표를 지정하여 주문한 위스키가 없을 때는 그것과 유사한 위스키로 대체한다.

12 음료가 든 잔을 서비스할 때 틀린 사항은?

가. Tray를 사용한다.
나. stem을 잡는다.
다. Rim을 잡는다.
라. Coaster를 사용한다.

> **해설** - 사람의 입이 닿는 부위인 글라스의 Rim은 절대로 손으로 잡지 않는다.

13 와인 서빙에 필요치 않은 것은?

가. decanter   나. cork screw
다. stir rod   라. pincers

> **해설** - 스터로드(Stir rod)또는 스터러(Stirer)는 주로 음료나 칵테일을 저을 때 사용한다.

14 Which one is not an apertif cocktail?

가. Dry Martini   나. Kir
다. Campari Orange   라. Grasshopper

> **해설** 그래스호퍼(Grasshopper)는 디저트 대용으로 여성들이 좋아하는 칵테일이다.

15 What is the meaning of a walk-in guest?

가. A guest with no reservation.
나. A guest using a charge card when making a reservation
다. A guest that checks in without having made a reservation first
라. A guest that checks in at the front desk

해설 Walk-in guest는 예약을 하지 않고 오시는 고객을 말한다.

16 아래의 ( ) 안에 적합한 것은?

> ( ) whisky is a whisky which is distilled and produced at just one particular distillery. ( )s are made entirely from one type of malted grain, traditionally barley, which is cultivated in the region of the distillery.

가. Grain
나. Blended
다. Single malt
라. Bourbon

해설 싱글 몰트위스키에 대한 설명이다.
Distilled 증류된, Distillery 양조장, Entirely 전체적으로/완전히, Malted Grain 맥아곡물, Barley 보리, Cultivate 재배하다, Region 지역
해석) 단일 몰트위스키는 한 특정한 양조장에서 증류되고 생산된 위스키이다. 단일 몰트위스키는 완전히 한 종류의 맥아곡물로 제조된다. 이때 이 곡물은 그 양조장 지역에서 재배된 보리가 전통적으로 사용된다.

17 아래의 Guest와 Receptionist의 대화에서 ( ) 안에 알맞은 것은?

> G : Is there a swimming pool in this hotel?
> R : Yes, there is. It is (A) the 4th floor.
> G : What time does it open in the morning?
> R : It opens (B) Morning at 6 a.m.

가. A : at, B : each
나. A : on, B : every
다. A : to, B : at
라. A : by, B : in

해설 A : 건물의 층을 나타내기 위한 장소의 전치사는 on을 쓴다.
B : 아침 몇 시에 문을 여느냐는 물음에 대한 대답으로, 매주 월요일이라는 표현에 적합한 답은 every다.

18 아래의 ( ) 안에 알맞은 용어는?

> The ( ) guarantees that all AOC products will hold to a rigorous set of clearly defined standards.

가. DOCG 나. ONIVINS
다. VOQS 라. INAO

해설 AOC는 전국원산지명칭협회(INAO)가 정하고 농림부령으로 공인된 생산조건을 만족시키는 포도주이다.
hold to : 지키다, 고수하다
rigorous : 엄격한
define : 정의내리다
defined : 분사로서 '정의된'이라는 뜻의 형용사
standards : 표준기준
해석) 전국원산지명칭협회는 모든 A.O.C제품이 명확히 정의된 규격의 엄격한 기준을 지킬 것임을 보장한다.

19 아래의 ( ) 안에 적합한 단어는?

> A bartender should be ( ) with the English names of all stores of liquors and mixed drinks.

가. familiar 나. warm
다. use 라. accustom

해설 바텐더는 모든 주류제품의 영어이름에 익숙해야 한다는 표현이 와야 하고, 또한 전치사 with와 연결될 수 있는 표현은 'be familiar with~(~에 익숙한, 잘 알고 있는)'이다.

20 아래와 같은 의미로 사용되는 것은?

> 1. (격식) "죄송합니다."
>   (자기 말이나 행동에 대해 사과를 표함)
> 2. "뭐라고요?"[다시 한번 말씀해 주세요.]
>   (상대방의 말을 잘 알아듣지 못했을 때 씀)

가. I'm sorry. I don't know.
나. What are you talking about?
다. I beg your pardon.
라. What did you say?

해설 I beg your pardon은 위의 두 가지 상황에 적절히 쓰일 수 있는 표현이다.

21 약속과 관련된 표현과 거리가 먼 것은?

가. He has appointments all day on Monday.
나. We made up.
다. Anytime would be fine with me on that day.
라. Let's promise.

해설 "나"의 We made up이라는 표현은 "우리 화해했어"라는 표현이므로 약속과 관련된 표현이 아니다.

22 ( ) 안에 가장 적합한 단어는?

> I am afraid you might lose your (　　　　), if you drink too much aperitif wine.

가. glass　　　나. dish
다. appetite　　라. dessert

해설 식전주를 너무 많이 마시면, 그것이 당신의 '( )'을 떨어뜨릴 수 있다라는 표현이므로, 이에 적합한 것은 '식욕'이 답이다.

23 바텐더가 손님에게 처음 주문을 받을 때 할 수 있는 표현은?

가. What do you recommend?
나. Would you care for a drink?
다. What would you like with that?
라. Do you have a reservation?

해설
가. 무엇을 추천해 주시겠어요?
나. 한 잔 하시겠습니까?
다. 그것과 같이 무엇을 드실 건가요?
　　(부가적인 주문을 묻는 경우)
라. 예약하셨나요?이므로 맞는 표현은 '나'이다.

24 "I'm sorry, but Ch. Margaux is not (　　) the wine list."에서 ( )에 알맞은 것은?

가. on　　　나. of
다. for　　　라. against

해설 '목록에 있다'라는 말은 영어로 'on the list'라는 표현을 쓴다. 그러므로 이곳에 맞는 전치사는 'on'이 된다.

25 "It is distilled from the fermented juice or sap of a type of agave plant."에서 It의 종류는?

가. Aquavit　　나. Tequila
다. Gin　　　라. Eaux de Vie

해설 distilled : 증류된, ferment : 발효시키다
Sap : 액즙
해석 : 발효된 주스나, 용설란 식물의 액즙으로부터 증류된 것이다.
테킬라는 아가베의 즙을 당화, 발효, 증류한다.

26 Select the one which does not belong to aperitif.

가. Sherry Wine　　나. Campari
다. Kir　　　　　　라. Port Wine

해설 해석 : 식전주에 속하지 않는 것을 골라라.
Belong to : ~에 속하다.
Port Wine은 식후용 와인이다.

27 "초청해 주셔서 감사합니다."의 가장 올바른 표현은?

가. Thank you for inviting me.
나. Thank you for invitation me.
다. It was thanks that you call me.
라. Thank you that you invited me.

해설 감사에 대한 표현은 'Thank you for~'를 쓰는데, 전치사 for 다음에는 명사나 동명사 형태가 와야 한다. '나'의 경우 명사는 맞지만 me를 목적어로 가질 수 있는 것은 동명사뿐이다.

28 "디저트를 좋아하지 않는다"는 의미의 표현으로 옳은 것은?

가. I ate very little.
나. I have no trouble with my dessert.
다. Please help yourself to it.
라. I don't care for any dessert.

> **해설** 'care for~'는 '~에 관심을 갖다, 좋아하다'라는 표현이다. 나머지는 맞지 않는다.
> 나. 제 디저트에는 아무 문제가 없습니다.

29 "The bar (　　　) at seven o'clock everyday."에서 ( ) 안에 알맞은 것은?

가. has open　　나. opened
다. is opening　　라. opens

> **해설** 과거, 현재, 미래에도 특별한 변화 지속되는 상황은 단순현재를 써야 한다. 과거나 현재완료는 맞지 않는다.
> 해석 : 그 술집은 매일 7시에 문을 연다.

30 "Bring us (　　　) round of beer"에서 ( ) 안에 알맞은 것은?

가. each　　나. another
다. every　　라. all

> **해설** 해석) 우리에게 맥주 한 잔씩 더 주세요.
> 보통 '한 차례 더'라는 의미로 another round라는 표현을 쓰는데, 술 한 잔 더 요구할 때도 같은 표현을 쓴다. Bring us another round of beer.
> 다른 예) Who's for another round of toast? (토스트 한 조각 더 먹을 사람?)

31 Table Wine에 대한 설명으로 틀린 것은?

가. It is a wine term which is used in two different meanings in different countries : to signify a wine style and as a quality level within wine.
나. In the United States, it is primarily used as a designation of a wine style, and refers to "ordinary wine", which is neither fortified nor sparkling.
다. In the EU wine regulations, it is used for the higher of two overall quality categories for wine.
라. It is fairly cheap wine that is drunk with meals.

> **해설** term 용어/기간, signify 의미하다, designation 명칭, quality 품질, primarily 원래/주로, refer to 언급하다, fortify (알코올 등을 넣어) 독하게 하다, sparkling 거품이 이는, regulation 규칙/규정, overall 종합적인/전체의, category 범위/범주
> 가. 다른 나라에서 두 개의 다른 의미로 사용되는 용어이다. 와인의 종류를 의미하기 위한 것과 와인 내 품질의 정도를 나타내기 위한 것이다.
> 나. 미국에서 이것은 주로 와인 종류의 명칭으로 사용되고, 알코올 성분을 높이지 않고 거품을 내지 않는 일반적인 와인을 의미한다.
> 다. 유럽 와인 규정에서 이것은 두 가지로 되어 있는 와인의 종합적인 품질의 범위에서 가장 높은 것에 사용된다.
> 라. 이것은 식사와 함께 마시는 저렴한 와인이다.

32 "This milk has gone bad"의 의미는?

가. 이 우유는 상했다.
나. 이 우유는 맛이 없다.
다. 이 우유는 신선하다.
라. 우유는 건강에 나쁘다.

> **해설** have + p.p = 현재완료형이다.
> • has는 주어가 3인칭 단수일 경우 일반동사의 변형 형태이다. This milk의 경우 3인칭 단수 주어이므로 have는 has로 변하고 gone은 go의 과거분사이다.
> • go는 ~상태로 가다로 해석된다. 2형식 동사로 쓰이며 go bad는 안 좋은 상태로 가다가 된다.
> • Have gone bad는 현재완료로 쓰여서 지금은 ~한 상태다로 쓰였다.

33 "a glossary of basic wine terms"의 연결로 틀린 것은?

가. Balance : the portion of the wine's odor derived from the grape variety and fermentation.
나. Nose : the total odor of wine composed of aroma, bouquet, and other factors.
다. Body : the weight or fullness of wine on palate.
라. Dry : a tasting term to denote the absence of sweetness in wine.

해설 단어) portion 부분, odor 향, derived from 파생된, fermentation 발효, composed of ~로 구성된, bouquet 향기, palate 미각, denote 의미하다, absence 부재

해석)
가. 다양한 열매와 발효로 파생된 와인의 향 부분
나. 부케, 아로마, 그리고 다른 요소들로 구성된 와인의 전체적인 향
다. 미각에 미치는 와인의 무게감이나 풍부함
라. 와인에 달콤한 맛이 없는 정도를 나타내는 맛을 의미하는 용어

34 ( )안에 알맞은 것은?

> Who is the tallest, Mr. Kim, Lee, ( ) Park?

가. and
나. or
다. with
라. to

해설 세 개 중 선택을 묻는 의문문이므로 'or'가 맞다.

35 '이곳은 우리가 머물렀던 호텔이다'의 표현으로 옳은 것은?

가. This is a hotel that we staying.
나. This is the hotel where we stayed.
다. This is a hotel it we stayed.
라. This is the hotel where we stay.

해설 '가'는 관계절을 이루어야 하므로 we stayed로 고쳐야 한다. '다'는 두 개의 문장이 아무런 접속사 없이 붙어 있는 문장이라, 대명사 it이 아니라 관계부사 where가 들어가야 맞는 문장이 된다. '라'는 문법적인 구조는 맞으나 관계절의 시제가 틀렸다. Stayed가 되어야 한다.

36 Select the cocktail based on vodka in the following.

가. Pink Lady
나. Kiss of Fire
다. Honeymoon Cocktail
라. Olympic

해설 Kiss of fire는 Vodka 베이스칵테일로 Vodka 1oz, Sloe Gin 1/2oz, Dry Vermouth 1/2oz, Lemon Juice 1tsp가 들어간다.

37 다음 ( )안에 공통적으로 적합한 단어는?

> ( ), which looks like fine sea spray, is the Holy Grail of espresso, the beautifully tangible sign that everything has gone right.
> ( ), is a golden foam made up of oil and colloids, which floats atop the surface of a perfectly brewed cup of espresso.

가. Crema
나. Cupping
다. Cappuccino
라. Caffe Latte

해설 단어) Holy Grail 성배, Foam 거품, Float 떠다니다, Atop 꼭대기에, Tangible 분명한

해석)
1. 이것은 미세한 바다거품처럼 보이며, 에스프레소의 성배이다. 모든 것이 잘되었다는 아주 확실한 신호이다.
2. 이것은 오일과 콜로이드로 만들어진 황금거품이다. 이것은 완벽하게 내린 에스프레소의 표면 위에 떠 있다. (크레마에 대한 설명)

38 Choose a drink that can be served before a meal.

가. Table Wine
나. Dessert Wine
다. Aperitif Wine
라. Juice

해설 아페리티프 와인(Aperitif Wine)은 본격적인 식사를 하기 전에 식욕을 돋우기 위해서 마신다.

39 ( )안에 알맞은 것은?

> For spirits the alcohol content is expressed in terms of proof, which is twice the percentage figure. Thus a 100-proof Whisky is ( ) percent alcohol by volume.

가. 100
나. 50
다. 75
라. 25

해설 100proof = 50%
해석) 증류주에 알코올 함유량은 proof로 환산되어 표현되어 있다. 그리고 그 함유량은 퍼센티지 수치의 두 배다.
그러므로 100proof 위스키는 50%의 알코올을 담고 있다.

40 "I'll be right back."에서 밑줄 친 단어와 바꾸어 쓸 수 있는 것은?

가. Immediately
나. Just now
다. Now
라. Just away

> 해설) 해석) 곧 돌아오겠습니다. 그러므로 "가"의 Immediately(즉시)가 맞는 답이다.

41 Which one is basic liquor among the cocktail name which containing "Alexander"?

가. Gin
나. Vodka
다. Whisky
라. Rum

> 해설) 알렉산더(Alexander) 칵테일 Recipe는 Gin 1oz, Cream de Cacao White 1oz, Light Cream 1oz 이다.
> 해석) "Alexander" 칵테일의 기본 베이스는 어느 것인가?

42 ( ) 안에 알맞은 것은?

A bartender must ( ) his helpers, waiters or waitress. He must also ( ) various kinds of records, such as stock control, inventory, daily sales report, purchasing report and so on.

가. take, manage
나. supervise, handle
다. respect, deal
라. manage, careful

> 해설) 바텐더는 웨이터나 웨이트리스를 감독해야 하고, 여러 종류의 기록들을 관리해야 한다는 내용이 와야 하므로 두 곳 다 적절한 것은 '나'가 되겠다.

43 "전화연결 상태가 좋지 않습니다. 좀 더 크게 말씀해 주시겠습니까?"의 가장 적합한 표현은?

가. The connection is bad. Will you speak louder?
나. The contact is bad. Will you tell louder?
다. The line is bad. Will you talk louder?
라. The touch is bad. Will you say louder?

> 해설) 전화연결 상태를 뜻하는 단어는 connection을 쓰고, line을 쓰는 표현은 통화 중이라는 표현의 "The line is busy."라는 표현을 써야 한다.

44 주문을 받는 표현 중 나머지 셋과 의미가 다른 하나는?

가. May I take your order?
나. Are you ready to order?
다. What would you like, Sir?
라. How would you like, Sir?

> 해설) '라'의 표현은 "어떻게 해드릴까요?"라는 표현이다. 주문보다는 요리와 관련된 표현이다.

45 다음 ( )에 알맞은 단어는?

If you carry the process of fermentation one step further and separate the alcohol from the fermented liquid, you create what is essence of the spirit of the liquid. The process of separation is called ( ).

가. intoxication
나. evaporation
다. liquidization
라. distillation

> 해설) process 과정/처리과정, fermentation 발표, liquid 용액, separation 분리, spirit 증류주
> 해석) 발효과정을 한 단계 더 수행하고, 발효된 용액으로부터 알코올을 분리해 내면, 그 용액의 증류주의 정수라고 할 수 있는 것을 만들어낼 수 있다. 이러한 분리의 과정이 증류라고 불린다.
> 가. 취하는 정도
> 나. 증발
> 다. 즙내기
> 라. 증류

46 다음 중 나머지 셋과 의미가 다른 문장은?

가. It doesn't matter.
나. It doesn't make any difference.
다. It is not important.
라. It is not difficult.

47 What is the meaning of sherry?

가. Portugal Wine
나. Italian White Wine
다. French Wine
라. Spanish White Wine

> 해설) Sherry는 스페인 남부지방에서 생산되는 백포도주이다.

48 다음은 어떤 혼성주에 대한 설명인가?

The great proprietary liqureur of Scotland made of Scotch and heather honey

가. Anisette 나. Sambuca
다. Drambuie 라. Peter Heering

> 해설) Drambuie는 Scotch에 꿀을 배합한 것이다.

49 What is an alternative form of "I beg your pardon?"

가. Excuse me 나. Wait for me
다. I'd like to know 라. Let me see

> 해설) Alternative 대안, 대체가능한
> 해석) "I beg your pardon?"의 다른 표현은 무엇인가요?
> 위 표현은 상대방의 말을 못 들었거나 상대방에게 양해를 구할 때 쓰는 말이다.

50 다음 ( ) 안에 알맞은 것은?

> Hardly had he mailed the letter ( )

가. then he began regret writing it
나. then he received one
다. when he mailed it
라. when he began to regret writing it

> 해설) 해석) 그는 편지를 보내자마자, 그 편지를 쓴 것을 후회하기 시작했다.
> '~하자마자 …하다'라는 표현은 [Hardly 과거 완료시제 when S + 과거시제]를 쓴다. 위의 문장에서 부정의 의미를 가진 hardly가 문장 앞에 있으므로 도치되어 있다는 것도 유의해야 한다.

51 아래 문장의 의미는?

> The line is busy, so I can't put you through.

가. 통화 중이므로 바꿔드릴 수 없습니다.
나. 고장이므로 바꿔드릴 수 없습니다.
다. 외출 중이므로 바꿔드릴 수 없습니다.
라. 응답이 없으므로 바꿔드릴 수 없습니다.

> 해설) 전화 통화 시, the line is busy라는 표현은 통화 중이라는 표현이며, 다른 사람에게 연결해 주다라는 표현은 'put~through'라는 표현이 맞다.

52 "우리는 새 블렌더를 가지고 있다"를 가장 잘 표현한 것은?

가. We has been a new blender.
나. We has a new blender.
다. We had a new blender.
라. We have a new blender.

> 해설) 현재 가지고 있다는 표현을 써야 하므로, have 동사를 써서 나타내면 된다.

53 ( ) 안에 가장 적합한 것은?

> We don't have to wait ( ).

가. any longer
나. some longer
다. any long
라. no longer

> 해설) 의미상 "우리는 더 이상 기다릴 필요가 없다"라는 의미이므로, 더 이상~하지 않다는 no longer 이지만, 문장에 이미부정어가 있으므로 any longer가 맞다.

54 다음 ( ) 안에 가장 알맞은 것은?

> What kind of drink would you (　　　)?

가. like to
나. like
다. have to
라. has

해설 would you~는 정중한 의뢰, 권유로 ~하여 주시겠습니까?
would는 do, should, may, will 등과 함께 조동사로 사용된다.
조동사 뒤에는 항상 동사원형이 올 수밖에 없기 때문에 답은 like가 되는 것이다.

55 다음 중 다른 보기들과 의미가 다른 하나는?

가. May I take your order?
나. Are you ready to order?
다. What would you like, Sir?
라. How would you like, Sir?

해설 가, 나, 다 같은 경우 주문을 아직 받지 않은 상태에서 서버가 주문을 받는 상황이다.
라의 경우는 이미 주문한 음식이 제공된 후에 그 맛이 어떠한지 여쭤보는 물음이다.
How would you like, Sir? "시키신 음식의 맛이 어떠세요?"와 같이 해석할 수 있다.

56 다음 밑줄 친 단어의 의미는?

> A : This beer is flat.
>   I don't like warm beer.
> B : I'll have them replace it with a cold one.

가. 시원한
나. 맛이 좋은
다. 김이 빠진
라. 너무 독한

해설 김빠진 맥주를 flat beer라고 한다.
flat의 일반적인 뜻은 납작한, 길게 누운 등의 뜻으로 사용된다. 여러 가지 다른 뜻 중 (시장이) 활기 없는, 침체한, (음식 따위가) 맛이 없는, (술 따위가) 김빠진 등의 의미로 해석될 수 있다.

57 다음 중 ( ) 안에 알맞은 것은?

> The main ingredient of (　　　) is potato. (　　　) is characterized by no color, no smell and no taste. It is usually used as the base of a cocktail.

가. Brandy　　　나. Gin
다. Vodka　　　라. Whisky

해설 보드카의 원료는 주로 감자(50% 이상)이며, 무색, 무미, 무취의 술로서 칵테일의 기본주로 많이 사용된다.
ingredient는 성분, 재료, 요소 등의 뜻을 가지고 있다. 전치사 of의 경우 '~의'라는 의미로 많이 해석된다. of는 뒤에서 앞을 꾸며주는 전치사로 해석을 많이 하는데, 이러한 전치사의 경우 그 뒤에는 동명사 또는 명사밖에 올 수 없다. is는 be 동사로써 이 문장 전체의 동사이다. The main ingredient of Vodka가 주어가 되는 것이고, is는 동사가 되어 '~이다'로 해석할 수 있다.
The main ingredient of Vodka is potato. (보드카의 주원료는 감자이다.)
S + 명사 +V

58 What is the liqueur made from orange peel that originated from Venezuela?

가. Drambuie　　　나. Grand Marnier
다. Venedictine　　라. Curaçao

해설 Curaçao는 남미 베네수엘라에서 북방으로 20km 떨어진 카리브해에 있는 네덜란드령 퀴라소섬에서 재배되는 오렌지를 원료로 만든 리큐어이다.
■ 간단하게 알고 넘어갑시다.
be동사가 들어간 의문문에 대해서 딱 두 가지만 알면 확실합니다.
① be동사가 들어간 문장을 의문문으로 바꾸려면 주어와 동사의 순서만 바꿔준다!!
② 의문문을 만들 때 'Wh'가 들어간 의문사는 무조건 문장의 맨 앞으로 넣어준다!!
Curaçao is the liqueur made by orange peel originated from Venezuela.
→ Is Curaçao the liqueur made by orange peel originated from Venezuela?

What : 이것이 무엇인지 모른다고 가정하여 What으로 바꾼다! 그 후 맨 앞으로 보내기~
→ What is the liqueur made by orange peel originated from Venezuela?

59 다음 중 ( ) 안에 알맞은 것은?

> (　　) is the chemical interaction of grape sugar and yeast cells to produce alcohol, carbon dioxide and heat.

가. Distillation　　나. Maturation
다. Blending　　라. Fermentation

해설 영어에서 주어는 '은, 는, 이, 가' 등으로 해석되는 것을 뜻한다. 주어 다음에는 항상 동사가 와야 한다. 그래서 모든 영어문장은 주어 다음에 일반동사 또는 be동사가 오는 것이다.
- chemical 화학의, 화학작용에 의한
- interaction 상호작용
- 쉬운 to부정사!

to부정사는 어떠한 목적을 나타내기 위해 사용하며 '~을 하기 위해' 등으로 해석할 수 있다. 한 문장에는 일반적으로 동사는 하나만 쓰일 수 있다. 그러나 말을 할 때 동사를 두 개 이상 사용해야 하는 경우가 있다. 이럴 때 to를 동사 앞에 붙여서 동사의 성격은 띄었지만 동사로 해석되지 않는 to부정사를 만들게 되는 것이다. 부정사의 뜻은 동사, 명사, 형용사와 같이 자리가 정확하게 정해지지 않았음을 의미한다. multi player라고 생각하면 편하다.
위의 문장에도 이미 'is'라는 be동사가 사용되었기 때문에 produce(생산하다)라는 동사 앞에 to를 붙여서 '생산하려고, 생산하기 위해, 생산하는' 등으로 해석하면 되는 것이다.
Fermentation is the chemical interaction of grape sugar and yeast cells to produce alcohol, carbon dioxide and heat.
발효는 (포도당과 효모가 알코올과 이산화탄소, 열을 생산하는) 상호작용이다.

60 "I feel like throwing up."의 의미는?

가. 토할 것 같다.　　나. 기분이 너무 좋다.
다. 공을 던지고 싶다.　　라. 술을 마시고 싶다.

해설
- throw up <미 속어> '심하게 토하다'의 의미가 있다.
- 이 문장의 동사는 feel '느끼다'이고, like '~같은'으로 해석한다.
- 위에서 말했듯이 두 개의 동사는 한 문장에서 사용될 수 없다. throw의 경우도 던지다, 내뱉다 등의 의미를 가진 동사이므로 한 문장에서 사용하기 위해 ing를 붙여 동명사로 만들어준 것이다.

61 Which one is distilled from fermented fruit?

가. Gin　　나. Wine
다. Brandy　　라. Whisky

해설
- be동사 + 과거분사 = 수동태로 해석한다.
- distill은 증류하다라는 능동태의 뜻을 가진 동사이다. be동사와 함께 쓰이고 과거분사의 형태인 distilled로 만들어줘서 '증류되다'라는 뜻으로 바뀌는 것이다.
- ferment는 '발효시키다'라는 뜻의 동사이다. 이것의 형태를 분사로 바꿈으로써 뒤에 오는 fruit라는 명사를 꾸며주는 형용사의 역할을 하게 되어 '발효된'으로 해석되는 것이다.
- 말 그대로 해석하면 "어느 것이 과일로 발효 증류한 것입니까?"라는 문장이 된다.

62 "All tables are booked tonight"과 의미가 같은 것은?

가. All books are on the table.
나. There are a lot of tables here.
다. All tables are very dirty tonight.
라. There aren't any available tables tonight.

해설
- book은 책이라는 명사의 뜻도 있지만, '예약하다'라는 동사의 뜻도 있다. be동사와 함께 쓰이면서 booked의 과거분사의 형태가 되는 것이고 '예약되다'라는 수동태의 뜻이 되는 것이다.
- All tables(모든 테이블이), are booked(예약되었다), tonight(오늘밤)
- There are '~있다'로 해석한다. There aren't '~없다'로 해석한다. any는 부정의 수, 양을 나타내는 대명사 또는 형용사로 사용된다. 이 문장에서는 '오늘밤 이용가능한 자리가 없습니다'라는 뜻으로 Table의 수를 나타내는 부정대명사로 사용되었다.

63 다음 중 의미가 다른 하나는?

가. It's my treat this time.
나. I'll pick up the tab.
다. Let's go Dutch.
라. It's on me.

> 해설
> - 이번에는 제가 대접하겠습니다.
> - Dutch Treat(pay) : 각자 계산
> - tab 계산서, 청구서
> - Let's = Let us "우리~하자"라는 권유의 뜻을 가지고 있다.
> - Let's go Dutch. "우리 각자 계산하자~"라는 뜻으로 사용된다.

64 "우리 호텔을 떠나십니까?"의 올바른 표현은?

가. Do you start our hotel?
나. Are you leave our hotel?
다. Are you leaving our hotel?
라. Do you go our hotel?

> 해설
> - 나 : be동사(are) / leave 떠나다(일반동사) 한 문장에 두 개의 동사는 올 수 없다. 따라서 함께 사용할 수 없다.
> - 라 : go, 가다 "우리 호텔로 가십니까?"

65 "the meeting was postponed until tomorrow morining."의 문장에서 postponed와 가장 가까운 뜻은?

가. Cancelled
나. Finished
다. Put off
라. Taken off

> 해설
> - 주어진 문장에서 postpone은 '미루다, 연기하다'라는 의미.
> - put off : '미루다, 연기하다, 기다리게 하다, 약속을 미루다'라는 의미.

66 Which one is the cocktail containing "wine"?

가. Sangria
나. Sidecar
다. Sloe Gin
라. Black Russian

> 해설
> 'Mr. Boston'에서 Sangria는 Red Wine Glass에 제공하며, 재료는 1/4cup Sugar(or to taste) + 1cup Water + 1Thinly Sliced Orange + 1Thinly Sliced Lime + 1,750mL. Bottle Red or Roséwine + 6oz. Sparkling Water + Other Fruits as desired (bananas, strawberries, etc.) ; Dissolve sugar in water in large pitcher. Add fruit and wine 12 or more ice cubes. Stir until cold. Add sparkling water. Serve in red-wine glasses, putting some fruit in each glass. Makes 10 servings.

67 다음 ( ) 안에 들어갈 알맞은 단어는?

> Being a (   ) requires far more than memorizing a few recipes and learning to use some basic tools.

가. Shaker
나. Jigger
다. Bartender
라. Corkscrew

> 해설
> - 바텐더가 되기 위해서는 기본적인 기물 사용법과 주요 칵테일 제조법을 알고 있어야 한다.
> - 분사구문이란 '접속사+주어+동사'인 절을 현재분사의 형태인 동사의 원형+ing로 간단히 줄여서 구로 만든 구문이다. 즉 분사구문 = 접속사 +주어 +동사입니다.
> - Being a Bartender를 해석하면 '바텐더가 되려면'이라는 의미이다. 이것은 분사구문의 한 형태로 원래 문장이 간단하게 줄어든 것이다.

68 Which one is the classical French liqueur of aperitifs?

가. Dubonnet
나. Sherry
다. Mosel
라. Campari

> 해설
> 듀보네(Dubonnet)는 프랑스산으로 레드 와인에 키니네를 원료로 첨가하여 만든 강화주로 옅은 갈색을 띠며 식전주로 애음되고 있다.

69 What is meaning of A la Carte menu?

가. Daily special menu
나. One of the cafeteria menu
다. Many items are included on the menu
라. Each item can be ordered separately from the menu.

> 해설
> • 조동사+동사원형 +과거분사 = 조동사 +수동태 = '~될 수 있다'
> • be ordered : 주문되다, can be ordered : 주문될 수 있는, separately : 개별적으로, 따로따로

70 다음 밑줄 친 단어와 바꾸어 쓸 수 있는 것은?

> A : Would you like <u>some more</u> drinks?
> B : No, thanks. I've had enough.

가. Care in
나. Care of
다. Care to
라. Care for

> 해설
> • Care for a drink ? : 한 잔 하실래요?
> • 커피 좀 더 드시겠습니까? : Would you care for some more coffee?

71 Which of the following is the correct base of a Sidecar?

가. Bourbon Whisky
나. Brandy
다. Gin
라. Vodka

> 해설
> • 칵테일 용어에서 베이스(Base)는 주재료가 되는 기본 술을 말한다.
> • 'Mr. Boston'에서 Sdecar Cocktail은 Cocktail Glass에 Juice of 1/4 Lemon + 1oz. Triple Sec + 1oz. Brandy.
> • as는 '~로써'라는 뜻으로 해석된다. 접속사, 부사, 전치사 등 그 의미가 매우히 광범위하게 사용되는 단어이다.
> • in the following은 in which of the following 과 같은 의미로 '다음 보기에서'라는 뜻과 같이 쓰인다.

72 Which of the following is not scotch whisky?

가. Cutty Sark　　나. White Horse
다. John Jameson　라. Royal Salute

> 해설 존 제임슨(John Jameson)은 Irish Whiskey이다.

73 다음 문장의 ( ) 안과 같은 뜻은?

> - You (don`t have to) go so early

가. have not　　나. do not
다. need not　　라. can not

> 해설 don't have to = need not ~할 필요가 없다.

74 다음 영문의 ( )에 들어갈 말은?

> - May I ( ) you a cocktail before dinner?

가. put　　　　나. service
다. take　　　라. bring

> 해설 해석) 식전에 칵테일 한 잔 갖다 드릴까요?
> May I bring은 '~을 갖다 드릴까요?'

75 다음 ( ) 안에 알맞은 것은?

> (　　　　) is mostly made from grain or potatoes but can also be produced using a wide variety of ingredients including beetroot, carrots or even chocolate.

가. Gin　　　나. Rum
다. Vodka　라. Tequila

> 해설 보드카에 대한 설명이다.

76 다음 문장이 의미하는 것은?

> - Why don`t you come out of yourself?

가. 속마음을 이야기해 보는 것이 어때?
나. 왜 나오지 않는 거니?
다. 왜 너 스스로 다 하려고 하니?
라. 네 의견은 무엇이니?

> 해설 Why don't you~는 제안/권유의 의미로 쓰인다.

77 The post office is ____ the Hotel.

가. close
나. closed by
다. close for
라. close to

해설 close to는 '거리적 개념으로 가깝다'는 뜻이다. 우체국은 호텔에서 가깝다.

78 밑줄 친 부분에 가장 알맞은 말은?

A : I am buying drinks tonight.
B : _____

가. What happened?
나. What's wrong with you?
다. What's the matter with you?
라. What's the occasion?

해설 '나는 오늘 밤에 술 마실 거야'라는 문장으로 가, 나, 다는 '문제가 뭐야?'라는 뜻이고, 라는 '마시는 이유가 뭐야?'라는 뜻이다.

79 ( ) 안에 가장 적합한 것은?

- May I have ( ) coffee, please?

가. some
나. many
다. to
라. only

해설 커피 좀 마실까요?
Some은 복수형의 가산명사 또는 불가산명사와 함께 약간의 수나 양을 나타내며, '얼마간의, 다소의, 조금'의 뜻.

80 Choose the most appropriate response to the statement.

A : How can I get to the bar?
B : I haven't been there in years!
A : Well, why don't you show me on a map?
B : _____

가. I'm sorry to hear that.
나. No, I think I can find it.
다. You should have gone there.
라. I guess I could.

해설 A : 바를 어떻게 가야 하나요?
B : 수년 동안 안 갔어요!
A : 지도를 보여줄 수 있나요?
B : 가능해요, 할 수 있어요. (I guess I could.)

81 '어서 앉으세요, 손님'에 알맞은 영어는?

가. Sit down.
나. Please be seated.
다. Lie down, sir.
라. Here is a seat, sir.

해설 Please be seated.는 대중들에게 동시에 앉으라고 말할 때 사용.
Here is a seat, sir.는 레스토랑에서 직원이 손님에게 테이블에 앉으라고 할 때 사용.
정답은 '나'이지만 표현상으로 '라'가 정답임.

82 ( ) 안에 알맞은 리큐어는?

'( ) is called the queen of liqueurs. This is one of the French traditional liqueurs and is aged several years after distilling various herbs added to spirit.'

가. Chartreuse
나. Benedictine
다. Kummel
라. Cointreau

해설 샤르뜨뢰즈(Chartreuse)는 프랑스어로 '수도원, 승원'이란 뜻이며, 리큐어의 여왕이라 불린다.

83 Which of the following is a dessert wine?

가. Rose Wine
나. Red Wine
다. White Wine
라. Sweet White Wine

해설 디저트(Dessert) 와인은 식사 후 입안을 개운하게 하려고 마시는 와인이다. 포트 와인(Port Wine), 크림 셰리(Cream Sherry), 스위트 와인(Sweet Wine)의 쏘테른(Sauternes)과 바르싹(Barsac) 등이 있다.

84 다음 ( ) 안에 적당한 말은?

'Bring us ( ) round of beer, please.'

가. another
나. glass
다. circle
라. serve

해설) 해석) 우리에게 맥주 한 잔 더 주세요.

보통 "한 차례 더"라는 의미로 another round라는 표현을 쓰는데, 술 한 잔 더 요구할 때도 같은 표현을 쓴다.

85 다음 중 의미가 다른 하나는?

가. Cheers!
나. Give up!
다. Bottoms up!
라. Here's to us!

해설) Give up!은 '포기하다, 그만두다, 단념하다'는 뜻이고, 나머지는 '건배'라는 뜻이다.

86 This is produced in Germany and Switzerland, and with an alcohol temperature of 44℃ is also effective for hangovers and digestion. Which is it?

가. Unicum
나. Orange Bitter
다. Underberg
라. Peach Bitter

해설) 운더베르그(Underberg)에 대한 설명이다.

87 '나는 술이 싫다'의 올바른 표현은?

가. I don't like a liquor.
나. I don't like the liquor.
다. I don't like liquors.
라. I don't like liquor.

해설) Liquor는 셀 수 없는 명사이므로 복수형의 s를 붙이지 않는다.

88 '한 잔 더 주세요'에 가장 정확한 영어 표현은?

가. I'd like other drink.
나. I'd like to have another drink.
다. I want one more wine.
라. I'd like to have the other drink.

89 다음 ( ) 안에 적당한 단어는?

'(   ) is a generic cordial invented in Italy and made from apricot pits and herbs, yielding a pleasant almond flavor.'

가. Anisette   나. Amaretto
다. Advocaat   라. Amontillado

해설) 아마레토(Amaretto)는 살구씨를 물과 함께 증류하여 몇 종류의 향초 추출액을 중성 알코올과 혼합하여 탱크 숙성시킨 후 시럽을 첨가하여 만든 이태리에서 만든 리큐어이다.

90 As a rule, the dry wine is served (   ).

가. in the meat course
나. in the fish course
다. before dinner
라. after dinner

해설) 일반적으로 Dry Wine은 식전에 서비스한다.

91 Which of the following expressions should not be used?

As a bartender, you might suggest that a guest have one more drink by saying, "......"
Saying : _____

가. The same again, Sir?
나. One for the road?
다. I have another waiting on ice for you.
라. Cheers, Sir!

해설) barman이 손님들에게 술을 한 잔 더 권할 때 쓰는 말. 라의 Cheers, Sir!는 건배라는 뜻이다.

92 아래는 무엇에 대한 설명인가?

A fortified yellow or brown wine of Spanish origin with a distinctive nutty flavor.

가. Sherry   나. Rum
다. Vodka   라. Bloody Mary

해설) 스페인의 셰리(Sherry) 와인에 대한 설명이다.

93 다음은 어떤 술에 대한 설명인가?

> It was created over 300 years ago by a Dutch chemist named Dr. Franciscus Sylvius.

- 가. Gin
- 나. Rum
- 다. Vodka
- 라. Tequila

[해설] 진(Gin)은 1640년 네덜란드의 프란시스큐스 실비우스(Francicus Sylvius) 박사에 의해 의약품으로 만들어졌다.

94 Which of the following is made from grapes?

- 가. Calvados
- 나. Rum
- 다. Gin
- 라. Brandy

[해설] 어느 것이 포도로 만든 것입니까? 브랜디(Brandy)는 포도를 발효, 증류시켜서 만든 술이다.

95 '실례했습니다'의 표현과 관계가 먼 것은?

- 가. I'm sorry to have disturbed you.
- 나. I'm sorry to have troubled you.
- 다. I hope I didn't disturb you.
- 라. I'm sorry I didn't interrupt you.

[해설] 라는 경치나 전망 등을 가로막았을 때 사과하는 표현이다.

96 Which one is the most famous herb liqueur?

- 가. Baileys Irish Cream
- 나. Benedictine D.O.M
- 다. Crèam de Cacao
- 라. Aquavit

[해설] 약초, 향초류 리큐어는 베네딕틴(Benedictine D.O.M)이다.

97 다음 ( ) 안에 적합한 단어는?

> A : What would you like to drink?
> B : I'd like a (　　　　).

- 가. Bread
- 나. Sauce
- 다. Pizza
- 라. Beer

[해설] Would you~는 정중한 의뢰, 권유로 '~하여 주시겠습니까?'

98 다음 ( ) 안에 가장 알맞은 것은?

> Our hotel's bar has a (　　　　) from 6 to 9 in every Monday.

- 가. Bargain Sales
- 나. Expensive Price
- 다. Happy Hour
- 라. Business Time

[해설] 해피 아워(Happy Hour)는 호텔 음료영업장(라운지, 바, 펍)에서 하루 중 고객이 붐비지 않는 시간대를 이용하여 저렴한 가격으로 음료 및 스낵 등을 제공하는 호텔서비스 판매촉진 상품의 하나이다.

99 다음 ( ) 안에 알맞은 것은?

> (　　　　) must have juniper berry flavor and can be made either by distillation or re-distillation.

- 가. Whisky
- 나. Rum
- 다. Tequila
- 라. Gin

[해설] 진(Gin)은 증류액에 주니퍼 베리(Juniper berry)와 향료식물을 섞어 증류기로 두 번 증류한다.

100 다음에서 설명하는 것은?

> A drinking mug, usually made of earthenware is used for serving beer.

- 가. Stein
- 나. Coaster
- 다. Decanter
- 라. Muddler

[해설] 맥주잔에 대한 설명

101 Which is not scotch whisky?

- 가. Bourbon
- 나. Ballantine
- 다. Cutty sark
- 라. V.A.T. 69

[해설] Bourbon은 Scotch Whisky가 아니고 American Whiskey이다.

102 다음에서 설명하는 것은?

> It is a denomination that controls the grape quality, cultivation, unit, density, crop, production.

가. V.D.Q.S 나. Vin de Pays
다. Vin de Table 라. A.O.C

해설 A.O.C는 전국원산지명칭협회(INAO)가 정하고 농림부령으로 공인된 생산조건을 만족시키는 포도주이다.

103 What is the difference between Cognac and Brandy?

가. Material
나. Region
다. Manufacturing Company
라. Nation

해설 코냑(Cognac)은 프랑스 코냑지방에서 만든 브랜디만을 말한다.

정답

01 나 02 나 03 나 04 라 05 가 06 라 07 나 08 나 09 나 10 나
11 라 12 다 13 다 14 라 15 가 16 다 17 나 18 라 19 가 20 다
21 나 22 다 23 나 24 가 25 나 26 라 27 가 28 라 29 라 30 나
31 다 32 가 33 가 34 나 35 나 36 나 37 가 38 다 39 나 40 가
41 가 42 나 43 가 44 라 45 라 46 라 47 라 48 다 49 가 50 라
51 가 52 라 53 가 54 나 55 라 56 다 57 다 58 라 59 라 60 가
61 다 62 라 63 다 64 다 65 다 66 가 67 다 68 가 69 라 70 라
71 나 72 다 73 다 74 라 75 다 76 가 77 라 78 라 79 가 80 라
81 나 82 가 83 라 84 가 85 나 86 다 87 라 88 나 89 나 90 다
91 라 92 가 93 가 94 라 95 라 96 나 97 나 98 다 99 라 100 가
101 가 102 라 103 나

음료영업장 운영 학습모듈의 개요

학습모듈의 목표

- 바bar의 관리자로서 직원 관리와 원가분석, 영업 실적을 관리할 수 있다.

학습모듈의 내용체계

학습	학습 내용	NCS 능력단위 요소	
		코드번호	요소 명칭
1. 직원 관리하기	1-1. 바(bar)조직 및 직무	1301020408_17v3.1	직원 관리하기
	1-2. 바(bar)의 직무 평가		
2. 원가 분석하기	2-1. 음료 원가 관리	1301020408_17v3.2	원가 분석하기
	2-2. 손익 분기점 산출 및 활용		
3. 영업 실적 분석하기	3-1. POS 시스템 구조	1301020408_17v3.3	영업 실적 분석하기
	3-2. POS 시스템의 활용		

학습 1 직원 관리하기

1-1. 바bar 조직 및 직무

> **학습 목표**
> • 직원의 개별적인 관리를 통해서 업무 능력을 파악할 수 있다.
> • 직원 개개인의 능력에 따라 업무 분담표를 작성할 수 있다.

1 주장의 개요

(1) 바(bar)의 유래

바bar의 어원은 프랑스어의 '바리에르Bariere'에서 유래된 것으로 고객과 바텐더 사이에 가로질러진 널판을 바라고 하던 개념이 오늘날 술을 파는 식당을 총칭하는 의미로 사용되고 있다. 따라서 일정한 시설을 갖추어 놓고 각종 음료를 즐기려는 고객들에게 제공하는 곳으로서 장소나 시설, 영업의 주체, 기타 환경에 따라 다양한 형태의 영업이 진행되고 있다.

(2) 바텐더란

'Bar + tender'의 합성어로 'bar를 부드럽게 만드는 사람'으로서, 바bar에 각종 음료를 만들어 고객에게 제공하는 직원이다.

2 바bar 조직

조직은 사전적 의미로 개개의 요소가 일정한 질서를 유지하면서 결합하여 일체적인 것을 이루고 있는 형태를 말한다체육학대사전. 따라서 바bar 조직은 바bar의 목표를 달성하기 위해 구성원에게 직무가 주어지고 책임과 권한을 분배하여 체계화된 집단이다. 바bar의 조직은 규모나 입지, 경영자의 관리능력, 관리형태 등에 따라 다양하게 구성할 수 있다. 또한 직접 칵테일을 만드는 바텐더와 만들어진 칵테일을 서비스하는 직원과 분리되어 있는 조직형태와 바텐더가 직접 만들어서 고객에게 제공하는 조직형태로 구분 할 수 있다. 다양한 조직형태가 있지만 일반적으로 다음 그림과 같다.

3 바bar 조직의 직무

(1) 지배인 Manager

① 바bar의 책임자로서 영업의 모든 책임을 가진다.
② 식음료에 대한 풍부한 지식을 바탕으로 직원들의 교육훈련을 담당한다.
③ 바bar를 방문하는 고객의 영접과 안내에 대해 관리 감독한다.
④ 식음료의 저장관리와 재고관리를 감독한다.
⑤ 영업일지 및 각종 영업보고서를 관리한다.
⑥ 정기적으로 영업상황을 분석한다.
⑦ 기타 바bar의 책임자로서 영업장을 대표하며, 각종 영업상 문제점을 해결한다.

(2) 부지배인 Ass't Manager

① 바bar의 부책임자로서 지배인을 보좌하며, 지배인의 부재 시 업무를 대행한다.

② 직원들의 근무 스케줄을 관리하며 직원들의 교육훈련을 담당한다.
③ 각종 영업보고서를 작성하여 지배인에게 보고한다.
④ 직원들의 위생 상태와 영업장의 청결 상태를 항상 관리 감독한다.

(3) 헤드 바텐더 Head Bartender. Captain

① 필요시 바bar의 부지배인을 보좌하며, 영업 준비와 점검을 담당한다.
② 고객과 서비스 접점에 있는 책임자로서 정확한 주문과 서비스를 담당한다.
③ 고객에게 음료를 추천하거나, 주문한 음료를 제조하여 서비스한다.
④ 음료의 재고파악과 입출사항을 관리한다.
⑤ 고객이 떠난 테이블을 재정비하도록 지시한다.

(4) 와인책임자 Sommelier

① 와인의 재고파악과 주문, 입고, 진열을 담당한다.
② 고객에게 와인을 추천하고 주문받은 와인을 서비스한다.
③ 바텐더의 업무가 바쁠 경우 지체 없이 도와준다.

(5) 바텐더 Bartender

① 바bar 실내 청결을 위해 청소와 정리정돈을 담당한다.
② 각종 장비와 기계들의 작동상태 점검을 담당한다.
③ 영업시작 전 모든 준비를 완료되었는지 점검하는 것을 담당한다.
④ 음료에 대한 지식과 정확하게 표준 레시피를 숙지하고 있는지 점검한다.
⑤ 고객에게 음료를 추천하거나, 주문한 음료를 제조하여 서비스한다.
⑥ 영업외 주류나 부재료가 사용되는지 확인한다.

(6) 바 헬퍼 Bar Helper

① 영업시작 전 칵테일 재료 및 부재료를 준비한다.
② 영업장의 환경미화와 비품의 위생관리를 담당한다.
③ 바텐더의 업무를 보조한다.

(7) 웨이터, 웨이트리스 Waiter, Waitress

① 담당 테이블 정리와 각종 기물의 정리정돈을 담당한다.
② 주문받은 음료의 서비스를 담당한다.
③ 고객의 주문사항을 즉시 실행할 수 있도록 항시 대기한다.
④ 각종 기물 취급방법 및 상품지식을 숙지한다.
⑤ 고객이 이용한 테이블의 청소와 정리정돈을 담당한다.

1-2. 바bar의 직무 평가

> **학습 목표**
> • 직원의 업무 수행 결과를 통해서 업무능력을 평가할 수 있다.
> • 직원의 업무 수행 평가 결과를 통해서 업무 분담 재배치를 할 수 있다.

1 직무평가

직무평가는 직무분석의 결과로 나타난 직무의 내용과 직무를 수행하는 수행자의 자격요건을 기초로 기업 내에서 해당 직무의 가치를 결정하는 과정이다. 바텐더의 직무평가 과정은 먼저 직무에 대한 사실을 분석하고 그 결과를 직무기술서나 직무명세서에 정리하여 평가를 하고 그에 상응한 인적자원관리 정책을 결정해야 한다.

2 직무설계 과정

직무설계Job Design란 직무분석에 의해서 각 직무의 내용과 성격을 파악한 후 합리적인 기준에 의하여 단위직무를 나누고, 각 단위직무의 내용을 분석하여 그것에 영향을 미치는 요소들을 규명함으로써 직무만족과 생산성 향상에 최적의 작업 방법을 결정하는 절차라고 할 수 있다.

일반적으로 직무설계는 조직과 능률과의 관계를 규명하여 직무설계를 하는 조직적 요소전 문화, 작업흐름, 인간공학, 작업관행 등와 근로자의 능력 및 수급, 사회적 기대를 고려하여 직무설계를 하는 환경적 요소, 그리고 인간의 요구를 고려하여 직무설계를 하는 행위적 요소자율성, 기능 다양성, 과업정체성, 중요성, 피드백 등를 바탕으로 진행되어야 한다.

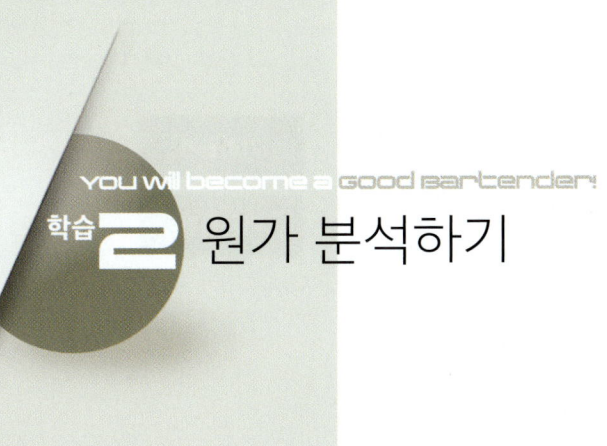

학습 2 원가 분석하기

2-1. 음료 원가 관리

학습 목표
• 표준 레시피를 통해서 음료에 대한 원가를 계산할 수 있다.

1 원가관리의 기초

원가cost란 재화제품나 서비스를 생산하기 위한 기업의 경영활동인 구매하고, 제조, 판매와 관련하여, 소비되었거나 미래에 소비될 경제 가치를 화폐가치로 표시한 것을 말한다. 이러한 원가의 관리는 생산과 판매성적을 측정하며 이를 통해 경영의 내부 활동을 지휘하고 통제하는 것이다. 따라서 원가관리는 기업의 안정적인 발전을 위한 원가달성 목표를 결정하고 목표달성 추진계획과 점검을 통해 원가절감과 개선을 하는 일체의 관리활동이기 때문에 경영자의 책임 중에 중요한 부분을 차지하고 있다.

(1) 원가의 분류

원가를 구성하는 요소를 원가요소라 하고, 제품의 제조원가를 구성하는 원가요소를 형태에 따라 분류하면 재료비, 노무비, 제조경비로 나눌 수 있는데 이것을 원가의 3요소라 한다.
첫째, 재료비Material Costs는 제품의 제조에 필요한 재료의 소비액으로 재료, 원료, 소모품, 소모공구 기구비품 등의 소비액이 재료비를 구성한다.

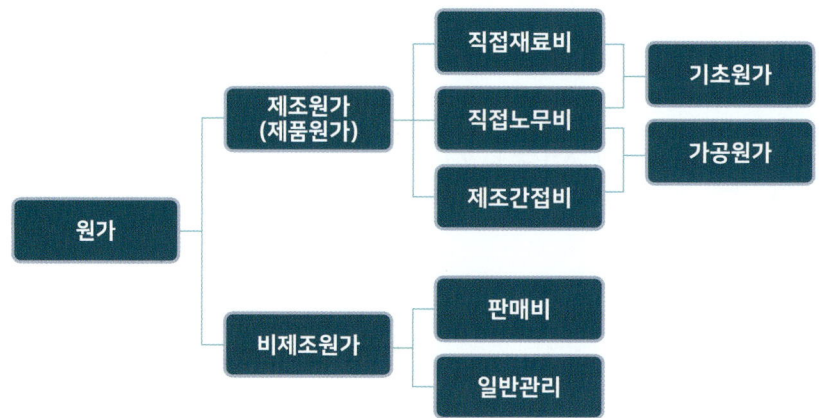

둘째, 노무비Labor Costs는 제품을 제조하는 데 필요한 종업원의 노동력에 대해서 지급되는 임금, 급여, 잡급, 종업원 상여금, 수당 등을 말하며, 이는 보통 근무 시간, 제품의 생산량 등을 기준으로 계산한다.

셋째, 제조경비Factory Overhead Costs는 재료비, 노무비를 제외한 모든 원가 요소로서, 감가상각비, 수선비, 보험료 등과 건물을 운영하기 위한 수도광열비, 여비 교통비 등이 있다. 경비는 그 발생액과 지급액을 기준으로 그 소비액을 계산한다.

가. 제품의 추적가능성에 따른 분류

(가) 직접원가(Direct Costs)

특정제품 또는 특정부서별로 추적이 가능한 원가로서, 특정제품에 직접 부과하여 그 제품의 원가로서 집계할 수 있는 원가요소이다.

> 직접원가 = 직접재료비 + 직접노무비 + 직접경비

(나) 간접원가(Indirect Costs)

여러 제품에 공통적으로 소비되어 특정 제품 또는 특정 부서별로 추적할 수 없는 원가이다.

> 간접원가 = 간접재료비 + 간접노무비 + 간접경비

나. 경영활동의 직능에 따른 분류

(가) 제조원가(Manufacturing Cost)

제품을 제조하는 데 발생하는 원가이다.

> 제조원가 = 직접원가 + 제조간접비
>   = 직접재료비 + 직접노무비 + 직접경비 + 제조간접비

(나) 총원가(Total Cost or Full Cost)

제조원가에 판매비 및 일반관리비를 가산한 원가로 제품의 판매가격을 결정하는 기초자료가 된다.

> 총원가 = 제조원가 + 판매비와 관리비
>   = 직접재료비 + 직접노무비 + 직접경비 + 제조간접비 + 판매비와 관리비

(다) 판매가격(Selling Price)

총원가에 판매이익을 가산하여 제품이 매출되는 제품가격을 말하는 것이다.

> 판매가격 = 총원가 + 이익
>   = 제조원가 + 판매비와 관리비 + 이익
>   = 직접원가 + 제조간접비 + 판매비와 관리비 + 이익

다. 원가를 인식하는 시기에 따른 분류

(가) 실제원가(Actual Cost)

재화나 용역을 취득한 당시의 교환가격이다.

> 실제원가 = 정상적인 실제소비량 × 실제가격

(나) 예정원가(predetermined Cost)

예산의 신속성을 기한다든지 또는 원가능률을 측정하기 위하여 생산 및 판매활동이 실시되기 이전에 산정되는 원가이다.

라. 조업도에 따른 분류

(가) 변동비(Variable cost)

조업도의 증감에 따라 원가 총액이 증가 또는 감소하는 성격의 원가요소이다.

(나) 고정비(Fixed cost)

일정기간에 있어서의 조업도의 증감에 관계없이 일정액이 발생하는 비용이다.

(다) 준변동비(Semi - Variable costs)

준변동비는 변동원가와 고정원가의 두 가지 요소가 모두 포함되어 있는 것으로, 조업도가 0인 경우에도 일정액이 발생하고 그 이후로부터 조업도에 따라 비례적으로 증가하는 원가이다.

(라) 준고정비(Semi - Fixed costs)

일정한 조업도내에서는 고정되어 있으나, 그 한계를 넘으면 비례적으로 증가하고 그 후에는 다시 일정한 조업도내에서 고정되는 원가요소이다.

마. 원가의 관리여부에 따른 분류

(가) 관리가능비(Controllable Costs)

경영관리자의 의지나 관리방법에 따라 절약할 수 있는 원가이다.

(나) 관리불가능비(Uncontrollable Costs)

경영자의 의지나 관리방법에도 불구하고 절약할 수 없는 원가이다.

바. 의사결정과 관련된 특수원가

(가) 미래원가(Future Costs)

미래에 발생될 것으로 기대되는 원가이다.

(나) 기회원가(Opportunity Costs)

선택 가능한 어느 대체안 중에서 하나를 선택하였을 경우 다른 대체안을 단념함으로써 얻을 수 있었던 최대의 이익이 얻을 수 있는 원가이다.

(다) 부가원가(Imputed Costs)
실제의 현금지출을 수반하지 않고, 그 결과가 재무상의 기록에 나타나지 않는 원가이다.

(라) 매몰원가(Sunk Costs)
특정 의사결정으로 말미암아 과거의 투자액 전부 또는 일부를 회수할 수 없게 된 원가이다.

① 회피가능원가 Avoidable Costs : 경영목적을 달성하기 위하여 반드시 필요로 하지 않는 원가이다.

② 연기가능원가 Postponable Costs : 현재의 작업능률에 영향이 약간 있거나 또는 전혀 없기 때문에 장래로 미루어 둘 수 있는 원가이다.

③ 현금지출원가 Out of Pocket Costs : 경영자의 의사결정에 따라 가까운 시일 내에 현금지출이 수반되는 원가이다.

④ 차액원가 Differential Costs : 업무활동의 변경으로 인하여 발생하게 될 원가총액의 증감분 또는 특정원가 요소의 변동분이다.

원가의 분류

원가의 분류	주요 분류항목
형태별 분류	재료비, 노무비, 경비
추적가능성의 분류	직접비, 간접비
직능에 따른 분류	제조원가, 총원가, 판매가격
수익과 대응에 따른 분류	제품원가, 기간원가
인식시기에 따른 분류	실제원가, 예정원가(표준원가, 견적원가)
조업도에 따른 분류	변동비, 고정비, 준변동비, 준고정비
관리여부에 따른 분류	관리가능비, 관리불능비
의사결정과 관련된 특수원가	미래원가, 기회원가, 부가원가, 매몰원가, 회피가능원가, 연기가능원가, 현금지출원가, 차액원가

(2) 원가계산의 종류

가. 개별원가계산

여러 가지 제품을 특별주문에 의해 소량으로 생산하거나 작업 내용이 서로 다른 제품 개별적으로 생산하는 기업의 원가 계산에 적용되는 원가계산방법이다. 개별 작업별로 작업원가표를 작성하여 각 제품별로 원가계산을 한다.

나. 종합원가계산

단일 종류의 제품을 연속적으로 대량생산하는 업종에서 주로 쓰이는 원가계산방법이다.

다. 실제원가계산

실제 발생한 직접재료원가, 직접노무원가, 제조간접원가를 제품에 배부하는 원가계산방법이다.

라. 정상원가계산

직접재료원가, 직접노무원가는 실제발생액을 제품별로 집계하고, 제조간접원가는 사전에 결정된 예산과 예정 배부율을 사용하여 원가를 계산하는 방법이다.

마. 표준원가계산

특정제품을 생산하는 데 예상되는 모든 원가를 가격표준과 수량표준을 사용하여 사전에 표준이 되는 원가를 결정하고 이를 기초로 실제로 발생한 원가와 비교하여 그 차이를 분석함으로써 원가계산과 성과평가를 할 수 있는 원가계산을 하는 방법이다.

2 음료의 원가관리

음료는 구매나 검수, 저장, 출고과정에서는 단위가 명확하여 관리나 통제가 쉽지만, 생산지점이나 판매지점에서는 식재료보다 관리나 통제가 어렵고 복잡하다. 특히 칵테일 조주과정에서 바텐더의 개인 능력이나 고객의 선호도에 따라 표준 레시피와 재료 사용량의 차이가 생길 수 있는 경우가 좋은 사례이다. 따라서 음료 재료의 분류와 소요량 산정 및 구매에서 판매지점까지 일련의 과정을 합리적이고 능률적으로 수행하여야 하며, 목표수익률 달성을 위해서는 관리자의 효율적인 관리가 절대적으로 필요하다.

(1) 구매관리

회사의 기본 방침을 준수하고 양질의 재료를 저렴하게 구매하는 것이 목표이며, 이 목표를 달성하기 위해서는 상품지식이 풍부한 구매담당자가 특정 상품에 대한 품질, 크기, 수량, 중량 등과 같은 회사의 규정한 표준구매규격명세서에 따라 구매하여야 한다.

(2) 검수관리

회사에서 정한 자재구매 및 검수기준에 의거 정확한 검수업무가 수행되고 있는지 확인하여야 한다.

(3) 저장관리

검수과정을 통과한 재료를 회사에서 정한 장소에 재료에 따라 적절한 보관상태를 유지시키고, 효율적인 재고관리와 망실, 파손, 부패 등으로 인한 손실을 최소화하는 데 있다. 저장을 효율적으로 관리하기 위해서는 품목별로 카드를 만들어서 누구든지 쉽게 찾을 수 있게 저상위치표시를 하도록 한다. 또한 재료의 상태를 유지하기 위해 저장온도, 습도, 저장기간 등을 잘 적용하여야 하며, 선입선출의 원칙을 지켜서 출고관리를 하여야 한다.

(4) 출고관리

저장창고로부터 적절한 절차에 의해 물품인출을 실시함으로써 낭비방지와 재고관리를 명확히 할 수 있다. 출고에 대한 필수적인 활동은 반드시 물품청구서에 의하며, 정확한 물품과 수량이 불출되어야 한다. 또한 물품청구서에 출고 담당자와 수령자의 서명이 반드시 기재되어야 하며, 수령자는 물품의 이동시 발생할 수 있는 파손, 망실을 방지하기 위해 적절한 카트 Cart를 사용하여야 한다.

출 고 신 청 서

신청서번호 : L
신 청 부 서 : ASGFC -   신청일자 : 2021-
신 청 사 유 :

No.	자재코드	자재명	단위	신청수량	출고수량
1	370202501	스파클링 와인_기타 스파클링 와인_이탈리아_브라케토100%_반피_로사 리갈 브라세코_2011_6.5%_750ML	BT	30.00	0.00
2	910045397	스파클링 와인_샴페인_프랑스_샤도네40%+피노누아60%_Marc Hebrart Bose Brut_N/V_12.5%_750ml/BT_Chardonnay	BT	12.00	0.00
3	910062105	와인_뉴질랜드 와인_뉴질랜드_Sauvignon Blanc_BLACK LABLE SAUVIGNON BLANC BABICH_13_750 화이트	BT	30.00	0.00
4	910062326	와인_기타 프랑스 와인_프랑스_Pinot Noir,,Chardonnay_TAITTINGER RESERVE BTUT_12_750 화이트	BT	30.00	0.00
5	911000754	와인_보르도 와인_프랑스_La Tour d'Arche Grave Blanc_-_-_750ml 화이트	BT	18.00	0.00

(5) 생산관리

음료의 생산이 병으로 취급될 경우는 특별한 관리가 필요 없으나, 잔이나 각종 계량기구를 사용할 때는 개인의 능력이나 기구에 따라 양이나 품질이 달라질 수 있다. 따라서 표준화된 글라스를 사용하고, 표준레시피standard recipe 등에 따라 생산하도록 회사에서 규정할 필요가 있다.

(6) 판매관리

고객에게 제공되는 음료상품은 서비스 절차에 의해 이루어져야 하며 노동생산성을 높일 수 있는 교육훈련, 적정 근무자 배치와 부정행위를 근절할 수 있는 방안도 필요하다. 특히 상품의 판매와 수납업무가 절차에 의해서 정확히 수행되고 있는지 확인하여야 한다.

3 음료의 원가계산

(1) Mixed Drink 의 재료원가와 판매가격

```
단위원가 × 재료사용량 = 재료원가
재료원가(1) + 재료원가(2),(3)… = 총재료원가
총재료원가 ÷ 평균원가율 = 판매가격
```

가. 판매가격이 정해졌을 때 총원가율 산정방법

만일, 드라이 마티니 1잔의 판매가격이 10,000원 일 경우, 재료비에 대한 총재료 원가는 2,067원이며, 총원가율은 20.67%이다.

```
총재료원가(2,067원) ÷ 판매가격(10,000원) × 100 = 총원가율(20.67%)
```

나. 평균 원가율이 정해졌을 때 판매가격 산정방법

만일, 평균원가율이 20%로 책정되었을 경우 총 재료원가 2,067원의 판매가격은 10,335원이다.

```
총재료원가(2,067원) ÷ 평균원가율(20%) = 판매가격(10,335원)
```

(2) Straight Drink 의 재료원가와 가격결정

가. 판매가격이 정해졌을 때 총원가율 산정방법

만일, 버번 위스키 1잔의 판매가격이 10,000원 일 경우, 1oz 단위원가는 3,200원이며, 단위 원가율은 32%이다.

> 단위 재료원가(3,200원) ÷ 판매가격(10,000원) = 단위 재료원가율(32%)

나. 평균 원가율이 정해졌을 때 판매가격 산정방법

만일 평균원가율이 20%로 책정되었을 경우 단위원가 3,200원의 판매가격은 16,000원이다.

> 단위 재료원가(3,200원) ÷ 평균원가율(20%) = 판매가격(16,000원)/oz 당

2-2. 손익 분기점 산출 및 활용

> **학습 목표**
> - 재료에 대한 원가 산출을 통해서 음료의 손익분기점을 계산할 수 있다.
> - 음료의 판매가 산출을 위해서 손익 분기점을 활용할 수 있다.

1 원가·수량조업도·이익분석 Cost-Volume-Profit Analysis

원가·수량조업도·이익C·V·P분석이란 매출액의 변화에 따라 원가는 어떻게 변화하며 그 결과 이익은 어떻게 변화하는가를 조사하는 분석이다.

2 손익분기점 분석

손익분기점BEP ; Break - Even Point이란 총수익과 총비용총원가이 일치하여 손실이나 이익이 발생하지 않는 판매량 또는 매출액을 말한다.

3 손익분기점 분석의 목적

손익분기점 분석은 손익분기점 생산량이나 매출액뿐만 아니라 가능한 생산수준에서의 영업이익을 측정할 수 있도록 해주며 아래와 같은 목적과 용도로 이용할 수 있다.

(1) 생산과정에 대한 결정

고정비와 변동비의 구성이 다른 여러 가지 생산과정에서 어떠한 비용구조를 갖는 생산과정이 손익분기점을 가장 많이 낮출 수 있는가를 결정하는 데 이용된다.

(2) 가격정책에 대한 결정

신제품을 출시할 때 목표이익을 실현할 수 있는 가격을 어떻게 결정할 것인가의 의사 결정과 상품 출시 초기 시장 점유율을 높이기 위한 전략일 경우 변동비를 상승시키면서 고정비의 일부를 회수할 것인가의 가격정책 결정시 중요한 척도로 활용할 수 있다.

(3) 자금조달 결정

매출액 중 고정이익의 비중이 높을 경우 고정금융비용을 부담하는 추가적인 재무차입의 이용은 제약을 받게 된다.

(4) 위험분석

손익분기점의 생산량과 실제의 가능한 매출액 분포에 대한 기대치와 표준편차를 인지할 경우에 기업의 미래를 예측할 수 있다.

학습 3 영업 실적 분석하기

3-1. POS 시스템 구조

> **학습 목표**
> • POS 데이터를 통해서 항목별 매출액을 산출할 수 있다.
> • POS 데이터를 통해서 항목별 손익을 분석할 수 있다.

■ POS 시스템의 개념

POS는 "Point Of Sales"의 약자로서 판매시점 관리시스템이라 한다. 종전의 금전 등록기가 매출금액을 현장에서 빠르게 정산하는 역할을 하였다면, POS 시스템은 컴퓨터를 이용하여 매장에서 발생하는 다양한 정보를 실시간으로 분석하여 경영자가 활용할 수 있게 도와주는 시스템이다.

(1) POS 시스템의 지원 기능(제품이나 회사에 따라 기능은 다양할 수 있다)

가. 예약관리

예약접수, 예약자 관리, 인원수 조정, 예약 테이블 지정, 주문메뉴 등록, 예약 알림시간지정 등

나. 정산관리

매출 집계표, 매출내역, 시재확인, 카드 매출내역, 테이블 집계, 시간대별 집계, 주문취소 내역, 원가대비 매출현황, 주간판매 시재 점검 등

다. 계산관리

현금 계산, 신용카드 계산, 외상 계산, 현금+카드 계산, 청구 계산서 출력, D C 처리 등

라. 통계관리

미결재 현황, 재고 현황, 부족재고 현황, 매입처 현황, 품목별 현황, 일일 집계표, 시간별 집계표, 회원별 판매 현황 등

마. 시재관리

시재입금, 출금, 경비지출, 시재정산, 시재 입출입 내역 등

바. 일반관리

인건비 등록, 근무자별 인건비 등록, 인건비 처리, 경비과목 등록, 경비처리, 시자재 등록, 자재매입, 자재매입 정산 등

사. 주문관리

메뉴등록, 메뉴주문, 선불주문, 포장주문, 배달주문, 테이블 이동, 주문시간 체크, 대기 순번표 발행 등

아. 회원관리

회원카드, 할인회원, point 적립, 봉투출력, 생일 기념일 관리, e-mail 서비스, 회원 DM라벨, 회원별 매출 실적, 회원별 매출 순위 등

자. 신용카드관리

다중사업자 사용승인, 각 VAN사별 모듈지원, 카드사별 매출 현황, 카드사별 수수료 관리 등

차. 종업원 관리

출퇴근 관리, 외출 및 복귀 관리, 사원카드 관리, 근무자별 일일 근태내역, 기간별 근태내역 등

(2) POS 시스템의 특징

가. 온라인 시스템

거래발생과 동시에 각종 정보가 컴퓨터에 전달된다.

나. 리얼 타임 시스템

거래 및 영업정보를 실시간으로 파악하고 대응할 수 있다.

다. 분산 및 집중 관리 시스템

POS 단말기를 운용하는 숫자가 많은 경우, 각 매장에서 발생하는 다양한 상황을 중앙에서 집중관리 할 수 있다.

라. 거래관리 시스템

현금결재, 신용카드결재, 미결재 현황, 취소, 할인 등 거래에 관한 전반적인 정보와 상품의 정보를 파악할 수 있다.

마. 종합시스템

경영정보시스템과 연계하여 경영의 전반적인 분야에 활용할 수 있는 시스템이다.

(3) POS 시스템의 도입 목적

가. 매출, 회계 업무의 개선

① 매출 관리가 신속하고 자동으로 관리된다.
② 간편하고 신속하게 정산 업무를 처리한다.
③ 수표조회가 자동으로 처리된다.

나. 신용카드 업무의 획기적 개선

① 불량고객승인 거부자을 즉시 판별하여 불량매출을 사전에 방지한다.
② 다양한 고객 확인 기능을 갖추고 있으므로 고객 서비스를 개선할 수 있다.
③ 기존 Easy Check기카드 승인기를 대체하여 불필요한 비용을 절감한다.
④ 신속한 계산으로 고객이 정산대에서 기다리는 시간을 줄여준다.

다. 상품정보 및 영업정보의 활용에 따른 매출 극대화

① 다양한 분석으로 영업정보를 다양하게 활용할 수 있다.
② 신속한 상품정보 분석으로 고객의 요구 변화를 빠르게 수용할 수 있다.
③ 본/지사 체제 구축을 지원하므로 통합 정보 관리가 용이하다.
④ 타사 신용카드 처리 업무를 합리화할 수 있다.
⑤ 무전표 시스템을 구축할 수 있다.

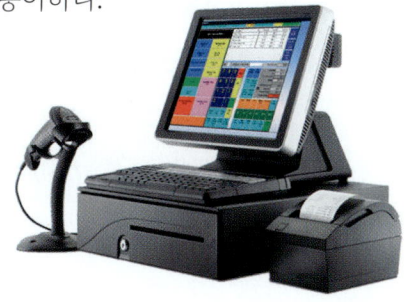

2 POS 시스템의 구성

(1) POS 시스템 구성의 3요소

가. POS 단말기 Terminal
금전 등록기의 역할을 한다.

나. 미들웨어 Middleware
POS 단말기에서 발생된 데이터를 메인 서버에 전달하는 통신 부문이다.

다. 메인 서버 Main Server
전달된 데이터를 수집, 보관, 집계, 분석 등을 한다.

3-2. POS 시스템의 활용

> **학습 목표**
> • 분석된 정보를 통해서 영업 전략을 수립할 수 있다.

1 POS 시스템의 활용과 기대효과

POS 시스템을 통해 영업상황이나 영업마감을 신속, 정확하게 진행할 수 있으며, 업무진행 속도나 비용절감 차원에서 경영의 효율화를 가져 올 수 있다.

(1) POS 시스템을 활용한 경영상태 분석

가. 좌석회전율
한 개의 좌석당 하루 몇 명의 고객이 앉는가를 의미한다.

> • 좌석회전율(%) = 고객수 × 100(%) / 좌석수

나. 평균 객단가

고객 1인당 평균 지출한 금액을 말한다.

- 평균 객단가(원) = 총매출액 / 총고객수

다. 식음료원가율

- 식음료 재료 원가율(%) = 식음료 매출원가 × 100(%) / 식음료 매출액

라. 인건비율

- 인건비율(%) = 인건비 × 100(%) / 매출액

마. F.L Food . Labor Cost

- F.L Cost = (식음료 재료비 + 인건비) × 100(%) / 식음료 매출액

바. 노동 생산성

노동의 효율성을 측정하는 지표이며 종업원 1인당 부가가치 생산액을 나타낸다.

- 노동생산성 = 총부가가치 / 종업원 수

사. 자본 생산성

투자한 자본의 효율성을 나타내며 자본의 단위당 부가가치를 측정하는 지표이다.

- 자본생산성 = 부가가치 / 총자본

아. 종업원 1인당 매출액

종업원 1인당 작업 능률을 측정하는 지표이다.

- 종업원 1인당 매출액 = 총 매출액 / 종업원 수

(2) POS 시스템의 기대효과

가. 경영정보의 제공

① 노동 생산성을 향상시킬 수 있다.
② 상품가격의 정확성을 기할 수 있다.
③ 매입, 매출, 재고, 입출금 관리를 통한 비용절감을 할 수 있다.
④ 회계정보를 바탕으로 신속한 의사결정을 할 수 있다.
⑤ 자금의 효율적 이용과 재고의 자동파악이 가능하다.
⑥ 상품 판매주기와 기간을 적정화시킬 수 있다.
⑦ 매입, 매출, 재고를 분석하여 판매를 극대화 할 수 있다.

나. 메뉴관리의 효율화

① 인기 메뉴와 비인기 메뉴를 선별할 수 있다.
② 비인기 메뉴의 취급중단 및 재고를 줄일 수 있다.
③ 가격변동에 효율적으로 대처할 수 있다.

다. 고객서비스 품질 향상

① 신속하고 정확한 정산으로 고객대기시간을 줄일 수 있다.
② 메뉴가 명시된 영수증 발행으로 신뢰성을 확보할 수 있다.
③ 회원카드를 통한 단골고객 관리로 고객 만족도를 높일 수 있다.
④ 통합 DB를 통한 고객 마케팅에 활용할 수 있다.

라. 재료의 통제

① 매입수량과 가격을 통제할 수 있다.
② 보충발주와 반품을 감소시킬 수 있다.
③ 재료의 적정재고를 유지할 수 있다.

마. 인력구조 조정

① 종업원의 교육 및 훈련시간을 단축시킬 수 있다.
② 입력오류로 인한 손실을 줄일 수 있다.
③ 사무 자동화를 통한 인력구성을 조정할 수 있다.

2 POS 시스템을 활용한 바bar 영업전략

바bar의 원가관리가 복잡하고 특수한 점, 외식업계의 환경이 급변하는 점 등 현재의 상황을 극복하기 위해서는 정확한 영업관리 체계를 갖추지 않으면 생존하기 어렵다. 따라서 바bar의 경쟁력을 갖추기 위해서는 POS 시스템을 규모나 시설 및 환경에 맞게 적절하게 활용할 필요가 있다.

(1) 원가관리

가. 재료비 관리
- 재료비 표준원가를 설정하고 실제원가와 비교분석을 통해 통제한다.

나. 인건비 관리
- 인건비 표준원가를 설정하고 실제원가와 비교분석을 통해 통제한다.

다. 경비 관리
- 경비 표준원가를 설정하고 실제원가와 비교분석을 통해 통제한다.

(2) 차별화 전략

가. 제품의 차별화
- 경쟁업체의 제품보다 맛, 스타일, 신제품 출시 등에서 우위를 통한 차별화를 실시한다.

나. 서비스의 차별화
- 잘 훈련된 종업원이 고객중심의 서비스를 실시한다.

다. 인적자원의 차별화
- 고객이 신뢰성을 가질 수 있는 능력과 예절을 갖춘 인적자원을 확보한다.

라. 이미지의 차별화
- 독특한 컨셉 설정을 통한 이미지 차별화를 실시한다.

4. 음료영업장 운영 기출문제

01 바에서 사용하는 house brand의 의미는?

가. 널리 알려진 술 종류
나. 지정주문이 아닐 때 쓰는 술 종류
다. 상품(上品)에 해당하는 술 종류
라. 조리용으로 사용하는 술 종류

해설 - House Brand란, 고객이 브랜드를 지정하지 않았을 때 바에서 임의로 사용하는 술의 종류이다.

02 구매관리와 관련된 원칙에 대한 설명으로 잘못된 것은?

가. 먼저 반입된 저장품부터 소비한다.
나. 필요한 물품반입은 휴점시간을 활용한다.
다. 공급업자와의 유대관계를 고려하여 검수과정은 생략한다.
라. 정확한 재고조사를 기준으로 적정재고량을 확보한다.

03 효율적인 주장관리에서 FIFO 원칙이 철저하게 적용되어야 할 Beverage는?

가. 브랜디   나. 위스키
다. 맥주   라. 테킬라

해설 - 양조주의 유통기간은 증류주에 비해 짧다.

04 월평균소비량을 포함한 최대 보유량을 계산하면?

> 월평균소비량 : 120kg(1일 4kg)
> 리드타임(Lead Time) : 7일
> 안전재고 : 리드타임 동안 사용하여야 할 양의 50%

가. 130kg
나. 134kg
다. 148kg
라. 162kg

해설 - 최대보유량 = 월평균소비량(120kg) + 리드타임 7일(28kg) + 안전재고 50%(14kg)

05 원가를 변동비와 고정비로 구분할 때 변동비에 해당하는 것은?

가. 임차료
나. 직접재료비
다. 재산세
라. 보험료

해설 - 변동비는 식자재비, 소득세와 같이 매출액 증가에 따라 발생하는 비용을 말한다.

06 바(Bar)에 대한 설명 중 틀린 것은?

가. 프랑스어의 Bariere에서 왔다.
나. 술을 판매하는 식당을 총칭하는 의미로도 사용된다.
다. 종업원만의 휴식공간이다.
라. 손님과 바맨 사이에 가로질러진 널판을 의미한다.

07 Inventory Management는 무엇을 뜻하는가?

가. 매출관리
나. 재고관리
다. 원가관리
라. 인사관리

08 조주원의 직무에 관한 설명 중 틀린 것은?

가. 주문에 의하여 신속정확하게 조주 제공한다.
나. 칵테일은 수시로 자기 아이디어에 따라 조주한다.
다. 글라스류와 바 기물을 세척, 청결상태를 유지한다.
라. 영업시작 전에 그날의 소모품을 수령한다.

09 주장(Bar)을 의미하는 것이 아닌 것은?

가. 주류를 중심으로 한 음료판매가 가능한 일정 시설을 갖추어 판매하는 공간
나. 고객과 바텐더 사이에 놓인 널판을 의미
다. 주문과 서브가 이루어지는 고객들의 이용 장소
라. 조리 가능한 시설을 갖추어 음료와 식사를 제공하는 장소

10 구매명세서를 사용부서에서 작성할 때 필요한 사항이 아닌 것은?

가. 요구되는 품질요건
나. 품목의 규격
다. 무게 또는 수량
라. 거래처의 상호

11 주장 캡틴(Bar Captain)에 관한 설명 중 틀린 것은?

가. 영업을 지휘/통제한다.
나. 서비스 준비사항과 구성인원을 점검한다.
다. 지배인을 보좌하고 업장 내의 관리업무를 수행한다.
라. 고객으로부터 직접주문을 받고 서비스 등을 지시한다.

> **해설** 영업을 지휘/통제하는 사람은 매니저(Manager)의 업무이다.

12 Corkage Charge의 의미는?

가. 고객이 다른 곳에서 구입한 주류를 바(Bar)에 가져와서 마실 때 부과되는 요금
나. 고객이 술을 보관할 때 지불하는 보관요금
다. 고객이 Bottle 주문 시 따라 나오는 Soft Drink의 요금
라. 적극적인 고객 유치를 위한 판촉비용

13 재고가 과도한 경우의 단점이 아닌 것은?

가. 판매기회가 상실된다.
나. 식재료의 손실을 초래한다.
다. 필요 이상의 유지 관리비가 유지된다.
라. 기회 이익이 상실된다.

14 원가의 분류에서 고정비에 해당하는 것은?

가. 직접재료비
나. 직접노무비
다. 공장건물에 대한 보험료
라. 일정비율로 지급되는 판매수수료

> **해설**
> • 원가 : 제품의 개발, 생산, 판매를 위하여 직, 간접으로 투입되는 재화와 용역을 화폐액으로 표시한 것이다. 일반적으로 재료비, 노무비, 경비 등의 비용을 집계하여 이를 생산량으로 나누어 산출한다.
> • 고정비용 : 생산량의 변동 여하에 관계없이 불변적으로 지출되는 비용으로 대개의 경우 설비, 기계 등의 감가상각비, 임대료, 지불 이자, 재산세, 연구개발비, 광고 선전비, 사무비 등은 고정비로 분류된다.

15 월 재고회전율을 구하는 식은?

가. 총 매출원가/평균 재고액
나. 평균 재고액/총 매출원가
다. (월말 재고-월초재고) × 100
라. (월초 재고 = 월말재고) / 2

16 바(Bar)영업을 하기 위한 Bartender의 역할이 아닌 것은?

가. 음료에 대한 충분한 지식을 숙지하여야 한다.
나. 칵테일에 필요한 Garnish를 준비한다.
다. Bar Counter 내의 청결을 수시로 관리한다.
라. 영업장의 책임자로서 모든 영업에 책임을 진다.

> **해설** Manager • 영업장의 책임자로서 모든 영업에 책임을 진다.
> • 식음료에 대한 풍부한 지식을 가지고 종사원의 교육훈련을 감독한다.
> • 대고객서비스를 철저히 지휘 감독하여 고객관리에 만전을 기한다.
> • 식음료의 관리와 재고관리를 감독한다.

17 실제원가가 표준원가를 초과하게 되는 원인이 아닌 것은?

가. 재료의 과도한 변질 발생
나. 도난 발생
다. 계획대비 소량 생산
라. 잔여분의 식자재 활용 미숙

18 일드 테스트(Yield Test)란?

가. 산출량 실험
나. 종사원들의 양보성향 조사
다. 알코올 도수 실험
라. 재고조사

> **해설** Old Parr(Scotch Whisky) 한 병으로 몇 잔을 산출할 수 있는지 직접 재어보는 것.

19 바 웨이터의 역할과 거리가 먼 것은?

가. 음료의 주문 그리고 서비스를 담당한다.
나. 영업시간 전에 필요한 사항을 준비한다.
다. 고객을 위해서 테이블을 재정비한다.
라. 칵테일을 직접 조주한다.

> **해설** 칵테일 조주는 바텐더의 직무이다.

20 다음은 바 수익관리에 관련된 용어들이다. 틀리게 설명된 것은?

가. 수익(Revenue Income) - 총수익에서 모든 비용을 빼고 남은 금액
나. 비용(Expense) - 상품 등을 생산하는 데 필요한 여러 생산요소에 지불되는 대가
다. 총수익(Gross Profit) - 전체음료의 판매수익에서 판매된 음료에 소요된 비용을 제한 것
라. 감가상각비(Depreciation) - 시간의 흐름에 따른 자산의 가치 감소를 회계에 반영하는 것

> **해설** • 수익(Revenue Income) : 판매한 재화와 용역의 대가이다. 즉 기업이 경제활동의 대가로서 얻은 경제 가치이다.
> • 순이익(Net Profit) : 총수익에서 모든 비용(인건비, 설비비, 보험료, 세금, 감가상각비 등)을 빼고 순수하게 남은 금액.

21 바텐더가 영업시작 전 준비하는 업무가 아닌 것은?

가. 충분한 얼음을 준비한다.
나. 글라스의 청결도를 점검한다.
다. 레드 와인을 냉각시켜 놓는다.
라. 잔처리가 필요한 과일 등을 준비해 둔다.

22 영업을 폐점하고 남은 물량을 품목별로 재고조사하는 것을 무엇이라 하는가?

가. Daily Issue
나. Par Stock
다. Inventory Management
라. FIFO

> **해설** 일과 업무시작 전에 Bar에서 영업에 필요한 양을 준비해 두는 각종 재료를 Par Stock이라고 한다.

23 바텐더의 준수 규칙이 아닌 것은?

가. 칵테일은 수시로 본인 아이디어로 조주한다.
나. 취객을 상대할 땐 참을성과 융통성을 발휘한다.
다. 주문에 의하여 신속, 정확하게 제공한다.
라. 조주할 때에는 사용하는 재료의 상표가 고객을 향하도록 한다.

해설 바텐더는 표준 레시피를 준수해야 한다.

24 바텐더가 지켜야 할 사항이 아닌 것은?

가. 항상 고객의 입장에서 근무하며 고객을 공평히 대할 것
나. 업장에 손님이 없을 시에도 서비스 자세를 바르게 유지할 것
다. 고객의 취향에 맞추어 서비스할 것
라. 고객끼리 대화를 할 경우 적극적으로 대화에 참여할 것

25 애플 마티니(Apple Martini) 칵테일 원가비율을 20%에 맞추어 판매하고자 할 때, 재료비가 1,500원이라면 판매가(sales price)는?

가. 7,500원   나. 8,500원
다. 9,000원   라. 10,000원

해설 재료원가 ÷ 평균원가율 = 판매가
1,500원 ÷ 0.2(20%) = 7,500원

26 다음은 무엇에 대한 설명인가?

> 일정기간 동안 어떤 물품에 대한 정상적인 수요를 충족시키는 데 필요한 재고량

가. 기준재고량
나. 일일재고량
다. 월말재고량
라. 주단위재고량

27 프런트 바에 대한 설명으로 옳은 것은?

가. 주문과 서브가 이루어지는 고객들의 이용장소로서 일반적으로 폭 40cm, 높이 120cm가 표준이다.
나. 술과 잔을 전시하는 기능을 갖고 있다.
다. 술을 저장하는 창고이다.
라. 주문과 서브가 이루어지는 고객들의 이용장소로서 일반적으로 폭 80cm, 높이 150cm가 표준이다.

28 바텐더(Bartender)의 수칙이 아닌 것은?

가. Recipe에 의한 재료와 양을 사용한다.
나. 영업 중 Bar에서 재고조사를 한다.
다. 고객과의 대화에 지장이 없도록 교양을 넓힌다.
라. 고객 한 사람마다 신경 써서 주문에 응한다.

29 바텐더가 지켜야 할 바(Bar)에서의 예의로 올바른 것은?

가. 정중하게 손님을 환대하며 고객의 기분이 좋도록 Lip Service를 한다.
나. 자주 오시는 손님에게는 오랜 시간 이야기한다.
다. Second Order를 하도록 적극적으로 강요한다.
라. 고가의 품목을 적극 추천하여 손님의 입장보다 매출에 많은 신경을 쓴다.

30 주류의 Inventory Sheet에 표기되지 않는 것은?

가. 상품명   나. 전기 이월량
다. 규격(또는 용량) 라. 구입가격

31 식재료 원가율 계산 방법으로 옳은 것은?

가. 기초재고 + 당기매입 - 기말재고
나. (식재료 원가/총매출액) x 100
다. 비용 + (순이익/수익)
라. (식재료 원가/월매출액) x 30

32 구매관리 업무와 가장 거리가 먼 것은?

가. 납기관리
나. 시장조사
다. 우량 납품업체 선정
라. 음료상품 판매촉진 기획

33 식재료가 소량이면서 고가인 경우나 희귀한 아이템의 경우에 검수하는 방법으로 옳은 것은?

가. 발췌 검수법
나. 전수 검수법
다. 송장 검수법
라. 서명 검수법

34 주장 경영 원가의 3요소로 가장 적합한 것은?

가. 재료비, 노무비, 기타경비
나. 재료비, 인건비, 세금
다. 재료비, 종사원 급여, 권리금
라. 재료비, 노무비, 월세와 관리비

35 바텐더의 자세로 가장 바람직하지 못한 것은?

가. 영업 전 후 Inventory 정리를 한다.
나. 유통기한을 수시로 체크한다.
다. 손님과의 대화를 위해 뉴스, 신문 등을 자주 본다.
라. 고가의 상품을 판매를 위해 손님에게 추천한다.

36 물품검수 시 주문내용과 차이가 발견될 때 반품하기 위하여 작성하는 서류는?

가. 송장(invoice)
나. 견적서(price quotation sheet)
다. 크레디트 메모(Credit memorandum)
라. 검수보고서(receiving sheet)

37 주장요원의 업무규칙에 부합하지 않는 것은?

가. 조주는 규정된 레시피에 의해 만들어져야 한다.
나. 요금의 영수 관계를 명확히 하여야 한다.
다. 음료의 필요재고보다 두 배 이상의 재고를 보유 하여야 한다.
라. 고객의 음료 보관 시 명확한 표기와 보관을 책임진다.

38 주장(Bar) 영업종료 후 재고조사표를 작성하는 사람은?

가. 식음료 매니저
나. 바 매니저
다. 바 보조
라. 바텐더

39 store room에서 쓰이는 bin card의 용도는?

가. 품목별 불출입 재고 기록
나. 품목별 상품특성 및 용도기록
다. 품목별 수입가와 판매가 기록
라. 품목별 생산지와 빈티지 기록

40 Key Box나 Bottle Member제도에 대한 설명으로 옳은 것은?

가. 음료의 판매회전이 촉진된다.
나. 고정고객을 확보하기는 어렵다.
다. 후불이기 때문에 회수가 불분명하여 자금운영이 원활하지 못하다.
라. 주문시간이 많이 걸린다.

41 고객이 호텔의 음료상품을 이용하지 않고 음료를 가지고 오는 경우, 서비스하고 여기에 필요한 글라스, 얼음, 레몬 등을 제공하여 받는 대가를 무엇이라 하는가?

가. Rental charge
나. VAT(value added tax)
다. Corkage charge
라. Service charge

42 다음의 설명에 해당하는 바의 유형으로 가장 적합한 것은?

> 국내에서는 위스키 바라고 부른다.
> - 맥주보다는 위스키나 코냑과 같은 하드 리커(Hard Liquor) 판매를 위주로 하기 때문이다.
> - 칵테일도 마티니, 맨해튼, 올드 패션드 등 전통적인 레시피에 좀 더 무게를 두고 있다.
> - 우리나라에서는 피아노 한 대를 라이브 음악으로 연주하는 형태를 선호한다.

가. 째즈 바
나. 클래식 바
다. 시가 바
라. 비어 바

43 주장(Bar)에서 주문받는 방법으로 가장 거리가 먼 것은?
  가. 손님의 연령이나 성별을 고려한 음료를 추천하는 것은 좋은 방법이다.
  나. 추가 주문은 고객이 한잔을 다 마시고 나면 최대한 빠른 시간에 여쭤본다.
  다. 위스키와 같은 알코올 도수가 높은 술을 주문받을 때에는 안주류도 함께 여쭤본다.
  라. 2명 이상의 외국인 고객의 경우 반드시 영수증을 하나로 할지, 개인별로 따로 할지 여쭤본다.

44 다음 중 주장 종사원(Waiter/Waitness)의 주요 임무는?
  가. 고객이 사용한 기물과 빈 잔을 세척한다.
  나. 칵테일의 부재료를 준비한다.
  다. 창고에서 주장(Bar)에서 필요한 물품을 보급한다.
  라. 고객에게 주문을 받고 주문받은 음료를 제공한다.

45 바람직한 바텐더(Bartender) 직무가 아닌 것은?
  가. 바(Bar) 내에 필요한 물품 재고를 항상 파악한다.
  나. 일일 판매할 주류가 적당한지 확인한다.
  다. 바(Bar)의 환경 및 기물 등의 청결을 유지, 관리한다.
  라. 칵테일 조주 시 지거(Jigger)를 사용하지 않는다.

46 칵테일 상품의 특성과 가장 거리가 먼 것은?
  가. 대량 생산이 가능하다.
  나. 인적 의존도가 높다.
  다. 유통 과정이 없다.
  라. 반품과 재고가 없다.

47 바의 한 달 전체 매출액이 1000만원이고 종사원에게 지불된 모든 급료가 300만원이라면 이 바의 인건비율은?
  가. 10%   나. 20%
  다. 30%   라. 40%

정답

01 나	02 다	03 다	04 라	05 나	06 다	07 나	08 나	09 라	10 라
11 가	12 가	13 가	14 다	15 가	16 라	17 다	18 가	19 라	20 가
21 다	22 다	23 가	24 라	25 가	26 가	27 가	28 나	29 가	30 라
31 나	32 라	33 나	34 가	35 라	36 다	37 다	38 라	39 가	40 가
41 라	42 나	43 나	44 라	45 라	46 가	47 다			

Part 5

식음료영업준비

[NCS학습모듈]
식음료영업준비
LM1301020101_16v2

식음료 영업 준비 학습모듈의 개요

학습모듈의 목표

- 본격적인 식음료서비스를 제공하기 전 영업장 환경과 비품을 점검함으로써 최선의 서비스가 될 수 있도록 준비할 수 있다.

학습모듈의 내용체계

학습	학습 내용	NCS 능력단위 요소	
		코드번호	요소 명칭
1. 테이블 세팅하기	1-1. 세팅물품의 숙지와 준비 1-2. 테이블과 의자의 균형 조정 1-3. 영업장의 성격에 맞는 린넨류 준비 1-4. 다양한 방법으로 냅킨 접기 1-5. 집기 취급 방법에 따른 테이블 세팅 1-6. 정확한 테이블 세팅 1-7. 정숙한 테이블 세팅 1-8. 예약에 따른 요청사항 준비	1301020101_16v2.1	테이블 세팅하기
2. 스테이션 준비하기	2-1. 스테이션의 기물 정리 2-2. 물품의 위치와 수량 확인 및 재고 목록표 작성 2-3. 일일 적정 재고량 파악 2-4. 유통기한 확인과 선입선출의 방법	1301020101_16v2.2	스테이션 준비하기
3. 음료재료 준비하기	3-1. 음료재료 준비	1301020101_16v2.3	음료재료 준비하기
4. 영업장 점검하기	4-1. 영업장의 청결점검 4-2. 조명기구 점검 4-3. 고정설치물의 위치와 상태점검 4-4. 테이블과 의자의 상태점검 4-5. 일일메뉴의 특이사항과 재고점검	1301020101_16v2.4	영업장 점검하기

학습 1 테이블 세팅하기

1-1. 세팅물품의 숙지와 준비

학습 목표
- 메뉴에 따른 세팅물품을 숙지하고 정확하게 준비할 수 있다.

1 세팅물품

세팅물품은 고객이 식사할 때 필요한 모든 종류의 기물 및 비품을 말한다. 식음료 영업장에서 사용되는 서비스 기물은 식음료 영업장의 소중한 자산이다. 특히, 특급호텔에서는 최고급 품질의 고가 기물을 많이 사용하므로 세심한 주의 및 관리가 필요하다. 식음료 영업장에서 사용하는 세팅물품은 식음료 영업장의 종류에 따라서 완전히 달라질 수 있다.

(1) 은기물류 silver ware

은기물류는 은으로 만들었거나 도금한 기물을 말하며 순은제와 은도금이 있다. 가격이 고가이고 보관 및 관리가 어렵기 때문에 호텔에서는 은도금을 많이 사용하고 있다. 은기물류에는 고객이 식사할 때 사용하는 나이프knife와 포크fork, 스푼spoon 등이 있다.

(2) 글라스류 glass ware

글라스류는 손님에게 제공되는 모든 음료를 서비스할 때 사용되는 것을 말한다. 글라스류는 그 어떤 기물류보다 파손될 위험이 높으므로 안전상 각별히 조심해서 취급해야 한다.

웨딩테이블 세팅

(3) 도자기류 ceramic ware

도자기류는 취급과 운반 시에 파손되지 않도록 상당한 주의를 요하며 금이 가거나 깨졌거나 오점이 없는가를 확인한 후, 결함이 있는 도자기들은 폐품 처리해야 한다. 또한 식기와 식기끼리 부딪치지 않도록 항상 조심해서 다루어야 하며 운반 시 한꺼번에 많은 양을 취급하지 않도록 해야 한다.

가. 도자기의 종류

① 브레드와 버터 플레이트 bread & butter plate: BB plate: 빵과 버터를 제공할 때 사용한다.
② 쇼 플레이트 show plate: 세팅 기물의 중심을 잡기 위해 사용하며, 첫 코스의 음식이 제공되면 함께 치우거나 레스토랑에 따라서는 식사 서비스 전에 치우기도 한다.
③ 메인 플레이트 main plate: 메인요리를 고객에게 제공할 때 사용한다.
④ 피시 플레이트 fish plate: 생선요리를 고객에게 제공할 때 사용한다.
⑤ 애피타이저 플레이트 appetizer plate: 전채요리를 고객에게 제공할 때 사용한다.
⑥ 디저트 플레이트 dessert plate: 디저트를 고객에게 제공할 때 사용한다.
⑦ 수프 볼 soup bowl: 수프를 고객에게 제공할 때 사용한다.

⑧ 꽃병flower vase: 식사 테이블용으로 꽃을 장식하기 위해 사용한다.

⑨ 커피 컵coffee cup: 커피를 고객에게 제공할 때 사용한다.

⑩ 커피 소서coffee saucer: 커피를 고객에게 제공할 때 커피 받침으로 사용한다.

⑪ 소금과 후추 볼salt and pepper bowl : 고객들이 식사할 때 필요한 것으로 테이블의 중앙에 세팅하거나 고객의 요청에 따라 제공할 때 사용한다.

⑫ 설탕 볼sugar bowl : 커피를 고객에게 제공할 때 설탕을 필요로 하는 사람을 위해 사용한다.

⑬ 크림 볼 또는 밀크 볼cream bowl 혹은 milk bowl: 커피를 고객에게 제공할 때 크림을 필요로 하는 사람이 있을 때 사용한다.

1-2. 테이블과 의자의 균형 조정

> **학습 목표**
> • 테이블과 의자의 균형을 조정할 수 있다.

1 테이블과 의자

테이블과 의자는 고객이 식음료 영업장에서 편안하고 즐거운 시간을 보낼 때 매우 중요한 비품들로, 고객들이 식사를 하거나 대화를 할 때 이용하는 가구를 말한다. 식음료 영업장의 테이블과 의자는 식음료 영업장이 연출하기를 바라는 분위기를 창출하는 데 도움을 줄 수 있다. 그러므로 고객의 기대와 식음료 영업장의 이미지 그리고 질적 수준을 염두에 두고 테이블과 의자를 배치하여야 한다.

2 테이블과 의자의 관리

테이블과 의자는 각양각색의 디자인으로 목재, 철재, 유리제품, 플라스틱 등의 재질로 만들어져 사용되고 있다. 식음료 업장에서의 테이블과 의자의 선택은 경영관리자의 안목이나 회사의 정책 및 식음료 영업장의 구조에 따라 달라질 수 있으나 경제적 가치의 높고 낮음을 막론하고 직원들이 철저한 유지 보수 관리를 하지 않으면 효용 가치는 떨어지게 된다.

(1) 사용과 관리 요령

① 테이블의 수평을 유지하고 흔들리지 않도록 한다.
② 두 개 이상의 테이블을 연결했을 때 이음새의 높이가 같도록 한다.
③ 테이블과 의자의 흔들림을 확인하고 문제가 있을 경우 시설부에 의뢰하여 수리하거나 교체한다.
④ 테이블이나 의자의 다리에 먼지나 불순물 또는 이물질을 제거한다.
⑤ 테이블이나 의자에 녹이 슬지 않았는지 혹은 페인트가 벗겨지지 않았는지를 확인한다.

1-3. 영업장의 성격에 맞는 린넨류 준비

> **학습 목표**
> • 영업장의 성격에 맞는 테이블크로스, 냅킨 등 린넨류를 다룰 수 있다.

1 린넨 linen

린넨이란 아마亞麻 실로 짠 직물을 일컫지만 호텔 식음료 영업장에서는 면류나 화학직류로 만든 타월, 냅킨, 시트담요, 유니폼, 커튼 등을 말한다. 호텔의 식음료 영업장에서의 린넨류 적정재고 수준에 관하여 확고한 기준은 호텔별로 차이는 있지만 식음료 영업

린넨류 보관

장의 원활한 영업을 위해서는 일반적으로 3~4회전의 수량이 필요하다. 이러한 기준은 식음료 영업장에서만 국한되어 있는 것은 아니며 호텔 전체의 객실이나 주방에서 사용하는 린넨류에도 동일하게 적용할 수 있다.

① 테이블 클로스table cloth : 테이블의 청결함을 강조하기 위하여 보편적으로 면직류 또는 마직류로 만든 흰색 클로스white cloth가 주종을 이루고 있으나 최근에는 식음료 영업장의 분위기에 맞추어 여러 가지 색깔에 무늬를 넣어 만든 린넨류를 사용하는 경우가 많아졌으며, 테이블클로스를 이중으로 사용하여 더욱 고급스러워 보이게 하고 있다.

② 언더 클로스under cloth : 테이블클로스의 수명연장과 식기나 기물을 놓을 때 소음을 최소화하기 위해 테이블클로스 밑에 깔아서 촉감을 부드럽게 한다.

③ 미팅 클로스meeting cloth : 회의meeting 및 리셉션reception 등에 널리 사용되며 무늬가 없는 색상으로 촉감이 부드러운 천felt, silk이 주종을 이루고 있다.

④ 워시 클로스wash cloth : 기물이나 집기류 등을 닦을 때 사용하며 색상이나 모양을 달리하여 사용하기 편리하고 구분하기 쉽게 만든 면직류이다.

⑤ 글라스 타월glass towel : 글라스류를 닦을 때 사용하는 타월로 사용하기 편리하고 구분하기 쉽게 만든 면직류이다.

2 냅킨napkin

테이블에서 제일 마지막으로 세팅되어지는 냅킨은 식사 중에는 입이나 손을 닦기도 하고, 음식이 흘려 옷에 묻는 것을 방지하기 위해 무릎 위에 올려놓고 사용하기도 한다. 또한 해당 식음료 영업장의 분위기와 조화를 이룰 수 있는 색깔과 모양으로 세팅하여야 하며 항상 깨끗하고 위생적으로 관리하여야 한다.

1-4. 다양한 방법으로 냅킨 접기

학습 목표
- 냅킨을 다양한 방법으로 활용하여 접을 수 있다.

1 냅킨napkin 접는 방법

냅킨의 치수는 50×50cm의 정도가 이상적이다. 주로 고객이 식사를 할 때 무릎 위에 펴놓으며 손이나 입을 닦기도 한다. 암 타월arm towel 대신 냅킨을 왼 손목에 걸고 뜨거운 음식을 운반할 때 받쳐 이용되기도 한다. 또는 트레이tray 위에 깔아 기물이 부딪쳐 내는 소음을 방지하고 미끄러지는 것을 방지하기 위해서 사용된다.

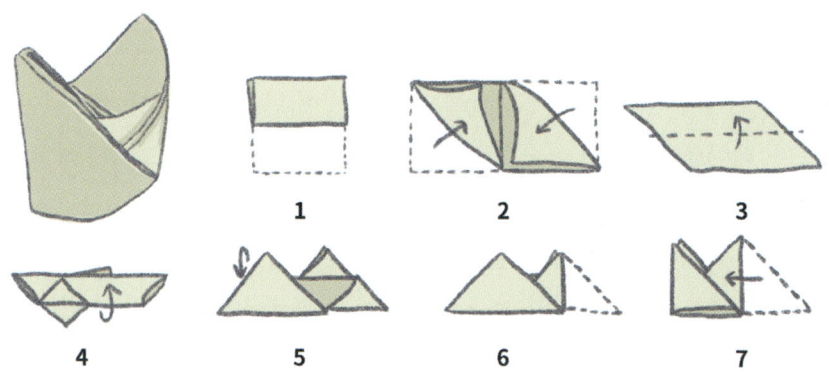

1-5. 집기 취급 방법에 따른 테이블 세팅

학습 목표
• 집기 취급 방법에 따라 테이블 세팅을 할 수 있다.

1 집기 취급 방법

집기 기물이란 은기물류와 도자기류, 글라스류를 모두 포함하는 것으로 고객에게 제공되는 모든 집기와 비품을 말한다.

(1) 은기물류(silver ware)의 취급방법

① 고객이 사용한 기물은 지정된 개수통에 모으며 부딪쳐서 찌그러지거나 흠이 생길 우려가 많으므로 절대 던져 넣지 않는다.
② 은기물 종류와 스테인리스스틸 종류는 반드시 따로 구분하여 기물의 손상을 방지하며 모인 기물은 세척기에서 뜨거운 물로 세척액을 사용하여 충분히 씻어낸다. 세척 후에는 기물을 종류별로 분류해 놓고 뜨거운 물을 용기에 따로 준비한다.
③ 종류별로 분류된 기물을 왼손에 쥐고 용기에 든 뜨거운 물에 담갔다가 글라스 타월glass towel 또는 핸드 타월hand towel로 기물의 손잡이를 감싸 쥐고 오른손으로 음식이 닿는 부

분부터 손잡이 쪽의 순서로 물기가 완전히 제거되도록 신속한 동작으로 깨끗이 닦는다.

④ 나이프knife를 닦을 때는 칼날이 바깥쪽으로 향하도록 닦아야 하며 타월towel이 칼날에 스쳐 찢어지지 않도록 주의해야 한다.

기물류 보관

⑤ 여러 종류의 기물을 한꺼번에 닦을 때는 반드시 나이프부터 닦는 것이 바람직하며 다른 기물부터 닦을 시에 나이프에 손을 다칠 수 있음. 변색된 기물은 광택제로 깨끗하게 윤을 내어 사용한다.

⑥ 잘 닦인 기물은 종류별로 가지런히 모아서 기물함 또는 정해진 장소에 깔끔하게 정리해서 보관한다.

⑦ 깨끗하게 준비된 기물로 테이블 세팅을 할 때는 음식이 닿는 윗부분을 손으로 잡거나 만져서는 절대 안 되고 반드시 손잡이 부분을 타월로 잡아 가능한 한 손자국이 나지 않도록 취급하며, 운반할 때는 소음이 나지 않도록 트레이tray를 사용한다.

(2) 도자기류(ceramic ware) 취급법

① 고객에게 제공되는 도자기류에 금이 갔는지, 깨졌는지, 이가 빠졌는지, 오물이 남아 있는지, 항상 확인하며 부딪치지 않도록 조심하고 한꺼번에 많은 양을 운반하지 않는다.

② 접시를 운반하는 방법도 여러 가지지만 접시의 테두리 rim 안쪽으로 손가락이 절대 들어가지 않도록 잡아야 한다.

도자기류 보관

③ 접시를 들고 운반할 때는 몸 바깥쪽으로 나가지 않도록 몸 안쪽으로 접시를 밀착하여 들

어야 하고 접시를 들고 있는 팔을 흔들면서 걷거나 전후좌우 경계를 소홀히 해서는 안 된다. 접시와 접시끼리 부딪치지 않도록 조심해서 다루어야 하며 안전사고에 항상 유의한다.

(3) 글라스류(glass ware) 취급법

글라스 랙

① 글라스를 쥘 때는 반드시 밑부분을 잡아야 하고 손잡이가 달린 글라스는 손잡이 부분 stem을 잡아야 하며 글라스 윗부분을 잡아서는 안 된다.
② 글라스를 운반할 때는 라운드 트레이round tray를 사용한다.
③ 라운드 트레이로 운반할 때는 글라스가 미끄러지지 않도록 트레이에 매트mat를 깔고 중심을 잡으며 전후좌우 경계를 소홀히 해서는 안 된다.
④ 한꺼번에 많은 양의 글라스를 운반할 때는 글라스 랙glass rack을 사용하도록 하며 반드시 용도에 맞는 글라스 랙을 사용해야 한다.
⑤ 글라스 랙을 사용하여 세척 기계에서 글라스를 세척한다.
⑥ 용기에 뜨거운 물을 따로 준비하여 세척된 글라스를 한 개씩 들고 수증기에 쏘인 후, 글라스 타월 또는 핸드 타월로 깨끗이 닦는다.
⑦ 세척하기 전에 금이 가거나 깨어진 것이 있는지 확인한 후 닦도록 한다.
⑧ 닦는 순서는 윗부분부터 안팎을 닦은 후 손잡이 부분과 밑바닥을 차례대로 물기가 없도록 깨끗하게 닦는다.
⑨ 수증기를 쏘여도 얼룩이나 물 자국 등이 닦이지 않을 때는 다시 뜨거운 물에 담갔다가 닦는다.
⑩ 닦은 후에는 먼지 또는 얼룩이나 물 자국 등이 깨끗하게 닦였는지 철저히 점검해야 한다.

1-6. 정확한 테이블 세팅

> **학습 목표**
> • 집기의 놓는 위치에 따라 정확하게 테이블 세팅을 할 수 있다.

1 정확한 테이블 세팅

테이블 세팅table setting은 테이블의 짜임새 있는 구성으로 식음료 영업장의 분위기를 즐겁고 편안한 식사가 되도록 연출하여 꾸미는 것을 말한다. 테이블 세팅은 테이블과 의자를 정돈하고 테이블 클로스tablecloth를 펴고 포크와 나이프, 접시와 글라스, 도자기 및 기타 장식품 등을 테이블에 알맞게 배치하는 일련의 과정으로 이루어지며 식음료 서비스의 중요한 업무 중 하나이다.

(1) 테이블 세팅의 기본원칙

① 쇼 플레이트show plate와 은기물류는 식탁 가장자리로부터 2cm 정도의 간격을 두고 놓는다.

② 기물류의 배열은 전체적인 균형을 이룰 수 있도록 적당한 간격으로 보기 좋게 놓는다.
③ 브레드 플레이트bread plate의 중앙선과 쇼 플레이트의 중앙선이 일치하도록 배열한다.
④ 메인 나이프main knife는 칼날이 안쪽으로 향하게 한다.
⑤ 버터나이프butter knife는 빵 접시 위 오른쪽으로 1/4 정도 되는 부분에 포크의 배열선과 맞춰 놓는다.
⑥ 워터 글라스water goblet는 메인 나이프의 끝 쪽 연장선과 디저트 스푼dessert spoon과 포크fork의 중앙 배열선이 교차되는 곳에 놓는다.
⑦ 와인글라스wine glass는 워터 글라스의 오른쪽 아래 45도 대각선상에 놓는다.
⑧ 센터피스center pieces의 배열은 테이블의 종류와 세팅 인원에 따라 달라질 수 있으나, 일반적으로 왼쪽부터 후추, 소금, 꽃병의 순으로 배열한다.
⑨ 쇼 플레이트를 사용하지 않을 때는 냅킨napkin을 놓아서 기준을 삼는다. 이러한 원칙은 영업장의 특성과 식탁의 종류, 식탁이 배치된 장소, 기물의 종류에 따라 약간 변할 수 있으나, 테이블 세팅의 근본 목적인 고객이 사용하기에 편리하고, 짜임새 있고 모양 좋은 테이블이 되게 하여야 한다.

1-7. 정숙한 테이블 세팅

> **학습 목표**
> - 테이블 세팅 시에 소음이 나지 않게 할 수 있다.

1 조용한 테이블 세팅

정숙한 테이블 세팅이란 고객들에게 불편을 드리지 않기 위해 기물들을 취급할 때 소음을 최소화하는 것을 말한다. 좌석을 정한 고객으로부터 요리의 주문을 받은 후 요리에 맞춰 테이블 세팅을 하는 경우에는 다음과 같은 절차를 따라서 조용한 태도로 세팅한다.
① 전혀 세팅이 되어 있지 않았을 때는 고객의 주문에 맞추어서 세팅한다.
② 일부가 세팅되어 있으면 주문에 따라서 필요한 기물을 보충한다.
③ 세팅이 완료된 테이블에서는 주문에 따라 불필요한 기물을 치운다.
④ 정숙한 태도로 테이블 세팅을 하며 소음이 나지 않도록 주의한다.

1-8. 예약에 따른 요청사항 준비

> **학습 목표**
> • 예약현황을 파악하여 요청사항에 따른 준비를 할 수 있다.

1 예약의 요청사항

① 예약은 고객이 직접 방문하거나 인터넷, 전화 또는 세일즈sales 직원을 통한 대리예약 등의 방법으로 접수한다.
② 예약은 고객이 기획하고 준비하고 있는 행사를 문제없이 진행하기 위한 식음료 영업장과 고객의 약속이다.
③ 고객의 요구사항을 정확하고 자세히 기록하여 철저한 사전준비와 효율적인 서비스로 고객에게 만족과 즐거움을 주도록 만전을 기해야 한다.
④ 예약하고 온 고객들이 예약 없이 오는 고객들보다 자리를 먼저 배정 받도록 한다.

2 예약 접수

① 예약을 받는 직원은 예약 장부에 고객의 정보를 정확하게 기재해야 한다.
② 당일 도착 전에 고객과 연락하여 예약 확인과 변동사항을 점검하도록 한다.

3 예약 접수의 유의 사항

① 접수 시에 기재 사항 누락이나 직원들의 착오 등으로 인하여 고객이 불편을 겪거나 식음료 영업장의 명예가 실추되지 않도록 한다.
② 예약된 테이블이 예정 시간으로부터 30분 이상 지연되면 반드시 고객과 연락하여 확인한다.

전화 예약

학습 2. 스테이션 준비하기

2-1. 스테이션의 기물 정리

> **학습 목표**
> • 스테이션의 기물을 용도에 따라 정리할 수 있다.

1 스테이션

스테이션station이란 식음료 업장의 영업에 필요한 준비물기물, 소모품, 메뉴 등을 비치하여 접객 서비스를 원활하고 신속하게 할 수 있도록 식음료 영업장의 적절한 장소에 고정시켜 놓은 것이다.

(1) 서비스 스테이션

① 사전 준비물을 잘 갖추어 놓은 테이블을 서비스 스테이션service station이라고 한다.
② 고객의 테이블로부터 약간 떨어진 곳에 위치하며 직원들의 업무를 보다 편리하고 효율적으로 하게 해준다. 서비스 스테이션에는 은기물류, 글라스류, 도자기류 등 고객에게 직접 서비스되는 기물을 용도에 따라 정리하여 관리한다.

③ 서비스 스테이션은 고객에게 사용되는 기물이나 테이블을 정리할 때도 편리하게 이용된다. 고객 서비스를 보조하는 데 필요한 기물들은 서비스 스테이션service station에 정리하여 보관하게 된다. 영업에 필요한 모든 준비물은 영업장 내부의 적절한 장소에 비치하여 고객 서비스를 신속하고 원활하게 할 수 있도록 한다.

2-2. 물품의 위치와 수량 확인 및 재고 목록표 작성

학습 목표
- 비품과 소모품의 위치와 수량을 확인하고 재고 목록표를 작성할 수 있다.

1 비품과 소모품

식음료 영업장의 비품은 식음료 영업장의 종류에 따라 각양각색이나 주로 양식당의 비품류가 다양하므로 양식당을 중심으로 다음과 같이 접객 서비스에 사용되는 비품류를 살펴본다.

소모품은 한번 사용하면 닳아 없어지거나 못 쓰게 되는 사무용품, 청소용품, 포장용지 등의 물품을 말한다.

(1) 서비스 스테이션(service station)

식음료 영업에 필요한 모든 준비물을 접객 서비스를 신속하게 할 수 있도록 식음료 영업장 내부의 적절한 장소에 고정시켜 직원들만 사용하는 비품 보관함이다. 필요에 따라 이동식으로 꾸며진 사이드 테이블side table도 활용한다.

(2) 서비스 왜건(service wagon)

고객의 요리를 운반 또는 서비스할 때 사용하는 이동 운반차이며 식음료 영업 전에 암 타월arm towel, 서빙 기어serving gear, 트레이tray를 충분히 준비해 둔다.

(3) 플람베 카트(flambee cart)

고객 앞에서 직원이 직접 조리하여 요리를 서비스할 수 있는 알코올고체연료 또는 조리시설을 갖춘 카트이다. 식음료 영업 전에 알코올 또는 가스와 서빙 기어의 양을 충분히 확보하고,

조리 시 필요한 기구들과 각종 양념과 소스 등을 고정 비치해 두어야 한다.

(4) 프라임 립 카트(prime rib cart)

고기류를 고객의 테이블 앞에서 직접 카빙Carving하여 서비스할 때 사용되는 이동식 카트이다. 영업이 끝날 때까지 준비된 요리와 소스가 식지 않도록 전기 또는 알코올을 이용하여 적정한 온도 유지에 신경을 써야 한다.

(5) 바 트롤리(bar trolley)

각종 주류의 진열과 조주에 필요한 얼음, 글라스, 부재료, 바 기물 등을 준비하여 고객에게 주문을 받으면 즉석에서 조주하여 서비스할 수 있도록 꾸며진 이동식 수레이다.

(6) 트레이(tray)

트레이는 접객 서비스 시에 요리나 식기 등을 안전하게 운반하기 위하여 사용되는 도구이며 용도에 따라 크고 작은 형태로 나뉜다. 일반적으로 은제류silver, 스테인리스스틸stainless steel, 플라스틱plastic 제품이 많으며 둥근형round, 타원형oval, 사각형square, 직사각형rectangular 등이 있다.

2-3. 일일 적정 재고량 파악

> **학습 목표**
> • 회전율을 고려한 일일 적정 재고량을 파악하여 부족한 물품이 없도록 확인할 수 있다.

1 재고관리

재고관리는 적정량의 식재료를 보유함으로써 연속적인 생산을 촉진시키고 식재료의 유통량이나 가격의 변동에서 오는 불확실성에 대비하는 활동이다.

2 재고관리의 중요성

① 물품 부족으로 인한 생산계획에 차질이 없도록 한다.
② 최소의 가격으로 좋은 품질의 필요한 물품을 구매하도록 한다.
③ 도난과 부주의 및 부패에 의한 손실을 최소화하도록 한다.
④ 생산 부문에서의 필요량과 일치하는 정도에서 최소한으로 투자가 이루어지도록 한다.

3 물품 폐기 처리

(1) 분리 배출

직원은 분리 배출 방법을 정확히 알고 쓰레기를 처리할 수 있어야 한다.

① 음식물 쓰레기 중 모난 것이나 동물의 뼈 등은 따로 분리해야 한다.
② 레몬, 오렌지, 자몽 등의 껍질은 음식물 쓰레기가 아닌 쓰레기로 처리한다.
③ 커피 찌꺼기 또한 따로 모아 분리 처리한다.
④ 깨진 유리나 도자기 등은 파손보관함breakage 통에 따로 분리한다.
⑤ 모든 쓰레기통은 청결하게 관리한다.
⑥ 식음료 영업장 내의 모든 직원들은 자원절약과 재활용 촉진을 위해 일반 쓰레기와 재활용 쓰레기로 분리하여 배출할 수 있도록 한다.
⑦ 재활용 분리배출 시에는 캔이나 유리병의 뚜껑은 제거 후에 내용물을 버리고 깨끗이 씻은 뒤 분리한다.

2-4. 유통기한 확인과 선입선출의 방법

> **학습 목표**
> • 식자재 유통기한과 표시기준을 확인하고 선입선출의 방법에 따라 정리정돈하여 사용할 수 있다.

1 식자재 유통기한

식자재 유통기한의 관리는 적정한 장소와 보관기간을 지켜 식재료를 보관함으로써 최상의 품질을 유지하고 부패에 의한 손실과 도난을 방지하려는 활동이다.

2 식자재의 보관과 유통기한 표기

유통기한이 존재하는 식자재를 다루는 식음료 영업장에서 식자재의 신선도 유지는 매우 중요한 일이다. 식음료 영업장의 직원들은 식자재의 맛이 상하거나 변하는 것을 항상 체크해야 한다.

(1) 식자재 보관

① 유제품류는 0~10℃의 저장 조건을 유지하며 반드시 냉장 보관한다.
② 우유는 개봉 후 가급적 빨리 섭취하며 꼭 냉장 보관한다.
③ 우유는 냄새를 흡수하는 성질이 있어서 냄새를 유발하는 식품과는 가급적 같이 보관하지 않는다.
④ 로스팅 과정을 거친 원두커피는 그 직후부터 산화가 시작되고 맛과 향이 차츰 감소한다.
⑤ 원두커피를 장시간 보관할 때는 밀봉상태로 냉동 보관한다.

(2) 유통기한 표기법

① 제품의 제조일로부터 소비자에게 판매가 허용되는 기한을 말한다.
② 유통기한은 설탕, 소금, 주류 등 일부를 제외하고는 유통기한을 표시하도록 의무화하고 있다.
③ 유통기한은 식품회사가 자율적으로 정한다.
④ 기한이 경과한 제품은 유통 및 판매를 금지하도록 관리한다.

3 선입선출의 방법 first in first out

선입선출FIFO이란 식재료 보관 중에 실 사용자가 직접 손님의 요청에 의해 저장창고에 있는 식재료를 인출하여 나가는 것과 관련된 업무이다. 또한 재고자산 원가 배분 방법 중의 하나이다. 선입선출은 실제 흐름과 관계 없이 먼저 구입한 상품이 먼저 사용되거나 판매되는 것으로 가정하여 월말 재고액을 결정하므로 월말 재고액은 가장 최근의 매입가로 구성된다.

학습 3 영업장 점검하기

3-1. 영업장의 청결점검

학습 목표
• 영업장의 청결을 점검할 수 있다.

1 식음료 영업장의 청결

식음료 영업장의 청결을 위해 청소 및 환경 정리는 매우 중요하다. 고객에게 즐거운 식사를 서비스하기 위해서는 청결하고 정리 정돈이 잘 되어 있는 식음료 영업장의 환경이 무엇보다도 중요한 역할을 한다.

2 식음료 영업장의 청소 상태 점검

(1) 청결 상태 점검

① 식음료를 다루는 모든 영업장에서는 청결 상태를 철저히 관리해야 한다.
② 식음료 영업장 실내와 시설물의 청결 상태를 확인해야 하며 확인할 때는 청결 상태 점검표에 따라 식음료 영업장의 청소 상태를 점검한다.
③ 점검표란 모든 식음료 영업장의 준비 상태를 점검하기 위하여 작성하는 양식을 말한다.
④ 점검표에는 장비명, 점검방법, 점검항목, 특이사항 등을 기록한다.
⑤ 점검표는 설비에 문제가 생길 경우 문제점을 확인하고 파악하여 시설부에 의뢰하거나 수리하고 교체하기 위해서 작성하는 것이다.

(2) 영업 시작 전 청소 상태 점검

① 매일 영업을 시작하기 전에 테이블과 의자의 상태 및 청결을 체크하고 바닥 청소를 확인한다.
② 와인 셀러를 점검하며 냉장고를 정리하고 점검한다.
③ 서비스 스테이션에 고객에게 제공되는 비품과 소모품이 정확하게 정리되어 있는지 점검하고 확인한다.
④ 커피 머신과 워머기를 청소하고 점검한다.

3-2. 조명기구 점검

> **학습 목표**
> • 최적의 조명상태를 유지하도록 조명기구들을 점검할 수 있다.

1 조명기구

① 조명이란 일조로 충분한 밝기를 얻기 어려울 때 인공적 장치를 설치하여 밝게 해주는 것으로서 광원에서 나오는 빛의 밝기를 조절하여 광원을 고정하고 보호하는 역할도 한다.
② 식음료 영업장에서는 조명기구들의 다양한 명암을 통해 고급스럽고 안락한 분위기를 연출하므로, 불이 나간 조명기구들이 없는지 항상 확인한다.
③ 조명은 식음료 영업장의 분위기를 좌우하기 때문에 매우 중요하게 여겨야 하며, 식음료 영업장의 성격과 분위기에 맞춰서 명암을 조절할 수 있도록 관리해야 한다.
④ 조명은 평범해 보일 수 있는 공간을 특별한 느낌으로 만들어주며 부드럽고 아늑하게 느껴져야 하고, 한결 같으며 균일하게 분포되어야 한다. 조명도는 식음료 영업장의 직원들이 근무하는 데 적절해야 하며 고객들이 메뉴를 보는 데도 적당해야 한다.

3-3. 고정 설치물의 위치와 상태점검

학습 목표
- 고정 설치물의 적합한 위치와 상태를 유지할 수 있도록 점검할 수 있다.

1 고정 설치물

고정 설치물이란 넓게는 식음료 영업장에 설치된 음향장치, 냉장고, 액자, 장식품 등을 의미한다.

시설물의 점검표에 따라서 업장의 제빙기, 커피머신, 냉장고, 컴퓨터 시스템 등 모든 고정 설치물의 작동 상태 이상 여부를 확인한다.

(1) 컴퓨터 시스템

① 컴퓨터 시스템은 식음료 주문에 대한 정확하고 신속하며 원활한 서비스를 위한 것이다.
② 영수증 처리가 가능하게 컴퓨터 시스템을 작동한다.
③ 컴퓨터 시스템 주변에 자신의 소지품을 비롯해서 불필요한 물품은 전부 치우도록 한다.
④ 컴퓨터 시스템은 혼잡하지 않은 곳에 위치하도록 한다.

(2) 커피머신

① 고객에게 제공되는 커피와 다양한 차를 뜨겁게 제공하기 위한 기구이다.
② 커피머신 주위를 깨끗이 청소하고 기계가 잘 작동하는지 점검하고 확인한다.
③ 커피머신을 작동시키고 고객에게 서비스하기에 적절한 온도60-70℃에 맞춰 놓는다.
④ 커피머신은 하루에 한 번씩 청소하고 전용세제를 이용해 세척한다.
⑤ 커피머신은 고객의 동선이나 직원들의 서비스 동선에 방해되지 않는 곳에 위치해야한다.

(3) 냉장고

① 냉장고와 냉동고는 벽과의 거리를 항상 5~10cm로 유지한다.
② 냉장고의 냉장온도는 적정온도인 2~3℃를 유지한다.
③ 냉동고의 냉동온도는 적정온도인 -15~-18℃를 유지한다.
④ 냉장고와 냉동고 안의 성에 등을 제거하여 청결하고 깨끗하게 유지한다.
⑤ 식자재가 제대로 보관되어 있는지 냉장고를 점검하고 확인한다.
⑥ 음료가 최적의 상태를 유지하고 있는지 냉장고를 점검하고 확인한다.

(4) 아이스머신

① 아이스머신을 점검하여 청결하며 제대로 작동하고 있는지 확인한다.
② 얼음의 상태가 고객에게 서비스하기에 적절한지 점검하고 확인한다.

(5) 소화기

① 소화기의 작동과 사용법을 숙지한다.
② 소화기가 제대로 작동되는지 점검하고 확인한다.
③ 소화기의 유효기간을 확인한다.
④ 소화기를 소방법에 따라 정해진 곳에 비치한다.

3-4. 테이블과 의자의 상태 점검

> **학습 목표**
> • 영업장 테이블 및 의자의 상태를 점검할 수 있다.

1 테이블 및 의자

고객들의 즐거운 식사를 위해서는 청결하게 정돈된 테이블과 깨끗한 의자가 다른 주변환경보다도 중요한 역할을 한다. 테이블을 꾸미기 위해서는 테이블과 의자들의 파손 상태나 청소 상태를 꼼꼼하게 점검해야 한다.

2 테이블과 의자 관리의 중요성

식음료 영업장의 테이블과 의자는 식음료 영업장이 연출하기를 바라는 분위기를 창출하는 데 도움을 줄 수 있다. 그러므로 고객들의 기대와 영업장의 이미지 그리고 질적 수준을 염두에 두고 테이블과 의자를 배치하여야 한다. 가장 중요한 것은 고객들이 편안하게 느낄 수 있도록 테이블과 의자를 소화롭게 배치하는 것이다.

3 테이블과 의자의 관리

테이블과 의자는 각양각색의 디자인으로 목재, 철재, 유리제품, 플라스틱 등으로 만들어져 사용되고 있다.

3-5. 일일메뉴의 특이사항과 재고점검

> **학습 목표**
> • 일일메뉴의 특이사항과 재고를 점검할 수 있다.

1 메뉴 확인과 재고점검

(1) 정식메뉴

아침, 점심, 저녁, 연회 등 어느 때나 사용할 수 있으며 맛과 영양, 양의 균형을 반영한 한 끼분의 식사로 선택이 용이하다. 정식메뉴는 매일 변화 있게 제공되어야 하지만 재료의 한계로 반복되는 경우도 많으므로 주기적으로 새로운 메뉴를 작성하여 고객의 기대와 요구까지도 만족시켜 주어야 한다.

(2) 일품요리 메뉴

일품요리 메뉴의 구성은 정식메뉴의 순으로 되어 있으며, 코스별로 여러 가지 종류를 나열해 놓고 고객으로 하여금 기호에 맞는 음식을 선택하여 먹을 수 있도록 만들어진다. 한번 기획되어 만들어지면 장기간 사용하게 되므로 요리준비나 원재료 구입에 있어서 간단하고 효율적으로 보일 수 있으나 원가 상승에 의해 이익이 감소하고 단골 고객에게는 신선하고 새로운 매력을 느낄 수 없게 만들어 판매량이 감소할 수 있으므로 고객의 기호를 예측하여 새로운 메뉴 개발을 꾸준히 시도해야만 한다.

(3) 특별메뉴

특별메뉴는 원칙적으로 매일 시장에서 특별한 재료를 구입하여 주방장이 최고의 기술을 발휘함으로써 고객에게 만족감과 즐거움을 줄 수 있는 메뉴이다. 이 메뉴는 고객들에게 기념일이나 명절과도 같은 특별한 날에 제공할 수 있으며, 계절과 장소에 따라 그 상황에 맞는 특별하고 잊을 수 없는 메뉴가 되기도 한다.

(4) 재고점검

재고를 점검하는 직원들은 메뉴에 사용되는 식재료가 정확히 무엇인가를 알고 구입이 가능한 품목과 현재 보유하고 있는 재고품목을 활용할 수 있도록 한다. 재료를 구입하는 직원들은 시장 조건에 대한 정보를 재고 점검자에게 제공하여야 하며 관리직원은 고객들이 좋아하는 것이 무엇인지를 분석하고 시장조사를 해야 한다.

5. 식음료 영업 준비 기출문제

01 유리제품 Glass를 관리하는 방법으로 잘못된 것은?

가. 스템이 없는 Glass는 트레이를 사용하여 운반한다.
나. 한꺼번에 많은 양의 Glass를 운반할 때는 Glass Rack을 사용한다.
다. 타월을 펴서 Glass 밑부분을 감싸 쥐고 Glass의 윗부분을 타월로 닦는다.
라. Glass를 손으로 운반할 때는 손가락으로 글라스를 끼워 받쳐 위로 향하도록 든다.

해설 글라스 운반 시 윗부분이 아래방향으로 향하도록 자세를 낮추어 안전하게 운반한다.

02 테이블의 분위기를 돋보이게 하거나 고객의 편의를 위해 중앙에 놓는 집기들의 배열을 무엇이라 하는가?

가. Service Wagon   나. Show Plate
다. B&B Plate   라. Center Piece

해설 센터피스(Center Piece)는 테이블의 분위기를 돋보이게 하거나 고객의 편의를 위해 중앙에 놓여지는 집기들로 꽃병, 촛대, 냅킨홀더, 메뉴홀더, 소금, 후추 등이 있다.

03 Mise en place의 의미는?

가. 영업제반 준비사항   나. 주류의 수량관리
다. 적정 재고량   라. 대기 자세

해설 미즈 앙 플라스(mise en place)는 영업 시작 전 음식의 준비 작업을 마무리 짓을 것을 의미한다.

04 Under Cloth에 대한 설명으로 옳은 것은?

가. 흰색을 사용하는 것이 원칙이다.
나. 식탁의 마지막 장식이라 할 수 있다.
다. 식탁 위의 소음을 줄여준다.
라. 서비스 플레이트나 식탁 위에 놓는다.

05 레스토랑에서 사용하는 용어인 "abbreviation"의 의미는?

가. 헤드웨이터가 몇 명의 웨이터들에게 담당구역을 배정하여 고객에 대한 서비스를 제공하는 제도
나. 주방에서 음식을 미리 접시에 담아 제공하는 서비스
다. 레스토랑에서 고객이 찾고자 하는 고객을 대신 찾아주는 서비스
라. 원활한 서비스를 위해 사용하는 직원 간에 미리 약속된 메뉴의 약어

정답 01 라 02 라 03 가 04 다 05 라

Part 6

와인장비 및 비품관리

[NCS학습모듈]
와인장비 및 비품관리
LM1301020206_13v1

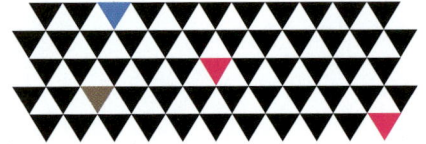

식음료 영업 준비 학습모듈의 개요

희귀 와인

학습모듈의 목표

- 와인 서비스를 위해 와인글라스, 디캔터와 그 외 관련 비품을 청결하게 유지·관리할 수 있다.

학습모듈의 내용체계

학습	학습 내용	NCS 능력단위 요소	
		코드번호	요소 명칭
5. 와인글라스 유지·관리하기	5-1. 와인글라스 파손, 오염 확인 5-2. 와인글라스의 청결 유지·관리 5-3. 와인글라스의 종류별 정리·정돈 5-4. 와인글라스의 적정한 종류별 재고량 확보·유지	1301020206_13v1.1	와인글라스 유지·관리하기
6. 와인 디캔터 유지·관리하기	6-1. 디캔터의 파손, 오염 확인 6-2. 디캔터의 청결 유지·관리 6-3. 디캔터의 종류별 정리·정돈 6-4. 디캔터의 적정한 종류별 재고량 확보·유지	1301020206_13v1.2	와인 디캔터 유지·관리하기
7. 와인 비품 유지·관리하기	7-1. 와인 오프너, 와인 쿨러 등 비품의 파손, 오염 확인 7-2. 와인 오프너, 와인 쿨러 등 비품의 청결 유지·관리 7-3. 와인 오프너, 와인 쿨러 등 비품의 종류별 정리·정돈	1301020206_13v1.3	와인비품 유지·관리하기

학습 1. 와인글라스 유지·관리

1-1. 와인글라스 파손, 오염 확인

> **학습 목표**
> • 와인글라스의 특징에 대하여 확인할 수 있다.
> • 와인글라스의 파손, 오염을 판별할 수 있다.

1 와인글라스의 특징

와인글라스는 일반적인 물이나 음료를 마시는 모양의 글라스와는 다르다. 와인의 종류에 따라서 세부적인 글라스의 크기나 모양이 각기 다르기는 하나 일반적으로 와인의 향이 글라스 안에 잘 모이고, 그 안에서 향이 충분히 움직일 수 있도록 몸통 부분은 볼륨감을 가지고 있다. 또한, 사람의 체온이 가능한 한 전달되지 않도록 손잡이 부분인 스템stem이 길게 되어 있다. 와인글라스는 일반적으로 림rim, 몸통bowl, 손잡이stem, 받침base으로 구성되어 있다.

1-2. 와인글라스의 청결 유지·관리

> **학습 목표**
> • 와인글라스의 청결 상태를 판별할 수 있다.
> • 와인글라스의 청결 상태를 유지·관리할 수 있다.

1 와인글라스의 청결 상태

와인은 다른 음료에 비하여 색, 향, 맛이라는 세 가지의 매력을 지닌 음료이다.

와인을 테이스팅하는 방법 역시 위의 세 가지 사항을 순서대로 진행하게 된다. 따라서 와인글라스는 이러한 부분을 정확하게 눈으로 보고, 코로 맡고, 입으로 느낄 수 있도록 매우 깨끗하고 청결한 상태를 유지해야 한다.

와인글라스를 씻을 때 세제를 사용하지 않고 가급적 뜨거운 물로 씻는 것이 좋다. 잔에 세제 성분이 남아 있게 되면 와인의 맛에 좋지 않은 영향을 주기 때문이다. 씻은 와인 잔은 깨끗한 린넨을 사용해 부드럽게 닦는데, 한 손으로 와인 잔의 볼 부분을 잡고 다른 한 손으로 조심스럽게 와인 잔 안쪽을 닦은 후 거꾸로 세워 자연 건조시키는 것이 좋다.

1-3. 와인글라스의 종류별 정리·정돈

학습 목표
- 와인글라스를 종류별로 판별 및 특징을 이해할 수 있다.
- 와인글라스를 종류별로 정리·정돈할 수 있다.

1 와인글라스의 종류 및 특징

와인글라스는 기본적으로는 화이트, 레드, 스파클링 와인글라스로 나눌 수 있다. 하지만, 포도 품종, 생산 지역, 생산 국가, 빈티지(포도 수확 연도), 스타일에 따라서 와인의 맛, 향, 색, 바디감이 다르기 때문에 와인글라스는 그 종류가 세부적으로 다시 분류된다.

와인의 종류에 따라 느껴지는 산미, 탄닌, 과일 향 등 각각의 요소들은 와인글라스를 통해 입안에서 고유한 맛을 살려 준다. 따라서 와인글라스의 모양과 사이즈는 최적의 와인 맛을 끌어내도록 와인의 성격과 종류에 따라 디자인된다.

(1) 레드 와인글라스

가. 보르도 글라스

대개 레드 와인글라스는 화이트 와인글라스보다 좀 더 크며, 와인의 향기를 더욱 풍성하게 느낄 수 있도록 해 준다. 보르도 레드 와인글라스는 전형적인 튤립모양으로, 프랑스 보르도 스타일의 와인처럼 탄닌이 강한 와인을 위해 고안되었는데, 탄닌의 텁텁함을 줄이고 과일 향과 조화를 이룰 수 있도록 글라스의 경사각이 완만하다. 와인이 혀끝부터 안쪽으로 넓게 퍼질 수 있도록 입구 경사각이 작으며 볼은 넓다. 또한 와인이 숨을 쉴 수 있는 공간을 확보해 줌으로써 다양한 부케와 풍부한 아로마를 느낄 수 있게 해 준다.

나. 보르도 그랑크뤼 글라스

보르도 그랑크뤼용 글라스는 일반적인 보르도용 레드 와인글라스보다 볼륨감이 조금 더 크다. 이러한 특징상 생산한지 얼마안 된 영한 와인은 물론 보다 숙성된 까베르네 쏘비뇽, 메를로, 까베르네 프랑과 같이 탄닌 성분이 충분한 보르도 지방의 주요 레드 품종 등의 와인의 탄닌, 산도 등의 완벽한 조화를 이끌어낼 수 있게 해 준다.

다. 부르고뉴 글라스

부르고뉴 레드 와인 잔은 보르도 와인 잔보다 약간 짧고 뚱뚱하다. 특히 보울 부분이 더 볼록하고 잔 입구로 갈수록 점점 좁아진다. 보울이 넓으면 공기와 접촉하는 와인의 면적이 넓어지므로 와인의 향을 더욱 풍부하게 맡을 수 있다. 프랑스 부르고뉴의 정상급 와인이나 이탈리아의 바롤로, 바르바레스코 등을 이 잔에 담았을 때 와인의 풍미가 최대한 발산된다. 특히 부르고뉴의 주요 포도 품종인 피노 누아는 까베르네 쏘비뇽에 비해 탄닌이 적으나 신맛이 강하므로 와인 잔의 볼이 커야 하고, 좀 더 오랜 시간 향을 담기 위하여 글라스의 경사각이 크다. 값이 싼 와인은 향의 수준이 낮으므로 이런 잔에 따라 마시면 향이 부족하게 느껴져 더 싸구려 와인처럼 느껴지기 십상이다.

(2) 화이트 와인글라스

화이트 와인은 기본적으로 탄닌 성분이 없기 때문에 볼의 크기가 작아도 된다. 화이트 와인 잔은 레드 와인글라스보다 작으며, 차게 마시는 화이트 와인의 특성 때문에 온도가 올라가지 않도록 용량을 작게 만든다. 또한 레드 와인글라스보다 덜 오목하며, 화이트 와인의 상큼한 맛을 더 잘 느낄 수 있도록 와인이 혀 앞부분에 닿도록 디자인되어 있다.

가. 샤블리 글라스

프랑스 샤블리 지역에서 생산되는 유일한 포도 품종 샤르도네 와인을 가장 적절하게 즐길 수 있도록 고안된 글라스이다. 화이트 와인은 기본적으로 탄닌의 성분이 없거나 극히 미미하기 때문에 대체로 볼의 크기가 작다. 양조 과정에서 발생한 2차향을 모을 수 있도록 고안된 이 글라스는 쏘비뇽 블랑 글라스에 비해 볼의 크기가 크며 이는 다른 화이트 품종에 비해 압도적으로 과일 향이 풍부한 샤르도네를 즐기기에 적합하다.

나. 루아르 글라스

쏘비뇽 블랑처럼 신선한 산도가 특징인 와인을 위해 글라스는 볼의 크기가 작고 아름다운 계란 형의 모양을 하고 있다. 글라스의 입구가 좁아 와인을 마실 때 고개가 뒤로 젖혀지게 되어 빠른 속도로 와인이 입 속 깊숙이 들어가기 때문에 신맛을 느끼는 혀의 양쪽 부위를 덜 자극함으로써 전체적인 밸런스를

이끌어 낸다. 즉 신맛이 강한 첫인상으로 다가와 와인에 내재된 또 다른 복합적인 풍미를 느끼지 못하게 하는 것을 막는다.

(3) 로제 와인글라스

적포도를 가지고 화이트 와인 방식처럼 만드는 와인이 로제 와인이다. 포도껍질과 주스와의 짧은 접촉을 통해 과일의 신선한 향이 매우 후레시하게 살아 있는 스타일의 와인이다. 이러한 로제 와인의 살아 있는 듯한 과일의 아로마와 신선함을 혀 끝에 서부터 느낄 수 있도록 글라스의 모양이 만들어진 로제 와인글라스이다.

(4) 스파클링 와인글라스

스파클링 와인 잔은 길쭉한 튤립또는 플루트, flute 모양으로, 와인의 탄산가스가 오래 보존될 수 있고 거품이 올라오는 것을 잘 관찰할 수 있다. 좋은 스파클링 와인일수록 조그만 기포들이 길쭉한 와인 잔 속에서 끊임없이 솟아오르는 것을 볼 수 있다. 고급 샴페인의 경우 끊임없이 발생하는 작은 기포와 병 속에서 일어나는 2차 발효에서 생긴 독특한 향이 특징인데, 이러한 기포와 향을 잘 간직하기 위해 샴페인 글라스는 튤립 모양이나 계란형으로 길어야 하며, 입구는 좁고 잔의 높이가 높아 샴페인의 고운 기포를 감상하며 즐길 수 있게 디자인되어 있다.

(5) 주정 강화 와인글라스

가. 포트 와인 & 디저트 와인글라스

주정 강화 와인과 디저트 와인의 경우 일반적인 레드, 화이트 와인과 달리 소량을 마시는 와인이며, 높은 알코올과 높은 당도, 높은 산도는 물론 진한 풍미를 자랑하는 와인이다.

이러한 와인의 진한 풍미의 향을 집중해서 맡고 마실 수 있게끔 작은 사이즈로 디자인되어 있다.

1-4. 와인글라스의 적정한 종류별 재고량 확보·유지

> **학습 목표**
> • 와인글라스의 적정한 종류별 재고량을 확보할 수 있다.
> • 와인글라스의 적정한 종류별 재고량을 유지할 수 있다.

1 와인글라스의 적정한 재고량

와인글라스의 적정한 재고량은 획일적으로 정하기는 어렵다. 와인 레스토랑이나 전문적인 와인 바에서의 여러 가지 상황에 따라 달라질 수 있다. 다만, 몇 가지 정도의 원칙은 있다.

첫째, 모든 테이블의 좌석에 기본적으로 세팅이 미리 되어 있어야 하므로 좌석 수만큼은 기본이며, 거기에 추가로 파손될 수 있는 개수와 모든 테이블이 만석일 때를 고려하여 좌석 수 대비 50% 이상은 여유분을 확보하고 있는 것이 좋다.

둘째, 일정 기간 이상의 영업이 지속된 후에 하루 평균 와인 고객 수나 레드 와인, 화이트 와인, 스파클링 와인 등의 다양한 와인들에 대한 어느 정도의 하루 평균 고객 수의 평균이 나오게 되면 그 부분을 고려하여 적절한 와인글라스의 재고량을 파악하여 항시 확보하고 있어야 한다.

학습 2 와인 디캔터 유지·관리

2-1. 디캔터의 파손, 오염 확인

학습 목표
- 디캔터의 특징에 대하여 확인할 수 있다.
- 디캔터의 파손, 오염을 판별할 수 있다.

1 디캔터 decanter

　디캔터는 주로 유리나 크리스털로 만들어지는데 그 용도는 와인을 디캔팅하는 것이다. 디캔팅이란 와인의 특성에 따라서 와인 병 내부에 생긴 와인 찌꺼기들을 걸러내기 위한 것도 있지만, 공기와의 접촉을 통해 맛이나 향을 보다 부드럽게 끌어올리는 목적으로도 이용된다. 요즘은 매우 다양한 모양과 크기의 디캔터가 판매되고 있다.

2-2. 디캔터의 청결 유지·관리

> **학습 목표**
> - 디캔터의 청결 상태를 판별할 수 있다.
> - 디캔터의 청결 상태를 유지·관리할 수 있다.

1 디캔터의 청결 상태

디캔터는 와인 중에서도 특히 레드와인을 디캔팅하는 데 주로 사용된다.

결국 와인을 담아서 글라스에 따라서 마시게 되므로, 디캔터가 청결하지 못할 경우에 그 안에 부어서 채운 와인 역시 변질되거나 오염된다. 따라서 디캔터의 청결은 와인글라스의 청결만큼이나 매우 중요하다.

디캔터를 씻을 때 세제를 사용하지 않고 가급적 뜨거운 물로 씻는 것이 좋다. 디캔터에 세제 성분이 남아 있으면 와인의 맛에 좋지 않은 영향을 주기 때문이다. 씻은 디캔터는 거꾸로 세워서 물기를 어느 정도 빼주고 나서 깨끗한 린넨을 사용해 부드럽게 닦는데, 디캔터 전용 솔이나 린넨을 사용하여 디캔터 안의 구석구석을 닦아 주고 거꾸로 세워 자연 건조시키는 것이 좋다.

2-3. 디캔터의 종류별 정리·정돈

> **학습 목표**
> - 디캔터를 종류별로 판별 및 특징을 이해 할 수 있다.
> - 디캔터를 종류별로 정리·정돈 할 수 있다.

1 디캔터의 종류 및 특징

디캔터는 일반적인 스타일은 있으나 최근에는 매우 다양한 스타일의 디캔터가 생산되고 있다. 와인의 포도 품종, 와인의 숙성 등과 관련하여 그에 가장 적합한 디캔터가 있다.

(1) 디캔터 종류

와인의 포도품종, 와인의 숙성 등과 관련하여 그에 가장 적합한 디캔터가 있다.

가. 까베르네cabernet 디캔터

까베르네 디캔터는 디캔터의 몸통 부분이 어느 정도 넓어지고 전체적인 높이가 약간 높은 유형이다. 이러한 디캔터의 경우에는 와인이 흘러들어가는 거리가 길기 때문에 와인의 거친 느낌을 보다 부드럽게 순화시키기에도 용이하고, 오래 숙성된 까베르네 쏘비뇽과 같은 비교적 탄닌이 거친 품종의 와인을 디캔팅하기에 매우 적합한 스타일이다.

나. 덕duck 디캔터

덕 디캔터는 바닥에 닿는 부분이 넓어서 안정감을 주며, 와인이 공기와 접하는 부분을 대각선 방향으로 만들어서 와인의 아로마와 부케를 유지하는 데 큰 도움이 된다. 숙성이 잘 된 와인에 매우 적합하다.

다. 울트라ultra 디캔터

긴 목과 커다란 바디를 지닌 울트라 디캔터는 와인이 공기에 최대한 노출되도록 디자인되었으며, 이는 와인이 생산된 지 얼마 되지 않은 영한 와인이나 전반적으로 강한 성향을 가진 와인의 맛과 향을 증진시키는 데에 매우 효과적인 디캔터이다.

학습 3 와인 비품 유지·관리

3-1. 와인 오프너, 와인 쿨러 등 비품의 파손, 오염 확인

> **학습 목표**
> • 와인 오프너, 와인 쿨러 등 비품의 특징에 대하여 확인할 수 있다.
> • 와인 오프너, 와인 쿨러 등 비품의 파손, 오염을 판별할 수 있다.

1 와인 관련 비품

와인 관련 비품에는 매우 다양한 것들이 있다. 일반적으로 가장 많이 사용하게 되는 기본적인 와인 오프너를 비롯하여, 와인 쿨러, 와인 푸어러, 와인 스토퍼, 와인 세이버, 와인직물 쿨러, 호일 커터, 코르크 리트리버, 보틀 클리너, 디캔터 드라이어, 디캔터 클리너, 글라스 클리너, 샴페인 세이버 등이 있다. 이 모든 것들은 결국 와인의 효율적인 오픈에서부터 와인의 효과적인 저장, 위생적이고 효과적인 고객 서비스를 도와주는 비품들이다.

3-2. 와인 오프너, 와인 쿨러 등 비품의 청결 유지·관리

> **학습 목표**
> • 와인 오프너, 와인 쿨러 등 비품의 청결 상태를 판별할 수 있다.
> • 와인 오프너, 와인 쿨러 등 비품의 청결 상태를 유지·관리할 수 있다.

1 와인 오프너, 와인 쿨러 등 비품의 청결 상태

와인글라스와 디캔터를 비롯한 와인 병의 청결상태와 마찬가지로 매우 중요하다.

와인을 오픈하기 위해서 가장 먼저 와인 병 입구의 캡슐을 제거하고 와인 코르크를 제거하기 위해서 필수적인 와인 오프너는 소믈리에가 고객 앞에서 와인 서비스를 하기 위해 가장 먼저 사용하는 장비이다. 따라서 수시로 와인 오프너에 묻어 있는 이물질을 깨끗하게 손질하여야 한다.

와인 쿨러 역시 화이트 와인, 로제 와인, 스파클링 와인 등을 시원하게 얼음과 함께 담가두는 용도이므로 내·외부에 이물질이나 얼룩 등이 있는 상태로 고객에게 서비스하지 않도록 항상 청결 상태를 확인해야 한다.

이 외에 와인 서비스 및 와인 저장을 보다 효과적으로 할 수 있도록 도와주는 다양한 와인 비품의 청결 상태도 수시로 확인하여야 한다.

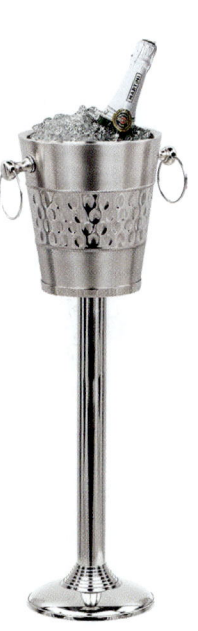

6. 와인장비 및 비품관리 기출문제

01 Red Wine Decanting에 사용되지 않는 것은?
　가. Wine Cradle　　나. Candle
　다. Cloth Napkin　　라. Snifter

　해설 브랜디 스니프터(Brandy Snifter): 브랜디는 시각, 후각, 미각을 이용해서 식후에 마시는 술로서, 몸통 부분이 넓고 입구가 좁은 튤립형의 글라스이다.

02 와인은 병에 침전물이 가라앉아 있다. 이 침전물이 글라스에 같이 따라지는 것을 방지하기 위해 도구를 사용하는데, 이 도구의 이름은 무엇인가?
　가. 와인 바스켓　　나. 와인 디캔터
　다. 와인 버켓　　　라. 코르크 스크류

　해설 디캔팅(Decanting)은 병으로부터 와인을 따를 때 침전물이 잔에 흘러들지 않도록 미리 앙금이 없는 부분의 와인을 다른 유리용기(디캔터)에 따르는 작업을 말한다.

03 백포도주를 서비스할 때 함께 제공하여야 할 기물은?
　가. Bar Spoon
　나. Wine Cooler
　다. Muddler
　라. Tongs

　해설
　• 화이트 와인은 적절한 온도를 유지하기 위해 얼음과 물이 채워진 와인 쿨러를 함께 제공한다.
　• 서비스 온도는 감미 백포도주 6~8℃, 무감미 백포도주 8~10℃가 적절하다.

정답 01 라　02 나　03 나

Part 7

칵테일 기법 실무

[NCS학습모듈]
칵테일 기법 활용
LM1301020410_17v3

칵테일 기법 실무 학습모듈의 개요

학습모듈의 목표

- 칵테일 조주를 위한 기본적인 지식과 기법을 습득하고 수행할 수 있다.

학습모듈의 내용체계

학습	학습 내용	NCS 능력단위 요소	
		코드번호	요소 명칭
1. 칵테일 특성 파악하기	1-1. 칵테일 조주 전 준비	1301020410_17v3.1	칵테일 특성 파악하기
2. 칵테일 기법 수행하기	2-1. 칵테일 조주 기법 활용	1301020410_17v3.2	칵테일 기법 수행하기

1 칵테일 특성 파악하기

> **학습 목표**
> - 고객에게 정보를 제공하기 위하여 칵테일의 유래를 설명할 수 있다.
> - 칵테일 조주를 위하여 칵테일 기구의 사용법을 습득할 수 있다.
> - 칵테일별 특성에 따라서 칵테일을 분류할 수 있다.

1-1. 칵테일의 역사와 유래

1 칵테일의 정의

술을 제조된 그대로 마시는 것을 스트레이트 드링크Straight Drink라고 하며, 섞어서 마시는 것을 믹스드 드링크Mixed Drink라고 한다. 따라서 칵테일Cocktail은 믹스드 드링크Mixed Drink에 속한다. 칵테일은 여러 가지 술에 부재료인 시럽Syrup, 과일주스Fruit Juice, 우유Milk, 달걀Egg, 탄산수Carbonated Water 등을 적당량 혼합하여 색Color, 향Flavor, 맛Taste을 조화롭게 만드는 것으로서, 서로 다른 술을 혼합하여 만드는 방법과 술에 기타 부재료를 섞어 만드는 방법 등이 있다. 이들 재료가 셰이커Shake나 스터Stir 등의 방법에 의해 혼합되고 냉각되어 맛의 하모니가 이루어지는 것이다.

술의 권위자인 미국의 David A. Embury는 그의 저서 'The Fine Art of Mixing Drinks'에서 칵테일을 다음과 같이 정의하고 있다.

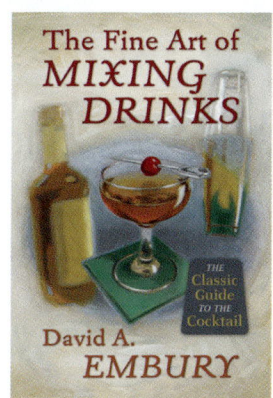

"칵테일은 식욕을 증진시키는 윤활유이다.

따라서 칵테일은 식욕을 감퇴시키는 것이 되어서는 안 된다.

칵테일은 식욕과 동시에 마음도 자극하고 분위기를 만들어내는 것이 아니면 의미가 없다.

즉 칵테일은 가격을 마시는 것이 아니라 분위기와 예술적 가치를 마시는 것이다.

칵테일은 맛이 없으면 가치가 없다.

그러기 위해서는 혀의 감각을 자극할 만한 강렬함이 있어야 한다.

너무 달거나, 시거나, 쓰거나, 향이 너무 강한 것은 실격이다.

칵테일은 얼음에 잘 냉각되어 있어야만 가치가 있다.

손에서 체온이 전해지는 것조차 두려워

일부러 스템Stem이 달린 칵테일 글라스를 이용하고 있다."

칵테일에는 뜨거운 것과 차가운 것이 있는데, 예전에는 사람의 체온에서 ±25℃ 전후로 조절 하였으나 요즘은 체온에서 ±33℃ 전후로 조주 하는 것이 일반적이다.

즉 차가운 것은 더 차갑게, 뜨거운 것은 더 뜨겁게 제공하는 것이다.

단 뜨거운 칵테일은 반드시 뜨겁다는 것을 알려야 하며, 술이 많이 들어간 뜨거운 칵테일은 체온과 비슷한 온도로 제공한다.

2 칵테일의 어원

칵테일에 관한 어원은 전 세계에 걸쳐 수많은 설이 있으나 어느 것이 정설인지는 정확하게 알려져 있지 않다. 그 중에 몇 가지를 소개하면 다음과 같다.

첫 번째 설은 미국 독립전쟁 당시 버지니아 기병대에 '패트릭 후라나간'이라는 한 아일랜드인이 입대하였다. 그러나 그 사람은 입대한 지 얼마 되지 않아 그만 전사를 하고 말았다. 신혼이었던 '베시'라는 여인은 남편을 잊지 못하고 죽은 남편의 부대에 종군할 것을 희망하였다. 부대에서는 하는 수 없이 그녀에게 부대의 술집을 운영하게 하였다. 그녀는 특히 브레이서Bracer라고 부르는 혼합주를 만드는 데 소질이 있어 군인들의 호평을 받았다. 그러던 어느 날 그녀는 반미 영국인 지주의 정원에 들어가 아름다운 꼬리를 지닌 수탉을 훔쳐와서 장교들을 위로하였는데, 장교들은 닭의 꼬리로 장식된 혼합주를 밤새 마시며 춤을 추고 즐겼다고 한다.

그런데 만취되어 있던 어느 한 장교가 병에 꽂힌 콕스테일을 보고 "야! 그 칵테일 멋있군!" 하고 말하자 역시 술에 취한 다른 장교가 자기들이 마신 혼합주의 이름이 칵테일인 줄 알고 "응 정말 멋있는 술이야"라고 응수하였다. 그 후부터 이 혼합주 브레이서를 칵테일이라고 부르게 되었다.

두 번째 설은 IBAInternational Bartenders' Association의 Official Text Book에 소개되어 있는 설로서 옛날 멕시코 유카탄 반도Yucatan peninsula의 캄페체Campeche란 항구에 영국 상선이 입항했을 때의 일이다. 상륙한 선원들이 어느 술집에 들어갔는데 카운터 안에서 소년이 깨끗이 벗긴 예쁜 나뭇가지 껍질을 사용하여 맛있어 보이는 드락스Drace라고 하는 원주민의 혼합음료를 만들고 있었다. 당시 영국 사람들은 스트레이트로만 마셨기 때문에 이 광경이 신기하게 보였다.

한 선원이 "그게 뭐지?" 하고 술에 대해 물었는데, 소년은 나뭇가지가 닭꼬리처럼 생겼으므로 "꼴라 데 가죠Cola De Gallo"라고 대답하였다.

이 말은 스페인어로 수탉꼬리를 의미한다. 이것을 영어로 바꿔서 칵테일이라 부르게 되었다. 이외에도 칵테일의 어원에 대한 유래는 여러 가지가 있으나 어느 것 하나 그 사실성을 확인할 수는 없다. 그러나 칵테일이라는 말이 18세기 중엽부터 사용되었다는 것은 당시의 신문이나 소설을 통해서 알 수 있다.

멕시코 유카탄 반도의 위성사진과 프로그레소(Progreso) 해변

3 칵테일의 역사

술을 마실 때 여러 가지 재료를 섞어서 마시는 것은 아주 오래전부터 있어 왔다. 기원전부터 이집트에서는 맥주에 꿀이나 대추, 야자열매를 넣어 마시는 습관이 있었고, 고대 로마시대에는 포도주에 해수나 수지를 섞어 마시기도 하였다. AD 640년경 중국의 당나라에서는 포도주에 마유를 혼합한 유산균음료를 즐겨 마셨다고 전해지고 있으며, 1180년대에는 이슬람교도들 사이에 꽃과 식물을 물과 약한 알코올에 섞어 마시는 음료를 제조하였다. 1600년에는 술, 설탕, 라임과일, 스파이스주스, 물의 다섯 가지 재료를 혼합한 펀치Punch가 처음 등장했으며, 1740년 무렵에는 럼과 물을 섞는 그로그Grog가 영국에서 탄생했다. 한편 인도에 주둔한 영국군은 말라리아를 예방하기 위해 퀴닌 액을 진과 섞어 마시기 시작했는데, 이것이 현재의 진 토닉이 되었다.

(1) 아케익 시대

783년부터 1830년 까지의 기간을 아케익Archaic 시대라고 한다. 이 시기에는 펀치punch와 줄렙julip이 유행했으며, 칵테일이라는 단어가 처음 등장한 시기이기도 하다. 칵테일에 대한 첫 기록은 1803년 4월 28일자 뉴햄프셔의 신문에서 등장했으며, 1806년 5월 13일 뉴욕 허드슨 시의 일간지에서 칵테일의 정의가 처음 언급되었다. 당시 기록에 따르면 칵테일은 설탕과 물 그리고 비터스 등 여러 알코올 음료를 혼합해 만든 흥분성 음료로, 비터드 슬링이라고 불리기도 했다. 즉 지금과 같은 광범위한 믹스드 드링크를 의미하는 것이 아닌, 한 가지 스타일의 혼합주를 칵테일로 불렀던 것이 후에 점차 확대된 것이다.

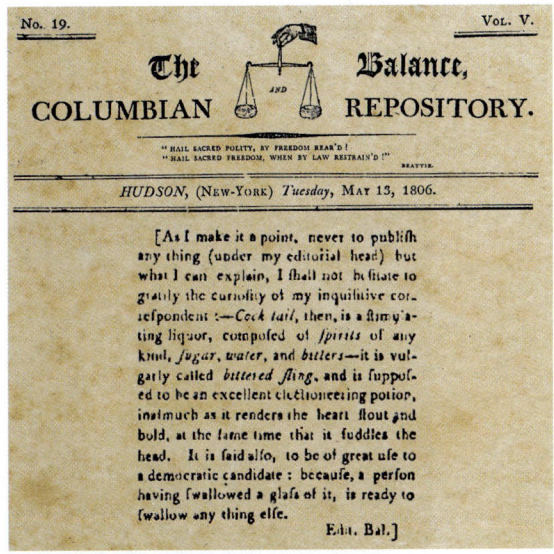

The Balance and Columbian Repository (Hudson, New York)에 실린 편집장 Harry Croswell의 칵테일에 대한 최초의 정의

(2) 바로크 시대

1830~1885년 까지의 기간을 바로크Baroque 시대라고 한다. 얼음이 칵테일에 처음 사용된 것은 1806년이지만, 바로크 시대에 접어들면서 본격적으로 얼음을 칵테일에 사용하기 시작했

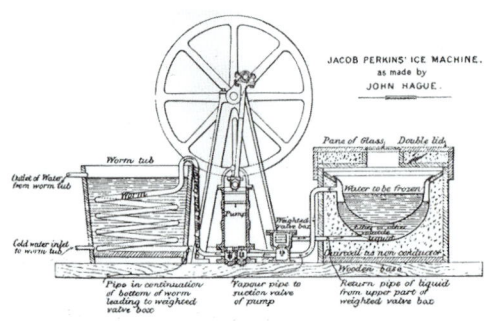 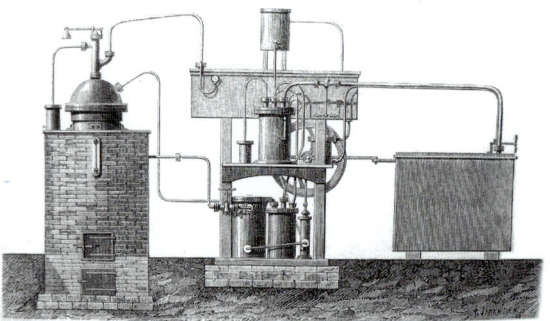

Jacob Perkins의 장치와 Ferdinand Carre의 얼음 제조 장치

는데, 이는 1834년 런던에서 Jacob Perkins에 의해 얼음을 오래 보관할 수 있는 기계가 발명되었기 때문이다. 그 후 1859년 프랑스의 Ferdinand Carre에 의해 냉동기가 발명되면서 인공 얼음을 대규모로 생산할 수 있게 되었고, 이후 칵테일이 여러 나라에 성공적으로 퍼질 수 있는 원동력이 되었다.

또한 1862년 뉴욕에서는 Jeremiah Thomas에 의해 최초의 칵테일 도서가 출간되었다. 바텐더의 시조로 불리며 그에게 감탄한 고객들이 "교수"라고 별명을 붙여주었다는 제리 토마스는 블루 블레이저, 톰과 제리 등 다양한 칵테일들을 만들었다.

바텐더의 시조라 불리는 Jeremiah Thomas와 그의 저서 Bartenders Guide

(3) 클래식 시대

클래식Classic 시대는 1885년부터 금주법이 제정된 1920년까지의 시대로, 다양한 글라스와 도구가 발달했고, 버무스와 여러 과일 주스가 칵테일의 재료로 사용되었다. 브랜디와 홀랜드 진이 유행했던 바로크 시대와 달리, 클래식 시대에는 위스키와 드라이 진을 사용한 칵테일이

유행하였다. 또한 미국의 칵테일 문화가 유럽으로 전파되면서 칵테일 문화가 점차 확대되었다. 산업혁명부터 금주법 직전까지의 시대를 통틀어서 칵테일의 황금기Golden age라고 한다.

황금기 시대의 미국

(4) 금주법 시대

　미국의 금주법the Prohibition Law이 있었던 1920년부터 1933년 까지의 시기는 칵테일 역사에서 매우 중요한 시기이다. 이 시기에는 불법 증류소가 늘어나고 밀수가 성행하면서 정부의 단속을 피하는 불법 주류 밀매점이 생겨났는데, 이를 스피크이지Speakeasy 또는 블라인드피그Blind pig라고 칭했다. 몇몇 바텐더들은 금주법을 피해 쿠바로 망명을 떠났고, 모히또, 다이키리 등 쿠바의 럼을 사용한 새로운 칵테일들이 등장했다. 한편, 유럽으로 망명을 떠난 바텐더들은 아메리카노, 사이드카 등의 새로운 칵테일들을 발명하였다. 결과적으로 미국의 금주법은 칵테일과 미국의 바 문화가 국제적으로 퍼지며 여러 문화와 융합하도록 만들었다. 1933년 미국에서 금주법이 해제되자 칵테일은 전성기를 맞이하게 되었으며, 제2차 세계대전을 계기로 세계적인 음료가 되었다.

금주법 시대의 미국

4 우리나라 칵테일의 역사

우리나라에 칵테일이 들어온 연대는 정확히 알 수 없으나 근대 호텔의 등장과 함께였을 것으로 추정된다. 19세기 개항과 더불어 서구문물이 들어오면서 외국인을 위한 시설이 필요하였는데, 1888년 인천 항구에 우리나라 최초로 세워진 '대불호텔'은 유럽인, 미국인, 외교관, 상인들 이 많이 이용하던 호텔이었다.

건너편 섬은 월미도, 정면의 정사각형 건물이 대불호텔

그리고 서울에 최초로 세워진 손탁 Son Tag 호텔은 1900년, 지금의 서울 정동 이화여고 자리에 객실, 식당, 연회장을 갖춘 호텔로 건립되었다. 이곳에서 '정동 구락부'라는 외교 모임이 있었는 데, 아마도 이 시기에 우리나라 칵테일의 역사가 시작되었을 것이라 추측된다.

그 후 1914년 3월에 건립한 구舊 조선호텔과 1939년에 건축한 구미식 호텔인 구舊 반도호텔 등 상용호텔이 등장했다. 이후 1950년 6·25전쟁이 발발하여 미8군이 용산에 주둔하면서 칵테일은 외국인과 특정인들만이 음용해 오다가 1960년대에 이르러서 관광사업 진흥법이 공시·발효되면서부터 메트로 호텔 Metro Hotel, 사보이 호텔 Savoy Hotel, 아스토리아 호텔 Astoria Hotel 등 중소 민영호텔이 등장하고, 1963년에는 리조트 호텔인 워커힐 Walker Hill에 칵테일 바가 생기면서 내국인들에

구한말 손탁호텔의 전경과 서울 정동에 위치한 이화여고 내 이화박물관 옆에 손탁호텔터를 알 수 있는 표석이 서 있다.

게도 칵테일 문화가 조금씩 알려지기 시작했고, 1980년대에 들어서 신라, 하얏트, 롯데 호텔의 개관으로 새로운 칵테일 문화가 정착하기 시작하였다.

1989년 5월 씨그램 후원으로 건전한 주류문화 정착을 위해 한국칵테일아카데미를 설립하여 바텐더 양성 프로그램을 운영하였는데, 하루 3시간씩 주 5회, 8주 120시간을 수강해야만 수료를 할 수 있었다. 이 프로그램은 무료로 운영되었고 제주도에서도 올라와 배울 정도로 인기가 많았다. 1992년 3월 씨그램 스쿨로 명칭을 변경하고 주부대상 취미 칵테일교실을 운영하면서 9시 뉴스에 소개되기도 하였다. 2000년 7월에 디아지오 코리아에서 인수하면서 조니워커 스쿨로 명칭을 변경하였고, 2013년 9월에는 월드 클래스 아카데미로 이름을 바꿔 운영하고 있다.

우리나라 칵테일산업은 1990년대 외식산업의 발달로 Western Bar가 등장하면서 칵테일이 대중화되어서 인기 있는 산업으로 발전해왔다. 1990년대 말 외환위기 때 주류산업의 위축으로 어려움을 겪다가 2010년부터 싱글몰트 위스키의 인지도가 높아지면서 칵테일 산업과 바 문화가 활성화되어가는 추세이다. 정부가 인정한 유일한 사단법인인 (사)한국바텐더협회는 1998년 12월 현직 바텐더를 중심으로 창립총회를 열고, 이듬해 1999년 보건복지부로부터 사단법인 인가를 받은 이래, 2002년 국내 최초로 장관배 코리안컵바텐더대회현 코리안컵칵테일대회를 개최하는 등 우리나라 바텐더 및 칵테일 문화 발전에 큰 역할을 하였고, 특히 2013년 농림축산식품부로부터 유일하게 우리술칵테일 조주전문가 양성과정 인가를 받고, 2014년에는 평생교육원을 등록하여 활발한 교육활동을 펼치면서 바텐더 양성과 전문가들의 교류의 장으로서의 역할을 다하고 있다.

1-2. 칵테일 조주 전 준비

1 칵테일 기구

(1) 셰이커Shaker

바텐더를 떠올리는 가장 대표적인 기구 중 하나이다. 셰이커에는 스탠다드 셰이커 Standard Shaker와 보스턴 셰이커 Boston Shaker로 나눈다.

■ **스탠다드 셰이커**Standard Shaker

혼합하기 힘든 재료를 잘 섞는 동시에 냉각시키는 도구로서, 셰이커 안에 얼음을 넣고 여러 가지 술이나 음료를 넣고 강하게 셰이킹하는 것이다. 구성요소는 캡Cap, 스트레이너Strainer, 바디Body의 3부분으로 구성되어 있다. 셰이킹하는 방법은 바디에 얼음과 셰이킹할 술이나 음료를 넣고 스트레이너와 캡을 덮고 셰이킹을 한 후 캡을 열고 글라스에 따라준다. 크기는 대750mL, 중500mL, 소300mL가 있는데, 이 중 중간크기를 가장 많이 사용한다.

QR code
YOUTU.BE 스탠다드 셰이커 사용법 동영상

■ **보스턴 셰이커** Boston Shaker

보스턴 셰이커는 금속으로 만든 믹싱틴Mixing Tin과 유리로 된 믹싱글라스Mixing Glass 2부분으로 나뉘어진다. 사용방법은 믹싱글라스에는 재료를, 믹싱틴에는 얼음을 넣고 믹싱글라스를 위에서 끼워 중간부분을 양손으로 잡고 믹싱틴이 앞쪽으로 향하게 사용하는 것이 보편적이다. 주로 용량이 많은 칵테일을 만들 때 용이하다.

QR code
YOUTU.BE 보스턴 셰이커 사용법 동영상

(2) 믹싱 글라스 Mixing Glass

일명 바 글라스Bar Glass라고도 한다.

비중이 가벼운 것이나 비교적 혼합하기 쉬운 재료를 섞거나, 강렬하고 깔끔한 풍미의 칵테일을 만들 때 사용한다. 유리로 만들며, 요즘은 일자형을 많이 사용한다.

QR code
YOUTU.BE 믹싱 글라스 동영상

(3) 바 스푼 Bar Spoon

빌딩기법을 사용할 때나 재료를 혼합시키기 위해 글라스에 직접 넣고 저을 때 사용한다. 보통의 스푼보다 손잡이 부분이 길고 나선형으로 되어 있어 내용물을 휘저을 때 편하게 사용할 수 있도록 되어 있다. 끝부분은 보통 포크 모양을 하고 있어 가니시로 쓰이는 체리나 레몬을 넣을 때 사용하게 되어 있다. 믹싱 스푼이라고도 하며, 재질은 양은, 크롬도금, 스테인리스 등이 있는데 스테인리스가 사용하기 가장 좋다.

QR code
YOUTU.BE 바 스푼 사용법 동영상

(4) 스트레이너 Strainer

믹싱 글라스를 사용하여 만든 칵테일을 글라스에 따를 때나 보스턴 셰이커로 셰이킹을 한 음료를 따를 때 스트레이너의 스프링 부분을 안쪽으로 들어가게 끼워서 사용한다. 동그랗게 된 원형철판에 용수철이 달려 있고, 손잡이가 있다. 부채의 모양과 비슷하다.

QR code
YOUTU.BE 스트레이너 사용법 동영상

■ **파인 스트레이너**Fine Strainer **or 더블 스트레이너**Double Strainer

과일이나 야채, 허브류 등을 으깨서 만드는 칵테일이나 셰이킹해서 만든 칵테일을 거를 때 사용한다.

(5) 블렌더Blender

주로 혼합하기 어려운 재료를 섞거나 잘게 부순 얼음과 재료를 넣고 프로즌 스타일Frozen style의 칵테일을 만들 때 사용한다. 믹싱하는 시간은 재료에 따라 차이가 있지만 보통 10~15초가 적당하다.

QR code
YOUTU.BE 블렌더 사용법 동영상

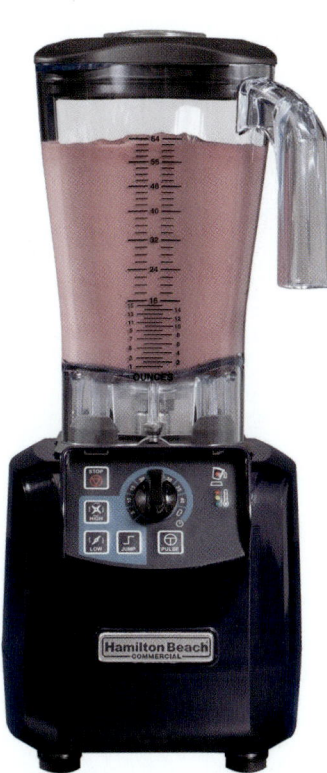

■ 스핀들 믹서Spindle Mixer

용량이 많은 재료를 메탈 컵에 넣고 스핀들 믹서에 장착하면 소형 프로펠러가 컵 속에서 자동으로 회전하면서 재료를 혼합해준다. 주로 펀치 스타일의 칵테일 조주시에 사용한다.

QR code
YOUTU.BE 스핀들 믹서 소개 광고 동영상

(6) 아이스 크러셔Ice Crusher

얼음을 잘게 부수거나 갈아주는 도구로 주로 큐브드 아이스Cubed Ice를 크러시드 아이스Crushed Ice로 분쇄할 때 사용한다.

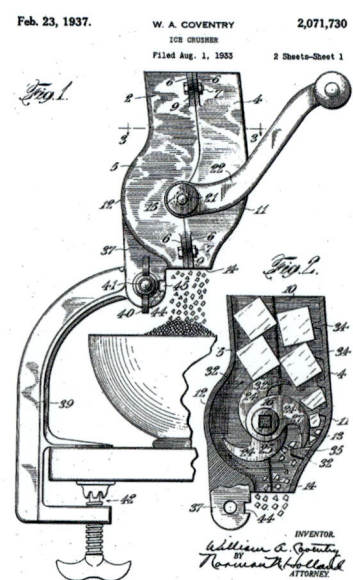

오른쪽 그림은 최초의 아이스 크러셔 특허 도안이다.

(7) 지거 Jigger

칵테일 조주 시 술의 용량을 측정할 때 사용된다. 보통 양쪽으로 담을 수 있으며, 기본형은 작은 쪽은 1온스약 30mL이고 큰 쪽은 1.5온스약 45mL인데, 그 외에도 다양한 크기의 지거가 널리 사용된다. 정확한 양은 손님에게 신용을 줄 수 있다. 항상 지거를 사용하는 습관을 들이는 것이 바텐더의 기본이다.

QR code
YOUTU.BE 지거 사용법 동영상

(8) 코르크 스크류 Cork Screw

와인 등의 코르크 마개를 따는 도구로서 와인 오프너Wine Opener라고도 한다. 여러 가지 형식이 있으나 접었다 폈다 할 수 있는 바 나이프Bar Knife와 버틀 및 와인 오프너가 세트로 되어 있는 웨이터스 코르크 스크류Waiter's Corkscrew 또는 소믈리에 코르크 스크류Sommelier Corkscrew라 불리는 것이 사용하기에 가장 좋다.

QR code
YOUTU.BE 코르크 스크류 사용법 동영상

(9) 스퀴저 Squeezer

주로 오렌지, 라임, 레몬 등 감귤류의 신선한 과즙을 짜기 위한 용기로서 가운데가 돌출되어 있다. 소재는 유리, 도기, 플라스틱, 스테인리스 등이 있다. 스테인리스나 고급스러운 유리제품을 가장 많이 사용한다.

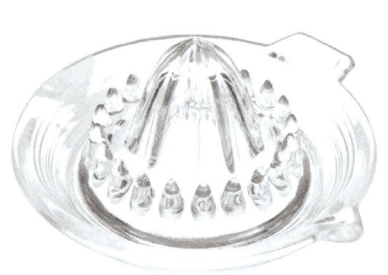  

■ **핸드-헬드 스퀴저** Hand-Held Squeezer
양손을 이용하여 압축하여 사용한다.

QR code
YOUTU.BE 핸드-헬드 스퀴저 사용법 동영상

(10) 병따개 Opener

병마개를 따는 도구로서 캔 오프너와 같이 붙어 있는 것도 있으나, 병마개를 딸 때 통조림 따개의 칼날에 손을 다치는 경우가 있으므로 따로 있는 것이 좋다.

(11) 아이스 픽Ice Pick

큰 얼음덩어리를 잘게 부술 때 사용한다. 손잡이 부분이 동그랗게 되어 있고 밑부분이 송곳으로 되어 있다. 그러나 요즈음은 전기로 얼음을 잘게 부수는 아이스 크러셔Ice Crusher라는 기계를 주로 사용한다.

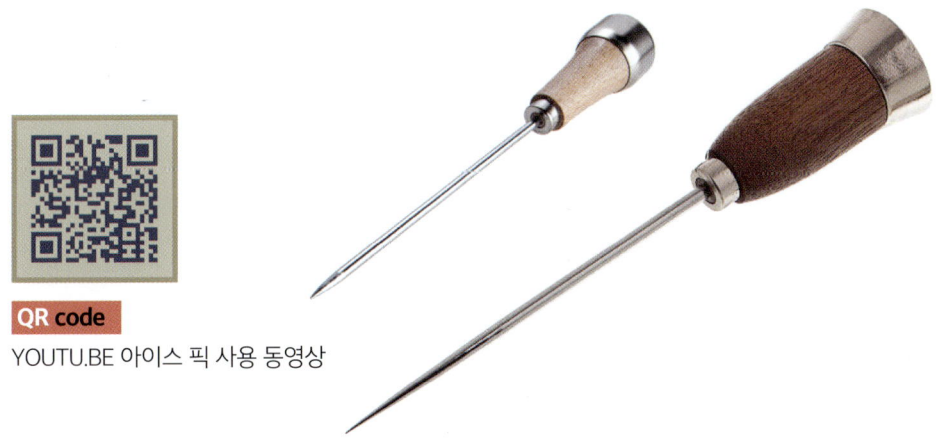

QR code
YOUTU.BE 아이스 픽 사용 동영상

(12) 아이스 버켓Ice Bucket

얼음을 넣어두는 용기로서 일명 '얼음통' 또는 아이스 페일Ice Pail이라고도 한다. 모양, 재질에는 여러 가지가 있으나, 고급스러운 것은 실버, 저렴하면서도 실용적인 것은 스테인리스나 플라스틱 재질이 있으며, 기호와 용도에 따라 선택하면 된다.

QR code
아이스버켓과 아이스텅 사용 동영상

(13) 아이스 텅Ice Tong

칵테일 제조에 사용되는 얼음을 위생적으로 사용하기 위한 얼음집게이다.

QR code
YOUTU.BE 아이스텅을 이용한 플레어 동영상

(14) 아이스 스쿠퍼Ice Scooper

글라스나 셰이커 또는 믹싱 글라스에 얼음을 담을 때 사용한다. 손잡이가 달려 있고, 끝부분은 다양한 형태의 얼음을 담기 편하게 되어 있다. 스테인리스나 플라스틱으로 되어 있다.

QR code
YOUTU.BE 아이스 스쿠프 등 다양한 칵테일 도구 동영상

(15) 스터 로드Stir rod 또는 스터러Stirer

QR code
YOUTU.BE 스터링을 보여주는 동영상

주로 음료를 저을 때 사용하며, 플라스틱으로 되어 있다.

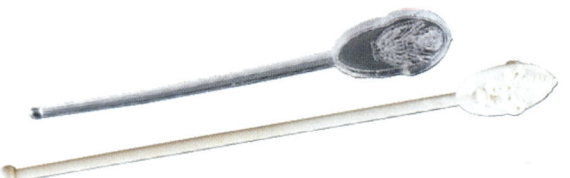

(16) 머들러 Muddler

과일이나 허브 재료를 으깰 때 사용하는 도구로 재질로는 아크릴, 스테인레스, 목재 등이 있다.

Wood Muddler   Plastic Muddler   Stainless Steel Muddler   Mojito Muddler

QR code
YOUTU.BE 머들링 동영상

(17) 빨대 Straw

장식으로는 드링킹 스트로 Drinking Straw라고 하며, 짧고 가느다란 것은 칵테일을 혼합시키기 위한 것으로서 스터링 스트로 Stirring Straw라고도 부른다. 크러시드 아이스를 사용한 칵테일이나 열대 음료 트로피칼 음료 등 마시기 힘든 칵테일에 곁들이는데, 색깔이나 모양 및 길이 등은 칵테일의 분위기에 맞게 선택하면 된다.

(18) 칵테일 픽Cocktail Pick

장식으로 쓰는 올리브나 체리 등을 꽂는 핀으로 검劍 모양으로 생겼다고 해서 스워드 픽Sword Pick이라고도 한다. 칵테일의 분위기에 맞는 모양이나 색깔, 재질 등을 고려해서 선택하면 된다.

(19) 칵테일 파라솔Cocktail Parasol

칵테일을 보다 아름답게 장식하기 위해 우산 모양으로 만든 작은 장식용품이다. 이외에 여러 가지 칵테일에 모양을 내기 위한 도구들이 많이 제품화되어 있다.

(20) 글라스 홀더Glass Holder

뜨거운 종류의 칵테일을 고객에게 제공할 때 사용하는 것으로 뜨거운 글라스를 넣어 잡을 수 있는 손잡이가 달려 있다.

(21) 푸어러 Pourer

술을 글라스나 지거에 따를 때 힘 조절을 제대로 못하면 원하는 양보다 더 흘러나올 수 있다. 이것을 보완하기 위해 푸어러를 병 입구에 끼우고 따르면 수월하게 양을 맞출 수 있다. 그러나 당분이 함유된 술이나 밀크가 함유된 술에 푸어러를 끼우면 당분이 굳거나 입구를 막을 수 있으므로 매일 세척해야 한다.

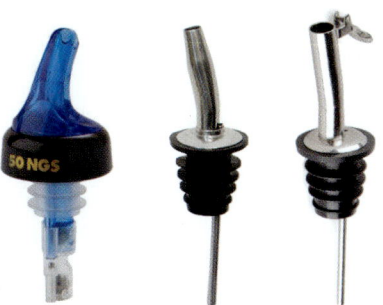

YOUTU.BE 푸어링 동영상

숙련된 바텐더들은 지거를 사용하지 않고 푸어러를 꽂아 정밀 계량 없이 직접 조주하는 프리푸어링으로 서비스하는 경우가 많다. 하지만 조주기능사 실기시험에서는 허용되지 않고, 각종 바텐더 칵테일 대회에서는 대회마다 허용 여부가 다르므로 확인할 필요가 있다.

YOUTU.BE 지거링과 프리푸어링 비교 동영상

(22) 소금 Salt 과 후추 Pepper

칵테일의 부재료로서 주로 블러디 메리 칵테일을 만들 때 사용한다.

(23) 와인 쿨러Wine Cooler와 받침Stand

주로 화이트 와인이나 샴페인 등을 서비스할 때 와인을 차게 하기 위해 얼음을 넣고 사용한다.

(24) 글라스 리머Glass Rimmers

마가리타, 키스 오브 화이어 칵테일과 같이 소금, 설탕을 글라스 가장자리에 뒤집어서 묻히는 간편한 칵테일 기구이다. 소금이나 설탕은 글라스 림에 올라 앉아야 한다. 안쪽이나 바깥쪽에 묻으면 지저분하고 너무 짜거나 달 수 있기에 림에 올라 앉는 것이 바람직하다.

(25) 바 나이프Bar Knife와 커팅 보드Cutting Board

바 나이프는 과일류를 자르거나 깎을 때 사용하는 나이프이다. 과일의 크기나 사용하고자 하는 용도에 따라 크기나 날의 두께를 달리 선택할 수 있다. 커팅 보드는 과일을 장식하거나 자를 때 사용한다.

(26) 레몬 제스터 Lemon Zester

레몬 껍질의 표면을 볼펜 심 굵기로 2~3가닥으로 얇게 뽑아낼 때 사용하는 기구이다.

YOUTU.BE 레몬 세스터 사용법 동영상

■ 레몬 라임 필러 Lemon Lime Peeler

레몬 라임껍질의 하얀 부분까지 우동 면발의 굵기로 1가닥으로 뽑아낼 때 사용하는 기구이다.

YOUTU.BE 필러 사용법 동영상

(27) 쿠키 커터 Cookie Cutter

쿠키를 찍는 원판으로 주로 베이커리에서 사용되는 도구이지만 레몬이나 오렌지 등의 껍질을 이용하여 다양한 모양의 가니시를 만들 때 사용한다.

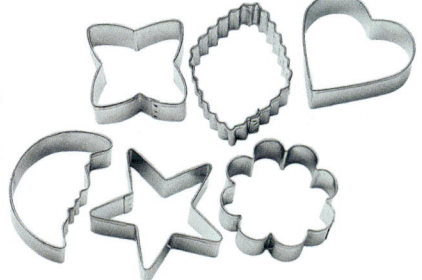

(28) 스몰 토치 Small Torch

주로 과일류의 장식을 그을려서 재료의 풍미를 살려주면서 시각적인 효과를 얻고자 할 때 사용한다.

332

You will become a Good Bartender!

QR code
칵테일 글라스 소개 동영상

2 글라스의 종류

글라스는 그 사용용도에 따라 모양과 크기가 다른데, 스템 Stem의 유무에 따라 크게 밑이 평평한 텀블러Tumbler 또는 실린더컬Cylinderical 글라스와 스템Stem이 있는 고블렛Goblet 또는 스템드Stemed 글라스로 분류한다.

(1) 텀블러Tumbler or 실린더컬Cylinderical 글라스

① 샷 글라스Shot Glass

브랜디 이외의 증류주를 스트레이트로 마실 때 사용하는 1~2온스 용량의 글라스이다.

② 올드 패션드 글라스Old Fashioned Glass

증류주를 얼음과 함께 차갑게 마실 때 주로 사용하는 글라스이며 용량은 6~10온스이다. 특히 위스키를 온 더 락On the Rock으로 마실 때 많이 사용한다. 올드 패션드, 니그로니 칵테일 등에 많이 사용된다. 얼음은 단단할수록 좋다.

QR code
YOUTU.BE 글라스 고르기 요령 동영상

③ 머그 글라스 Mug Glass

주로 생맥주를 제공할 때 사용하는 글라스로 손잡이가 있는 것이 특징이다. Cafe Mug Glass는 Bailey's Coffee, French Coffee, Royal Coffee 등과 같은 스페셜 커피를 제공 할 때 사용한다.

④ 하이볼 글라스 Highball Glass

하이볼은 옆면이 일정하게 일자로 뻗은 글라스로 스피릿Spirit과 믹서Mixer: 주스, 탄산음료 등가 얼음에 담겨져 제공되거나 기타 다양한 롱 드링크 칵테일 등에 다양하게 사용되며 6~12온스180~360mL 용량이 있다. 흔히 텀블러Tumbler라고도 한다.

⑤ 콜린스 글라스 Collins Glass

원통형 텀블러형 글라스로 용량은 12~14온스로 하이볼 글라스보다 용량이 크다.

하이볼 글라스, 톨 하이볼 글라스는 일자형이고, 콜린스 글라스는 위가 아래보다 약간 넓게 되어 있다.

⑥ 필스너 글라스Pilsner Glass

주로 맥주잔으로 사용되며 체코의 맥주회사 필슨에서 개발하였다. 맥주를 따를 때 거품이 적당하게 일어날 수 있게도 하고 탄산이 늦게 날아가도록 만들었다. 칵테일에 사용하는 글라스는 푸티드 필스너Footed Pilsner로 열대성 칵테일Tropical Cocktail 등 롱 드링크 칵테일을 제공할 때 주로 사용한다.

(2) 스템드 글라스Stemmed Glass

① 리큐어 글라스Liqueur Glass or Cordial Glass

작고 손잡이Stem가 있는 글라스로 리큐어를 스트레이트로 마시기 위한 글라스이다. 위스키나 스피릿을 스트레이트로 마실 경우에도 사용한다. 미국에서는 코디알 글라스라고도 하는데, 코디알은 넓은 의미에서는 리큐어를 이야기 하지만 좁은 의미에서는 과일이나 과일씨를 사용한 것을 코디알이라고 한다.

② **칵테일**Cocktail Glass **or 마티니 글라스**Martini Glass

칵테일 글라스 중에서 가장 많이 사용되고 있으며, 역삼각형으로 발레리나를 연상케 하는 모양을 하고 있다. 흔히 칵테일 글라스라고 하지만 원칙적으로는 마티니 글라스라고 해야 한다.

③ **샴페인 글라스**Champagne Glass

샴페인 글라스는 소서형과 튤립Tulip형의 두 종류가 있다.

소서형champagne saucer, champagne coupe라고도 함은 입구 부분이 넓어 건배용으로 사용된다. 이 글라스를 사용하면 샴페인의 가스가 빨리 날아간다. 영국 어느 백작부인의 아름다운 가슴을 연상하며 만들었다고 한다.

튤립형Champagne flute은 글라스의 몸이 가늘고 기다랗다. 샴페인의 기포가 올라오는 것을 매력적으로 보이게 하는 글라스로 식사와 함께 샴페인을 천천히 마시며 향기가 나가지 못하도록 글라스의 입구가 약간 오므라져 있다.

소서형 샴페인 글라스(좌2)
튤립형 샴페인 글라스(우2)

④ 와인 글라스 Wine Glass

많은 와인 애호가들은 "와인의 맛은 글라스의 맛이다"라고 표현할 정도로 글라스의 중요성을 강조한다. 와인 글라스는 크게 레드 와인 글라스와 화이트 와인 글라스로 나누며, 튤립 모양의 글라스는 와인 향을 즐기는데 가장 적합하다. 디자인이나 크기는 와인 타입과 지역에 따라 차이가 있다.

⑤ 셰리 글라스 Sherry Glass

셰리 와인이나 포트와인을 마실 때 주로 사용한다. 칵테일 글라스로 사용하는 셰리 글라스는 2온스로 B-52칵테일 글라스로 사용한다.

⑥ 사워 글라스 Sour Glass

상큼한 맛이 특징인 사워 형태의 칵테일을 제공하는 글라스로 위스키 사워, 브랜디 사워 등을 만들 때 사용한다. 글라스의 용량은 5온스를 주로 사용한다.

⑦ 브랜디 스니프터 Brandy Snifter

브랜디는 시각, 후각, 미각을 이용해서 식후에 마시는 술로서 몸통부분이 넓고 입구가 좁은 튤립형의 브랜디 스니프터 글라스에 담아 마신다. 이 모양은 향기가 글라스 안에 모아져 있도록 배려한 것으로서 언제나 1온스 정도 따르는 것이 알맞다.

⑧ 고블렛 Goblet

주로 고객에게 물을 제공할 때 사용하는 글라스로 튤립형으로 되어 있다.

글라스의 명칭과 특징을 기입하시오.

※ 각각의 크기를 비교하면서 익히면 좋습니다.

3 얼음의 종류

얼음은 맑고 단단한 것을 사용하는 것이 좋으며, 맑고 단단한 얼음을 만들기 위해서 물을 끓여서 사용하는 경우가 있는데 별 도움이 되지 않는다. 서서히 영하 10℃ 전후에서 얼리는 것이 좋으며 사용하기 직전에는 영하 5도 이내의 장소에서 보관하는 것이 좋다.

■ **럼프 오브 아이스** Lump of Ice, 덩어리 얼음

통얼음 Block of Ice을 주먹 크기가 되게끔 얼음 송곳으로 깎은 얼음으로 록 아이스 Rock Ice라고도 한다.

TIP

최근에는 몰드를 이용하여 볼 아이스Ball Ice, 공얼음를 만들어 언더락 글라스에 제공하는 경우도 많다. 견고하고 모서리가 없어서 천천히 희석되고 증류주의 풍미와 부드러움을 오랫동안 즐길 수 있도록 도와준다.

QR code
YOUTU.BE 볼 아이스 만드는 방법 동영상

QR code
YOUTO.BE 볼 아이스 프레스 킷 제품 동영상

■ 크랙트 아이스 Cracked Ice, 깬 얼음

다양한 용도로 사용할 수 있는 크랙트 아이스는 큐브드 아이스 크기의 거칠게 잘린 얼음이다. 큰얼음 덩어리를 아이스픽으로 깨서 만든다. 세이크나 스터에 사용하므로 모서리가 없는 것이 이상적이다.

■ **큐브드 아이스** Cubed Ice, 각얼음

칵테일 조주 때 가장 많이 사용하는 얼음으로 제빙기에서 육면체 모양으로 만들어서 나온다. 한 면이 1인치 2.54cm 정도의 얼음을 큐브라고 하지만 제빙기의 특성상 직육면체가 많이 사용된다. 기본적인 제빙기 큐브드 아이스는 3.2×2.8cm가 적당하다.

■ **크러시드 아이스** Crushed Ice, 부순 얼음

잘게 갈아낸 알맹이 모양의 얼음으로 Cubed Ice를 아이스 크러셔 기계에 넣고 갈아서 만들거나 타월에 싸서 아이스픽으로 자루로 두들겨 깨서 만든다. 최근에는 제빙기 자체에서 Crushed Ice와 Cubed Ice를 선택할 수 있는 버튼이 있어 편리하게 사용할 수 있다.

■ **셰이브드 아이스** Shaved Ice, 눈얼음

무더운 여름철 팥빙수를 만들 때 사용하는 얼음처럼 곱게 갈아서 나오는 얼음으로 프라페 Frappe 스타일의 칵테일을 조주할 때 주로 사용한다.

1-3. 칵테일 부재료

1 시럽Syrup류

■ **플레인 시럽**Plain Syrup

백설탕에 물을 넣어 끓인 것으로 Simple Syrup 또는 Sugar Syrup이라고도 한다. 현재 바에서 직접 만들어서 사용하고 있는데, 100℃의 끓는 물과 설탕을 3:1로 넣고 절반으로 졸여서 사용한다. 그래야만 시간이 지나도 설탕과 물이 분리되지 않는다.

■ **그레나딘 시럽**Grenadine Syrup

설탕을 만들고 남은 나머지 당밀에 과일향석류을 넣어 만든 붉은색의 달콤한 시럽으로 칵테일에서 가장 많이 사용되고 있다.

■ **나무딸기 시럽**Raspberry Syrup

당밀에 나무딸기의 풍미를 가한 시럽이다.

2 장식과일 및 향신료

■ 올리브 Olive

물푸레나무과의 상록교목으로 터키가 원산지이며, B.C. 3000년 경부터 지중해 연안으로 전파되었다고 한다. 열매는 핵과核果로 타원형이며, 자흑색으로 익는다. 요리에 많이 쓰이며, 칵테일용으로는 익지 않은 녹색 열매의 씨를 빼고 그 안에 빨간 피망을 넣은 것을 사용하다.

구약성서에는 "비둘기가 저녁 때가 되어 돌아왔는데 부리에 금방 딴 올리브 잎을 물고 있었다. 그제야 노아는 물이 줄었다는 것을 알았다" 창세기 8:11 라고 기록되어 있는데, 이것이 바탕이 되어 올리브잎이 평화와 안전의 상징으로 되어 있다.

■ 레몬 Lemon

레몬은 히말라야가 원산지로 비교적 시원하고 기후의 변화가 없는 곳에서 잘 자란다. 이탈리아, 에스파냐, 미국의 캘리포니아 및 오스트레일리아 등에서 많이 재배되는데, 지중해 연안에서 재배된 것이 품질이 가장 좋다.

열매는 타원 모양이고 겉껍질이 녹색이지만 익으면 노란색으로 변하여 향기가 강하다. 완전히 익기 전인 껍질이 녹색일 때 수확하여 익힌다. 종자는 달걀 모양이고 양 끝이 뾰족하다. 레몬은 비타민C와 구연산이 많기 때문에 신맛이 강해 생과일로는 먹기 힘들지만 음료로서는 상쾌한 맛을 가지고 있으므로 칵테일을 만들 때 소량의 과즙을 사용하여 산뜻한 맛을 내는 데 효과가 있다. 칵테일 조주 시 장식용과 주스용으로 가장 많이 사용되는 부재료이다.

■ 라임Lime

인도 북동부에서 미얀마 북부와 말레이시아가 원산지로, 추위에 약하기 때문에 아열대, 열대 지방에서 널리 재배한다. 열매는 넓은 타원 모양이고 액과이며, 지름이 4cm이고 작은 젖꼭지 모양의 돌기가 있다. 열매가 익으면 껍질이 얇아지고 초록빛을 띤 노란색이 된다. 과육은 황록색이고 연하며, 즙이 많고 신맛이 나며, 레몬보다 새콤하고 달다.

■ 파인애플Pineapple

쌍떡잎식물 파인애플과의 상록 여러해살이풀로 중앙아메리카와 남아메리카 북부가 원산지로서, 신대륙에서는 옛날부터 재배하여 왔다. 신대륙 발견 뒤 포르투갈 사람과 에스파냐 사람들이 세계 각지로 전하였다고 한다.

열매가 익으면 주황색에서 노란색으로 되며 향기가 매우 좋다. 열매는 즙이 많고 수크로오스 10%, 시트르산 1% 가량이 들어 있으며 상쾌한 신맛과 단맛이 있고, 과일 중 비타민C가 가장 많은데, 100g 중에 60mg이 들어있다. 그리고 브로멜린이라고 하는 단백질 분해효소가 들어 있어서 육류의 소화를 돕는다. 그러나 덜 익거나 일찍 수확하여 나중에 익힌 불충분한 열매에는 많은 양의 산과 수산석회 등이 들어 있어서 어린 아이나 위염이 있는 사람은 먹지 않는 것이 좋다.

우리나라에는 1960년대 초 여러 품종이 들어와 제주도와 남부지방에서 비닐하우스 재배를 하고 있다. 파인애플은 트로피컬 칵테일에 장식용으로 가장 많이 사용하고 있다.

■ 체리 Cherry

쌍떡잎식물 장미과 벚나무속에 속하는 양앵두는 유럽 동부와 아시아 서부가 원산지이며, 우리나라에서는 버찌라고 한다. 칵테일에서 장식용으로 많이 사용하며, Red Cherry와 Green Cherry가 있다.

■ 어니언 Onion

양파는 외떡잎식물 백합과의 두해살이풀로 서아시아 또는 지중해 연안이 원산지라고 추측하고 있으나 아직 야생종이 발견되지 않아 확실하지 않다. 재배 역사는 매우 오래되어 기원전 3000년경의 고대 이집트 분묘의 벽화에는 피라미드를 쌓는 노동자가 마늘과 양파를 먹었다는 기록이 있다. 양파는 칵테일 장식으로도 사용하는데 칵테일에 이용되는 양파Cocktail Onion는 작은 구슬 모양의 크기로 가니시로 사용되는 대표적인 칵테일에는 Gibson이 있다.

■ 정향 丁香, Clove

몰루카제도가 원산지이며, 꽃이 피기 전의 꽃봉오리를 수집하여 말린 것을 정향 또는 정자라고 한다. 꽃봉오리의 형태가 못처럼 생기고 향기가 있어서 정향이라고 하며, 중국에서는 백리향, 영어의 클로브Clove도 프랑스어의 클루Clou; 못에서 유래하였다. 정향은 꽃봉오리에서의 산출량이 적기 때문에 꽃대와 열매까지도 모두 이용하고 있다.

■ 계피 Cinnamon

쌍떡잎식물 녹나무과의 식물로 중국이 원산지이다. 시나몬은 껍질을 벗겨서 건조시켜 향신료로 사용하는데, 껍질에는 계피 알데히드가 들어 있어 향기가 난다.

칵테일에서는 주로 뜨거운 칵테일에 향을 내기 위해 사용하는데, 대표적인 칵테일로는 Hot Buttered Rum 등이 있다.

■ 박하 Mint

박하는 쌍떡잎식물 꿀풀과의 여러해살이 숙근초로 중국이 원산지라는 학설이 많다. 태고시대에 중국에서 인도를 거쳐 유럽에 전파된 것이 서양박하의 기원으로 본다. 박하의 주성분은 멘톨인데 이 멘톨은 진통제, 구충제, 청량제, 향료나 건위제로 많이 사용하고 있으며, 예로부터 설사약으로 달여먹는 풍습이 있었다고 한다. 칵테일에서는 박하잎을 주로 장식으로 사용하고 있다.

■ 너트메그 Nutmeg

쌍떡잎식물 육두구과의 상록활엽교목으로 인도네시아 몰루카제도가 원산지이다. 열매는 핵과로서 길이가 4~6cm이며 성숙하면 붉은빛을 띤 노란색 껍질이 벌어져서 안쪽에 갈빗대처럼 갈라진 종의種衣가 보이는데, 종자를 육두구, 종의를 메이스mace라고 한다. 영어 이름인 너트메그Nutmeg는 사향 향기가 나는 호두라는 뜻이다. 육두구는 말려서 방향성 건위제, 강장제 등으로 사용하며, 칵테일에서는 달걀이나 생크림 등의 재료를 사용한 칵테일 조주 시 비린내를 없애기 위해 사용한다.

1-4. 칵테일의 분류

1 용량에 따른 분류

(1) 쇼트 드링크 short drink

120㎖ 미만 용량의 글라스에 제공되며, 알코올성 재료의 비율이 높다. 대부분은 얼음 없이 제공되며, 만들어진 뒤 10분 정도 지나면 혼합된 재료가 분리되기 때문에 짧은 시간에 마셔야 한다.

(2) 롱 드링크 long drink

120mL 이상 용량의 글라스에 제공되며, 여러 부재료가 혼합되어 알코올이 희석되기 때문에 도수는 낮은 편이다. 쇼트 드링크에 비해서 긴 시간동안 마실 수 있지만, 얼음이 녹기 전에 마셔야 한다.

2 시음 시기에 따른 분류

(1) 식전 칵테일 aperitif cocktail

식사 전에 입맛을 돋우기 위해 마시는 칵테일로, 주로 쓴맛과 신맛이 난다.

(2) 식후 칵테일 digestif cocktail

식후에 소화를 돕거나 입가심을 하기 위해 마시는 칵테일로, 대부분 단맛이 강하다.

(3) 올데이 칵테일 all-day cocktail

식사와 관계없이 마실 수 있는 칵테일로, 신맛이나 단맛이 주를 이루는 편이다.

❸ 맛에 따른 분류

(1) 드라이 칵테일 dry cocktail

도수가 강하고 단맛이 적으며, 대표적으로 드라이 마티니 등이 있다.

(2) 리프레싱 칵테일 refreshing cocktail

레몬이나 라임이 첨가되어 신맛이 강한 칵테일로, 갈증을 해소할 수 있다.

(3) 프루트 칵테일 fruit cocktail

과일을 원료로 하거나, 과일 리큐어를 첨가해 상큼한 맛이 나는 칵테일이다.

(4) 스위트 칵테일 sweet cocktail

달콤한 리큐어를 첨가한 칵테일이다.

(5) 스무디 칵테일 smoothie cocktail

우유나 크림, 토마토 주스 등의 걸쭉한 재료를 사용해 부드러운 맛이 나는 칵테일로, 그래스호퍼가 대표적이다.

(6) 핫 칵테일 hot cocktail

뜨거운 물이나 커피, 차 등을 사용한 칵테일로, 겨울이나 밤에 잘 어울리는 칵테일이다. 아이리시 커피가 대표적이다.

❹ 서비스 스타일에 따른 분류

(1) 플로팅 칵테일 floating cocktail

재료들을 섞지 않고 층을 이뤄서 만드는 칵테일로, 바 스푼을 이용해 재료의 층을 쌓는 플로팅 기법을 사용한다.

(2) 프라페 칵테일 frappe cocktail

잘게 으깬 얼음을 채운 뒤 그 위에 음료를 채우는 칵테일로, 전기 믹서기가 출현하기 전인 1930년대 초반까지 더운 날에 인기 있던 스타일이다.

(3) 프로즌 칵테일 frozen cocktail

믹서를 이용해 얼음과 재료를 갈아 만드는 칵테일이다.

(4) 온더락 on the rocks

올드패션드 글라스에 얼음을 담고 그 위에 음료를 따라서 서빙하는 스타일이다. 주로 위스키 등의 증류주를 마실 때 사용하는 방법이다.

(5) 스트레이트 업 straight up

셰이커나 믹싱 글라스에서 재료를 섞은 뒤 얼음을 걸러내고 칵테일 글라스에 음료만 따라내는 방법이다.

5 형태에 따른 분류

(1) 펀치 punch

1600년경 영국령 서인도제도에서 등장한 것으로 추정된다. 술, 설탕, 과일, 스파이스, 물의 다섯 가지 재료를 넣는 롱 드링크로, 하이볼 글라스에 크러시드 아이스를 넣어 직접 제조한다. 과거에는 따뜻하게 마시기도 했다.

(2) 사워 sour

1700년대 중반 영국에서 등장한 쇼트 드링크의 일종으로, 술, 시트러스, 설탕을 셰이킹한 뒤 올드패션드 글라스에 담는다. 달걀 흰자를 소량 첨가하는 경우도 있다.

(3) 에그녹 egg nog

1800년 이전에 미국에서 발명된 롱 드링크로, 술과 달걀노른자, 우유와 설탕을 혼합하여 만든다. 크리스마스 파티 등에서 자주 마셨다.

(4) 줄렙 julep

줄렙은 1800년 이전에 미국에서 이미 존재했던 칵테일로, 주석 잔에 크러시드 아이스를 넣어 빌드 기법으로 제조하며 술과 민트 잎, 설탕을 혼합한다. 주석 잔을 사용하는 이유는 냉동고가 발달하기 이전 시대에 잔을 빠르게 냉각시키기 위해서였다.

(5) 슬링 sling

슬링 역시 1800년 이전에 미국에서 등장한 레시피로, 얼음을 넣은 올드 패션드 글라스에 술과 물, 설탕을 혼합했다. 얼음이 귀했던 시기에는 따뜻한 슬링도 존재했었다.

(6) 칵테일 cocktail

칵테일은 슬링이 변화된 형태로, 기존 슬링의 재료인 술, 물, 설탕에 비터스가 추가된 형태이다. 1890년대 들어 칵테일은 스트레이트 업 스타일의 음료를 총칭하는 단어로 변했고, 1920년대부터 그 의미가 점점 확대되어 현재에는 모든 혼합주를 의미하게 되었다.

(7) 토디 toddy

토디는 영국령 서인도제도에서 시작해 1760년대 이후부터 알려진 핫 드링크이다. 술과 끓인 물, 설탕을 토디 글라스에 빌드 기법을 사용해서 제조한다. 토디에서 레몬 주스를 첨가한 형태를 그로그 Grog라 하는데, 그로그는 프랑스에서 널리 유행했다.

(8) 코블러 cobbler

코블러는 1810년 이전에 미국에서 등장한 쇼트 드링크로, 브랜디와 설탕을 혼합한 뒤 오렌지 조각 등으로 장식한 칵테일이다.

(9) 플립 flip

플립은 술과 달걀노른자, 설탕을 혼합한 쇼트드링크로, 1810년 이전에 영국에서 탄생했다. 1860년대의 플립은 셰이크를 한 뒤 와인 글라스에 담아냈다.

(10) 생거리sangaree

생거리는 1820년 이전에 영국령 서인도제도에서 탄생한 쇼트 드링크로, 브랜디와 레드 포트, 설탕을 셰이크한 뒤 와인글라스에 담고 너트메그로 장식했다.

(11) 크러스타crusta

크러스타는 1840년대 뉴올리언스에서 Josep Santini가 발명한 쇼트 드링크이다. 작은 와인 글라스에 술, 레몬즙, 설탕과 비터스를 빌드 기법을 사용해 제조한 뒤 레몬 조각으로 장식했다.

(12) 슈터shooter

슈터는 원래 푸스카페Pousse cafe라고 불렸으며, 1840년대에 뉴올리언스에서 유행한 쇼트 드링크이다. 기원은 프랑스로 추정되며, 샷 글라스에 플로팅 기법을 사용하여 제조한다. 과거에는 각각 다른 층을 차례로 마셨다.

(13) 픽스fix

펀치가 소형화된 칵테일로, 1860년대 이전에 미국에서 존재한 쇼트 드링크이다.

(14) 스매시smash

1850년대에 미국에서 탄생한 쇼트 드링크로, 줄렙과 비슷하나 민트 잎을 두 세장만 넣어 민트 향이 진하지 않고, 오렌지로 장식한다.

(15) 콜린스collins

1860년대 말에 미국에서 등장한 롱 드링크로, 1800년대 초에 런던의 John Collins가 발명했다는 설도 있다. 콜린스는 콜린스 글라스에 술, 레몬주스, 설탕, 소다수를 빌드 기법으로 제조한다.

(16) 데이지daisy

데이지는 1870년대에 미국에서 출현한 쇼트 드링크로, 사워에 시럽이나 리큐어를 추가한 형태이다.

(17) 피즈 fizz

1870년대에 미국에서 등장했으며, 술, 레몬주스와 설탕을 셰이크한 뒤 소다수를 채워서 제조한다. 콜린스와 유사하지만 얼음을 채우지 않은 하이볼 글라스에 담는다.

(18) 쿨러 coller

1880년대 말 미국에서 등장한 롱드링크로, 진저에일을 시원하게 제공하도록 만든 동명의 기구를 홍보하기 위해 만들어졌다. 쿨러는 하이볼 글라스에 술과 설탕, 진저에일을 빌드 기법으로 만든다.

(19) 하이볼 highball

하이볼은 1890년대에 뉴욕에서 개발된 롱 드링크로, 하이볼 글라스에 증류주와 탄산음료를 빌드 기법으로 혼합한 뒤 레몬 껍질로 장식한다.

(20) 퍼프 puff

1890년대 미국에서 등장한 롱 드링크로, 하이볼 글라스에 술과 우유, 설탕을 빌드 기법으로 만든다. 때때로 소다수를 첨가하는 경우도 있다.

(21) 리키 rickey

1900년 무렵에 워싱턴의 "Show makers"에서 개발되었다. 하이볼 글라스에 술과 라임, 소다수를 빌드 기법으로 만든다.

(22) 벅 buck

벅은 1920년대 런던의 "Bucks club"에서 탄생한 것으로 추정되는 쇼트 드링크로, 술과 레몬즙, 진저에일을 빌드 기법으로 혼합한 뒤 레몬 껍질로 장식한다. 벅과 비슷한 형태로 뮬 mule이 있는데, 뮬은 진저에일 대신 진저비어를 사용한다.

(23) 콜라다 colada

1950년대 초반에 푸에르트리코에서 발명된 롱 드링크로, 하이볼 글라스에 술과 과일주스, 코코넛 크림을 혼합한 형태이다. 셰이크나 블렌딩 기법으로 만든다.

학습 1
학습평가

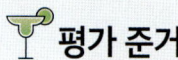 평가 준거

학습 내용	평가 항목	성취 수준		
		상	중	하
칵테일의 역사와 유래	● 칵테일의 역사에 대한 올바른 이해			
칵테일 기구	● 칵테일 기구에 대한 활용도, 사용 방법의 이해			
	● 조주 기법에 대한 이해			
	● 조주 기법의 활용 능력			
칵테일 분류	● 클래식 칵테일에 대한 이해			

평가 방법

평가자 질문

학습 내용	평가 항목	성취 수준		
		상	중	하
칵테일의 역사와 유래	● 칵테일의 역사에 대한 올바른 이해			
칵테일 기구	● 칵테일 기구에 대한 활용도, 사용 방법의 이해			
	● 조주 기법에 대한 이해			
	● 조주 기법의 활용 능력			
칵테일 분류	● 클래식 칵테일에 대한 이해			

피드백

1. 평가자 질문

- 칵테일의 역사 및 분류에 대한 지식은 재학습 이후 역할 연기를 통한 이해도 향상
- 칵테일 조주 및 기구의 지식과 사용 능력은 기구의 사용 방법을 재실습함
- 클래식 칵테일 관련 추가 자료를 이용하여 학습 효과 향상

2 칵테일 기법 수행하기

2-0. 칵테일 조주 기법 활용

학습 목표
- 셰이킹(shaking) 기법을 수행할 수 있다.
- 빌딩(building) 기법을 수행할 수 있다.
- 스터링(stiring) 기법을 수행할 수 있다.
- 플로팅(floating) 기법을 수행할 수 있다.
- 블렌딩(blending) 기법을 수행할 수 있다.
- 머들링(muddling) 기법을 수행할 수 있다.

2-1. 셰이킹 Shaking

셰이킹은 리큐어, 시럽, 설탕, 크림, 달걀 등 잘 섞이지 않는 재료를 혼합할 때 사용하는 조주 기법이고, 기주의 강한 맛을 부드럽게 하기 위한 전형적인 방법이다. 셰이커의 구조는 바디, 스트레이너, 캡의 세 부분으로 되어 있다. 바디에 얼음과 재료를 넣은 후 스트레이너와 캡을 각각 정확하게 닫는다. 셰이킹을 하는 방법은 양손 파지법과 한 손 파지법이 있다.

QR code
YOUTU.BE 셰이킹 시연 동영상

Whisky Sour, Brandy Alexander, Pink Lady, Side Car 등이 이러한 기법으로 만드는 칵테일에 속한다.

(1) 양손 파지법

양손 파지법은 왼손 엄지손가락으로 스트레이너, 나머지 손가락으로는 바디를 감싸쥐고, 오른손 엄지손가락은 캡을, 나머지 손가락으로는 스트레이너와 바디를 파지한다. 캡이 가슴을 향하게 하여 가슴 안에서 밖으로 10~15초 흔든다.

(2) 한 손 파지법

한 손 파지법은 오른손 검지손가락으로 캡을, 나머지 손가락으로 스트레이너와 바디를 파지한다. 손목을 이용하여 좌우로 흔들면서 팔을 위아래로 움직이면서 10~15초 흔든다. 셰이커에 성에가 껴서 손이 시릴 정도가 되면 멈춘다. 글라스에 부을 때에는 캡을 열고 오른손 검지손가락으로 스트레이너를 잡고 따라야 스트레이너가 빠지는 것을 방지할 수 있다.

수행내용 셰이킹 학습하기

■ 재료·자료
- 기주(진, 보드카, 럼, 테킬라, 위스키, 브랜디 등)
- 부재료(리큐어, 비터, 시럽 등)
- 소프트류(주스, 소다수, 진저에일, 콜라, 스프라이트, 우유 등)
- 얼음(큐브아이스)
- 가니시류(레몬, 오렌지, 사과, 파인애플, 체리, 올리브 등)

■ 기기장비·공구
- 칵테일 글라스, 하이볼글라스, 칼린스글라스, 필스너글라스 등
- 지거, 바스푼, 셰이커
- 아이스패일, 아이스텅, 칵테일 픽 등

■ 안전·유의 사항
- 글라스와 주류 파지에 유의하여 깨질 위험에 미리 대비하도록 한다.

■ **수행 순서**

1 글라스에 큐브아이스를 담아 냉각시킨다.
- 큐브아이스 2~3개가 칵테일글라스를 냉각시키기에 적당하다.
- 셰이커의 바디에 큐브아이스를 3~4개 넣는다.

2 지거를 이용하여 칵테일의 재료를 정확하게 계량한 후 셰이커에 넣는다.
- 이때 지거의 위치는 셰이커 바로 위에 놓고 음료를 계량한다.
- 혹시라도 발생할 수 있는 음료의 과다 계량 시에도 셰이커로 음료가 떨어져서 손실을 방지하기 위함이다.

3 재료를 다 넣은 후에는 스트레이너와 캡을 닫아 준다.
- 스트레이너, 캡순으로 닫아 준다.
- 스트레이너와 캡을 닫을 때 수직으로 반듯하게 닫아야 열 때 용이하다.

4 셰이킹을 10~15초 실시한다.
- 셰이커의 파지 방법은 한 손 파지법과 양손 파지법이 있다.
- 한 손 파지법은 집게손가락으로 캡을, 나머지 손가락으로 스트레이너와 바디를 감싸 쥔다. 손목을 이용하여 좌우로 흔들고, 팔을 위아래로 움직여 준다.
- 양손 파지법은 왼손 엄지손가락으로 스트레이너 나머지 네 손가락으로 바디를 감싸고, 오른손 엄지손가락으로 캡을 눌러 주고 나머지 네 손가락으로 스트레이너와 바디를 자연스럽게 감싸 쥔다. 캡이 가슴을 향하게 하고 양손을 가슴 안쪽과 바깥쪽으로 흔들어 준다.

5 셰이커의 캡을 열어서 글라스에 따라 준다.
- 이때 셰이커의 파지 방법은 검지손가락으로 스트레이너를 고정하고 나머지 네 손가락으로 바디를 감싸쥐고 따라 준다.
- 칵테일에 맞는 가니시로 장식한다. (예: 드라이 마티니는 그린 올리브)

6 글라스의 아랫부분(텀블러는 맨아래 부분, 스템글라스는 스템)을 파지하고 고객에게 칵테일명을 알려주면서 제공한다. (예: '준벅입니다', '허니문 나왔습니다' 등)

보스턴 셰이커는 많은 용량을 섞을 때, 빨리 만들 수 있으며 조금 더 부드럽게 만들수 있고 거품을 충분히 만들 수 있다는 장점이 있다. 믹싱글라스에 재료를 넣고 믹싱틴에 얼음을 넣어서 믹싱글라스를 위에서 정확히 세로로 끼워서 살짝 내려치면 결합이 되며 중간 부분을 양손으로 잡고 믹싱틴이 앞쪽으로 향하게 해서 앞뒤로 흔들어주고 분리시킬때는 믹싱틴의 윗부분을 살짝 치면 분리된다.
셰이킹시 주의할 점은 재료가 탄산이 있는 것은 적합하지 않고, 얼음이 끝에서 끝까지 움직여야 한다.
단 너무 세게 흔들어서 얼음이 깨지게 해서는 안된다.

2-2. 빌딩 building

칵테일을 조주할 때 셰이커나 믹싱글라스 등의 조주 기구를 이용하지 않고 재료를 글라스에 직접 부어 넣는 기법이다. 글라스에 큐브아이스로 ⅔ 정도 채운 다음 재료를 지거로 정확하게 계량하여 글라스에 직접 넣는다. 마지막으로 바스푼을 이용하여 글라스의 아래부터 위로 글라스의 벽면을 긁어 주듯이 2~3회 저어 준다. 재료의 비중이 가볍고 잘 섞이는 두 가지 이상의 술이나 음료수를 혼합할 때 사용하는 기법이다. 부재료로 탄산음료가 들어갈 경우에는 저어 주는 횟수를 좀 더 줄여서 제공해야 청량감을 살릴 수 있다. Whisky Soda, Screw Driver, Old Fashioned 등이 이러한 기법으로 만드는 칵테일에 속한다.

QR code
YOUTU.BE 빌딩 시연 동영상

수행내용 빌딩 학습하기

■ 재료·자료
- 기주(진, 보드카, 럼, 테킬라, 위스키, 브랜디 등)
- 부재료(리큐어, 비터, 시럽 등)
- 소프트류(주스, 소다수, 진저에일, 콜라, 스프라이트, 우유 등)
- 얼음(큐브아이스)
- 가니시류(레몬, 오렌지, 사과, 파인애플, 체리, 올리브 등)

■ 기기 장비·공구
- 글라스류(하이볼, 올드패션, 콜린스, 필스너 등)
- 지거, 바스푼
- 아이스패일, 아이스텅, 칵테일 픽 등

■ 안전·유의 사항
- 글라스와 주류 파지에 유의하여 깨질 위험에 미리 대비하도록 한다.

■ 수행 순서

1 글라스에 큐브아이스를 담는다.
 - 하이볼(4~5개), 올드패션(3~4개), 콜린스(6~7개), 필스너(5~6개)

2 지거를 이용하여 칵테일의 재료를 정확하게 계량한 후 글라스에 넣는다.
 - 이때 지거의 위치는 글라스 바로 위에 놓고 음료를 계량한다.
 - 혹시라도 발생할 수 있는 음료의 과다 계량 시에도 글라스로 음료가 떨어져서 손실을 방지하기 위함이다.

3 재료를 다 넣은 후에는 바스푼을 이용하여 저어 준다.
 - 바스푼의 스푼 부분을 글라스에 넣고 저어 준다.
 - 아래에서 위로 2~3회 저어 준다. 이때 음료가 넘치지 않게 주의한다.

4 글라스의 아랫부분(텀블러는 맨아래 부분, 스템글라스는 스템)을 파지하고 고객에게 칵테일 명을 알려주면서 제공한다. (예: 올드패션입니다, 블랙러시안 나왔습니다).링

블랙러시안은 얼음을 넣고 재료가 얼음을 타고 내려가도록 붓고 화이트 러시안은 얼음을 조금 더 많이 넣고 우유를 살며시 얼음 위에 부어서 충격을 완화시켜 우유가 위쪽으로 위치하도록 하여서 여명의 산을 표현한다. 진토닉은 진을 얼음위에 붓고 토닉은 글라스 벽면을 타고 내려가게 붓는다. 그리고 얼음을 스터링 할 때는 얼음을 살짝 들었다 놨다 하면서 섞어준다. 레몬은 글라스 림에 살짝 둘러서 묻혀주고 올린다.

2-3. 스터링 stiring

스터 stir는 '휘젓다'라는 뜻으로, 믹싱글라스에 얼음과 재료를 넣은 다음, 바스푼을 이용하여 휘저어 혼합과 냉각을 시키는 조주 방법으로 원래의 맛과 향을 유지하며, 가볍게 섞거나 차갑게 할 때 이용 하는 방법이다. 올바른 스터링은 바스푼의 볼록한 부분스푼 뒷면이 계속해서 믹싱글라스의 벽면을 향하도록 저어 준다.

QR code
YOUTU.BE 스터링 시연 동영상

이때 바스푼 자체를 회전시키면서 저어야만 얼음끼리 부딪히는 현상을 방지할 수 있으며, 얼음이 믹싱글라스 내부 벽면을 부딪히지 않고 회전하면서 냉각이 된다. 스터링 횟수는 시계 반대 방향오른손 기준, 왼손 사용 시 시계 방향으로 10~15회 정도 저어 주는 것이 좋으나 칵테일의 용량에 따라 달라질 수 있다. 스터링을 하지 않는 손으로는 믹싱글라스의 하단 부분을 파지하고, 믹싱글라스에 성에가 생기면 차가워졌기 때문에 완료되었다고 판단한다. 소다와 같은 발포성음료를 함께 넣고 저을 때는 조심스럽게 짧게 해야 한다. 글라스에 따를 때는 스트레이너를 이용해서 얼음이 떨어지지 않도록 한다.

Manhattan, Martini, Gibson 등이 이러한 기법으로 만드는 칵테일에 속한다.

스터링 학습하기

■ 재료·자료
- 기주(진, 보드카, 럼, 테킬라, 위스키, 브랜디 등)
- 부재료(리큐어, 비터, 시럽 등)
- 소프트류(주스, 소다수, 진저에일, 콜라, 스프라이트, 우유 등)
- 얼음(큐브 아이스)
- 가니시류(레몬, 오렌지, 사과, 파인애플, 체리, 올리브 등)

■ 기기 장비·공구
- 칵테일 글라스
- 지거, 바스푼, 믹싱글라스, 스트레이너
- 아이스패일, 아이스텅, 칵테일 픽 등

■ 안전·유의 사항

- 글라스와 주류 파지에 유의하여 깨질 위험에 미리 대비하도록 한다.

■ 수행 순서

1 글라스에 큐브아이스를 담아 냉각시킨다.
- 큐브아이스 2~3개가 칵테일글라스를 냉각시키기에 적당하다.
- 믹싱글라스에 큐브아이스를 5~6개 넣는다.

2 지거를 이용하여 칵테일의 재료를 정확하게 계량한 후 믹싱글라스에 넣는다.
- 이때 지거의 위치는 믹싱글라스 바로 위에 놓고 음료를 계량한다.
- 혹시라도 발생할 수 있는 음료의 과다 계량 시에도 믹싱글라스로 음료가 떨어져 손실을 방지하기 위함이다.

3 재료를 다 넣은 후에는 바스푼을 이용하여 저어 준다.
- 바스푼의 볼록한(스푼 뒷면) 부분이 믹싱글라스의 내부 벽면을 향하게 하여 저어 준다.
- 시계 반대 방향(오른손 사용 시, 왼손 사용 시 시계 방향)으로 10~15회 정도 저어 준다 (칵테일의 용량에 따라 젓는 횟수가 달라질 수 있다).
- 스터링을 하지 않는 손은 믹싱글라스의 하단 부분을 파지하고 믹싱글라스에 성에가 끼어 차가워지면 스터링을 멈춘다.

4 믹싱글라스 위에 스트레이너로 덮은 후에 집게손가락으로 스트레이너를 고정하고 글라스에 따라 준다.
- 스트레이너는 얼음을 걸러 주는 역할을 한다.
- 칵테일에 맞는 가니시로 장식한다.

5 글라스의 아랫부분(텀블러는 맨아래 부분, 스템글라스는 스템)을 파지하고 고객에게 칵테일 명을 알려주면서 제공한다. (예: 드라이마티니입니다, 맨해튼 나왔습니다 등)

2-4. 플로팅 floating

띄우기는 술이나 재료의 비중을 이용하여 내용물을 위에 띄우거나 차례로 쌓이도록 하는 방법이다. Floating하는 방법은 바 스푼을 뒤집어 글라스 림 안쪽의 끝부분에서 약간 밑으로 대고 글라스 안의 다른 재료와 섞이지 않게 조심스럽게 따른다.

Pousse Café, Angel's Kiss 등이 이러한 기법으로 만드는 칵테일에 속한다.

QR code
YOUTU.BE 플로팅 시연 동영상

수행 내용 | 플로팅 학습하기

■ 재료·자료
- 기주(진, 보드카, 럼, 테킬라, 위스키, 브랜디 등)
- 부재료(리큐어, 비터, 시럽 등)
- 소프트류(주스, 소다수, 진저에일, 콜라, 스프라이트, 우유 등)

■ 기기 장비·공구
- 리큐어글라스, 셰리글라스
- 지거, 바스푼

■ 안전·유의 사항
- 글라스와 주류 파지에 유의하여 깨질 위험에 미리 대비하도록 한다.

사진_Flaming B-52 (ⓒSooYong, KIM)
비피(Bifi)라는 애칭을 가진 B-52는 칼루아, 베일리스 아이리시 크림, 그랑마니에로 만드는 대표적인 플로팅 칵테일이다. 하지만 맨 위에 올라가는 그랑마니에는 실온에서 쉽게 점화되지 않아, 도수가 높은 바카디151(75도)를 살짝 올려서 불을 붙이면 불타는 B-52(플레이밍 B-52)를 연출할 수 있다.

■ 수행 순서

1 글라스를 준비한다.
 - 플로팅 기법에 주로 이용하는 글라스는 리큐어글라스와 셰리글라스이다.

2 지거를 이용하여 칵테일의 재료를 정확하게 계량한다.
 - 글라스의 용량을 파악하고 재료의 수량만큼 용량에서 나누어 준다.
 - 예로써 리큐어글라스 용량 1oz이고 재료의 수량이 3개라면 각 재료의 용량은 ⅓oz이다.

3 바스푼의 볼록 니온 부분을 위로해서 글라스 안쪽 벽면에 댄 다음, 볼록 나온 부분에 재료를 부어 준다.
 - 첫 번째 재료를 넣을 때는 바스푼을 이용하지 않고 그냥 부어 준다. 이때 눈높이를 글라스의 높이와 동일하게 하여 부으면서 비율을 맞춰 준다.
 - 바스푼의 볼록한 부분에 조심스럽게 붓게 되면 스푼에서 글라스의 안쪽 벽면을 타고 내려가 먼저 부었던 재료 위에 띄우게 된다.

4 글라스의 스템 부분을 파지하고 고객에게 칵테일명을 알려 주면서 제공한다.(예: 푸스카페입니다, B-52 나왔습니다 등) 층이 섞일 수 있으므로 끝까지 매우 주의해서 제공한다.

플로팅은 자연스럽게 층을 만드는 것을 이야기 하며 레이어는 층을 완벽히 구분하는 것이다.
층과 층을 만들 때는 처음에는 아주 천천히 따르고 일단 층이 생기면 조금 더 빨리 부어도 된다.
파트(part)는 1/N을 말하는데, 글라스의 등분을 이야기한다.
B52의 경우처럼 셰리글라스를 3등분해서 층을 나눠서 쌓는 것을 이야기한다.

2-5. 블렌딩 Blending

블렌더에 필요한 재료와 잘게 깬 얼음을 함께 넣고 전동으로 돌려서 만드는 방법으로 Tropical Cocktail 종류를 주로 만들며, Frozen 종류의 일부도 이러한 방법으로 만든다.

Mai-Tai, Chi Chi, Frozen Magarita 등이 이러한 기법으로 만드는 칵테일에 속한다.

QR code
YOUTU.BE 블렌딩 시연 동영상

 블렌딩 학습하기

■ **재료·자료**
- 기주(진, 보드카, 럼, 테킬라, 위스키, 브랜디 등)
- 부재료(리큐어, 비터, 시럽 등)
- 소프트류(주스, 소다수, 진저에일, 콜라, 스프라이트, 우유 등)
- 가니시류(레몬, 오렌지, 사과, 파인애플, 체리 등)
- 얼음류(큐브아이스, 크러시아이스)

■ **기기** 장비·공구
- 필스너글라스, 칼린스글라스
- 지거, 바스푼, 블렌더, 아이스패일, 아이스텅
- 블렌더

■ **안전·유의 사항**
- 글라스와 주류 파지에 유의하여 깨질 위험에 미리 대비하도록 한다.

■ **수행 순서**

1 블렌더를 준비한다.
- 블렌더는 믹서 내부의 톱날을 회전하여 재료를 분쇄하는 믹서형과 외부에 돌출되어 있는 봉을 회전시켜 재료를 분쇄하는 스핀들형이 있다.(교재에서는 믹서형으로 수행한다.)

2 필스너글라스에 큐브아이스를 4~5개 넣어 냉각시킨다.
- 블렌더 기법에 주로 이용하는 글라스는 롱드링크에 주로 사용되는 필스너글라스와 칼린스글라스(큐브아이스 6~7개)이다.

3 지거를 이용하여 칵테일의 재료를 정확하게 계량한 후 블렌더 용기에 넣는다.
- 이때 지거의 위치는 블렌더 용기 바로 위에 놓고 음료를 계량한다.
- 혹시라도 발생할 수 있는 음료의 과다 계량 시에도 블렌더 용기로 음료가 떨어져서 손실을 방지하기 위함이다.
- 얼음은 큐브아이스를 대신해 아이스크러셔로 분쇄된 크러시아이스를 넣는다. 큐브아이스는 블렌더의 톱날로 균일하게 분쇄하기가 어렵기 때문이다.

4 블렌더 용기를 본체에 장착하고 10~15초가량 블렌딩한다.

5 블렌딩된 칵테일을 필스너글라스의 얼음 제거 후 따라 준다.
- 거품이 많이 생길 수 있으니 천천히 주의해서 따라 준다.
- 준비된 가니시로 장식한다.

6 글라스의 스템 부분을 파지하고 고객에게 칵테일명을 알려주면서 제공한다.
(예: 마이타이입니다, 피나콜라다 나왔습니다 등)

블렌딩시 얼음을 많이 넣으면 슬러시 형태가 되어서 스트로우로 마시기 어렵고 얼음이 너무 적으면 얼음과 칵테일이 분리되는 현상이 일어난다. 적당한 얼음의 양을 잘 맞춰야 한다.
블렌더 사용시에는 칼날이 완전히 정지한 후에 컵을 들어야 한다.

2-6. 머들링 Muddling

칵테일을 조주할 때 허브나 생과일의 맛과 향이 더욱 강해지도록 으깨는 방법으로서, 럼을 베이스로 한 모히토 Mojito, 브라질의 국민 칵테일인 까이삐리냐 Caipirinha 등을 만들 때 사용한다. 글라스에 허브나 라임이나 레몬과 같은 생과일을 넣고 머들러로 으깨

QR code
YOUTU.BE 머들링 시연 동영상

준다. 이때 너무 강하게 두드리기보다는 즙이 나올 정도로 눌러주는 것이 좋다. 그런 다음 나머지 재료를 넣고 혼합한다.

예) 모히토를 만들 때는 허브 잎과 설탕을 넣고 살짝 두드려서 잎이 으깨지지 않게 하고 나서 라임을 넣고 머들러로 눌러서 즙이 나오게 한다.

수행내용 머들링 학습하기

■ 재료·자료

- 기주(진, 보드카, 럼, 테킬라, 위스키, 브랜디 등)
- 부재료(리큐어, 비터, 시럽 등)
- 소프트류(주스, 소다수, 진저에일, 콜라, 스프라이트, 우유 등)
- 가니시류(레몬, 오렌지, 사과, 파인애플, 체리 등)
- 얼음류(큐브아이스, 크러시아이스)
- 허브 잎, 라임, 레몬

■ 기기 장비·공구

- 칼린스글라스, 하이볼글라스, 올드패션글라스, 믹싱글라스
- 지거, 바스푼, 머들러
- 아이스패일, 아이스텅

■ 안전·유의 사항

- 글라스와 주류 파지에 유의하여 깨질 위험에 미리 대비하도록 한다.

■ 수행 순서

1 글라스를 준비한다.
- 글라스는 텀블러(칼린스, 하이볼, 올드패션글라스)로 준비한다.

2 글라스에 허브 잎 또는 과일 조각을 넣는다. 과일 조각은 껍질째 자르는 것이 좋다.

3 머들러를 이용하여 허브 잎 또는 과일 조각을 으깨 준다.
- 이때 머들러로 너무 세게 두드리기 보다는 과일 즙을 짜주는 것처럼 눌러 주는 것이 좋다.
- 즙이 나올 때까지 으깨 준다.

4 글라스에 크러시아이스를 넣고 남은 재료를 넣어 준다. 가니시로 장식한다.

5 바스푼을 이용하여 저어 준다.
- 거품이 많이 생길 수 있으니 천천히 주의해서 따라 준다.
- 준비된 가니시로 장식한다.

6 글라스의 아랫부분을 파지하고 고객에게 칵테일명을 알려 주면서 제공한다.
(예: 모히토입니다, 까이 삐리냐 나왔습니다 등)

NCS

학습 2

학습평가

 평가 준거

학습 내용	평가 항목	성취 수준		
		상	중	하
빌딩(Building)	빌딩(Building)의 숙련도			
스터링(Stirring)	스터링(Stirring)의 숙련도			
셰이킹(Shaking)	셰이킹(Shaking)의 숙련도			
플로팅(Floating)	플로팅(Floating)의 숙련도			
블렌딩(Blending)	블렌딩(Blending)의 숙련도			
머들링(Muddling)	머들링(Muddling)의 숙련도			

 평가 방법

작업장 평가

학습 내용	평가 항목	성취 수준		
		상	중	하
빌딩(Building)	빌딩(Building)의 숙련도			
스터링(Stirring)	스터링(Stirring)의 숙련도			
셰이킹(Shaking)	셰이킹(Shaking)의 숙련도			
플로팅(Floating)	플로팅(Floating)의 숙련도			
블렌딩(Blending)	블렌딩(Blending)의 숙련도			
머들링(Muddling)	머들링(Muddling)의 숙련도			

 피드백

1. 평가자 질문

- 빌딩(Building)은 재료를 넣고 젓는 방법을 체크하고 수정한다.
- 스터링(Stirring)은 믹싱글라스를 사용하며 바스푼으로 젓는 방법을 체크하고 수정한다.
- 셰이킹(Shaking)은 양손 파지법을 실시하고, 셰이킹 횟수를 체크하고 수정한다.
- 플로팅(Floating)은 지거를 이용하여 바스푼에 천천히 소량을 붓는 것을 체크한다.
- 블렌딩(Blending)은 크러시아이스를 사용하는 것을 체크하고 수정한다.
- 머들링(Muddling)은 재료가 골고루 빻아지는지의 여부를 체크하고 수정한다.

7. 칵테일 기법 실무 기출문제

01 칵테일의 종류에 따른 설명으로 틀린 것은?

가. Fizz : 진, 리큐어 등을 베이스로 하여 설탕, 진 또는 레몬주스, 소다수 등을 사용한다.
나. Collins : 술에 레몬이나 라임즙, 설탕을 넣고 소다수로 채운다.
다. Toddy : 뜨거운 물 또는 차가운 물에 설탕과 술을 넣어 만든 칵테일이다.
라. Julep : 레몬껍질이나 오렌지껍질을 넣은 칵테일이다.

해설 쥴립(Julep)은 민트 줄기를 넣은 칵테일인데, Mint Julep, Brandy Julep 등이 있다.

02 "약 30mL, 1finger, 1pony, 1shot, 1single"의 계량단위와 동일하거나 가장 유사하게 사용되는 것은?

가. 1cup 나. 1pound
다. 1oz   라. 1liter

해설 1oz = 1pony = 29.5mL

03 Over the Rainbow의 일반적인 Garnish는?

가. Strawberry, Peach Slice
나. Cherry, Orange Slice
다. Pineapple Spear, Cherry
라. Lime Wedge

해설 Over the Rainbow Recipe는 Spiced Rum - 2oz
Orange Curaçao - 1oz
Rainbow Sherbet - 2scoops
Fresh Peach, Peeled - 4slices
Strawberries - 2개
- 기법 : Blending
- Glass : Parfait Glass
- 장식 : Strawberry, Peach Slice

04 "Twist of Lemon Peel"의 의미로 옳은 것은?

가. 레몬껍질을 비틀어 그 향을 칵테일에 스며들게 한다.
나. 레몬을 반으로 접듯이 하여 과즙을 짠다.
다. 레몬껍질을 가늘고 길게 잘라 칵테일에 넣는다.
라. 과피를 믹서기에 갈아 즙 성분을 2~3방울 칵테일에 떨어뜨린다.

해설 "Twist of Lemon Peel"은 레몬의 껍질만을 벗겨내 비틀어 그 향을 칵테일에 스며들도록 하는 방법이다.

05 칵테일을 맛에 따라 분류할 때 이에 해당하지 않는 것은?

가. 스위트칵테일   나. 사워칵테일
다. 슬링칵테일   라. 드라이칵테일

해설 슬링(Sling)은 피즈와 비슷하나 피즈보다는 용량이 약간 많고 리큐어를 첨가하여 레몬체리로 장식한 칵테일이다. 또 스위트, 사워, 드라이는 맛에 대한 표현이고, 슬링은 칵테일 타입을 뜻하는 용어이다.

06 칵테일 계량단위를 측정기구하는 기구가 아닌 것은?

　가. Stopper　　　　나. Teaspoon
　다. Measure cup　　라. Tablespoon

　해 설　스토퍼(Stopper)는 마시다 남은 음료의 향기, 탄산가스 등의 누출이 없는 상태로 보존시키는 역할을 한다.

07 믹싱 글라스나 셰이커에서 칵테일을 만든 후 잔에 따를 때 걸러주는 바(Bar)의 기구는?

　가. Strainer　　　나. Muddler
　다. Ice Tongs　　 라. Cork Screw

　해 설　스트레이너(Strainer)는 믹싱 글라스로 만든 칵테일을 글라스에 옮길 때 믹싱 글라스 가장자리에 대고 안에 든 얼음을 막는 역할을 한다.

08 글라스의 받침대로 냉각된 글라스의 물기가 흘러내리는 것을 방지하기 위해 사용하는 것은?

　가. Opener　　　나. Stopper
　다. Coaster　　　라. Muddler

09 칵테일을 만드는 데 필요한 기물은?

　가. Wine Cooler
　나. Mixing Glass
　다. Champagne Glass
　라. Wine Glass

　해 설　믹싱 글라스(Mixing Glass)는 비중이 가벼운 것 등 비교적 혼합하기 쉬운 재료를 섞을 때 사용하는 칵테일 기구이다.

10 Pousse café 만드는 재료 중 가장 나중에 따르는 것은?

　가. Brandy
　나. Grenadine
　다. Créme de Menthe(White)
　라. Créme de Cassis

　해 설　Pousse Café는 술이나 재료의 비중을 이용하여 내용물을 띄우는 방법으로 가장 나중에 따르는 술은 비교적 알코올 도수가 높다. 또한 당분 함량이 많을수록 무거워 밑으로 가라앉는다. 예를 들어, 그레나딘시럽이 맨 아래로, 알코올 도수가 높은 증류주는 맨 위에 뜬다.

11 다음 중 나머지 셋과 칵테일 만드는 기법이 다른 것은?

　가. Martini　　　나. Grasshopper
　다. Stinger　　　라. Zoom Cocktail

　해 설　마티니는 휘젓기(Stir) 기법으로 칵테일을 조주한다.

12 조주용어에서 패니어(Pannier)란?

　가. 데코레이션용 과일껍질을 말한다.
　나. 엔젤스 키스 등에서 사용하는 비중이 가벼운 성분을 "띄우는 것"을 뜻한다.
　다. 레몬, 오렌지 등을 얇게 써는 것을 뜻한다.
　라. 와인용 바구니를 말한다.

　해 설　패니어(Pannier)는 와인용 바구니를 말한다.

13 다음 계량단위 중 옳은 것은?

　가. 1oz = 29.5mL　　나. 1Dash = 6teaspoon
　다. 1Jigger = 60mL　　라. 1shot = 100mL

　해 설　1Dash = 1/32oz = 0.9mL
　　　　　1Jigger = 1 1/2oz = 44.5mL

14 여러 가지 양주류와 부재료, 과즙 등을 적당량 혼합하여 칵테일을 조주하는 방법으로 가장 바람직한 것은?

　가. 강한 단맛이 생기도록 한다.
　나. 식욕과 감각을 자극하는 샤프함을 지니도록 한다.
　다. 향기가 강하게 한다.
　라. 색(color), 맛(taste), 향(flavour)가 조화롭게 한다.

　해 설　칵테일의 기본목표는 색, 맛, 향의 조화에 있다.

15 다음 중 뜨거운 칵테일은?

　가. Irish Coffee　　나. Pink Lady
　다. Pina Colada　　라. Manhattan

해설 Irish Coffee는 몸을 따뜻하게 하기 위해 태어난 칵테일이다.

16 달걀, 밀크, 시럽 등의 부재료가 사용되는 칵테일을 만드는 방법은?
- 가. Mix
- 나. Stir
- 다. Shake
- 라. Float

17 가니시(Garnishes)에 대한 설명이 옳은 것은?
- 가. 칵테일의 혼합비율을 나타내는 것이다.
- 나. 칵테일에 장식되는 각종 과일과 채소를 말한다.
- 다. 칵테일을 블렌딩하여 만드는 과정을 말한다.
- 라. 칵테일에 대한 향과 맛을 나타내는 것이다.

18 싱가포르 슬링(Singapore Sling) 칵테일의 장식으로 알맞은 것은?
- 가. 시즌과일(Season Fruits)
- 나. 올리브(Olive)
- 다. 필 어니언(Peel Onion)
- 라. 계피(Cinnamon)

해설 싱가포르 슬링 칵테일의 장식은 시즌과일(Fruit in Season)을 사용하고, 조주기능사 시험에서는 오렌지와 체리로 장식한다.

19 1gallon이 128oz이면, 1pint는 몇 oz인가?
- 가. 32oz
- 나. 16oz
- 다. 26.6oz
- 라. 12.8oz

해설 1pint = 16oz = 472mL
1/4gallon = 1quart(32oz)
1/2quart = 1pint(16oz)
1/2pint = 1cup(8oz)

20 다음 중 칵테일 조주기법이 다른 하나는?
- 가. Gibson
- 나. Martini
- 다. Manhattan
- 라. Pink Lady

해설 Pink Lady 칵테일 조주기법은 흔들기(Shaking) 기법이다.

21 Shaker의 사용방법으로 가장 적합한 것은?
- 가. 사용하기 직전에 씻어 물기가 있는 채로 사용한다.
- 나. 술을 먼저 넣고 그 다음에 얼음을 채운다.
- 다. 얼음을 채운 후에 술을 따른다.
- 라. 부재료를 넣고 술을 넣은 후에 얼음을 채운다.

해설 흔들기(Shaking) 기법은 셰이커에 얼음과 재료를 넣고 흔들어서 만드는 방법으로 점성이 있는 리큐어나 달걀, 밀크, 크림, 각종 프루트 주스 등 비교적 비중이 큰 재료를 사용한 칵테일을 만들 때 쓰인다. 쉽게 섞이지 않는 재료들을 사용할 때에는 셰이커에 얼음을 먼저 넣은 후 내용물들을 순서대로 넣고 잘 흔들어 차게 한 후에 제공한다.

22 다음 중 Long Drink에 해당하는 것은?
- 가. Sidecar
- 나. Stinger
- 다. Royal Fizz
- 라. Manhattan

23 가니시(Garnish)에 필요한 재료를 상하지 않게 보관하는 곳은?
- 가. 혼합용 용기
- 나. 냉장고
- 다. 냉동실
- 라. 얼음통

24 휘젓기(Stirring)기법에서 재료를 섞거나 차게 할 때 사용되는 기구는?
- 가. 스트레이너(Strainer)
- 나. 믹싱컵(Mixing Cup)
- 다. 스퀴저(Squeezer)
- 라. 바 스푼(Bar Spoon)

25 보조 병마개를 뜻하는 주장기물은?
- 가. Strainer
- 나. Squeezer
- 다. Stopper
- 라. Blender

26 Cocktail Shaker에 넣어 조주하는 것이 부적합한 재료는?
- 가. 럼(Rum)
- 나. 소다수(Soda Water)
- 다. 우유(Milk)
- 라. 달걀흰자

해설 소다수는 탄산가스가 있는 관계로 셰이킹하지 않는다.

27 만들어진 칵테일에 손의 체온이 전달되지 않도록 할 때 사용되는 글라스(Glass)는?

가. Stemed Glass
나. Tumbler
다. Highball Glass
라. Collins

해설 스템드 글라스(Stemed Glass)는 몸통과 아래 손잡이가 있는 글라스이다. 예를 들면, 고블렛 글라스, 사워 글라스, 셰리 글라스 등이 있다.

28 다음 중 지칭하는 대상이 다른 것은?

가. Brandy Glass
나. Snifter
다. Cognac Glass
라. Whiskey Sour

해설 Brandy Glass = Cognac Glass = Brandy Snifter

29 1quart는 몇 ounce인가?

가. 1
나. 16
다. 32
라. 38.4

해설 1quart = 32oz = 944mL

30 Blender를 사용하는 것은?

가. High Ball
나. Frozen Drink
다. Martini
라. Manhattan

해설 전기블렌더(Electric Blender)는 주로 혼합하기 어려운 재료를 섞거나 트로피컬 칵테일(Tropical Cocktail), 프로즌 스타일(Frozen Style)의 칵테일을 만들 때 사용한다.

31 설탕, 달걀 등을 이용하는 칵테일에 필요한 기구는?

가. Mixing Glass
나. Strainer
다. Squeezer
라. Shaker

해설 칵테일 기구 중 Shaker는 점성이 있는 리큐어나 달걀, 밀크, 크림 등 비중이 있는 칵테일 재료를 혼합할 때 사용하는 기구이다.

32 조주 시 필요한 셰이커(Shaker)의 3대 구성 요소의 명칭이 아닌 것은?

가. 믹싱(Mixing)
나. 보디(Body)
다. 스트레이너(Strainer)
라. 캡(Cap)

해설 셰이커(Shaker)의 구성요소는 캡(Cap), 스트레이너(Strainer), 바디(Body)의 3단계로 나누어진다.

33 소프트 드링크(Soft Drink) 디캔터(Decanter)의 올바른 사용법은?

가. 각종 청량음료(Soft Drink)를 별도로 담아 나간다.
나. 술과 같이 혼합하여 나간다.
다. 얼음과 같이 넣어 나간다.
라. 술과 얼음을 같이 넣어 나간다.

해설 소프트 드링크 디캔터는 고객이 위스키를 주문하고 얼음과 함께 콜라나 소다수, 물 등을 원할 때 제공하는 글라스이다.

34 칵테일 부재료 중 Spice류에 해당되지 않는 것은?

가. Grenadine Syrup
나. Mint
다. Nutmeg
라. Cinnamon

해설 그레나딘 시럽(Grenadine Syrup)은 설탕을 만들고 남은 당밀에 과일향(석류)을 넣어 만든 붉은색의 달콤한 시럽이다.

35 다음 시럽 중 나머지 셋과 특징이 다른 것은?

가. Grenadine Syrup
나. Can Sugar Syrup
다. Simple Syrup
라. Plain Syrup

해설
• 그레나딘 시럽(Grenadine Syrup)은 설탕을 만들고 남은 당밀에다 과일향(석류)을 넣어 만든 붉은색의 달콤한 시럽이다.
• 백설탕에 물을 넣어 끓인 시럽을 플레인 시럽(Plain Syrup), 심플 시럽(Simple Syrup), 또는 캔 슈거 시럽(Can Sugar Syrup)이라고 한다.

36 칵테일 잔의 밑받침대로 헝겊이나 두터운 종이로 만든 것은?

　가. Muddler　　나. Pourer
　다. Stopper　　라. Coaster

37 Old Fashioned에 필요한 재료가 아닌 것은?

　가. Whiskey　　나. Sugar
　다. Angostra Bitter　　라. Light Rum

> **해설** Old Fashioned 칵테일 조주방법
> 1) 올드 패션드 글라스에 먼저 각설탕과 앙고스트라 비터, 소다수를 차례로 넣고 살 용해시킨다.
> 2) 올드 패션드 글라스에 큐브드 아이스를 3~4개 넣는다.
> 3) 버번위스키를 넣고, 바 스푼으로 젓는다.
> 4) Orange Slice and Cherry(오렌지 슬라이스와 체리)로 장식한다.

38 칵테일 조주 시 술의 양을 계량할 때 사용하는 기구는?

　가. Squeezer　　나. Measure Cup
　다. Cork Screw　　라. Ice Pick

> **해설** Measure Cup 칵테일 조주 시 술의 양을 계량할 때 사용된다.

39 Gin Fizz를 서브할 때 사용하는 글라스는?

　가. Cocktail Glass
　나. Champagne Glass
　다. Liqueur Glass
　라. Highball Glass

> **해설** Fizz라는 이름은 탄산음료를 개봉할 때 피-하는 소리가 난 데서 붙여진 이름이다.

40 다음 중 주로 Tropical Cocktail 조주할 때 사용하며 "두들겨 으깬다"라는 의미를 가지고 있는 얼음은?

　가. Shaved Ice
　나. Crushed Ice
　다. Cubed Ice
　라. Cracked Ice

> **해설**
> • 셰이브드 아이스(Shaved Ice; 눈얼음) : 프라페 스타일의 칵테일을 조주할 때 주로 사용한다.
> • 크러시드 아이스(Crushed Ice; 부순 얼음) : 잘게 갈아낸 알갱이 모양의 얼음이다.
> • 큐브드 아이스(Cubed Ice; 각얼음) : 칵테일 조주 때 가장 많이 사용하는 얼음으로 제빙기에서 육면체 모양으로 만들어서 나온다.
> • 크랙트 아이스(Cracked Ice) : 큰 얼음덩어리를 아이스 픽으로 깨서 만든다.

41 다음 중 Wine Base 칵테일이 아닌 것은?

　가. Kir　　나. Blue Hawaiian
　다. Spritzer　　라. Mimosa

> **해설**
> • Kir : White Wine + Créme de Cassis
> • Blue Hawaiian : Light Rum + Blue Curaçao + Pineapple Juice + Cream of Coconut
> • Spritzer : White Wine + Fill with Soda
> • Mimosa : Chilled Champagne + Chilled Orange Juice

42 다음 중 식사 전의 음료로서 적합하지 못한 것은?

　가. Sherry　　나. Vermouth
　다. Martini　　라. Brandy

> **해설**
> • 식전주(Aperitif) : 식욕증진을 목적으로 알코올의 자극으로 타액의 분비를 촉진한다.
> • Brandy는 주로 식후에 마신다.

43 1쿼트(quart)는 몇 온스인가?

　가. 64oz　　나. 50oz
　다. 28oz　　라. 32oz

> **해설** 'Mr. Boston Guard 2000 Edition'에서 1pony는 1oz이며 29.5mL이다.
> 1quart는 944mL, 1pint=16oz, 1dash(splash) = 1/32oz

44 칵테일 장식과 그 용도가 적합하지 않은 것은?

　가. 체리 - 가미타입 칵테일
　나. 올리브 - 쌉쌀한 맛의 칵테일
　다. 오렌지 - 오렌지주스를 사용한 롱 드링크
　라. 셀러리 - 달콤한 칵테일

해설 칵테일 장식으로서 셀러리는 그 독특한 향과 모양으로 인하여 칵테일과의 궁합이 까다로운 편이다. 토마토 주스가 들어가는 블러디 메리 등과 같이 영양음료 중 과즙류가 들어간 칵테일에 장식이나 부재료로 사용되기도 한다. 셀러리에는 간의 작용을 도와주며 지방성간(Fatty Liver)으로 진행되지 않게 하는 필수아미노산인 메티오닌(Methionine)이 많아 생식이 가능하도록 해장 칵테일에 장식으로 사용하기도 한다.

45 다음 중 1pony의 액체 분량과 다른 것은?

  가. 1oz
  나. 30mL
  다. 1pint
  라. 1shot

해설
- 1pony는 1oz
- 1pint=16oz

46 계량단위의 1 1/2oz는 몇 mL인가?

  가. 15mL
  나. 25mL
  다. 35mL
  라. 45mL

해설 Measure Cup의 큰 쪽의 용량은 일반적으로 45mL이다.

47 Wood Muddler의 용도는?

  가. 가니시나 향신료를 으깰 때 사용한다.
  나. 레몬을 스퀴즈할 때 사용한다.
  다. 칵테일을 휘저을 때 사용한다.
  라. 브랜디를 띄울 때 사용한다.

해설
- Wood Muddler : 레몬이나 과일 등의 가니시(Garnish; 고명)나 향신료를 으깰 때 쓰는 목재로 된 막대이다.
- Stir Rod or Stirrer : 주로 음료를 저을 때 사용하며 플라스틱으로 되어 있다.

48 칵테일에 관련된 각 용어의 설명이 틀린 것은?

  가. Cocktail Pick - 장식에 사용하는 핀이다.
  나. Peel - 과일 껍질이다.
  다. Decanter - 신맛이라는 뜻을 가지고 있다.
  라. Fix - 약간 달고, 맛이 강한 칵테일의 종류이다.

해설
- Bar에서 사용하는 디캔터에는 Cocktail Decanter와 Wine Decanter가 있다.
- Cocktail Decanter : 위스키 스트레이트를 주문하고 얼음과 함께 콜라나 소다수, 물을 원할 때 제공하는 글라스이다.
- Wine Decanter : 디캔팅은 병으로부터 와인을 따를 때 침전물이 잔에 흘러들지 않도록 미리 앙금이 없는 부분의 와인을 다른 유리용기(디캔터)에 따르는 작업을 말한다.

49 칵테일을 만드는 기법 중 "Stirring"에서 사용하는 도구와 거리가 먼 것은?

  가. Mixing Glass
  나. Bar Spoon
  다. Shaker
  라. Strainer

해설 휘젓기(Stirring)기법은 Mixing Glass, Bar Spoon, Strainer가 필요한 도구이다.

50 장식으로 라임 혹은 레몬 슬라이스 칵테일로 어울리지 않는 것은?

  가. 모스코 뮬(Moscow Mule)
  나. 진토닉(Gin & Tonic)
  다. 맨해튼(Manhattan)
  라. 쿠바 리브레(Cuba Libre)

해설 맨해튼 칵테일의 장식은 체리이다.

51 다음 칵테일 중 글라스 가장자리에 소금으로 프로스트(Frost)하여 내용물을 담는 것은?

  가. Million Dollar
  나. Cuba Libre
  다. Grasshopper
  라. Margarita

해설 마가리타 칵테일은 장식으로 소금을 프로스트해 준다.

52 Gin Fizz의 특징이 아닌 것은?

  가. 하이볼 글라스를 사용한다.
  나. 기법으로 Shaking과 Building을 병행한다.
  다. 레몬의 신맛과 설탕의 단맛이 난다.
  라. 칵테일 어니언(Onion)으로 장식한다.

해설 피즈(Fizz)라는 이름은 탄산음료를 개봉할 때, 또는 따를 때 피~ 하는 소리가 난 데서 붙여진 이름이다. 진, 리큐어 등을 베이스로 설탕, 레몬주스, 소다수 등을 넣고 과일로 장식한다. Gin Fizz, Sloe Gin Fizz 등이 있다. 조주방법은 하이볼 글라스에 얼음을 넣고 글라스를 차갑게 한 다음, 셰이커에 소다수를 제외한 재료를 넣고 잘 흔들어서 하이볼 글라스에 따른 다음 소다수로 80% 채우고 잘 저어준 다음 레몬 슬라이스로 장식한다.

53 Daiquiri Frozen의 주재료와 부재료는 어느 것인가?

가. Grenadine Syrup과 Lime Juice
나. Vodka와 Lime Juice
다. Rum과 Lime Juice
라. Brandy와 Grenadine Syrup

해설 다이키리(Daiquiri)는 주재료가 Rum이고, 부재료는 Lime Juice이다.

54 용량 표시가 옳은 것은?

가. 1teaspoon = 1/32oz
나. 1pony = 1/2oz
다. 1pint = 1/2quart
라. 1tablespoon = 1/32oz

해설 1teaspoon = 1/6oz, 1pony = 1oz
1tablespoon = 1/2oz, 1pint = 16oz
1quart = 32oz
과거 시험문제이므로 최신 기준 용량표를 참고할 것. p.61

55 Muddler에 대한 설명으로 틀린 것은?

가. 설탕이나 장식과일 등을 으깨거나 혼합하는데 편리하게 사용할 수 있는 긴 막대형이다.
나. 칵테일 장식에 체리나 올리브 등을 찔러 사용한다.
다. 롱 드링크를 마실 때 휘젓는 용도로 사용한다.
라. Stirring Rod라고도 한다.

해설
• 스터로드 또는 스터러(Stir Rod or Stirrer) : 주로 음료를 저을 때 사용하며, 주로 플라스틱으로 되어 있다.
• 목재 머들러(Wood Muddler) : 레몬이나 과일 등의 가니시를 으깰 때 쓰는 목재로 된 막대이다.
• 칵테일 픽(Cocktail Pick) : 장식으로 사용하는 올리브나 체리 등을 꽂는 핀으로 검(劍) 모양으로 생겼다고 해서 스워드 픽(Sword Pick)이라고도 한다.

56 주류를 글라스에 담아 고객에게 서빙할 때 글라스 밑받침으로 사용하는 것은?

가. 스터러(Stirrer)
나. 디캔터(Decanter)
다. 커팅보드(Cutting Board)
라. 코스터(Coaster)

57 칵테일 제조 시 혼합하기 힘든 재료를 섞거나 프로즌 스타일의 칵테일을 만들 때 사용하는 기구는?

가. Blender 나. Bar Spoon
다. Muddler 라. Mixing Glass

58 칵테일을 만드는 대표적인 방법이 아닌 것은?

가. Punching 나. Blending
다. Stirring 라. Shaking

해설 펀칭(Punching)은 칵테일 기본기법의 다섯 가지에 속하지 않는다.

59 Straight Up이란 용어는 무엇을 뜻하는가?

가. 술이나 재료의 비중을 이용하여 섞이지 않게 마시는 것
나. 얼음을 넣지 않은 상태로 마시는 것
다. 얼음만 넣고 그 위에 술을 따른 상태로 마시는 것
라. 글라스 위에 장식하여 마시는 것

60 글라스 가장자리에 설탕을 묻혀 눈송이가 내린 것처럼 장식해서 제공되는 칵테일은?

가. 파라다이스 나. 블루 문
다. 톰 콜린스 라. 키스 오브 파이어

해설 키스 오브 파이어(Kiss of Fire)는 칵테일 글라스 테두리에 레몬즙을 바르고 설탕을 묻혀서 장식한다.

61 Hot Toddy와 같은 뜨거운 종류의 칵테일이 고객에게 제공될 때 뜨거운 글라스를 넣을 수 있는 손잡이가 달린 칵테일 기구는?

가. 스퀴저(Squeezer)
나. 글라스 리머(Glass Rimmers)
다. 아이스 패일(Ice Pail)
라. 글라스 홀더(Glass Holder)

해설 글라스 홀더는 뜨거운 종류의 칵테일을 고객에게 제공할 때 사용되는 것으로서, 뜨거운 글라스를 넣을 수 있는 손잡이가 달려 있다.

62 다음 시럽 중에서 제품의 성격이 다른 것은?

가. Simple Syrup
나. Sugar Syrup
다. Plain Syrup
라. Grenadine syrup

해설 그레나딘 시럽은 설탕을 만들고 남은 나머지 당밀에 과일향(석류)을 넣어 만든 붉은색의 달콤한 시럽이다.

63 코스터(Coaster)의 용도는?

가. 잔 닦는 용
나. 잔 받침대용
다. 남은 술 보관용
라. 병마개 따는 용

64 맥주잔으로 적당치 않은 것은?

가. Pilsner Glass
나. Stemless Pilsner Glass
다. Mug Glass
라. Snifter Glass

해설 스니프터(Snifter)는 브랜디를 시각, 청각, 후각을 이용해서 마실 수 있도록 몸통부분이 넓고 입구가 좁은 튤립형의 글라스이다.

65 칵테일 제조방법 중 셰이킹(shaking)이란?

가. 재료를 셰이커(Shaker)에 넣고 흔들어서 혼합하는 과정을 말한다.
나. 칵테일 제조가 끝난 후에 장식하는 것을 말한다.
다. 칵테일 제조가 끝난 후에 따르는 것을 말한다.
라. 칵테일에 대한 향과 맛을 배합하는 것이다.

해설 셰이킹은 셰이커에 얼음과 재료를 넣고 흔들어서 만드는 방법으로 점성이 있는 리큐어나 달걀, 밀크, 크림 등 비교적 비중이 큰 재료를 사용한 칵테일을 만들 때 쓰인다.

66 칵테일에 대한 설명으로 틀린 것은?

가. 식욕을 증진시키는 윤활유 역할을 한다.
나. 감미를 포함시켜 아주 달게 만들어 마시기 쉬워야 한다.
다. 식욕 증진과 동시에 마음을 자극하여 분위기를 만들어내야 한다.
라. 제조 시 재료의 넣는 순서에 유의해야 한다.

해설 칵테일은 너무 달거나, 시거나, 쓰거나, 향이 너무 강한 것은 좋지 않다.

67 계량단위에 대한 설명 중 옳은 것은?

가. 1dash는 1/30ounce이며, 0.9mL이다.
나. teaspoon은 1/6ounce로 5mL이다.
다. 1cL은 1/10mL이다.
라. 1L는 32온스이며, 960mL이다.

해설
1dash = 32/1oz = 0.9mL
1teaspoon = 1/6oz = 5mL
1pony = 1oz = 29.5mL
1tablespoon = 1/2oz = 14.8mL
1pint = 16oz = 472mL
1quart = 32oz = 944mL

68 칵테일 조주 시 술이나 부재료, 주스의 용량을 재는 기구로 스테인리스제가 많이 쓰이며, 삼각형 30mL와 45mL의 컵이 등을 맞대고 있는 기구는?

가. 스트레이너(Strainer)
나. 믹싱글라스(Mixing Glass)
다. 지거(Jigger)
라. 스퀴저(Squeezer)

69 조주방법 중 Stirring에 대한 설명 중 옳은 것은?

가. 칵테일을 차게 만들기 위해 믹싱 글라스에 얼음을 넣고 바 스푼으로 휘저어 만드는 것
나. Shaking으로는 얻을 수 없는 설탕을 첨가한 차가운 칵테일을 만드는 방법
다. 칵테일을 완성시킨 후 향기를 가미시키는 것
라. 글라스에 직접 재료를 넣어 만드는 방법

해설 휘젓기(Stirring)는 믹싱 글라스에 얼음과 술을 넣고 바 스푼으로 잘 저어서 잔에 따르는 방법으로, 원래의 맛과 향을 유지하며, 가볍게 섞거나 차게 할 때 이용하는 방법이다.

70 Squeezer에 대한 설명으로 옳은 것은?

가. Bar에서 사용하는 Measure-cup의 일종이다.
나. Mixing Glass를 대용할 때 쓴다.
다. Strainer가 없을 때 흔히 사용한다.
라. 과일즙을 낼 때 사용한다.

71 칵테일 레시피를 보고 알 수 없는 것은?

가. 칵테일의 색깔   나. 칵테일의 분량
다. 칵테일의 성분   라. 칵테일의 판매량

72 Measure Cup에 대한 설명 중 틀린 것은?

가. 각종 주류의 용량을 측정한다.
나. 윗부분은 1oz(30mL)이다.
다. 아랫부분은 1.5oz(45mL)이다.
라. 병마개를 감쌀 때 쓰일 수 있다.

73 음료를 서빙할 때 일반적으로 사용하는 비품이 아닌 것은?

가. Napkin   나. Coaster
다. Serving Tray   라. Bar Spoon

해설 Bar Spoon은 칵테일 기구이다.

74 달걀, 설탕 등의 부재료가 사용되는 칵테일(Cocktail)을 혼합할 때 사용하는 기구는?

가. Shaker   나. Mixing Glass
다. Strainer   라. Muddler

75 와인(Wine)을 오픈(Open)할 때 사용하는 기물로 적당한 것은?

가. Corkscrew   나. White Napkin
다. Ice Tongs   라. Wine Basket

76 잔 주위에 설탕이나 소금 등을 묻혀서 만드는 방법은?

가. Shaking   나. Building
다. Floating   라. Frosting

해설 프로스팅(Frosting)은 글라스 립부분에 레몬즙을 바르고 설탕이나 소금을 입혀주는 것.

77 다음 중 용량이 가장 큰 계량단위는?

가. 1teaspoon   나. 1pint
다. 1split   라. 1dash

해설 1dash = 32/1oz = 0.9mL
1teaspoon = 1/6oz = 5mL
1tablespoon = 1/2oz = 14.9mL
1pony = 1oz = 29.5mL
1split = 6oz = 177mL 1pint = 16oz = 472mL
1quart = 32oz = 944mL

78 Gibson에 대한 설명으로 틀린 것은?

가. 알코올 도수는 약 36도에 해당한다.
나. 베이스는 Gin이다.
다. 칵테일 어니언(onion)으로 장식한다.
라. 기법은 Shaking이다.

해설 깁슨(Gibson)은 휘젓기(Stirring)기법의 칵테일이다.

79 칵테일 장식에 사용되는 올리브(olive)에 대한 설명으로 틀린 것은?

가. 칵테일용과 식용이 있다.
나. 마티니의 맛을 한껏 더해준다.
다. 스터프트 올리브(Stuffed Olive)는 칵테일용이다.
라. 로브 로이 칵테일에 장식되며 절여서 사용한다.

해설 로브 로이 칵테일 장식은 체리이다.

80 진에 다음 어느 것을 혼합해야 Gin Rickey가 되는가?
가. 소다수(Soda Water)
나. 진저엘(Ginger Ale)
다. 콜라(Cola)
라. 사이다(Cider)

> **해설** 진 리키(Gin Rickey) 레시피는
> - Dry Gin 1 1/2oz
> - Lime Juice 1/2oz
> - Fill with Club Soda
> - 장식 Wedge of Lime or Lemon

81 칵테일 도량용어로 1finger에 가장 가까운 양은?
가. 30mL 정도의 양
나. 1병(bottle)만큼의 양
다. 1대시(dash)의 양
라. 1컵(cup)의 양

> **해설** 1pony(포니)=1finger(핑거)=1shot(샷)=1oz(온스)=30mL

82 맨해튼(Manhattan) 칵테일을 담아 제공하는 글라스로 가장 적합한 것은?
가. 샴페인 글라스(Champagne Glass)
나. 칵테일 글라스(Cocktail Glass)
다. 하이볼 글라스(Highball Glass)
라. 온더락 글라스(On the Rock Glass)

83 바(bar) 집기 비품에 속하지 않는 것은?
가. Nut Meg
나. Spindle Mixer
다. Paring Knife
라. Ice Pail

84 믹싱 글라스(Mixing Glass)에서 만든 칵테일을 글라스에 따를 때 얼음을 걸러주는 역할을 하는 기구는?
가. Ice Pick
나. Ice Tong
다. Strainer
라. Squeezer

85 Rob Roy 조주 시 사용하는 기물은?
가. 셰이커(Shaker)
나. 믹싱 글라스(Mixing Glass)
다. 전기 블렌더(Blender)
라. 주스믹서(Juice Mixer)

> **해설** 로브 로이(Rob Roy)는 스터링기법 칵테일이다.

86 레몬이나 과일 등의 가니시를 으깰 때 쓰는 목재로 된 칵테일의 기구는?
가. 칵테일 픽(Cocktail Pick)
나. 푸어러(Pourer)
다. 아이스 페일(Ice Pail)
라. 우드 머들러(Wood Muddler)

정답

01 라	02 다	03 가	04 가	05 다	06 가	07 가	08 다	09 나	10 가
11 가	12 라	13 가	14 라	15 가	16 다	17 나	18 가	19 나	20 라
21 다	22 다	23 나	24 라	25 다	26 나	27 가	28 라	29 다	30 나
31 라	32 가	33 가	34 가	35 가	36 라	37 라	38 나	39 라	40 나
41 나	42 라	43 라	44 가	45 다	46 다	47 다	48 다	49 다	50 다
51 라	52 다	53 다	54 다	55 나	56 라	57 가	58 가	59 나	60 라
61 라	62 라	63 나	64 라	65 가	66 나	67 가	68 다	69 가	70 라
71 라	72 가	73 다	74 가	75 가	76 라	77 나	78 라	79 라	80 가
81 가	82 나	83 가	84 다	85 나	86 라				

칵테일 조주 학습모듈의 개요

학습모듈의 목표
- 칵테일 조주 기법에 따라 칵테일을 조주하고, 관능평가를 수행할 수 있다.

학습모듈의 내용체계

학습	학습 내용	NCS 능력단위 요소	
		코드번호	요소 명칭
1. 칵테일 조주하기	1-1. 칵테일 조주	1301020411_17v3.1	칵테일 조주하기
		1301020411_17v3.2	전통주 칵테일 조주하기
		1301020411_17v3.3	칵테일 관능평가하기

2022년 조주기능사 실기시험 문제 변경 현황 *적용: 2022년 제1회 실기부터 [세부사항은 부록 참조]

- 삭제 칵테일: Bloody Mary, Harvay Wallbanger, Kiss of Fire 칵테일 삭제
- 추가 칵테일: Fresh Lemon Squash, Virgin Fruit Punch 칵테일 논알코올 칵테일 추가
- 변경 칵테일: Sloe Gin Fizz → Gin Fizz로 변경
- 지급재료: Fresh Lemon Squash 작업시 스퀴저 제공
- 지급재료 추가: 1인당 3개의 코스터 Coaster가 제공되며, 완성된 작품 제출 시 반드시 코스터 사용
- 개인위생 항목 0점 처리 내용 추가

실기 시험의 실제 *시험시간 전 2분 이내 재료 위치 확인 / 3과제 7분내 조주·제출 / 3분 내 세척·정리·퇴장

- 40종 칵테일 중 감독위원이 제시하는 3가지 작품을 7분내에 조주하여 제출
- 0점 처리 또는 채점 대상에서 제외되는 경우
  - 두발 상태 불량, 복장 비위생, 손에 관도한 액세서리 착용으로 작업 방해, 작업 전 손 씻기 안함
  - [2가지 이상의 과제에서] 주재료 선택, 조주법, 글라스, 장식 잘못 선택
  - [1가지 과제 내에서] 재료 2가지 이상 잘못 선택
  - 1가지 과제라도 제출하지 못한 경우, 시험 도중 포기, 무단이탈, 부정한 방법으로 타인의 도움을 받거나 타인을 방해하는 행위, 기타 부정행위

학습 1 칵테일 조주하기

1-1. 칵테일 조주

조주기능사 40선 풀영상

조주기능사 40선 10초컷

학습 목표

- 동일한 맛을 유지하기 위하여 표준 레시피에 따라 조주할 수 있다.
- 칵테일 종류에 따른 적절한 조주 기법을 활용할 수 있다.
- 칵테일 종류에 따라 적절한 얼음과 글라스를 선택하여 조주할 수 있다.
- 전통주 칵테일 레시피를 설명할 수 있다.
- 전통주 칵테일을 조주할 수 있다.
- 전통주 칵테일에 맞는 가니시를 사용할 수 있다.
- 시각을 통해 조주된 칵테일을 평가할 수 있다.
- 후각을 통해 조주된 칵테일을 평가할 수 있다.
- 미각을 통해 조주된 칵테일을 평가할 수 있다.

1 칵테일 표준 레시피

칵테일 표준 레시피는 바텐더가 칵테일을 만들 때 반드시 알아야 하는 조주 매뉴얼로 해당 칵테일의 글라스, 조주 기법, 재료의 사용량, 가니시장식가 기록되어 있다. 본 학습모듈에서는 39개의 칵테일을 칵테일의 분류 중 기주 별 분류인 진, 보드카, 럼, 데킬라, 위스키, 브랜디, 와인, 리큐어, 한국 전통주 베이스 칵테일 및 논알코올 칵테일로 분류하였다.

dry martini

드라이 마티니
GIN Base

휘젓기 Stir
Cocktail Glass
Stuffed Green Olive

Dry Martini _ GIN Base

Dry Vermouth

Dry Gin	60mL
Dry Vermouth	10mL

1 칵테일 글라스의 파손·청결 여부를 확인한다.
2 칵테일 글라스에 큐브드 아이스를 채우고, 바 스푼으로 잘 저어 글라스를 차갑게 한다.
3 믹싱 글라스에 큐브드 아이스를 80%를 넣은 후 위의 재료를 넣고, 바 스푼으로 믹싱글라스 벽면을 따라 잘 저어준다.
4 칵테일 글라스에 있는 큐브드 아이스를 비운다.
5 믹싱 글라스의 내용물을 스트레이너를 이용하여 걸러서 칵테일글라스에 따른다.
6 칵테일 픽을 이용하여 Green Olive그린올리브로 장식한다.
7 코스터 위에 완성된 작품을 올려놓는다.

메이킹 영상

10초 요약영상

마티니는 칵테일의 왕자로 애칭되는, 애주가들로부터 사랑받는 유명한 식전주 칵테일이다. 어니스트 헤밍웨이가 애음했다는 칵테일로도 유명한데, 1860년 뉴욕에서 Matinez라는 바텐더가 진의 원조인 네덜란드산 Genever Gin에 이탈리아산 Martini Sweet Vermouth를 1 : 1로 배합하여 만들었으며 제1차 세계대전 후 2 : 1로 배합하여 애음되어 오다가, 1940년대부터 Dry Gin에 Martini Dry Vermouth를 3 : 1로 배합하여 만들고 올리브를 곁들여 넣어주게 된 것이 지금의 Martini의 모습을 갖추게 되었는데, 배합하는 비율과 재료에 따라 수백 종류의 다양한 마티니로 발전하였다.

singapore sling

싱가포르 슬링
GIN Base

흔들기(Shake)+직접 넣기(Build)
Footed Pilsner Glass
A Slice of Orange and Cherry

Singapore Sling _ GIN Base

Dry Gin	45mL
Lemon Juice	15mL
Powdered Sugar(설탕)	1tsp 1/6oz, 5mL
Fill with Club Soda	
Top with Cherry Flavored Brandy	15mL

1. 필스너 글라스의 파손·청결 여부를 확인한다.
2. 필스너 글라스에 큐브드 아이스를 채우고, 바 스푼으로 잘 저어 글라스를 차갑게 한다.
3. 셰이커에 큐브드 아이스를 80% 채운 후 드라이 진, 레몬주스, 설탕을 넣고 잘 흔든다.
4. 필스너 글라스에 담겨져 있는 얼음을 버리고 다시 채운다.
5. 얼음이 담겨 있는 필스너 글라스에 셰이커의 얼음을 걸러 따른다.
6. 필스너 글라스의 나머지 80%까지 소다수로 채우고, 바 스푼으로 잘 저어준다.
7. 바 스푼을 이용하여 체리 브랜디를 천천히 떨어뜨린다.
8. A Slice of Orange and Cherry 오렌지 슬라이스와 체리로 장식한다.
9. 코스터 위에 완성된 작품을 올려놓는다.

메이킹 영상

10초 요약영상

영국의 소설가 서머셋 모옴이 '동양의 신비'라고 극찬했던 칵테일이다. 싱가포르 래플스Raffles 호텔에서 고안하였는데, 세계에서 가장 아름다운 경치로 손꼽히는 싱가포르의 저녁노을을 표현하였다고 한다. 호텔 박물관에는 니암 통 분의 레시피 책이 전시되어 있고, 1936년 호텔 방문객이 웨이터에게 싱가포르 슬링의 레시피를 물어봐서 계산서에 적은 것도 전시되어 있다. 연한 주홍빛이 나는 아름다운 색 배합과 새콤달콤한 맛으로 인해 여성에게 인기가 좋다. 특유의 화려한 과일장식을 보면서 마시는 것도 즐겁다.

 체리 브랜디의 색이 약해서 체리 브랜디 1/2oz, 그레나딘 시럽 1tsp를 섞어서 띄우면 저녁노을을 더 아름답게 표현할 수 있다.

negroni

니그로니
GIN Base

직접 넣기(Build)
Old fashioned Glass
Twist of Lemon Peel

Negroni _ GIN Base

Dry Gin	22.5mL 3/4oz
Sweet Vermouth	22.5mL
Campari	22.5mL

1. 올드 패션드 글라스의 파손·청결 여부를 확인한다.
2. 올드 패션드 글라스에 큐브드 아이스를 채워 잔을 차갑게 준비한다.
3. 올드 패션드 글라스에 위의 재료를 넣고, 바 스푼으로 잘 저어준다.
4. Twist of Lemon Peel로 레몬 껍질을 비틀어 장식한다.
5. 코스터 위에 완성된 작품을 올려놓는다.

▶ 메이킹 영상

10초 요약영상

이탈리아 페렌체에 '카소니'라는 전통 깊은 레스토랑이 있는데, 이곳의 단골 손님인 카미로 니그로니 백작이 아메리카노Americano 칵테일에 드라이 진을 첨가한 식전 음료를 즐겨 마시는 것에서 그 이름이 유래되었다. 칵테일 이름은 카소니의 바텐더가 1962년 백작의 허락으로 '니그로니'라고 발표했다. 캄파리의 씁쌀한 맛에 베르무트의 달콤함이 어우러져 우아하고 매력적인 맛을 내는 칵테일이다.

베르무트Vermouth란 약40여 종의 약재가 포함된 혼성 와인을 말한다. 화이트와인으로 만든 드라이 베르무트Dry Vermouth, 레드와인으로 만든 스위트 베르무트 Sweet Vermouth가 있다.

Gin Fizz

진 피즈
Gin Base

흔들기(Shake)+직접 넣기(Build)
Highball Glass
A Slice of Lemon

Gin Fizz _ GIN Base

Gin	45mL
Lemon Juice	15mL
Powdered Sugar 설탕	1tsp 1/6oz, 5mL
Fill with Club Soda	

1 하이볼 글라스의 파손·청결 여부를 확인한다.
2 하이볼 글라스에 큐브드 아이스를 채우고, 바 스푼으로 잘 저어 글라스를 차갑게 한다.
3 셰이커에 큐브드 아이스를 80% 채운 후 소다수는 제외하고 위의 재료를 넣고, 바 스푼으로 잘 저어준다.
4 하이볼 글라스에 담겨져 있는 얼음을 버리고 다시 채운다.
5 셰이커를 잘 흔들어서 얼음을 거르고, 내용물만 따른다.
6 소다수로 80% 채우고 잘 저어준다.
7 레몬 슬라이스로 장식한다.
8 코스터 위에 완성된 작품을 올려놓는다.

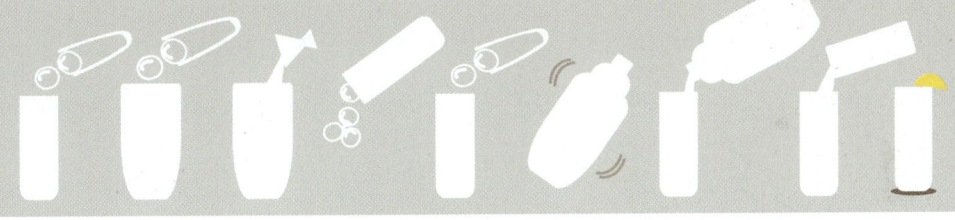

메이킹 영상

피즈라는 이름은 탄산음료를 개봉할 때, 또는 따를 때 피 - 하는 소리가 난 데서 붙여진 이름이다. 진, 리큐어 등을 베이스로 설탕, 진 또는 레몬주스, 소다수 등을 넣고 과일로 장식한다. Gin Fizz, Sloe Gin Fizz, Cacao Fizz 등이 여기에 속한다.

10초 요약영상

apricot

애프리콧
LIQUEUR Base

흔들기(Shake)
Cocktail Glass
장식 없음

Apricot _ LIQUEUR Base

Apricot-Flavored Brandy	45mL
Dry Gin	1tsp 1/6oz, 5mL
Lemon Juice	15mL
Orange Juice	15mL

1. 칵테일 글라스의 파손·청결 여부를 확인한다.
2. 칵테일 글라스에 큐브드 아이스를 재워 잔을 차갑게 한다.
3. 셰이커에 큐브드 아이스를 80% 채운 후 위의 재료를 차례로 넣고 잘 흔든다.
4. 칵테일 글라스에 있는 큐브드 아이스를 비운다.
5. 칵테일 글라스에 셰이커에 있는 얼음을 거르며 내용물만 따른다.
6. 코스터 위에 완성된 작품을 올려놓는다.

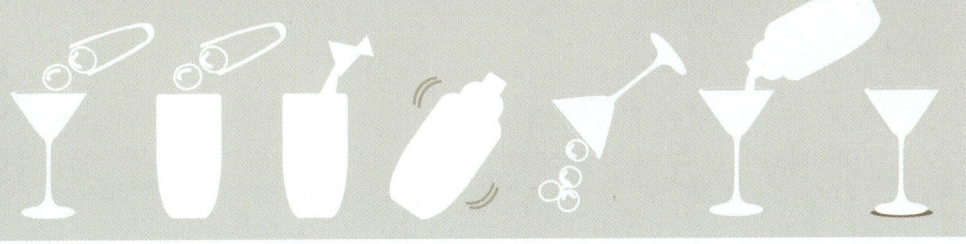

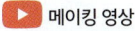

10초 요약영상

향기가 강한 리큐어인 애프리콧 브랜디를 베이스로 신선한 주스를 풍부하게 사용한 칵테일로서, 살구, 오렌지, 레몬의 맛이 섞여 있어 마시기가 편하고 상큼한 맛이 살아있는 쇼트 스타일의 칵테일이다. 드라이 진 1tsp이 전체의 조화를 이루는 역할을 하며, 단맛과 신맛이 균형을 이루고 있어서 누구나 부담없이 쉽게 즐길 수 있다. 맛, 향기, 색의 삼박자를 고루 갖춘 칵테일이다.

흔들기(Shake)
Saucer형 Champagne Glass
장식 없음

Grasshopper _ LIQUEUR Base

Créme de Menthe Green	30mL
Créme de Cacao White	30mL
Light Mlik 우유	30mL

1 소서형 샴페인 글라스의 파손·청결 여부를 확인한다.
2 소서형 샴페인 글라스에 큐브드 아이스를 채워 잔을 차갑게 한다.
3 셰이커에 큐브드 아이스를 80% 채운 후 위의 재료를 차례로 넣고 잘 흔든다.
4 소서형 샴페인 글라스에 있는 큐브드 아이스를 비운다.
5 소서형 샴페인 글라스에 셰이커에 있는 얼음을 거르며 내용물만 따른다.
6 코스터 위에 완성된 작품을 올려놓는다.

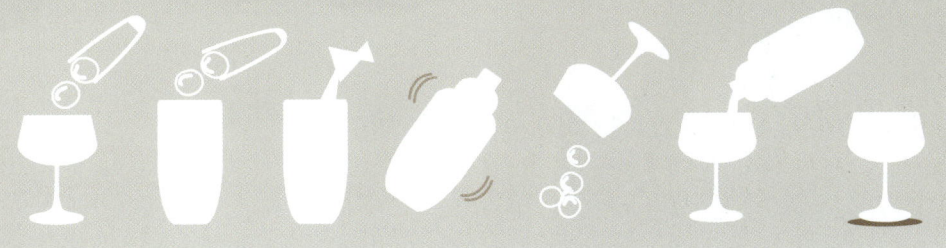

메이킹 영상

10초 요약영상

그래스호퍼란 메뚜기 혹은 여치를 말하는데, 완성된 색이 연한 초록빛을 띠기 때문에 그 색으로부터 유래된 이름이다. 크렘 드 망뜨의 상큼한 향기와 크렘 드 카카오 화이트의 달콤한 맛에 생크림을 가미하여 만드는 이 칵테일은 디저트 대용으로 즐겨도 좋다. 여성들이 특히 좋아하는 칵테일인데, 크렘 드 망뜨그린의 양을 늘리거나 브랜디를 조금 가미하면 남성들의 식후주로도 충분히 즐길 수 있다.

조금 더 부드럽거나 단 맛을 원할 경우 우유에 설탕을 첨가해서 세게 셰이킹을 한 후에 거품을 위에 띄우면 좋다.

JUNE BUG

준 벅
LIQUEUR Base

흔들기(Shake)
Collins Glass
A Wedge of
Fresh Pineapple & Cherry

June Bug _ LIQUEUR Base

Midori or Melon Liqueur	30mL
Coconut Flavored Rum	15mL
Banana Liqueur	15mL
Pineapple Juice	60mL
Sweet & Sour Mix	60mL

1. 콜린스 글라스의 파손·청결 여부를 확인한다.
2. 콜리스 글라스에 큐브드 아이스를 채워 잔을 차갑게 한다.
3. 셰이커에 큐브드 아이스를 80% 채운 후 위의 재료를 차례로 넣고 잘 흔든다.
4. 콜린스 글라스에 담겨져 있는 얼음을 버리고 다시 채운다.
5. 얼음이 담겨 있는 콜린스 글라스에 셰이커의 내용물과 얼음을 걸러 따른다.
6. A Wedge of Fresh Pineapple & Cherry(파인애플 웨지와 체리)로 장식한다.
7. 코스터 위에 완성된 작품을 올려놓는다.

메이킹 영상

10초 요약영상

한국인이 가장 많이 마시는 칵테일 10위 안에 드는 준 벅은 부산에 있는 티지아이 프라이데이TGIF에서 만들어져 전 세계적으로 인기를 얻은 칵테일이다.

준 벅은 6월의 애벌레, 초원이 푸르러 활동이 왕성해진 애벌레란 뜻으로 상큼한 맛과 푸르른 색깔이 조화를 이루며 멜론과 코코넛, 바나나의 맛과 향을 풍부하게 느낄 수 있다.

알코올이 잘 느껴지지 않아 여성들이 많이 찾는 칵테일 중 하나이다.

B-52

비-52
LIQUEUR Base

띄우기(Float)
Sherry Glass
장식 없음

B-52 _ LIQUEUR Base

Coffee Liqueur Kahlúa	1/3Part
Bailey's Irish Cream	1/3Part
Grand Marnier	1/3Part

1. 셰리 글라스Sherry Glass의 파손·청결 여부를 확인한다.
2. 셰리 글라스를 조주하기 편안한 위치에 내려놓는다.
3. 바 스푼을 이용하여 위의 재료를 차례로 조심해서 쌓는다.
4. 코스터 위에 완성된 작품을 올려놓는다.

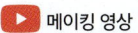 메이킹 영상

10초 요약영상

슈터 칵테일Shooter Clcktail의 대표적인 작품으로 미국 보잉사에 의해서 제작된 전략폭격기 B-52에서 이름을 따 온, 원샷하기 좋은 칵테일이다.
커피, 초콜릿, 크림, 코냑에 오렌지의 향이 어우러져 불을 붙여 마시면 맛과 멋에 빠져들기 싶다. 하지만 술을 못하는 사람은 조심해야 할 칵테일 중 하나이다. 달콤한 맛과 향에 끌려 한 잔 마시다 보면 강렬한 긴 여운이 느껴진다.

베일리스는 크림을 사용하여 부드러운 맛을 보장하는 시간이 길지 않다. 따라서 뚜껑을 개봉한 제품은 냉장 보관해야 하는 불편함이 있었는데, 지금은 특허기술을 가지고 있어 상온 보관하여도 유통기한 안에는 변질되지 않는다.

POUSSE CAFE

푸스카페
LIQUEUR Base

띄우기(Float)
Stemed Liqueur Glass
장식 없음

Pousse Cafe _ LIQUEUR Base

Grenadine Syrup	1/3part
Créme de Menthe Green	1/3part
Brandy	1/3part

1 Stemed Liqueur Glass의 파손·청결 여부를 확인한다.
2 Stemed Liqueur Glass를 조주하기 편안한 위치에 내려놓는다.
3 바 스푼을 이용하여 위의 재료를 차례로 조심해서 쌓는다.
4 코스터 위에 완성된 작품을 올려놓는다.

메이킹 영상

재료의 비중을 이용해 섞이지 않게 층을 띄우는 방법으로 만드는 칵테일로서, 3색 교통신호등을 잘 표현한 칵테일이다. 입에 한번에 넣어서 입안에서 섞어마실 경우 첫 맛은 강하지만 뒷맛은 달콤한 맛이 입안을 채운다. 스트로우를 이용하여 빨아 마시면 첫 느낌은 달콤하지만 점점 강한 알코올의 맛과 향이 입안을 채운다.

10초 요약영상

리큐어 명칭 중 크렘créme이 종종 나오는데, 크렘은 '좋은, 최상'이란 뜻과 '달다'는 뜻을 함께 갖고 있다. 그래서 이런 리큐어는 일반 리큐어보다 더 단 맛을 갖는데, 보편적으로 1L에 200g 이상의 당분이 있고, 특히 디종시에서 나온 크렘 드 카시스는 일반 크렘 드 카시스보다 2배의 당분을 갖고 있다.

New York

뉴욕
WHISKEY Base

흔들기(Shake)
Cocktail Glass
Twist of Lemon Peel

New York _ WHISKEY Base

Bourbon Whiskey	45mL
Lime Juice	15mL
Powdered Sugar	1tsp 1/6oz, 5mL
Grenadine Syrup	1/2tsp

1. 칵테일 글라스의 파손·청결 여부를 확인한다.
2. 칵테일 글라스에 큐브드 아이스를 채워 잔을 차갑게 한다.
3. 셰이커에 큐브드 아이스를 80% 채운 후 위의 재료를 차례로 넣고 잘 흔든다.
4. 칵테일 글라스에 있는 큐브드 아이스를 비운다.
5. 칵테일 글라스에 셰이커에 있는 얼음을 거르며 내용물만 따른다.
6. Twist of Lemon Peel로 레몬 껍질을 비틀어 장식한다.
7. 코스터 위에 완성된 작품을 올려놓는다.

▶ 메이킹 영상

10초 요약영상

미국 뉴욕의 이름을 그대로 붙인 칵테일이다. 뉴욕에 해가 떠오르는 모습을 연상하게 하는 화려한 색채와 자극적이지 않은 맛으로 전 세계인들로부터 사랑받고 있다. 베이스가 되는 위스키는 미국에서 생산된 아메리칸 또는 버번을 사용한다.

manhattan

맨해튼
WHISKEY Base

휘젓기(Stir)
Cocktail Glass
Cherry

Manhattan _ WHISKEY Base

Bourbon Whiskey	45mL
Sweet Vermouth	22.5mL 3/4oz
Angostura Bitters	1dash 1/32oz, 0.9mL

1. 칵테일 글라스의 파손·청결 여부를 확인한다.
2. 칵테일 글라스에 큐브드 아이스를 채워 잔을 차갑게 한다.
3. 믹싱 글라스에 큐브드 아이스 80% 채운 후 위의 재료를 넣고, 바 스푼으로 잘 저어준다.
4. 칵테일 글라스에 있는 큐브드 아이스를 비운다.
5. 칵테일 글라스에 스트레이너로 믹싱글라스에 있는 얼음을 거르며 내용물만 따른다.
6. 체리에 칵테일 픽을 꽂아 장식한다.
7. 코스터 위에 완성된 작품을 올려놓는다.

메이킹 영상

10초 요약영상

19세기 중반부터 사랑받아온 칵테일로 칵테일의 여왕이라고도 불린다. 제19대 미국 대통령선거 때 윈스턴 처칠의 어머니가 맨해튼클럽에서 파티를 열었을 때 처음 선보인 칵테일이기 때문에 붙여졌다는 설과 메릴랜드주의 바텐더가 상처 입은 무장경비원의 사기를 북돋아주기 위해 만들었다고 하는 설 등 다수가 있다. 맨해튼은 인디언들이 예전에 쓰던 말로 '주정꾼'이라는 뜻이기도 하다.

Rusty Nail

러스티 네일
WHISKY Base

직접 넣기(Build)
Old Fashioned Glass
장식 없음

Rusty Nail _ WHISKY Base

Scotch Whisky	30mL
Drambuie	15mL

1. 올드 패션드 글라스의 파손·청결 여부를 확인한다.
2. 올드 패션드 글라스에 큐브드 아이스를 채워 잔을 차갑게 한다.
3. 올드 패션드 글라스에 얼음을 비우고, 다시 큐브드 아이스를 80%를 채운다.
4. 올드 패션드 글라스에 스카치 위스키와 드람뷔이를 따른다.
5. 바 스푼을 이용하여 잘 저어준다.
6. 코스터 위에 완성된 작품을 올려놓는다.

메이킹 영상

10초 요약영상

'녹슨 못' 또는 '고풍스러운'이라는 의미를 지닌 칵테일이다. 그만큼 오래된 칵테일이라는 뜻이다. 위스키로 만든 리큐어 가운데 가장 역사가 깊은 드람뷔이(Drambuie)를 사용하는 것이 특징이다. 드람뷔이는 스카치 위스키에 벌꿀과 허브를 첨가하여 단맛이 강하다. 위스키의 쓴맛과 드람뷔이의 단맛이 적절히 조화된 러스티 네일은 영국 신사들이 즐겨마셨는데 허브의 스파이시한 맛이 어우러져 식후에 마시기 좋은 칵테일로도 손꼽힌다. 여기에 오렌지 비터스를 두 방울 넣으면 '스카치 킬트'라는 칵테일이 된다.

게일어로 '만족스러운 음료'라는 말에서 유래됐다. 평균 15년 이상 숙성된 위스키와 약 60여 가지 스카치 위스키에 벌꿀과 약초, 허브를 배합하여 만든 리큐어이다.

old fashioned

올드 패션드
WHISKEY Base

직접 넣기(Build)
Old Fashioned Glass
A Slice of Orange and Cherry

Old Fashioned _ WHISKEY Base

Powdered Sugar 설탕	1tsp
Angostura Bitter	1dash
Soda Water	15mL
Bourbon Whiskey	45mL

1 올드 패션드 글라스의 파손·청결 여부를 확인한다.
2 올드 패션드 글라스에 큐브드 아이스를 채워 잔을 차갑게 한 다음 얼음을 버린다.
3 올드 패션드 글라스에 먼저 파우더 슈거와 앙고스투라 비터, 소다수를 차례로 넣고 바스푼으로 잘 용해시킨다.
4 올드 패션드 글라스에 큐브드 아이스 80%를 채운다.
5 올드 패션드 글라스에 버번위스키를 따르고 바 스푼으로 잘 저어준다.
6 A Slice of Orange and Cherry 오렌지 슬라이스와 체리로 장식한다.
7 코스터 위에 완성된 작품을 올려놓는다.

메이킹 영상

10초 요약영상

미국 켄터키주의 벤텐스클럽에 모여든 경마 팬을 위해 만들어진 칵테일이라고 한다. 당시 유행하던 토디Tody와 맛과 형태가 비슷해 지난날의 기억을 되살려준다는 의미로 붙인 이름이다. 이 칵테일은 전용 글라스까지 있을 정도로 인기가 높다. 전용 글라스에 각설탕 1개를 넣고 앙고스투라비터스 1~2대시를 떨어뜨린 다음 약간의 소다수로 녹여준 후 각얼음을 넣는다. 약한 술을 원하면 아메리칸 위스키, 강한 술을 원하면 버번위스키를 1~1½온스를 넣는다. 마지막으로 오렌지, 체리를 글라스에 장식한다. 각설탕 대신 설탕 시럽 또는 가루설탕을 사용해도 된다.

whiskey sour

위스키 사워
WHISKEY Base

흔들기(Shake)+직접 넣기(Build)
Sour Glass
A Slice of Lemon and Cherry

Whiskey Sour _ WHISKY Base

Bourbon Whiskey	45mL
Lemon Juice	15mL
Powdered Sugar	1tsp 1/6oz, 5mL
Top with Soda Water	30mL

1 위스키 사워 글라스의 파손·청결 여부를 확인한다.
2 위스키 사워 글라스에 큐브드 아이스를 채워 잔을 차갑게 한다.
3 셰이커에 큐브드 아이스를 80% 채운 후 소다수를 제외한 위의 재료를 차례로 넣고 잘 흔든다.
4 사워 글라스에 있는 얼음을 비운다.
5 사워 글라스에 셰이커에 있는 얼음을 거르며 내용물만 따른 후 소다수를 넣고 저어준다.
6 A Slice of Lemon and Cherry 레몬 슬라이스와 체리로 장식한다.
7 코스터 위에 완성된 작품을 올려놓는다.

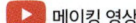
메이킹 영상

10초 요약영상

1860년 프랑스에서 브랜디에 레몬주스와 설탕을 넣어 만들어 마신 것이 시초이며 1891년 미국에서 버번위스키를 베이스로 만들어 마시면서 널리 알려지기 시작하였다. 레몬주스의 새콤한 맛이 미각을 돋구어 주는 칵테일로서, 베이스로 진을 사용하면 진사워, 브랜디를 사용하면 브랜디 사워가 된다.

Boulevardier _ WHISKY Base

Bourbon whiskey	30mL
Sweet vermouth	30mL
Campari	30mL

1. 올드 패션드 글라스의 파손·청결 여부를 확인한다.
2. 올드 패션드 글라스에 큐브드 아이스를 채워 잔을 차갑게 준비한다.
3. 믹싱글라스에 큐브드 아이스를 80% 넣은 후 위의 재료를 넣고 바 스푼으로 믹싱글라스 벽면을 따라 잘 저어준다.
4. 올드 패션드 글라스에 다시 얼음을 채우고 내용물을 따른 다음 바 스푼으로 잘 저어준다.
5. Twist of Orange Peel로 오렌지 껍질을 비틀어 장식한다.
6. 코스터 위에 완성된 작품을 올려놓는다.

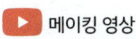
메이킹 영상

10초 요약영상

1927년에서 1932년 사이, 파리에서 월간지를 출판하던 미국인 작가 에리스킨그웬(Erskine Gwynne)에 의해 발명되었다. 미국의 버번위스키와 유럽의 캄파리가 만나 탄생한 금주법시대를 대표하는 칵테일이다.

프랑스어로 큰길을 뜻하는 Boulevard에 ~ier(~하는 사람)이 붙어 길거리를 배회하는 사람이라는 뜻의 단어이다.

니그로니처럼 캄파리와 스위트 베르무트의 조화로 달콤쌉쌀한 맛이 느껴지지만, 진과 버번의 차이로 니그로니는 깔끔하고 샤프하다면 불바디에는 묵직하고 부드럽다. 따라서 스터링기법으로 조주한다.

sidecar

사이드 카
BRANDY Base

흔들기(Shake)
Cocktail Glass
장식 없음

Sidecar _ BRANDY Base

Brandy	30mL
Triple sec	30mL
Lemon Juice	7.5mL 1/4oz

1. 칵테일 글라스의 파손·청결 여부를 확인한다.
2. 칵테일 글라스에 큐브드 아이스를 채워 잔을 차갑게 준비한다.
3. 셰이커에 큐브드 아이스를 80% 채운 후 위의 재료를 차례로 넣고 잘 흔든다.
4. 칵테일 글라스에 있는 큐브드 아이스를 비운다.
5. 칵테일 글라스에 셰이커에 있는 얼음을 거르며 내용물만 따른다.
6. 코스터 위에 완성된 작품을 올려놓는다.

▶ 메이킹 영상

10초 요약영상

제1차 세계대전 중 전쟁터에서 대활약을 했던 사이드카를 이름으로 한 칵테일이다. 프랑스의 군인이 만들었다는 설과 파리의 하리즈 뉴욕 바의 바텐더였던 하리 마켈혼이 고안했다고 하는 설이 있다. 브랜디 대신에 진을 사용하면 화이트 레이디White Lady, 보드카를 사용하면 발랄라이카Balalaika, 라이트 럼을 사용하면 엑스와이지XYZ 칵테일이 된다.

Cointreau가 없을 경우 Triple Sec을 사용해도 된다.

Brandy Alexander

브랜디 알렉산더
BRANDY Base

흔들기(Shake)
Glass Cocktail Glass
Nutmeg 가루

Brandy Alexander _ BRANDY Base

Brandy	22.5mL 3/4oz
Créme de Cacao Brown	22.5mL
Light Milk	22.5mL

1 칵테일 글라스의 파손·청결 여부를 확인한다.
2 칵테일 글라스에 큐브드 아이스를 채워 잔을 차갑게 준비한다.
3 셰이커에 큐브드 아이스를 80% 채운 후 위의 재료를 차례로 넣고 잘 흔든다.
4 칵테일 글라스에 있는 큐브드 아이스를 비운다.
5 칵테일 글라스에 셰이커에 있는 얼음을 거르며 내용물만 따른다.
6 Nutmeg넛맥가루를 가운데 뿌려서 장식한다.
7 코스터 위에 완성된 작품을 올려놓는다.

메이킹 영상

10초 요약영상

19세기 중반 영국의 국왕 에드워드 7세와 왕비 알렉산더의 결혼을 기념하기 위해 만든 칵테일이다. 처음에는 알렉산드라라고 하는 여성의 이름이 붙었으나 시간이 지나자 지금의 이름으로 변했다고 한다. 크림 맛이 부드럽게 입에 닿는 여성 취향의 칵테일이다. 식후 칵테일로는 최적이다. 브랜디 대신에 보드카를 넣으면 바바라 Babara라는 칵테일이 된다.

브랜디 대신 Gin을 사용하면 Gin Alexander이고, Gin Alexander의 레시피에서 Créme de CacaoBrown 대신 Créme de MenthGreen를 사용하면 Alexander's Sister가 된다.

Honeymoon

허니문
BRANDY Base

흔들기(Shake)
Cocktail Glass
장식 없음

Honeymoon _ BRANDY Base

Apple Brandy	22.5mL 3/4oz
Benedictine D.O.M.	22.5mL
Triple Sec	7.5mL
Lemon Juice	15mL

1. 칵테일 글라스의 파손·청결 여부를 확인한다.
2. 칵테일 글라스에 큐브드 아이스를 채워 잔을 차갑게 준비한다.
3. 셰이커에 큐브드 아이스를 80% 채운 후 위의 재료를 차례로 넣고 잘 흔든다.
4. 칵테일 글라스에 있는 큐브드 아이스를 비운다.
5. 칵테일 글라스에 셰이커에 있는 얼음을 거르며 내용물만 따른다.
6. 코스터 위에 완성된 작품을 올려놓는다.

메이킹 영상

10초 요약영상

'신혼여행'이라는 이름이 붙은 칵테일로 신혼의 단꿈을 영원히 간직하기 위해 만든 칵테일이다. 별명이 파머스 도터 Farmer's Daughter, 즉 농부의 딸이라는 것이 재밌다. 프랑스 칼바도스산의 Apple Brandy와 프랑스에서 가장 오래된 리큐어의 하나인 Benedictine, 오렌지 향기 풍기는 Triple Sec의 조화가 잘 어우러진 상큼하면서도 향긋한 칵테일이라 하겠다.

Bacardi

바카디
RUM Base

흔들기(Shake)
Cocktail Glass
장식 없음

Bacardi _ RUM Base

Bacardi Rum White	52.5mL 1¾oz
Lime Juice	22.5mL
Grenadine Syrup	1tsp

1 칵테일 글라스의 파손·청결 여부를 확인한다.
2 칵테일 글라스에 큐브드 아이스를 채워 잔을 차갑게 준비한다.
3 셰이커에 큐브드 아이스를 80% 채운 후 위의 재료를 차례로 넣고 잘 흔든다.
4 칵테일 글라스에 있는 큐브드 아이스를 비운다.
5 칵테일 글라스에 셰이커에 있는 얼음을 거르며 내용물만 따른다.
6 코스터 위에 완성된 작품을 올려놓는다.

메이킹 영상

10초 요약영상

바카디 칵테일은 럼을 제조하는 바카디 회사가 1933년 발표한 칵테일인데, 럼을 베이스로 라임 주스, 그레나딘 시럽을 첨가한다. 바카디 칵테일은 반드시 바카디 럼을 사용하도록 되어 있다. 뉴욕에서 어느 손님이 바텐더에게 바카디 칵테일을 주문하였는데, 바텐더가 다른 회사의 럼을 사용하여 조주한 일이 있었다. 그것을 보고 화가 난 손님이 바카디 칵테일에 바카디 럼을 사용하지 않았다고 고소를 했다. 그 결과 '바카디 칵테일은 바카디 럼만을 사용해야 한다'는 판결이 내려졌다고 한다.

Daiquiri _ RUM Base

Light Rum	52.5mL 1¾oz
Lime Juice	22.5mL
Powdered Sugar	1tsp

1 칵테일 글라스의 파손·청결 여부를 확인한다.
2 칵테일 글라스에 큐브드 아이스를 채워 잔을 차갑게 준비한다.
3 셰이커에 큐브드 아이스를 80% 채운 후 위의 재료를 차례로 넣고 잘 흔든다.
4 칵테일 글라스에 있는 큐브드 아이스를 비운다.
5 칵테일 글라스에 셰이커에 있는 얼음을 거르며 내용물만 따른다.
6 코스터 위에 완성된 작품을 올려놓는다.

메이킹 영상

10초 요약영상

다이키리는 쿠바 산티아고 해변 근처의 광산이름으로, 1905년 광산에서 근무하던 미국인 기술자콕스Jennings Cox가 찾아오는 친구들을 대접하려고 쿠바산 럼주에 라임 주스와 설탕을 넣고 만든 것이 시초이다. 당시 쿠바는 스페인으로부터 독립한 후 미국에서 광산기사가 많이 파견되었고, 노동자들이 더위를 식히기 위한 수단으로 주위에서 손쉽게 얻을 수 있는 재료를 사용해 술을 만들어 마신 데서 그 이름이 유래되었다는 설도 있다. 다이키리를 말할 때 빠지지 않는 것이 바로 다이키리 마니아인 어니스트 헤밍웨이Ernest Hemingway이다. 다이키리를 크러시드 아이스와 함께 믹서로 혼합하여 셔벗Sherbet 상태로 만들면, 프로즌 다이키리Frozen Daiquiri가 완성된다. 프로즌 다이키리는 10년의 슬럼프에서 헤밍웨이를 구해 그 유명한 <노인과 바다>를 쓰게 했다. 프로즌으로 했을 경우 설탕을 조금 더 넣지 않으면 감미가 나지 않기때문에, 화이트 큐라소를 더하여 맛을 살리면 된다.

cuba Libre

쿠바 리브레
RUM Base

직접 넣기(Build)
Highball Glass
A Wedge of Fresh Lemon

Cuba Libre _ RUM Base

Light Rum	45mL
Lime Juice	15mL
Fill with Cola	

1. 하이볼 글라스의 파손·청결 여부를 확인한다.
2. 하이볼 글라스에 큐브드 아이스를 채워 잔을 차갑게 준비힌디.
3. 하이볼 글라스에 얼음을 비우고, 다시 큐브드 아이스를 80%를 채운다.
4. 하이볼 글라스에 콜라는 제외하고 위의 재료를 넣는다.
5. 하이볼 글라스의 나머지 80%는 콜라로 채운 후 바 스푼으로 잘 젓는다.
6. A Wedge of Fresh Lemon레몬 웨지로 장식하여 제공한다.
7. 코스터 위에 완성된 작품을 올려놓는다.

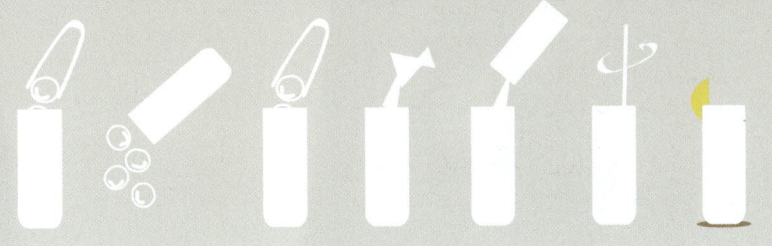

메이킹 영상

10초 요약영상

1902년 스페인 식민지였던 쿠바의 독립운동 당시 생겨난 Viva Cuba Libre자유 쿠바 만세에서 유래된 이름이다. 이 표어는 독립 후에도 쿠바에서 건배할 때 쓰는 합창으로 남아있다가 그대로 칵테일 이름이 되었다고 한다. Cuba Libre는 영어식으로 읽으면 쿠바 리버이고, 스페인 식으로 읽으면 쿠바 리브레이다. 쿠바 리브레는 당시 독립전쟁을 지원하기 위하여 하바나에 주둔해 있던 미군 소위가 술집에서 우연히 럼에 콜라를 넣어 마신 것에서 탄생해서 유행한 칵테일로, 남미지역을 중심으로 더운 지역에서 흔히 마신다. 쿠바산 럼에 미국산 콜라를 넣어 양국의 연대감을 나타낸 것이 이 칵테일의 정치적 의미를 잘 나타낸다. 현재는 소원해진 양국 관계처럼 쿠바에서 사랑받는 칵테일은 아니다. 쿠바 리브레는 얼음을 넣은 하이볼 글라스에 화이트 럼 1~1½온스에 라임주스 1/2온스를 넣고 적당량의 콜라를 채운 후 잘 저어주고 레몬 또는 라임 조각으로 장식한다. 럼 특유의 달콤한 향기에 콜라의 단맛과 라임의 신맛이 가미되어 상큼함을 더한다. 럼 대신 리큐어를 넣으면 쿠바 리브레 슈브림이 된다.

piña colada

피냐콜라다
RUM Base

블렌드(Blend)
Footed Pilsner Glass
A Wedge of Fresh Pineapple & Cherry

Piña Colada _ RUM Base

Light Rum	37.5mL 1¼oz
Pina Colada Mix	60mL
Pineapple Juice	60mL

1. 필스너 글라스의 파손·청결 여부를 확인한다.
2. 필스너 글라스에 큐브드 아이스를 채워 잔을 차갑게 준비한다.
3. 위의 재료를 크러시 아이스 1스쿠퍼와 함께 Blender에 넣고 10초 정도 돌린다.
4. 필스너 글라스에 있는 큐브드 아이스를 비우고 글라스에 따른다.
5. A Wedge of Fresh Pineapple and Cherry 파인애플 웨지와 체리로 장식한다.
6. 코스터 위에 완성된 작품을 올려놓는다.

메이킹 영상

10초 요약영상

스페인어로 '파인애플이 무성한 언덕'이라는 의미를 지니고 있는 이 칵테일은, 카리브해에서 만들어졌다. 알코올 맛보다는 진한 코코넛 향과 파인애플 주스가 어우러져 여성들의 사랑을 한몸에 받고 있는 트로피컬 칵테일 중의 하나이다. 시원함과 달콤함으로 상쾌한 기분을 내는 데 최고인 칵테일이다.

TIP

코코넛 크림 Coconut Cream 등이 들어간 피냐콜라다 믹스는 잘 익어 달콤하고 기름기 많은 성분을 함유한 코코넛 과육을 가공한 제품으로 칵테일에 많이 사용된다.

Blue Hawaiian

블루 하와이언
RUM Base

블렌드(Blend)
Footed Pilsner Glass
A Wedge of Fresh Pineapple & Cherry

Blue Hawaiian _ RUM Base

Light Rum	30mL
Blue Curaçao	30mL
Coconut Flavored Rum	30mL
Pineapple Juice	75mL

1. 필스너 글라스의 파손·청결 여부를 확인한다.
2. 필스너 글라스에 큐브드 아이스를 채워 잔을 차갑게 준비한다.
3. 위의 재료를 크러시 아이스 1스쿠퍼와 함께 Blender에 넣고 10초 정도 돌린다.
4. 필스너 글라스에 있는 큐브드 아이스를 비우고 글라스에 따른다.
5. A Wedge of Fresh Pineapple and Cherry 파인애플 웨지와 체리로 장식한다.
6. 코스터 위에 완성된 작품을 올려놓는다.

메이킹 영상

10초 요약영상

 1957년 하와이 힐튼호텔 바텐더가 개발한 이 칵테일은 사계절이 여름인 하와이 섬을 연상시키는 트로피칼 칵테일이다. 지금처럼 해외여행이 성행하지 않고 하와이가 모든 사람들의 이상이자 목표였던 시대에 사람들의 꿈을 실현시켜준 칵테일이다. 블루큐라소의 푸른색이 하와이의 에메랄드빛 바닷가를 연상하게 하는 환상의 칵테일이다.

TIP 블루 하와이는 단맛에 비해 상쾌한 맛이 강하고, 블루 하와이언은 그보다 단맛이 훨씬 풍부하다.

Mai-Tai

마이타이
RUM Base

블렌드(Blend)
Footed Pilsner Glass
A Wedge of Fresh Pineapple(orange) & Cherry

Mai-Tai _ RUM Base

Light Rum	37.5mL 1¼oz
Triple Sec	22.5mL
Lime Juice	30mL
Pineapple Juice	30mL
Orange Juice	30mL
Grenadine Syrup	7.5mL

1 필스너 글라스의 파손·청결 여부를 확인한다.
2 필스너 글라스에 큐브드 아이스를 채워 잔을 차갑게 준비한다.
3 위의 재료를 크러시 아이스 1스쿠퍼와 함께 블렌더에 넣고 10초 정도 돌린다.
4 필스너 글라스에 있는 큐브드 아이스를 비우고 글라스에 따른다.
5 A Wedge of Fresh Pineapple and Cherry 파인애플 웨지와 체리로 장식한다.
6 코스터 위에 완성된 작품을 올려놓는다.

메이킹 영상

10초 요약영상

마이타이란 타히티어로 '최고'라는 의미이다. 오클랜드에 있는 폴리네시안 레스토랑인 토레다 빅스의 사장인 빅터 J. 바지로가 고안한 트로피컬 칵테일이다. 전 세계적으로 사랑받고 있는 문자 그대로 '최고'인 트로피컬 칵테일이다. 장식의 화려함과 칵테일의 색 배합과 그 실루엣은 아름답기로 유명하다. 전 세계에 레시피가 알려져서 럼만 타면 즉석에서 만들 수 있도록 한 마이타이믹스, 완제품을 병에 담아 놓은 것 등 미국을 중심으로 다양한 제품이 나와 있다.

cosmopolitan

코즈모폴리턴
VODKA Base

흔들기(Shake)
Cocktail Glass
Twist of Lime or Lemon Peel

Cosmopolitan _ VODKA Base

You will become a Good Bartender!

Vodka	30mL
Triple Sec	15mL
Lime Juice	15mL
Cranberry Juice	15mL

1 칵테일 글라스의 파손·청결 여부를 확인한다.
2 칵테일 글라스에 큐브드 아이스를 채워 잔을 차갑게 준비한다.
3 셰이커에 큐브드 아이스를 80% 채운 후 위의 재료를 차례로 넣고 잘 흔든다.
4 칵테일 글라스에 있는 큐브드 아이스를 비운다.
5 칵테일 글라스에 셰이커에 있는 얼음을 거르며 내용물만 따른다.
6 Twist of Lime or Lemon Peel 라임 또는 레몬 껍질을 비틀어로 장식한다.
7 코스터 위에 완성된 작품을 올려놓는다.

메이킹 영상

10초 요약영상

'세계인', '국제인', '범세계주의자' 등의 의미를 지닌 코즈모폴리턴은 희미한 핑크색의 그라데이션이 매우 도시적인, 뉴욕 여성들에게 인기 높은 칵테일이다. 인기 드라마인 섹스 앤 더 시티 Sex and the City의 여자 주인공 캐리가 즐겨 마시던 칵테일 중 하나로, 달콤하고 정열적인 붉은색이 유혹의 물결을 만든다. 시트러스 보드카를 사용하여 일반 보드카보다 풍미를 좀 더 풍부하게 만드는 방법도 있다.

트위스트 Twist란, 필러를 사용하여 과일 껍질을 벗겨 둥글게 말아서 글라스 가장자리에 장식하는 방식을 말한다.

apple martini

애플 마티니
VODKA Base

흔들기(Shake)
Cocktail Glass
A Slice of Apple

Apple Martini _ VODKA Base

Vodka	30mL
Apple Sour	30mL
Lime Juice	15mL

1 칵테일 글라스의 파손·청결 여부를 확인한다.
2 칵테일 글라스에 큐브드 아이스를 채워 잔을 차갑게 준비한다.
3 셰이커에 큐브드 아이스를 80% 채운 후 위의 재료를 차례로 넣고 잘 흔든다.
4 칵테일 글라스에 있는 큐브드 아이스를 비운다.
5 칵테일 글라스에 셰이커에 있는 얼음을 거르며 내용물만 따른다.
6 A Slice of Apple 사과 슬라이스로 장식한다.
7 코스터 위에 완성된 작품을 올려놓는다.

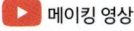

10초 요약영상

칵테일의 제왕 마티니 시리즈 중의 하나로 코즈모폴리턴과 함께 미국 인기드라마 섹스앤더시티 Sex and the City에 자주 등장해 우리에게 친숙한 칵테일이다. 사과와 라임의 상큼한 맛과 향이 환상적인 맛을 내는데, 약간 시큼하면서 상큼한 조화로 강렬한 맛을 느끼게 된다. 영화 속 주인공이 멋진 분위기를 연출하며 마시는 것이 칵테일이다.

seabreeze

시브리즈
VODKA Base

직접 넣기(Build)
Highball Glass
A Wedge of Lime or Lemon

Seabreeze _ VODKA Base

Vodka	45mL
Cranberry Juice	90mL
Grapefruit Juice	15mL

1. 하이볼 글라스의 파손·청결 여부를 확인한다.
2. 하이볼 글라스에 큐브드 아이스를 채워 잔을 차갑게 준비한다.
3. 하이볼 글라스에 얼음을 비우고, 다시 큐브드 아이스를 80%를 채운다.
4. 하이볼 글라스에 위의 재료를 차례대로 넣고 바 스푼으로 잘 젓는다.
5. A Wedge of Lime or Lemon 라임 또는 레몬 웨지으로 장식하여 제공한다.
6. 코스터 위에 완성된 작품을 올려놓는다.

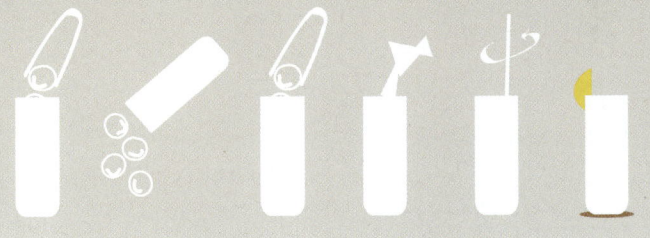

메이킹 영상

10초 요약영상

바닷바람, 산들산들 불어오는 해풍이라는 뜻을 가진 이 칵테일은 1920년대 후반 처음 만들어졌을 당시의 오리지널 레시피는 지금과 달리 진을 베이스로 크랜베리주스와 자몽주스 대신 석류 시럽을 혼합하여 만들어졌다. 1980년대 미국에서 대 유행한 이 칵테일은 알코올 도수가 낮은 드링크로, 그 이름이 주는 신선한 느낌과 함께 많은 사람들에게 인기를 얻었다. 이 칵테일은 로맨틱한 영화, 프렌치 키스 French Kiss, 1995作에서 여주인공 케이트 머라이어 캐리가 '프랑스 웨이터는 무례하게 할수록 친절해진다'는 농담과 함께 주문한 칵테일로 유명하다.

MOSCOW Mule

모스코 뮬
VODKA Base

직접 넣기(Build)
Highball Glass
A Slice of Lime or Lemon

Moscow Mule _ VODKA Base

Vodka	45mL
Lime Juice	15mL
Fill with Gingerale	

1 하이볼 글라스의 파손·청결 여부를 확인한다.
2 하이볼 글라스에 큐브드 아이스를 채워 잔을 차갑게 준비한다.
3 하이볼 글라스에 얼음을 비우고, 다시 큐브드 아이스를 80%를 채운다.
4 하이볼 글라스에 보드카와 라임 주스를 따르고, 바 스푼으로 잘 젓는다.
5 진저에일로 나머지 80%를 채우고, 바 스푼으로 잘 저어준다.
6 Slice of Lime or Lemon 라임 또는 레몬 슬라이스으로 장식한다.
7 코스터 위에 완성된 작품을 올려놓는다.

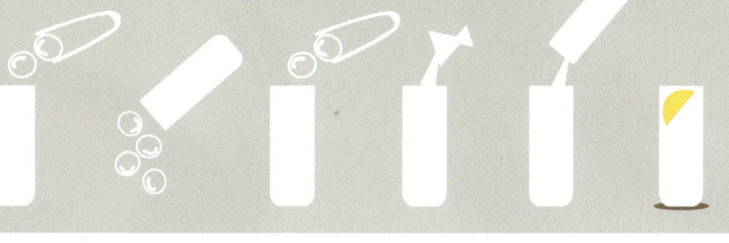

메이킹 영상

10초 요약영상

스미노프 보드카의 소유자 잭 마틴 Jack Martin 과 그의 친구인 콕 앤 불 Cock & Bull 의 사장 잭 모건 Jack Morgan 에 의해 채텀 바 Chatham Bar 에서 만들어진 이 칵테일은 '모스크바의 노새'라는 뜻을 가지고 있다. 미국에서 판매가 부진했던 스미노프 보드카와 진저 맥주의 판매 확대를 모색하던 중 두가지 재료를 섞어 라임을 넣어 만든 새로운 칵테일을 옆면에 노새가 새겨진 구리잔에 담아 판매하기 시작했다. 처음 마실 때에는 라임과 진저 에일의 상큼함과 청량감을 맛보게 되지만, 그 뒤에 숨겨진 보드카의 풍미 때문에 마신 뒤에는 살짝 취기가 돌아 노새가 뒷발로 찬다는 이름 그대로 알코올이 강하게 느껴지기도 한다. 참고로 진저 Ginger 는 생강을 말하는데, 진저 에일은 문자 그대로 생강 풍미가 나는 탄산음료를 말한다.

Long Island Iced Tea

롱아일랜드 아이스티
VODKA Base

직접 넣기(Build)
Collins Glass
A Wedge of Fresh Lemon

Long Island Iced Tea _ VODKA Base

Vodka	15mL
Tequila	15mL
Gin	15mL
Light Rum	15mL
Triple Sec	15mL
Sweet & Sour Mix	45mL
Top with Cola	

1. 콜린스 글라스의 파손·청결 여부를 확인한다.
2. 콜린스 글라스에 큐브드 아이스를 채워 잔을 차갑게 한다.
3. 콜린스 글라스에 얼음을 비우고, 다시 큐브드 아이스를 80%를 채운다.
4. 콜린스 글라스에 콜라를 제외한 위의 재료를 차례대로 넣고, 바 스푼으로 잘 젓는다.
5. 콜린스 글라스에 콜라를 80% 채우고 바 스푼으로 젓는다.
6. A Wedge of Fresh Lemon 레몬 웨지로 장식한다.
7. 코스터 위에 완성된 작품을 올려놓는다.

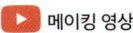
메이킹 영상

10초 요약영상

1980년대 초 미국 서해안에서 탄생했다는 설과 미국 뉴욕주 남동부의 섬 롱 아일랜드에 있는 '오크 비치 인'의 바텐더 로버트 버트에 의해 창작된 칵테일이라는 설이 있다. 홍차류를 사용하지 않고 홍차의 맛과 색을 표현한 '마법의 칵테일'로 불리는 이 칵테일은 마실 때 부드러움 뒤에 강한 알코올 도수가 숨어 있어 일명 '칵테일의 폭탄주'라 불리기도 한다. 레시피는 세계적으로 표준화 되어있지만 현재는 변화를 주어 다양한 칵테일이 만들어 지고 있다. 롱 아일랜드 아이스 티에 콜라 대신 크랜베리 주스를 Top으로 하면 롱비치 아이스티가 된다.

BLACK RUSSIAN

블랙 러시안
VODKA Base

직접 넣기(Build)
Old Fashioned Glass
장식 없음

Black Russian _ VODKA Base

Vodka	30mL
Coffee Liqueur Kahlúa	15mL

1. 올드 패션드 글라스의 파손·청결 여부를 확인한다.
2. 올드 패션드 글라스에 큐브드 아이스를 채워 잔을 차갑게 한다.
3. 올드 패션드 글라스에 얼음을 비우고, 다시 큐브드 아이스를 80%를 채운다.
4. 올드 패션드 글라스에 보드카, 깔루아를 차례대로 따른다.
5. 바 스푼을 이용하여 잘 저어준다.
6. 코스터 위에 완성된 작품을 올려놓는다.

메이킹 영상

10초 요약영상

달콤한 커피의 풍미가 특징인 이 칵테일은 식후주로도 그만이다. 공산주의의 맹주였던 구소련이 철의 장벽으로 막혀 있던 시절, KGB의 횡포에 저항하겠다는 의미가 담긴 칵테일이기도 하다. 블랙 러시안이라는 이름은 러시아를 대표하는 보드카를 사용한다는 것과 색이 검정인 것에서 유래하였는데, 커피 리큐어의 단맛이 독한 보드카를 부드럽게 하여, 알코올 함량이 높은데도 불구하고 감칠맛이 좋은 인상적인 칵테일이다. 블랙 러시안에 밀크나 크림을 첨가하면 화이트 러시안이 된다.

 TIP

일반적으로 커피 리큐어는 멕시코산 깔루아Kahlúa를 주로 사용하지만, 강한 단맛이 싫다면 단맛이 약한 자메이카산 티아 마리아Tia Maria가 적합하다.

Tequila sunrise

테킬라 선라이즈
TEQUILA Base

직접 넣기(Build)+띄우기(Float)
Footed Pilsner Glass
장식 없음

Tequila Sunrise _ TEQUILA Base

Tequila	45mL
Fill with Orange Juice	
Grenadine Syrup	15mL

1. 필스너 글라스의 파손·청결 여부를 확인한다.
2. 필스너 글라스에 큐브드 아이스를 채워 잔을 차갑게 준비한다.
3. 필스너 글라스에 얼음을 비우고, 다시 큐브드 아이스를 80%를 채운다.
4. 필스너 글라스에 테킬라를 따른다.
5. 글라스에 오렌지 주스를 80% 채우고 바 스푼으로 잘 저어준다.
6. 바 스푼을 이용하여 위에 Grenadine Syrup을 섞이지 않게 띄워서 제공한다.
7. 코스터 위에 완성된 작품을 올려놓는다.

10초 요약영상

테킬라의 고향인 멕시코의 '일출'을 형상화해서 만든 롱 드링크 칵테일이다. 비슷한 칵테일로 쇼트드링크인 선 라이즈가 있다. 오렌지주스와 그레나딘 시럽이 만들어 내는 색이 인상적인 일출을 표현하고 있다. 붉은색에서 오렌지색으로 그라데이션 되는 비밀은 그레나딘 시럽에 있다. 테킬라와 오렌지 주스 사이에 천천히 그레나딘 시럽을 부으면 질량이 큰 시럽이 아래쪽에 쌓이면서 절묘한 색 배합을 만들어내게 된다.

Do not stir. 마시는 사람이 저어서 마실 수 있도록 절대 젓지 않은 상태로 서비스한다.

Margarita

마르가리타
TEQUILA Base

흔들기(Shake)
Cocktail Glass
Rimming with Salt

Margarita _ TEQUILA Base

Tequila	45mL
Triple Sec	15mL
Lime Juice	15mL

1 칵테일 글라스의 파손·청결 여부를 확인한다.
2 칵테일 글라스에 큐브드 아이스를 채워 잔을 차갑게 준비한다.
3 셰이커에 큐브드 아이스를 80% 채운 후 위의 재료를 차례로 넣고 잘 흔든다.
4 칵테일 글라스에 있는 얼음을 버린 다음 글라스림에 레몬즙을 바르고 소금을 묻힌다.
5 칵테일 글라스에 셰이커에 있는 얼음을 거르며 내용물만 따른다.
6 코스터 위에 완성된 작품을 올려놓는다.

메이킹 영상

10초 요약영상

칵테일 글라스에 레몬이나 라임으로 가장자리를 적신 후 소금을 묻혀 스노우 스타일로 장식하는 칵테일로, 1949년 전미 칵테일 콘테스트 입선작으로 존 듀레서가 고안한 칵테일로 알려져 있는데, 사냥에서 총기 오발 사고로 죽은 그의 연인 마가리타의 이름을 붙인 것이라는 애틋한 사연이 전해져 온다. 또 하나 전해지는 설로는 갈시 크레포스 호텔의 지배인이 어떤 음료든지 소금을 넣어 마시는 것을 좋아했던 여자친구를 위해서 잔에 소금을 묻힌 칵테일을 고안하여 그 여자친구의 이름을 붙였다는 이야기도 있다. 마가리타는 그 종류도 다양한데, 트리플 섹을 블루 큐라소로 바꾸면 블루 마가리타가 되기도 한다. 또한 잘게 부순 얼음을 이용한 프로즌 마가리타도 시원하게 즐길 수 있어 많은 사람들에게 사랑을 받는다.

 **TIP** 내용물을 따를 때 소금이 흘러내리지 않도록 글라스 안쪽의 소금을 제거해 준다.

키르
WINE Base

직접 넣기(Build)
White Wine Glass
Twist of Lemon Peel

Kir _ WINE Base

White Wine	90mL
Créme de Cassis	15mL

1 화이트 와인 글라스의 파손·청결 여부를 확인한다.
2 화이트 와인 글라스에 큐브드 아이스를 채워 잔을 차갑게 준비한다.
3 화이트 와인 글라스에 있는 큐브드 아이스를 비운다.
4 화이트 와인 글라스에 White Wine 90mL를 붓고 Créme de Cassis 15mL를 따른다.
5 바 스푼으로 잘 저어준다.
6 Twist of Lemon Peel 레몬 껍질을 비틀어로 장식한다.
7 코스터 위에 완성된 작품을 올려놓는다.

메이킹 영상

10초 요약영상

와인 산지로 알려진 프랑스 부르고뉴 지방의 중심지인 디종시에서 5차례나 시장을 지낸 캐농 펠릭스 키르Canon Felix Kir에 의해 유명해진 칵테일이다. 현지의 특산물인 강하고 씁쌀한 와인 알리고테와 함께 크렘 드 카시스의 향기와 단맛이 적절히 조화를 이룬 이 칵테일은, 공식 환영회의 식전 음료로 즐겨 사용되었다고 한다. 그 맛이 널리 호평을 얻어 디종시의 공식 칵테일이 되었고, 화이트 와인의 매출 증가까지 가져와 경제 발전에도 크게 공헌했다. 화이트 와인과 리큐어의 비율은 취향에 맞게 즐길 수 있지만, 리큐어를 너무 많이 넣을 경우 단맛이 강해질 수 있다.

Geumsan

금산
우리술 베이스

흔들기(Shake)
Cocktail Glass
장식 없음

금산 – 우리술 베이스

Geumsan Insamju 금산인삼주 43도	45mL
Coffee Liqueur Kahlúa	15mL
Apple Sour	15mL
Lime Juice	1tsp(5mL)

1. 칵테일 글라스의 파손·청결 여부를 확인한다.
2. 칵테일 글라스에 큐브드 아이스를 채워 잔을 차갑게 준비한다.
3. 셰이커에 큐브드 아이스를 80% 채운 후 위의 재료를 차례로 넣고 잘 흔든다.
4. 칵테일 글라스에 있는 큐브드 아이스를 비운다.
5. 칵테일 글라스에 셰이커에 있는 얼음을 거르며 내용물만 따른다.
6. 코스터 위에 완성된 작품을 올려놓는다.

메이킹 영상

10초 요약영상

금산은 고려 인삼을 대표하는 인삼 생산지로 다른 지역의 인삼보다 육질이 단단하고 사포닌Saponin의 함량과 성분이 우수하다. 특히 스트레스, 피로, 우울증, 심부전, 동맥경화, 당뇨병 등에 효과가 있으며 암세포의 증식을 억제하는 항암작용이 있다. 인삼주를 적당히 마시면 허약체질 보강에 효과가 있다고 알려져 있어 바쁘고 지친 현대인을 위한 안성맞춤 칵테일이다.

Jindo

진도
우리술 베이스

흔들기(Shake)
Cocktail Glass
장식 없음

진도 – 우리술 베이스

    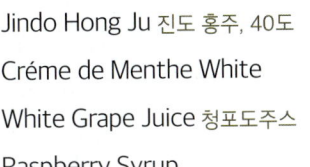

Jindo Hong Ju	진도 홍주, 40도	30mL
Créme de Menthe White		15mL
White Grape Juice	청포도주스	22.5mL
Raspberry Syrup		15mL

1. 칵테일 글라스의 파손·청결 여부를 확인한다.
2. 칵테일 글라스에 큐브드 아이스를 채워 진을 차갑게 준비한다.
3. 셰이커에 큐브드 아이스를 80% 채운 후 위의 재료를 차례로 넣고 잘 흔든다.
4. 칵테일 글라스에 있는 큐브드 아이스를 비운다.
5. 칵테일 글라스에 셰이커에 있는 얼음을 거르며 내용물만 따른다.
6. 코스터 위에 완성된 작품을 올려놓는다.

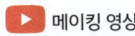

10초 요약영상

소줏고리를 이용하여 소주를 내릴 때 술 단지에 받쳐둔 지초를 통과하는 과정에서 지초의 색소가 착색되어 빨간 홍옥색의 빛깔을 띠는 홍주에 상큼한 민트 화이트와 청포도주스, 라즈베리 시럽을 사용해서 만들어진 칵테일이다. 진도는 천연기념물 제53호 진돗개, 중요무형문화재 제 8호인 강강술래와 진도아리랑의 발상지로 유명한 곳이다.

풋사랑 – 우리술 베이스

Andong Soju 안동소주 35도	30mL
Triple Sec	10mL
Apple Sour	30mL
Lime Juice	10mL

1. 칵테일 글라스의 파손·청결 여부를 확인한다.
2. 칵테일 글라스에 큐브드 아이스를 채워 잔을 차갑게 준비한다.
3. 셰이커에 큐브드 아이스를 80% 채운 후 위의 재료를 차례로 넣고 잘 흔든다.
4. 칵테일 글라스에 있는 큐브드 아이스를 비운다.
5. 칵테일 글라스에 셰이커에 있는 얼음을 거르며 내용물만 따른다.
6. A Slice of Apple 슬라이스 사과로 장식한다.
7. 코스터 위에 완성된 작품을 올려놓는다.

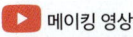

대구 능금아가씨의 풋풋하고 아련한 첫사랑의 감정을 떠올리면서 안동소주를 사용해 창작된 칵테일이다.

10초 요약영상

Healing

힐링
우리술 베이스

흔들기(Shake)
Cocktail Glass
Twist of Lemon Peel

힐링 – 우리술 베이스

Gam Hong Ro 감홍로 40도	45mL
Benedictine D.O.M.	10mL
Créme de Cassis	10mL
Sweet & Sour mix	30mL

1 칵테일 글라스의 파손·청결 여부를 확인한다.
2 칵테일 글라스에 큐브드 아이스를 채워 잔을 차갑게 준비한다.
3 셰이커에 큐브드 아이스를 80% 채운 후 위의 재료를 차례로 넣고 잘 흔든다.
4 칵테일 글라스에 있는 큐브드 아이스를 비운다.
5 칵테일 글라스에 셰이커에 있는 얼음을 거르며 내용물만 따른다.
6 Twist of Lemon Peel 레몬 껍질을 비틀어 장식한다.
7 코스터 위에 완성된 작품을 올려놓는다.

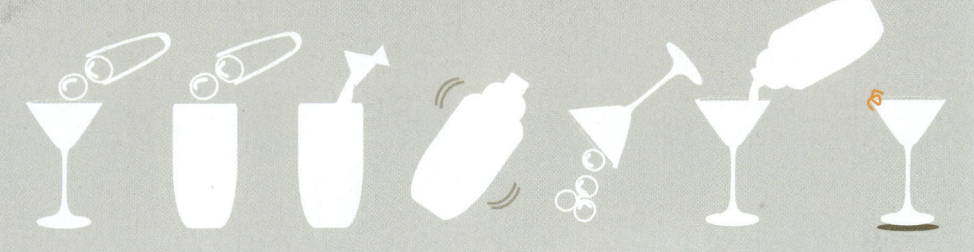

메이킹 영상

10초 요약영상

진피 등 몸에 좋은 8가지 한약재를 침출·숙성시켜 만든 감홍로에, 하루의 피로를 푸는 데 안성맞춤인 베네딕틴을 사용해서 만든 우리술 칵테일이다. 스트레스로 몸과 마음이 지쳐가는 현대인에게 한 잔의 힐링으로 마음을 치유해 주는 칵테일이다.

Gochang

고창
우리술 베이스

휘젓기(Stir)
Flute Champagne Glass
장식 없음

고창 – 우리술 베이스

Sunwoonsan Bokbunja Wine 선운산 복분자주	60mL
Triple Sec	15mL
Sprite	60mL

1 플루트 샴페인 글라스 파손·청결 여부를 확인한다.
2 플루트 샴페인 글라스에 큐브드 아이스를 채워 잔을 차갑게 준비한다.
3 믹싱글라스에 큐브드 아이스 80% 채운 후 위의 재료를 차례로 넣고 잘 저어준다.
4 플루트 샴페인 글라스에 있는 큐브드 아이스를 비운다.
5 스트레이너를 이용하여 믹싱글라스에 있는 내용물을 걸러서 플루트 샴페인 글라스에 잘 따른다.
6 코스터 위에 완성된 작품을 올려놓는다.

10초 요약영상

선운산 복분자주는 1998년 현대 정주영 회장이 소떼를 몰고 방북하면서 북한에 선물한 술로 주목받기 시작한 데 이어 농림부가 주최한 우리식품 세계화 특별품평회에서 대통령상을 받고, 아시아유럽정상회의ASEM 당시 위스키 대신 공식 연회주로 선정되는 등 국가적인 행사에서 우리나라를 대표하는 전통주로서의 명성을 얻으면서 널리 알려지게 되었다. 복분자覆盆子는 이 열매를 먹으면 요강이 뒤집힐 만큼 소변줄기가 세어진다는 민담에서 유래되었는데, 폴리페놀을 다량 함유하여, 함암효과, 노화억제, 동맥경화예방, 혈전예방, 살균효과 등이 있다는 것이 밝혀졌다.

ativa
fresh lemon squash

프레시 레몬 스쿼시
Non-Alcoholic Cocktail

직접 넣기(Build)
Highball Glass
A Slice of Lemon

Fresh Lemon Squash _ Non-Alcoholic Cocktail

Fresh Squeezed Lemon	1/2ea
Powdered Sugar	2tsp
Fill with Soda Water	

1 하이볼 글라스의 파손·청결 여부를 확인한다.
2 하이볼 글라스에 큐브드 아이스를 채워 잔을 차갑게 준비한다.
3 하이볼 글라스에 얼음을 비우고, 레몬을 스퀴저하여 하이볼 글라스에 따른다.
4 파우더 슈거 2스푼을 하이볼 글라스에 넣고 바 스푼으로 잘 저어준다.
5 하이볼 글라스에 큐브드 아이스를 80%를 채운다.
6 소다수로 나머지 80%를 채우고, 바 스푼으로 잘 저어준다.
7 Slice of Lemon 레몬 슬라이스로 장식한다.
8 코스터 위에 완성된 작품을 올려놓는다.

메이킹 영상

10초 요약영상

과거 유럽에서는 과일을 오래 보존하기 위해 주스를 농축시킨 코디얼의 형태로 보관했는데, 코디얼을 물에 희석시킨 음료를 스쿼시라고 하며, 농축 주스가 아닌 신선한 과일 주스를 물에 희석시킨 음료는 에이드라고 불렀다. 전통적인 스쿼시는 '레몬 스쿼시'로, '코디얼' 또는 '희석한 주스'로 알려져 있다. 미국과 아시아에서는 스쿼시와 에이드에 주로 물을 사용하고, 물에 석회질이 많은 유럽에서는 탄산수를 첨가하는 것이 일반적이다.

스쿼시는 영국의 음료로 과일 주스, 물탄산수 이외에 설탕 시럽이나 감미료를 사용하며, 현대적인 스쿼시는 과일레몬, 라임, 오렌지 이외에도 다양한 허브를 사용하고 있다. 과일의 유통이 자유로워진 요즘에는 스쿼시와 에이드를 혼용하여 사용하기도 한다.

Virgin Fruit Punch _ Non-Alcoholic Cocktail

Orange Juice	30mL
Pineapple Juice	30mL
Cranberry Juice	30mL
Grapefruit Juice	30mL
Lemon Juice	15mL
Grenadine Syrup	15mL

1 필스너 글라스의 파손·청결 여부를 확인한다.
2 필스너 글라스에 큐브드 아이스를 채워 잔을 차갑게 준비한다.
3 위의 재료를 크러시 아이스 1스쿠퍼와 함께 블렌더에 넣고 10초 정도 돌린다.
4 필스너 글라스에 있는 큐브드 아이스를 비우고 글라스에 따른다.
5 A Wedge of Fresh Pineapple and Cherry파인애플 웨지와 체리로 장식한다.
6 코스터 위에 완성된 작품을 올려놓는다.

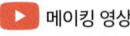
메이킹 영상

10초 요약영상

펀치는 최초로 정립된 칵테일 스타일로 알려져 있으며, 1632년 영국이 세운 동인도회사의 영향으로 인도에서 시작되었다. '다섯Paunch'을 뜻하는 힌디어에서 기원된 펀치는 스피릿브랜디, 럼 또는 아락, 감귤 주스레몬 또는 라임, 설탕, 물 그리고 스파이스넛멕, 다섯가지 재료를 사용하며, 보통 대용량의 'Punch bowl'에 담아 제공한다.

영국 선원들에 의해 런던으로 펀치아락 베이스가 알려졌으며, 초창기에는 와인이나 브랜디 베이스였다가, 이후 선원들의 술인 '럼'으로 대체되면서 'Rum punch'가 대표적인 펀치가 되었다.

고전적인 펀치 레시피의 비율은 감귤류 주스라임 주스 또는 레몬 주스 1 : 설탕 시럽 2 : 스피릿아락, 럼 또는 브랜디 3 : 무알코올 음료물, 과일주스, 차 등 4 : 스파이스넛멕, 시나몬, 장미워터 등이다. 현대에는 펀치의 의미가 확장되어 각종 과일 주스와 설탕 시럽 등을 혼합한 음료들 역시 'Fruit punch'라고 불린다.

8. 칵테일 조주 기출문제

01 장식으로 과일의 껍질만 사용하는 칵테일은?
  가. Moscow Mule 나. New York
  다. Bronx 라. Gin Buck

  해설 New York은 Twist of Lemon Peel을 한다.

02 크리스마스 칵테일로 알려져 있으며, 브랜디와 럼, 설탕, 달걀을 넣어 Shaking하고 밀크로 채워서 Nutmeg나 계피를 뿌려 제공되는 칵테일은?
  가. Million Dollar 나. Brandy Eggnog
  다. Drambuie 라. Glass Hopper

  해설 브랜디 에그노그(Brandy Eggnog)는 달걀, 브랜디, 설탕을 넣고 셰이킹해서 하이볼글라스에 따르고 우유로 채운 다음 Nutmeg를 뿌려서 제공한다. 과거에는 럼을 사용했지만 지금은 사용하지 않는다.

03 다음 중 Onion 장식을 하는 칵테일은?
  가. Margarita 나. Martini
  다. Rob Roy 라. Gibson

  해설 깁슨(Gibson) 칵테일 장식은 Pearl Onion이다.

04 다음 중 Vodka Base Cocktail은?
  가. Paradise Cocktail 나. Million Dollars
  다. Bronx Cocktail 라. Kiss of Fire

  해설 Paradise, Million Dollars, Bronx는 Gin Base Cocktail이다.

05 Hot Drink Cocktail이 아닌 것은?
  가. God Father 나. Irish Coffee
  다. Jamaican Coffee 라. Tom and Jerry

  해설 • 갓 파더(God Father)는 Old Fashioned Glass에 얼음을 넣고 Scotch Whisky 1 1/2oz, Amaretto 3/4oz를 따르고, 두세 번 저어서 제공한다. 스카치위스키 대신 보드카를 넣으면 갓 마더(God Mother)가 된다.
  • Tom and Jerry는 럼을 베이스로 사용한 뜨거운 칵테일로 하이볼에 화이트 럼 1oz, 브랜디 1/2oz, 설탕 2tsp, 달걀 1개, 뜨거운 물로 8부 채운다.

06 다음 중 롱 드링크(Long Drink)에 해당하는 것은?
  가. Sidecar 나. Stinger
  다. Royal Fizz 라. Manhattan

  해설 Long Drink Cocktail은 6oz 이상의 용량 글라스로 만든 칵테일로 Sloe Gin Fizz, Tom Collins 등이 있다.
  • Short Drink Cocktail은 6oz 미만의 용량 글라스로 만든 칵테일로 Manhattan, Martini, Sidecar, Stinger 등이 있다.

07 Irish Coffee의 재료가 아닌 것은?
  가. Irish Whisky 나. Rum
  다. Hot Coffee 라. Sugar

해설 Irish Coffee의 Recipe는 Irish Whiskey 1oz / Sugar 1tsp / Hot Coffee Fill / Whipped Cream

08 다음 칵테일 중 셀러리(Celery)가 장식으로 사용되는 칵테일은?

가. Bloody Mary
나. Gass Hopper
다. Hawaiian Cocktail
라. Chi Chi

해설 블러디 메리(Bloody Mary)는 셀러리(Celery)를 장식으로 사용한다.

09 롱 드링크(long drink)가 아닌 것은?

가. Pina Colada   나. Martini
다. Tom Collins   라. Chi Chi

해설 롱 드링크 칵테일은 180mL(6oz) 이상의 용량 글라스에 만든 칵테일로 대표적인 칵테일은 Sloe Gin Fizz, Tom Collins 등이 있다.

10 주로 Blender를 사용하여 만드는 칵테일은?

가. Mai Tai   나. Seven and Seven
다. Rusty Nail   라. Angel's Kiss

해설
• 칵테일 기법 중 블렌딩(Blending)은 전기 Blender에 필요한 재료와 Crushed Ice를 함께 넣고 전동으로 돌려 만드는 기법이다. 주로 Tropical Cocktail에 많이 사용하는 기법으로 대표적인 칵테일에는 피냐콜라다, 블루화와이언 등이 있다.
• 마이타이는 우리나라 호텔에서는 Blender를 주로 사용하지만, 미국 칵테일 가이드북인 Mr. Boston에서는 Shaking기법을 사용하고 있다.

11 Rum베이스 칵테일이 아닌 것은?

가. Daiquiri
나. Cuba Libre
다. Mai Tai
라. Stinger

해설 스팅거(Stinger) 칵테일의 주재료는 브랜디(Brandy) 베이스 칵테일이다.

12 다음 중 Sugar Frost로 만드는 칵테일은?

가. Rob Roy   나. Kiss of Fire
다. Margarita   라. Angel's Tip

해설 칵테일 조주 시 Frost는 레몬이나 라임의 즙을 잔 테두리에 묻히고, 설탕이나 소금에 글라스를 천천히 돌리거나 찍어 결정체를 만드는 것을 말한다. 일반적으로 레시피에서 'Rimmed with Sugar or Salt'로 표기한다. Margarita는 Salt Frost이다.

13 Old Fashioned에 필요한 재료가 아닌 것은?

가. Whiskey   나. Sugar
다. Angostra Bitter   라. Light Rum

해설 Old Fashioned 칵테일 조주방법
① 올드 패션드 글라스에 먼저 각설탕과 앙고스트라 비터, 소다수를 차례로 넣고 잘 용해시킨다.
② 올드 패션드 글라스에 큐브드 아이스를 3~4개 넣는다.
③ 버번위스키를 넣고, 바 스푼으로 젓는다.
④ Orange Slice and Cherry(오렌지 슬라이스와 체리)로 장식한다.

14 여러 종류의 술을 비중이 무거운 것부터 차례로 섞이지 않도록 Floating하여 만드는 것은?

가. Long Island Iced Tea
나. Pousse Café
다. Malibu Punch
라. Tequila Sunrise

해설 Floating기법은 술이나 재료의 비중을 이용하여 내용물을 위에 띄우거나 차례로 쌓이도록 하는 방법이다. Float하는 방법은 바 스푼을 뒤집어 글라스 림 안쪽의 끝부분에서 약간 밑으로 대고, 글라스 안의 다른 재료와 섞이지 않게 조심스럽게 따른다. Pousse Café, B-52 등은 이러한 기법으로 만든 칵테일에 속한다.

15 뜨거운 물 또는 차가운 물에 설탕과 술을 넣어서 만든 칵테일은?

가. Toddy   나. Punch
다. Sour   라. Sling

해설 타디(Toddy)는 뜨거운 물 또는 차가운 물에 설탕과 술을 넣어서 만든 칵테일로 Brandy Toddy, Whisky Toddy Hot, Whisky Toddy Cold 등이 있다.

16 Short Drink 칵테일이 아닌 것은?

　가. Martini　　　나. Manhattan
　다. Gin & Tonic　라. Bronx

해설
- Short Drink Cocktail은 6oz 미만의 용량 글라스로 만든 칵테일로 Manhattan, Martini, Sidecar, Stinger 등이 있다.
- Gin & Tonic은 9oz Highball Glass를 사용하는 Long Drink Cocktail이다.

17 다음 중 작품 완성 후 Nutmeg를 뿌려 제공하는 것은?

　가. Eggnogg　　나. Tom Collins
　다. Sloe Gin Fizz　라. Paradise

해설
- 달걀이 들어간 칵테일에는 달걀의 비린내를 없애기 위해 Nutmeg가루를 뿌려준다.
- 육두구(Nutmeg)는 사향 향기가 나는 호두라는 의미로, 말려서 방향성, 건위제, 강장제 등으로 사용한다.

18 조주 시 Shaker를 사용하는 칵테일은?

　가. Manhattan　　나. Cuba Libre
　다. Rob Roy　　　라. Whiskey Sour

해설
- Cocktail Glass를 사용하는 칵테일은 Shake나 Stir의 기법을 주로 사용한다.
- Sugar가 들어가는 Fizz류나 Sour류 역시 Shake기법을 사용한다.

19 다음 중 After Dinner Cocktail은?

　가. Campari Soda　나. Dry Martini
　다. Negroni　　　　라. Pousse Café

해설 After Dinner Cocktail은 식후에 서서히 향기를 즐기며 미각, 후각, 청각으로 감상할 수 있는 단맛을 지닌 리큐어로 대표적인 칵테일로는 Pousse Café, Angel's Kiss 등이 있다.

20 다음 중 Floating하는 칵테일은?

　가. Rob Roy　　　나. Angle's Kiss
　다. Margarita　　　라. Screw Driver

해설
- Rob Roy - 휘젓기(Stirring)
- Angle's Kiss - 띄우기(Floating & Layer) : 술이나 재료의 비중을 이용하여 층층이 쌓는 방법
- Margarita - 흔들기(Shaking)
- Screw Driver - 직접 넣기(Building)

21 다음 중 레몬(lemon)이나 오렌지 슬라이스(orange slice)와 체리(red cherry)를 장식하여 제공되는 칵테일은?

　가. Tom Collins　　나. Martini
　다. Rusty Nail　　　라. Black Russian

해설 톰 콜린스(Tom Collins)는 슬라이스 레몬과 체리를 장식하여 제공하는 칵테일이다.

22 비중이 서로 다른 술을 섞이지 않게 띄워서 여러 가지 색상을 음미할 수 있는 칵테일은?

　가. 프라페(Frappe)
　나. 슬링(Sling)
　다. 피즈(Fizz)
　라. 푸스카페(Pousse Café)

해설 띄우기는 술이나 재료의 비중을 이용하여 내용물을 위에 띄우거나 차례로 쌓이도록 하는 방법으로 Pousse Café, Angel's Kiss 등이 있다.

23 다음 레시피(Recipe)의 칵테일 명으로 올바른 것은?

- Dry Gin 1 1/2oz
- Lime Juice 1oz
- (Powder) Sugar 1tsp

　가. Gimlet Cocktail
　나. Stinger Cocktail
　다. Dry Gin
　라. Manhattan

해설 김렛(Gimlet) 칵테일 레시피이다.

24 다음 칵테일 중 올리브를 장식하는 칵테일은?

　가. 맨해튼
　나. 드라이 마티니
　다. 싱가포르 슬링
　라. 핑크레이디

　해설 드라이 마티니는 올리브로 장식한다.

25 다음 칵테일 중 달걀이 들어가는 칵테일은?

　가. Millionaire
　나. Black Russian
　다. Brandy Alexander
　라. Daiquiri

　해설 밀리오네어(Millionaire) 칵테일 레시피는
　　- Rye or Bourbon Whiskey 2oz
　　- Orange Curaçao 1oz
　　- Grenadine 1tsp
　　- Framboise Liqueur 1tsp
　　- Egg White 1ea

26 내열성이 강한 유리잔이 제공되는 칵테일은?

　가. Grasshopper
　나. Tequila Sunrise
　다. New York
　라. Irish Coffee

　해설 아이리시 커피(Irish Coffee)는 글라스를 알코올 램프 위에 올려놓고 설탕이 녹을 때까지 천천히 돌려서 만드는 Hot Cocktail이다.

27 다음 중 가장 영양분이 많은 칵테일은?

　가. Brandy Eggnog
　나. Gibson
　다. Bacardi
　라. Olympic

　해설 브랜디 에그녹(Brandy Eggnog)은 Brandy 1oz, 달걀 1개, Powdered Sugar 1tsp, Fill with Milk 가 들어가는 칵테일로 옛날 북유럽에서는 감기를 예방하고자 달걀술을 마시는 데서 유래되었다고 한다. 미국남부지방에서는 크리스마스 축제 음료로 즐겨 마신다.

28 드라이 마티니(Dry Martini)를 만드는 방법은?

　가. Mix
　나. Stir
　다. Shake
　라. Float

　해설 드라이 마티니는 가향와인(Dry Vermouth)이 들어가므로, 원래의 맛과 향을 유지하기 위해 가볍게 저어주는 휘젓기(Stirring)기법을 사용한다.

29 Floating의 방법으로 글라스에 직접 제공하여야 할 칵테일은?

　가. Highball
　나. Gin Fizz
　다. Pousse Café
　라. Flip

　해설 띄우기(Floating & Layer)는 술이나 재료의 비중을 이용하여 내용물을 위에 띄우거나 차례로 쌓이도록 하는 방법으로 대표적인 칵테일은 Pousse Café, Angel's Kiss 등이 있다.

30 칵테일을 만들 때, 흔들거나 섞지 않고 글라스에 직접 얼음과 재료를 넣어 바 스푼이나 머들러로 휘저어 만드는 방법으로 적합한 칵테일은?

　가. 스크류 드라이버(Screw Driver)
　나. 스팅어(Stinger)
　다. 마가리타(Margarita)
　라. 싱가포르 슬링(Singapore Sling)

　해설 스크류 드라이버는 글라스에 직접 얼음과 재료를 넣어 바 스푼으로 휘저어서 만드는 직접 넣기(Building)기법이다.

31 장식으로 양파(cocktail onion)가 필요한 것은?

　가. 마티니(Martini)　나. 깁슨(Gibson)
　다. 좀비(Zombie)　라. 다이키리(Daiquiri)

　해설
　　• 깁슨(Gibson) 칵테일은 장식으로 칵테일 어니언(Cocktail Onion)을 사용한다.
　　• 좀비(Zombie) 칵테일은 장식으로 파인애플, 레드체리 또는 그린체리를 사용한다.

32 다음과 같은 재료를 사용하여 만드는 칵테일은?

> Liquor + Lemon Juice + Sugar + Soda Water

가. Collins
나. Martini
다. Flip
라. Rickey

> **해 설** 콜린스(Collins)는 술에 레몬이나 라임즙과 설탕을 넣고 소다수로 채우는 칵테일로 John Collins, Tom Collins 등이 있다.

33 다음 중 믹싱 글라스(Mixing Glass)를 이용하여 만든 칵테일만으로 짝지어진 것은?

> ① Pink Lady ② Gibson
> ③ Stinger   ④ Manhattan
> ⑤ Bacardi   ⑥ Dry Martini

가. ①, ②, ⑤
나. ①, ④, ⑤
다. ②, ④, ⑥
라. ①, ③, ⑥

> **해 설** 휘젓기는 믹싱 글라스를 이용하여 만드는 칵테일로 Manhattan, Gibson, Dry Martini 등이 있다.

34 정찬코스에서 Hors d'oeuvre 또는 Soup 대신에 마시는 우아하고 자양분이 많은 칵테일은?

가. After Dinner Cocktail
나. Before Dinner Cocktail
다. Club Cocktail
라. Night Cap Cocktail

> **해 설**
> - After Dinner Cocktail은 식후에 서서히 향기를 즐기며 미각, 후각, 청각으로 감상할 수 있는 것으로 단맛을 지닌 칵테일이다.
> - Before Dinner Cocktail은 식전에 마시는 칵테일이다.

35 다음 중 그레나딘 시럽(Grenadine Syrup)이 필요한 칵테일은?

가. 위스키 사워(Sour)
나. 바카디(Bacardi)
다. 카루소(Caruso)
라. 마가리타(Margarita)

> **해 설** 바카디 칵테일 레시피는
> - Bacardi Rum White 1 3/4oz
> - Lime Juice 3/4oz
> - Grenadine Syrup 1tsp이다.

36 테킬라에 오렌지 주스를 배합한 후 붉은색 시럽을 뿌려서 가라앉은 모양이 마치 일출의 장관을 연출케 하는 희망과 환희의 칵테일은?

가. Stinger
나. Tequila Sunrise
다. Screw Driver
라. Pink Lady

정답

01 나	02 나	03 라	04 라	05 가	06 다	07 나	08 가	09 나	10 가
11 라	12 나	13 라	14 나	15 가	16 다	17 가	18 라	19 라	20 나
21 가	22 라	23 가	24 다	25 가	26 라	27 가	28 나	29 다	30 가
31 나	32 가	33 다	34 다	35 나	36 나				

부록
APPENDICES

출제기준[필기]

직무 분야	음식서비스	중직무 분야	조리	자격 종목	조주기능사	적용 기간	2025.01.01.~2027.12.31.
직무 내용	\multicolumn{7}{l	}{다양한 음료에 대한 이해를 바탕으로 칵테일을 조주하고 영업장관리, 고객관리, 음료서비스 등의 업무를 수행하는 직무이다.}
필기검정방법	객관식		문제수	60		시험시간	1시간

필기과목명	문제수	주요항목	세부항목	세세항목
음료특성, 칵테일조주 및 영업장 관리	60	1. 위생관리	1. 음료 영업장 위생 관리	영업장 위생 확인
			2. 재료·기물·기구 위생 관리	재료·기물·기구 위생 확인
			3. 개인위생 관리	개인위생 확인
			4. 식품위생 및 관련법규	1. 위생적인 주류 취급 방법 2. 주류판매 관련 법규
		2. 음료 특성 분석	1. 음료 분류	1. 알코올성 음료 분류 2. 비알코올성 음료 분류
			2. 양조주 특성	1. 양조주의 개념 2. 양조주의 분류 및 특징 3. 와인의 분류 4. 와인의 특징 5. 맥주의 분류 6. 맥주의 특징
			3. 증류주 특성	1. 증류주의 개념 2. 증류주의 분류 및 특징
			4. 혼성주 특성	1. 혼성주의 개념 2. 혼성주의 분류 및 특징
			5. 전통주 특성	1. 전통주의 특징 2. 지역별 전통주
			6. 비알코올성 음료 특성	1. 기호음료 2. 영양음료 3. 청량음료
			7. 음료 활용	알코올성 음료 활용 비알코올성 음료 활용 부재료 활용
			8. 음료의 개념과 역사	1. 음료의 개념 2. 음료의 역사
		3. 칵테일 기법 실무	1. 칵테일 특성 파악	칵테일 역사 칵테일 기구 사용 칵테일 분류
			2. 칵테일 기법 수행	셰이킹(Shaking) 빌딩(Building) 스터링(Stirring) 플로팅(Floating) 블렌딩(Blending) 머들링(Muddling) 그 밖의 칵테일 기법

필기과목명	문제수	주요항목	세부항목	세세항목
		4. 칵테일 조주 실무	1. 칵테일 조주	칵테일 종류별 특징
				칵테일 레시피
				얼음 종류
				글라스 종류
			2. 전통주 칵테일 조주	전통주 칵테일 표준 레시피
			3. 칵테일 관능평가	칵테일 관능평가 방법
		5. 고객 서비스	1. 고객 응대	예약 관리
				고객응대 매뉴얼 활용
				고객 불만족 처리
			2. 주문 서비스	메뉴 종류와 특성
				주문 접수 방법
			3. 편익 제공	서비스 용품 사용
				서비스 시설 사용
			4. 술과 건강	1. 술이 인체에 미치는 영향
		6. 음료영업장 관리	1. 음료 영업장 시설 관리	시설물 점검
				유지보수
				배치 관리
			2. 음료 영업장 기구·글라스 관리	기구 관리
				글라스 관리
			3. 음료 관리	1. 구매관리
				2. 재고관리
				3. 원가관리
		7. 바텐더 외국어 사용	1. 기초 외국어 구사	음료 서비스 외국어
				접객 서비스 외국어
			2. 음료 영업장 전문용어 구사	시설물 외국어 표현
				기구 외국어 표현
				3. 알코올성 음료 외국어 표현
				4. 비알코올성 음료 외국어 표현
		8. 식음료 영업 준비	1. 테이블 세팅	영업기물별 취급 방법
			2. 스테이션 준비	기물 관리
				비품과 소모품 관리
			3. 음료 재료 준비	재료 준비
				재료 보관
			4. 영업장 점검	시설물 유지관리
		9. 와인장비·비품 관리	1. 와인글라스 유지·관리	와인글라스 용도별 사용
			2. 와인비품 유지·관리	와인 용품 사용

출제기준[실기]

직무분야	음식서비스	중직무분야	조리	자격종목	조주기능사	적용기간	2025.01.01.~2027.12.31.
직무내용	다양한 음료의 특성을 이해하고 조주에 관계된 지식, 기술, 태도의 습득을 통해 음료 서비스, 영업장 관리를 수행하는 직무이다.						
수행준거	1. 고객에게 위생적인 음료를 제공하기 위하여 음료 영업장과 조주에 활용되는 재료·기물·기구를 청결히 관리하고 개인위생을 준수할 수 있다. 2. 다양한 음료의 특성을 파악·분류하고 조주에 활용할 수 있다. 3. 칵테일 조주를 위한 기본적인 지식과 기법을 습득하고 수행할 수 있다. 4. 칵테일 조주 기법에 따라 칵테일을 조주하고 관능평가를 수행할 수 있다. 5. 고객영접, 주문, 서비스, 다양한 편익제공, 환송 등 고객에 대한 서비스를 수행할 수 있다. 6. 음료 영업장 시설을 유지보수하고 기구·글라스를 관리하며 음료의 적정 수량과 상태를 관리할 수 있다. 7. 기초 외국어, 음료 영업장 전문용어를 숙지하고 사용할 수 있다. 8. 본격적인 식음료서비스를 제공하기 전 영업장환경과 비품을 점검함으로써 최선의 서비스가 될 수 있도록 준비할 수 있다. 9. 와인서비스를 위해 와인글라스, 디캔터와 그 외 관련비품을 청결하게 유지·관리할 수 있다.						
실가검정방법	작업형				시험시간	7분 정도	

실기과목명	주요항목	세부항목	세세항목
바텐더 실무	1. 위생관리	1. 음료 영업장 위생 관리하기	1. 음료 영업장의 청결을 위하여 영업 전 청결상태를 확인하여 조치할 수 있다. 2. 음료 영업장의 청결을 위하여 영업 중 청결상태를 유지할 수 있다. 3. 음료 영업장의 청결을 위하여 영업 후 청결상태를 복원할 수 있다.
		2. 재료·기물·기구 위생 관리하기	1. 음료의 위생적 보관을 위하여 음료 진열장의 청결을 유지할 수 있다. 2. 음료 외 재료의 위생적 보관을 위하여 냉장고의 청결을 유지할 수 있다. 3. 조주 기물의 위생 관리를 위하여 살균 소독을 할 수 있다.
		3. 개인위생 관리	1. 이물질에 의한 오염을 막기 위하여 개인 유니폼을 항상 청결하게 유지할 수 있다. 2. 이물질에 의한 오염을 막기 위하여 손과 두발을 항상 청결하게 유지할 수 있다. 3. 병원균에 의한 오염을 막기 위하여 건강진단서결과서(보건증)을 발급받을 수 있다.
	2. 음료 특성 분석	1. 음료 분류하기	1. 알코올 함유량에 따라 음료를 분류할 수 있다. 2. 양조방법에 따라 음료를 분류할 수 있다. 3. 청량음료, 영양음료, 기호음료를 분류할 수 있다. 4. 지역별 전통주를 분류할 수 있다.
		2. 음료 특성 파악하기	1. 다양한 양조주의 기본적인 특성을 설명할 수 있다. 2. 다양한 증류주의 기본적인 특성을 설명할 수 있다. 3. 다양한 혼성주의 기본적인 특성을 설명할 수 있다. 4. 다양한 전통주의 기본적인 특성을 설명할 수 있다. 5. 다양한 청량음료, 영양음료, 기호음료의 기본적인 특성을 설명할 수 있다.
		3. 음료 활용하기	1. 알코올성 음료를 칵테일 조주에 활용할 수 있다. 2. 비알코올성 음료를 칵테일 조주에 활용할 수 있다. 3. 비터와 시럽을 칵테일 조주에 활용할 수 있다.

실기과목명	주요항목	세부항목	세세항목
	3. 칵테일 기법 실무	1. 칵테일 특성 파악하기	1. 고객에서 정보를 제공하기 위하여 칵테일의 유래와 역사를 설명할 수 있다. 2. 칵테일 조주를 위하여 칵테일 기구의 사용법을 습득할 수 있다. 3. 칵테일별 특성에 따라서 칵테일을 분류할 수 있다.
		2. 칵테일 기법 수행하기	1. 셰이킹(Shaking) 기법을 수행할 수 있다. 2. 빌딩(Building) 기법을 수행할 수 있다. 3. 스터링(Stirring) 기법을 수행할 수 있다. 4. 플로팅(Floating) 기법을 수행할 수 있다. 5. 블렌딩(Blending) 기법을 수행할 수 있다. 6. 머들링(Muddling) 기법을 수행할 수 있다.
	4. 칵테일 조주 실무	1. 칵테일 조주하기	1. 동일한 맛을 유지하기 위하여 표준 레시피에 따라 조주할 수 있다. 2. 칵테일 종류에 따라 적절한 조주 기법을 활용할 수 있다. 3. 칵테일 종류에 따라 적절한 얼음과 글라스를 선택하여 조주할 수 있다.
		2. 전통주 칵테일 조주하기	1. 전통주 칵테일 레시피를 설명할 수 있다. 2. 전통주 칵테일을 조주할 수 있다. 3. 전통주 칵테일에 맞는 가니쉬를 사용할 수 있다.
		3. 칵테일 관능평가하기	1. 시각을 통해 조주된 칵테일을 평가할 수 있다. 2. 후각을 통해 조주된 칵테일을 평가할 수 있다. 3. 미각을 통해 조주된 칵테일을 평가할 수 있다.
	5. 고객 서비스	1. 고객 응대하기	1. 고객의 예약사항을 관리할 수 있다. 2. 고객을 영접할 수 있다. 3. 고객의 요구사항과 불편사항을 적절하게 처리할 수 있다. 4. 고객을 환송할 수 있다.
		2. 주문 서비스하기	1. 음료 영업장의 메뉴를 파악할 수 있다. 2. 음료 영업장의 메뉴를 설명하고 주문 받을 수 있다. 3. 고객의 요구나 취향, 상황을 확인하고 맞춤형 메뉴를 추천할 수 있다.
		3. 편익 제공하기	1. 고객에 필요한 서비스 용품을 제공할 수 있다. 2. 고객에 필요한 서비스 시설을 제공할 수 있다. 3. 고객 만족을 위하여 이벤트를 수행할 수 있다.
	6. 음료영업장 관리	1. 음료 영업장 시설 관리하기	1. 음료 영업장 시설물의 안전 상태를 점검할 수 있다. 2. 음료 영업장 시설물의 작동 상태를 점검할 수 있다. 3. 음료 영업장 시설물을 정해진 위치에 배치할 수 있다.
		2. 음료 영업장 기구·글라스 관리하기	1. 음료 영업장 운영에 필요한 조주 기구, 글라스를 안전하게 관리할 수 있다. 2. 음료 영업장 운영에 필요한 조주 기구, 글라스를 정해진 장소에 보관할 수 있다. 3. 음료 영업장 운영에 필요한 조주 기구, 글라스의 정해진 수량을 유지할 수 있다.
		3. 음료 관리하기	1. 원가 및 재고 관리를 위하여 인벤토리(inventory)를 작성할 수 있다. 2. 파스탁(par stock)을 통하여 적정재고량을 관리할 수 있다. 3. 음료를 선입선출(F.I.F.O)에 따라 관리할 수 있다.

실기과목명	주요항목	세부항목	세세항목
	7. 바텐더 외국어 사용	1. 기초 외국어 구사하기	1. 기초 외국어 습득을 통하여 외국어로 고객을 응대를 할 수 있다. 2. 기초 외국어 습득을 통하여 고객 응대에 필요한 외국어 문장을 해석할 수 있다. 3. 기초 외국어 습득을 통해서 고객 응대에 필요한 외국어 문장을 작성할 수 있다.
		2. 음료 영업장 전문용어 구사하기	1. 음료영업장 시설물과 조주 기구를 외국어로 표현할 수 있다. 2. 다양한 음료를 외국어로 표현할 수 있다. 3. 다양한 조주 기법을 외국어로 표현할 수 있다.
	8. 식음료 영업 준비	1. 테이블 세팅하기	1. 메뉴에 따른 세팅 물품을 숙지하고 정확하게 준비할 수 있다. 2. 집기 취급 방법에 따라 테이블 세팅을 할 수 있다. 3. 집기의 놓는 위치에 따라 정확하게 테이블 세팅을 할 수 있다. 4. 테이블세팅 시에 소음이 나지 않게 할 수 있다. 5. 테이블과 의자의 균형을 조정할 수 있다. 6. 예약현황을 파악하여 요청사항에 따른 준비를 할 수 있다. 7. 영업장의 성격에 맞는 테이블크로스, 냅킨 등 린넨류를 다룰 수 있다. 8. 냅킨을 다양한 방법으로 활용하여 접을 수 있다.
		2. 스테이션 준비하기	1. 스테이션의 기물을 용도에 따라 정리할 수 있다. 2. 비품과 소모품의 위치와 수량을 확인하고 재고 목록표를 작성할 수 있다. 3. 회전율을 고려한 일일 적정 재고량을 파악하여 부족한 물품이 없도록 확인할 수 있다. 4. 식자재 유통기한과 표시기준을 확인하고 선입선출의 방법에 따라 정돈 사용할 수 있다.
		3. 음료 재료 준비하기	1. 표준 레시피에 따라 음료제조에 필요한 재료의 종류와 수량을 파악하고 준비 할 수 있다. 2. 표준 레시피에 따라 과일 등의 재료를 손질하여 준비할 수 있다. 3. 덜어 쓰는 재료를 적합한 용기에 보관하고 유통기한을 표시할 수 있다.
		4. 영업장 점검하기	1. 영업장의 청결을 점검 할 수 있다. 2. 최적의 조명상태를 유지하도록 조명기구들을 점검 할 수 있다. 3. 고정 설치물의 적합한 위치와 상태를 유지할 수 있도록 점검할 수 있다. 4. 영업장 테이블 및 의자의 상태를 점검할 수 있다. 5. 일일 메뉴의 특이사항과 재고를 점검할 수 있다.
	9. 와요장비· 비품 관리	1. 와인글라스 유지·관리하기	1. 와인글라스의 파손, 오염을 확인할 수 있다. 2. 와인글라스를 청결하게 유지·관리할 수 있다. 3. 와인글라스를 종류별로 정리·정돈할 수 있다. 4. 와인글라스의 종류별 재고를 적정하게 확보·유지할 수 있다.
		2. 와인디캔터 유지·관리하기	1. 디캔터의 파손, 오염을 확인할 수 있다. 2. 디캔터를 청결하게 유지·관리할 수 있다. 3. 디캔터를 종류별로 정리·정돈할 수 있다. 4. 디캔터의 종류별 재고를 적정하게 확보·유지할 수 있다.
		3. 와인비품 유지·관리하기	1. 와인오프너, 와인쿨러 등 비품의 파손, 오염을 확인할 수 있다. 2. 와인오프너, 와인쿨러 등 비품을 청결하게 유지·관리할 수 있다. 3. 와인오프너, 와인쿨러 등 비품을 종류별로 정리·정돈할 수 있다. 4. 와인오프너, 와인쿨러 등 비품을 적정하게 확보·유지할 수 있다.

국가기술자격 실기시험문제

| 자격종목 | 조주기능사 | 과제명 | 칵테일 |

※ 문제지는 시험종료 후 본인이 가져갈 수 있습니다.

| 비번호 | | 시험일시 | | 시험장명 | |

※ 시험시간 : 7분

1. 요구사항

※ 다음의 칵테일 중 감독위원이 제시하는 3가지 작품을 조주하여 제출하시오.

번호	칵테일	번호	칵테일	번호	칵테일	번호	칵테일
1	Dry Martini	11	Manhattan	21	Cuba Libre	31	Tequila Sunrise
2	Singapore Sling	12	Rusty Nail	22	Pina Colada	32	Margarita
3	Negroni	13	Old Fashioned	23	Blue Hawaiian	33	Kir
4	Gin Fizz	14	Whisky Sour	24	Mai-Tai	34	Geumsan
5	Apricot	15	Boulevardier	25	Cosmopolitan	35	Jindo
6	Grasshopper	16	Sidecar	26	Apple Martini	36	Puppy Love
7	June Bug	17	Brandy Alexander	27	Seabreeze	37	Healing
8	B-52	18	Honeymoon	28	Moscow Mule	38	Gochang
9	Pousse Café	19	Bacardi	29	Long Island Iced Tea	39	Fresh Lemon Squash
10	New York	20	Daiquiri	30	Black Russian	40	Virgin Fruit Punch

조주기능사 40선 풀영상   조주기능사 40선 10초컷

국가기술자격 실기시험문제

자격종목	**조주기능사**	과제명	**칵테일**

2. 수험자 유의사항

1) 시험시간 전 2분 이내에 재료의 위치를 확인합니다.
2) 개인위생 항목에서 0점 처리되는 경우는 다음과 같습니다.
   - 가) 두발 상태가 불량하고 복장 상태가 비위생적인 경우
   - 나) 손에 과도한 액세서리를 착용하여 작업에 방해가 되는 경우
   - 다) 작업 전에 손을 씻지 않는 경우
3) 감독위원이 요구한 3가지 작품을 7분 내에 완료하여 제출합니다.
4) 완성된 작품을 제출 시 반드시 코스터를 사용해야 합니다.
5) 검정장 시설과 지급재료 이외의 도구 및 재료를 사용할 수 없습니다.
6) 시설이 파손되지 않도록 주의하며, 실기시험이 끝난 수험자는 본인이 사용한 기물을 3분 이내에 세척·정리하여 원위치에 놓고 퇴장합니다.
7) 과도, 글래스 등을 조심성 있게 다루어 안전사고가 발생되지 않도록 주의해야 합니다.
8) 채점 대상에서 제외되는 경우는 다음과 같습니다.
   - 가) 오 작 :
     - (1) 3가지 과제 중 2가지 이상의 주재료(주류) 선택이 잘못된 경우
     - (2) 3가지 과제 중 2가지 이상의 조주법(기법) 선택이 잘못된 경우
     - (3) 3가지 과제 중 2가지 이상의 글라스 사용 선택이 잘못된 경우
     - (4) 3가지 과제 중 2가지 이상의 장식 선택이 잘못된 경우
     - (5) 1과제 내에 재료(주·부재류) 선택이 2가지 이상 잘못된 경우
   - 나) 미완성 :
     - (1) 요구된 과제 3가지 중 1가지라도 제출하지 못한 경우
9) 다음의 경우에는 득점과 관계없이 채점 대상에서 제외됩니다.
   - 가) 시험 도중 포기한 경우
   - 나) 시험 도중 시험장을 무단이탈하는 경우
   - 다) 부정한 방법으로 타인의 도움을 받거나 타인의 시험을 방해하는 경우
   - 라) 국가기술자격법상 국가기술자격 검정에서의 부정행위 등을 하는 경우

국가기술자격 실기시험 표준레시피

| 자격종목 | 조주기능사 | 과제명 | 칵테일 |

*단위는 국제표준 및 국가 지정 단위인 SI단위를 사용합니다. (1oz는 30mL로 하였습니다)

번호	칵테일	조주법	글라스	가니시	재료	
	Dry Martini	Stir	Cocktail Glass	Green Olive	Dry Gin Dry Vermouth	60mL 10mL
	Singapore Sling	Shake/ Build	Footed Pilsner Glass	A slice of Orange and Cherry	Dry Gin Lemon Juice Powdered Sugar Fill with Club Soda Top with Cherry Flavored Brandy	45mL 15mL 1tsp 15mL
	Negroni	Build	Old Fashioned Glass	Twist of Lemon peel	Dry Gin Sweet Vermouth Campari	22.5mL 22.5mL 22.5mL
	Gin Fizz	Shake/ Build	Highball Glass	A slice of Lemon	Gin Lemon Juice Powdered Sugar Fill with Club Soda	45mL 15mL 1tsp
	Apricot	Shake	Cocktail Glass	없음	Apricot-Flavored Brandy Dry Gin Lemon Juice Orange Juice	45mL 1tsp 15mL 15mL
	Grasshopper	Shake	Saucer형 Champagne Glass	없음	Crème De Menthe(Green) Crème De Cacao(White) Light Milk	30mL 30mL 30mL
	June Bug	Shake	Collins Glass	A Wedge of Fresh Pineapple & Cherry	Midori or Melon Liqueur Coconut Flavored Rum Banana Liqueur Pineapple Juice Sweet & Sour Mix	30mL 15mL 15mL 60mL 60mL
	B-52	Float	Sherry Glass (2oz)	없음	Coffee Liqueur(Kahlúa) Bailey's Irish Cream Grand Marnier	1/3Part 1/3Part 1/3Part
	Pousse Café	Float	Steamed Liqueur Glass	없음	Grenadine Syrup Créme de Menthe Brandy	1/3part 1/3part 1/3part

Name	Method	Glass	Garnish	Ingredients	Amount
New York	Shake	Cocktail Glass	Twist of Lemon peel	Bourbon Whiskey Lime Juice Powdered Sugar Grenadine Syrup	45mL 15mL 1tsp 1/2tsp
Manhattan	Stir	Cocktail Glass	Cherry	Bourbon Whiskey Sweet Vermouth Angostura Bitters	45mL 22.5mL 1dash
Rusty Nail	Build	Old Fashioned Glass	없음	Scotch Whisky Drambuie	30mL 15mL
Old Fashioned	Build	Old Fashioned Glass	A slice of Orange and Cherry	Powdered Sugar Angostura Bitter Soda Water Bourbon Whiskey	1tsp 1dash 15mL 45mL
Whiskey Sour	Shake/Build	Sour Glass	A slice of Lemon and Cherry	Bourbon Whiskey Lemon Juice Powdered Sugar Top with Soda Water	45mL 15mL 1tsp 30mL
Boulevardier	Stir	Old Fashioned Glass	Twist of Orange Peel	Bourbon whiskey Sweet Vermouth Campari	30mL 30mL 30mL
Sidecar	Shake	Cocktail Glass	없음	Brandy Triple sec Lemon Juice	30mL 30mL 7.5mL
Brandy Alexander	Shake	Cocktail Glass	Nutmeg Powder	Brandy Créme de Cacao Brown Light Milk	22.5mL 22.5mL 22.5mL
Honeymoon	Shake	Cocktail Glass	없음	Apple Brandy Benedictine D.O.M. Triple Sec Lemon Juice	22.5mL 22.5mL 7.5mL 15mL
Bacardi	Shake	Cocktail Glass	없음	Bacardi Rum White Lime Juice Grenadine Syrup	52.5mL 22.5mL 1tsp
Daiquiri	Shake	Cocktail Glass	없음	Light Rum Lime Juice Powdered Sugar	52.5mL 22.5mL 1tsp

Cocktail	Method	Glass	Garnish	Ingredients	Amount
Cuba Libre	Build	Highball Glass	A Wedge of Fresh Lemon	Light Rum Lime Juice Fill with Cola	45mL 15mL
Pina Colada	Blend	Footed Pilsner Glass	A wedge of fresh Pineapple & Cherry	Light Rum Pina Colada Mix Pineapple Juice	37.5mL 60mL 60mL
Blue Hawaiian	Blend	Footed Pilsner Glass	A wedge of fresh Pineapple & Cherry	Light Rum Blue Curaçao Coconut Flavored Rum Pineapple Juice	30mL 30mL 30mL 75mL
Mai-Tai	Blend	Footed Pilsner Glass	A wedge of fresh Pineapple(Orange) & Cherry	Light Rum Triple Sec Lime Juice Pineapple Juice Orange Juice Grenadine Syrup	37.5mL 22.5mL 30mL 30mL 30mL 7.5mL
Cosmopolitan	Shake	Cocktail Glass	Twist of Lime or Lemon Peel	Vodka Triple Sec Lime Juice Cranberry Juice	30mL 15mL 15mL 15mL
Apple Martini	Shake	Cocktail Glass	A Slice of Apple	Vodka Apple Sour Lime Juice	30mL 30mL 15mL
Seabreeze	Build	Highball Glass	A wedge of Lime or Lemon	Vodka Cranberry Juice Grapefruit Juice	45mL 90mL 15mL
Moscow Mule	Build	Highball Glass	A slice of Lime or Lemon	Vodka Lime Juice Fill with Gingerale	45mL 15mL
Long Island Iced Tea	Build	Collins Glass	A wedge of Lime or Lemon	Vodka Tequila Gin Light Rum Triple Sec Sweet & Sour Mix Top with Cola	15mL 15mL 15mL 15mL 15mL 45mL
Black Russian	Build	Old Fashioned Glass	없음	Vodka Coffee Liqueur(Kahlûa)	30mL 15mL

Name	Method	Glass	Garnish	Ingredients	Amount
Tequila Sunrise	Build/Float	Footed Pilsner Glass	없음	Tequila Fill with Orange Juice Grenadine Syrup	45mL 15mL
Margarita	Shake	Cocktail Glass	Rimming with Salt	Tequila Triple Sec Lime Juice	45mL 15mL 15mL
Kir	Build	White Wine Glass	Twist of Lemon Peel	White Wine Créme de Cassis	90mL 15mL
금산(Geumsan)	Shake	Cocktail Glass	없음	Geumsan Insamju (금산인삼주 43도) Coffee Liqueur(Kahlûa) Apple Sour Lime Juice	45mL 15mL 15mL 1tsp
진도(Jindo)	Shake	Cocktail Glass	없음	Jindo Hong Ju (진도홍주 40도) Créme de Menthe White White Grape Juice Raspberry Syrup	30mL 15mL 22.5mL 15mL
풋사랑(Puppy Love)	Shake	Cocktail Glass	A slice of Apple	Andong Soju (안동소주 35도) Triple Sec Apple Sour Lime Juice	30mL 10mL 30mL 10mL
힐링(Healing)	Shake	Cocktail Glass	Twist of Lemon Peel	Gam Hong Ro (감홍로 40도) Benedictine D.O.M. Créme de Cassis Sweet & Sour mix	45mL 10mL 10mL 30mL
고창(Gochang)	Stir	Flute Champagne Glass	없음	Sunwoonsan Bokbunja Wine (선운산복분자주) Triple Sec Sprite	60mL 15mL 60mL
Fresh Lemon Squash	Build	Highball Glass	A slice of Lemon	Fresh Squeezed Lemon Powdered Sugar Fill with Soda Water	1/2ea 2tsp
Virgin Fruit Punch	Blend	Footed Pilsner Glass	A wedge of fresh Pineapple & Cherry	Orange Juice Pineapple Juice Cranberry Juice Grapefruit Juice Lemon Juice Grenadine Syrup	30mL 30mL 30mL 30mL 15mL 15mL

* 칵테일 레시피는 국가별, 지역별로 일부 차이가 있을 수 있으나 조주기능사 실기시험은 위의 국가기술자격실기시험 표준 레시피를 적용함을 양지하시기 바랍니다.

CTB예상기출문제

[과목1] 양주학개론(30문제)

01 스파클링 와인에 해당 되지 않는 것은?
① Champagne   ② Cremant
③ Vin doux naturel   ④ Spumante

02 다음 중 이탈리아 와인 등급 표시로 맞는 것은?
① A.O.P.   ② D.O.
③ D.O.C.G   ④ QbA

03 Malt Whisky를 바르게 설명한 것은?
① 대량의 양조주를 연속식으로 증류해서 만든 위스키
② 단식 증류기를 사용하여 2회의 증류과정을 거쳐 만든 위스키
③ 피트탄(peat, 석탄)으로 건조한 맥아의 당액을 발효해서 증류한 피트향과 통의 향이 배인 독특한 맛의 위스키
④ 옥수수를 원료로 대맥의 맥아를 사용하여당화시켜 개량솥으로 증류한 고농도 알코올의 위스키

04 Ginger ale에 대한 설명 중 틀린 것은?
① 생강의 향을 함유한 소다수이다.
② 알코올 성분이 포함된 영양음료이다.
③ 식욕증진이나 소화제로 효과가 있다.
④ Gin이나 Brandy와 조주하여 마시기도 한다.

05 다음 중 알코올성 커피는?
① 카페 로얄(Cafe Royale)
② 비엔나 커피(Vienna Coffee)
③ 데미타세 커피(Demi-Tasse Coffee)
④ 카페오레(Cafe au Lait)

06 다음 중에서 이탈리아 와인 키안티 클라시코(Chianti classico)와 가장 거리가 먼 것은?
① Gallo nero   ② Piasco
③ Raffia   ④ Barbaresco

07 옥수수를 51% 이상 사용하고 연속식 증류기로 알코올 농도 40% 이상 80% 미만으로 증류하는 위스키는?
① Scotch Whisky   ② Bourbon Whiskey
③ Irish Whiskey   ④ Canadian Whisky

08 사과로 만들어진 양조주는?
① Camus Napoleon   ② Cider
③ Kirschwasser   ④ Anisette

09 스트레이트 업(Straight Up)의 의미로 가장 적합한 것은?
① 술이나 재료의 비중을 이용하여 섞이지 않게 마시는 것
② 얼음을 넣지 않은 상태로 마시는 것
③ 얼음만 넣고 그 위에 술을 따른 상태로 마시는 것
④ 글라스 위에 장식하여 마시는 것

10 약초, 향초류의 혼성주는?
① 트리플섹   ② 크림 드 카시스
③ 깔루아   ④ 쿰멜

11 담색 또는 무색으로 칵테일의 기본주로 사용되는 Rum은?
① Heavy Rum   ② Medium Rum
③ Light Rum   ④ Jamaica Rum

12 다음은 어떤 포도품종에 관하여 설명한 것인가?

> 작은 포도알, 깊은 적갈색, 두꺼운 껍질, 많은 씨앗이 특징이며 씨앗은 타닌함량을 풍부하게 하고, 두꺼운 껍질은 색깔을 깊이 있게 나타낸다. 블랙커런트, 체리, 자두 향을 지니고 있으며, 대표적인 생산지역은 프랑스 보르도 지방이다.

① 메를로(Merlot)
② 삐노 느와르(Pinot Noir)
③ 까베르네 쇼비뇽(Cabernet Sauvignon)
④ 샤르도네(Chardonnay)

13 헤네시의 등급 규격으로 틀린 것은?

① EXTRA : 15~25년　② V.O : 15년
③ X.O : 45년 이상　④ V.S.O.P : 20~30년

14 전통 민속주의 양조기구 및 기물이 아닌 것은?

① 오크통　② 누룩고리
③ 채반　④ 술자루

15 세계의 유명한 광천수 중 프랑스 지역의 제품이 아닌 것은?

① 비시 생수(Vichy)　② 에비앙 생수(Evian)
③ 셀처 생수(Seltzer)　④ 페리에 생수(Perrier)

16 Irish Whiskey에 대한 설명으로 틀린 것은?

① 깊고 진한 맛과 향을 지닌 몰트 위스키도 포함된다.
② 피트훈연을 하지 않아 향이 깨끗하고 맛이 부드럽다.
③ 스카치 위스키와 제조과정이 동일하다.
④ John Jameson, Old Bushmills가 대표적이다.

17 세계 4대 위스키가 아닌 것은?

① 스카치(Scotch)　② 아이리쉬(Irish)
③ 아메리칸(American)　④ 스패니쉬(Spanish)

18 다음 중 연속식 증류주에 해당하는 것은?

① Pot still Whisky　② Malt Whisky
③ Cognac　④ Patent still Whisky

19 Benedictine의 설명 중 틀린 것은?

① B-52 칵테일을 조주할 때 사용한다.
② 프랑스 수도원 제품이며 품질이 우수하다.
③ 병에 적힌 D.O.M은 '최선 최대의 신에게'라는 뜻이다.
④ 허니문 칵테일을 조주할 때 사용한다.

20 이탈리아가 자랑하는 3대 리큐어(liqueur) 중 하나로 살구씨를 기본으로 여러 가지 재료를 넣어 만든 아몬드 향의 리큐어로 옳은 것은?

① 아드보카트(Advocaat)
② 베네딕틴(Benedictine)
③ 아마레또(Amaretto)
④ 그랜드 마니에르(Grand Marnier)

21 소주가 한반도에 전해진 시기는 언제인가?

① 통일신라　② 고려
③ 조선초기　④ 조선중기

22 프랑스와인의 원산지 통제 증명법으로 가장 엄격한 기준은?

① DOC　② AOC
③ VDQS　④ QMP

23 솔레라 시스템을 사용하여 만드는 스페인의 대표적인 주정강화 와인은?

① 포트 와인　② 쉐리 와인
③ 보졸레 와인　④ 보르도 와인

24 리큐어(liqueur) 중 베일리스가 생산되는 곳은?

① 스코틀랜드　② 아일랜드
③ 잉글랜드　④ 뉴질랜드

25 다음 중 스타일이 다른 맛의 와인이 만들어지는 것은?

① late harvest　② noble rot
③ ice wine　④ vin mousseux

26 주류와 그에 대한 설명으로 옳은 것은?

① absinthe - 노르망디 지방의 프랑스산 사과 브랜디
② campari - 주정에 향쑥을 넣어 만드는 프랑스산 리큐어
③ calvados - 이탈리아 밀라노에서 생산되는 와인
④ chartreuse - 승원(수도원)이라는 뜻을 가진 리큐어

27 커피의 3대 원종이 아닌 것은?

① 로부스타종　② 아라비카종
③ 인디카종　　④ 리베리카종

28 브랜디의 제조공정에서 증류한 브랜디를 열탕 소독한 White oak Barrel에 담기 전에 무엇을 채워 유해한 색소나 이물질을 제거하는가?

① Beer　　　② Gin
③ Red Wine　④ White Wine

29 양조주의 제조방법 중 포도주, 사과주 등 주로 과일주를 만드는 방법으로 만들어진 것은?

① 복발효주　② 단발효주
③ 연속발효주　④ 병행발효주

30 우유의 살균방법에 대한 설명으로 가장 거리가 먼 것은?

① 저온 살균법 : 50℃에서 30분 살균
② 고온 단시간 살균법 : 72℃에서 15초 살균
③ 초고온 살균법 : 135~150℃에서 0.5~5초 살균
④ 멸균법 : 150℃에서 2.5~3초 동안 가열 처리

[과목2] 주장관리개론(20문제)

31 맥주의 보관에 대한 내용으로 옳지 않은 것은?

① 장기 보관할수록 맛이 좋아진다.
② 맥주가 얼지 않도록 보관한다.
③ 직사광선을 피한다.
④ 적정온도(4~10℃)에 보관한다.

32 바텐더가 bar에서 glass를 사용할 때 가장 먼저 체크하여야 할 사항은?

① glass 가장자리 파손 여부　② glass 청결 여부
③ glass 재고 여부　　　　　④ glass 온도 여부

33 우리나라에서 개별소비세가 부과되지 않는 영업장은?

① 단란주점　② 요정
③ 카바레　　④ 나이트클럽

34 칵테일 글라스의 3대 명칭이 아닌 것은?

① bowl　② cap
③ stem　④ base

35 칵테일 서비스 진행 절차로 가장 적합한 것은?

① 아이스 페일을 이용해서 고객의 요구대로 글라스에 얼음을 넣는다.
② 먼저 커팅보드 위에 장식물과 함께 글라스를 놓는다.
③ 칵테일 용 냅킨을 고객의 글라스 오른쪽에 놓고 젓는 막대를 그 위에 놓는다.
④ 병술을 사용할 때는 스토퍼를 이용해서 조심스럽게 따른다.

36 오크통에서 증류주를 보관할 때의 설명으로 틀린 것은?

① 원액의 개성을 결정해 준다.
② 천사의 몫(Angel's share) 현상이 나타난다.
③ 색상이 호박색으로 변한다.
④ 변화 없이 증류한 상태 그대로 보관된다.

37 Blending 기법에 사용하는 얼음으로 가장 적당한 것은?

① lumped ice　② crushed ice
③ cubed ice　　④ shaved ice

38 비터류(bitters)가 사용되지 않는 칵테일은?

① Manhattan　　② Cosmopolitan
③ Old Fashioned　④ Negroni

39 Bock beer에 대한 설명으로 옳은 것은?

① 알코올 도수가 높은 흑맥주
② 알코올 도수가 낮은 담색 맥주
③ 이탈리아산 고급 흑맥주
④ 제조 12시간 이내의 생맥주

40 탄산음료나 샴페인을 사용하고 남은 일부를 보관할 때 사용하는 기구로 가장 적합한 것은?

① 코스터　② 스토퍼
③ 폴러　　④ 코르크

41 영업 형태에 따라 분류한 bar의 종류 중 일반적으로 활기차고 즐거우며 조금은 어둡지만 따뜻하고 조용한 분위기와 가장 거리가 먼 것은?

① Western bar   ② Classic bar
③ Modern bar   ④ Room bar

42 칼바도스(Calvados)는 보관온도 상 다음 품목 중 어떤 것과 같이 두어도 좋은가?

① 백포도주   ② 샴페인
③ 생맥주   ④ 코냑

43 칵테일 Kir Royal의 레시피로 옳은 것은?

① Champagne + Cacao
② Champagne + Kahlua
③ Wine + Cointreau
④ Champagne + Creme de Cassis

44 소프트드링크 디캔터의 올바른 사용법은?

① 각종 청량음료(soft drink)를 별도로 담아 나간다.
② 술과 같이 혼합하여 나간다.
③ 얼음과 같이 넣어 나간다.
④ 술과 얼음을 같이 넣어 나간다.

45 Red cherry가 사용되지 않는 칵테일은?

① Manhattan   ② Old Fashioned
③ Mai-Tai   ④ Moscow Mule

46 고객이 위스키 스트레이트를 주문하고, 얼음과 함께 콜라나 소다수, 물 등을 원하는 경우 이를 제공하는 글라스는?

① wine decanter   ② cocktail decanter
③ Collins glass   ④ cocktail glass

47 스카치 750mL 1병의 원가가 100000원이고 평균원가율을 20%로 책정했다면 스카치 1잔의 판매가격은?

① 10000원   ② 15000원
③ 20000원   ④ 25000원

48 일반적인 칵테일의 특징으로 가장 거리가 먼 것은?

① 부드러운 맛
② 분위기의 증진
③ 색, 맛, 향의 조화
④ 항산화, 소화증진 효소 함유

49 휘젓기(stirring) 기법을 할 때 사용하는 칵테일 기구로 가장 적합한 것은?

① hand shaker   ② mixing glass
③ squeezer   ④ jigger

50 용량 표시가 옳은 것은?

① 1 tea spoon = 1/32 oz
② 1 pony = 1/2 oz
③ 1 pint = 1/2 quart
④ 1 table spoon = 1/32 oz

[과목3] 기초영어(10문제)

51 Three factors govern the appreciation of wine. Which of the following does not belong to them?

① Color   ② Aroma
③ Taste   ④ Touch

52 "당신은 손님들에게 친절해야 한다."의 표현으로 가장 적합한 것은?

① You should be kind to guest.
② You should kind guest.
③ You'll should be to kind to guest.
④ You should do kind guest.

53 '한잔 더 주세요.' 라는 의미의 표현으로 가장 적합한 것은?

① I'd like other drink.
② I'd like to have another drink.
③ I want one more wine.
④ I'd like to have the other drink.

54 바텐더가 손님에게 처음 주문을 받을 때 사용할 수 있는 표현으로 가장 적합한 것은?

① What do you recommend?
② Would you care for a drink?
③ What would you like with that?
④ Do you have a reservation?

55 Which of the following is the right beverage in the blank?

> B : Here you are. Drink it While it's hot.
> G : Um… nice. What pretty drink are you mixing there?
> B : Well, it's for the lady in that corner. It is a "_____", and it is made from several liqueurs.
> G : Looks like a rainbow. How do you do that?
> B : Well, you pour it in carefully. Each liquid has a different weight, so they sit on the top of each other without mixing.

① Pousse cafe ② Cassis Frappe
③ June Bug ④ Rum Shrub

56 'Are you free this evening?'의 뜻은?

① 이것은 무료입니까?
② 오늘밤에 시간 있으십니까?
③ 오늘밤에 만나시겠습니까?
④ 오늘밤에 개점합니까?

57 Which one is not made from grapes?

① Cognac ② Calvados
③ Armagnac ④ Grappa

58 Which one is the right answer in the blank?

> B : Good evening, sir. What Would you like?
> G : What kind of ( ) have you got?
> B : We've got our own brand, sir. Or I can give you an rye, a bourbon or a malt.
> G : I'll have a malt. A double, please
> B : Certainly, sir. Would you like any water or ice with it?
> G : No water, thank you, That spoils it. I'll have just one lump of ice.
> B : one lump, sir. Certainly.

① Wine ② Gin
③ Whiskey ④ Rum

59 ( ) 안에 들어갈 알맞은 것은?

> I don't know what happened at the meeting because I wasn't able to ( ).

① decline ② apply
③ depart ④ attend

60 다음 ( ) 안에 알맞은 것은?

> ( ) must have juniper berry flavor and can be made either by distillation or redistillation.

① Whisky ② Rum
③ Tequila ④ Gin

정답

01.③	02.③	03.③	04.②	05.①	06.④	07.②	08.②	09.②	10.④
11.③	12.③	13.①	14.①	15.③	16.④	17.④	18.④	19.①	20.③
21.②	22.②	23.②	24.②	25.④	26.④	27.③	28.④	29.②	30.①
31.①	32.①	33.①	34.②	35.③	36.④	37.③	38.②	39.①	40.②
41.①	42.④	43.④	44.①	45.④	46.②	47.③	48.④	49.②	50.③
51.④	52.①	53.②	54.②	55.①	56.②	57.②	58.③	59.④	60.④

References

Andrew Sharp, Wine Taster's Secret's Warwick Publishing(2001)
Elin, McCoy and John, Frederick Walker, Mr. Boston Official Bartender's Guide, A Time Warner Company(1988)
Hugh Johnson & Jancis Robinson, The World Atlas of Wine (5th ed). Simon & Schuster(2001)
Jens Priewe, Wine From Grape to Glass, Abbeville(1999)
John, J. Poister, The New American Bartender's Guide, Penguin Books Ltd., USA(1989)
Michael Jackson's Malt Whisky Companion, DK(2004)
Sopexa, Wines and Spirits of France, Sopexa(1989)
The Wine Academy, Wine Guide, Winenara.com(2001)
United Kingdom Bartender's Guide, International Guide to Drinks, Hutchinson Benham Ltd.(1994)
고치원·유윤종, 칵테일교실, 동신출판사(1999)
김 혁, 프랑스 와인기행, 세종서적(2000)
김상진, 음료서비스관리론, 백산출판사, 서울(1999)
김성혁·김진국, 와인학개론, 백산출판사, 서울(2002)
김준철, 와인 알고 마시면 두배로 즐겁다, 세종서적(2000)
김충호, 양주개론, 형설출판사, 서울(1977)
김한식, 현대인과 와인, 도서출판 나래(1996)
김호남, 양주와 칵테일, 도서출판 알파, 서울(1985)
다나카 요시미·요시다 쓰네미치, 싱글몰트 위스키, 랜덤하우스(2008)
두산그룹 기획실 홍보부, 황금빛 낭만, 동아출판사, 서울(1994)
마주앙, 와인이야기, 두산동아출판사, 서울(1998)
박영배, 호텔·외식산업 음료·주장관리, 백산출판사, 서울(2000)
박용균·우희명·조홍근·김정달, 롯데호텔 식음료직무교재, 명지출판사, 서울(1990)
배상면, 전통주제조기술, 국순당 부설 효소연구소, 서울(1995)
백재현, 양주와 칵테일론, 형설출판사, 서울(2001)
서상길, Beverage Service Manual, 호텔롯데월드 식음료부, 서울(1988)
성중용, 위스키 수첩, 우듬지(2010)
염선영, 분위기에 맞게 고르는 66사지 칵테일수첩, 우듬지(2014)
원융희, 현대인과 칵테일, 형설출판사, 서울(1994)
유성운, Single Malt Whisky Bible, 위즈덤스타일(2013)
이석현 외, 아이러브칵테일, 백산출판사(2014)
이석현 외, 조주학개론, 백산출판사(2014)
이석현, 전통 민속주를 이용한 칵테일 개발, 동국대학교 석사학위논문(2002)
이순주·고재윤 역, 와인·소믈리에 경영실무, 백산출판사, 서울(2001)
이종기, 술을 알면 세상이 즐겁다, 도서출판 한송, 서울(2000)
임웅규, 호프, 일신사, 서울(1976)
정동호, 우리술사전, 중앙대학교 출판부, 서울(1995)
조정형, 다시 찾아야 할 우리의 술, 서해문집, 전주(1991)
캘리포니아와인협회, 지상최대의 음료 와인, 캘리포니아와인협회(1986)
하덕모, 발효공학, 문운당, 서울(1988)
한국관광식음료학회, 음료학개론, 백산출판사, 서울(1999)
NCS 학습모듈, 한국산업인력공단, 서울(2019)
홍영택·최태영, 실무칵테일백과, 삼지사, 서울(2000)

주류상회 Be

칵테일 재료 구입처

칵테일 학원,
학교 및 기관 납품 문의
상담번호 Tel) 010-8826-0213

개인 구매
전국 주류 상회 Be 매장에서 구매 가능

Main address
경기 수원시 팔달구 세지로 430

바레코

바웨어 / 글라스웨어 / 와인용품·악세사리 l 카페·커피용품 l 테이블웨어·홀기물
뷔페·웨딩용품 l 주방설비·기기 l 청소용품 l 특가세일상품 l 드라마 협찬

https://www.bareco.co.kr